한국 사회학의
지성사

2

아카데믹 사회학의 계보학

한국 사회학의
지성사

2

아카데믹 사회학의 계보학

Genealogy of Academic Sociology in Korea

정수복 지음

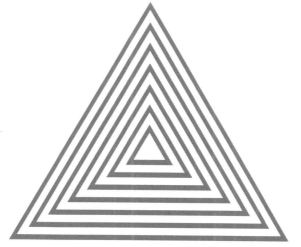

푸른역사

사회학의 새로운 미래와
미래의 새로운 사회를 꿈꾸는 모든 사람들에게

일러두기

1. 이 책의 고유명사 표기는 국립국어원 외래어 표기법을 따랐다. 예를 들어 'Karl Marx'는 '카를 마르크스'로, 'Émile Durkheim'은 '에밀 뒤르켐'으로 적었다. 단, 직접인용문의 경우 원 인용문 표기를 그대로 살렸다.

2. 이 책의 참고문헌은 부별로 정리하였다.

《한국 사회학의 지성사》1~4권은 한국사회학회와 포스텍 융합문명연구원의 출판 지원을 받아 출간되었다.

책을 펴내며

왜 한국 사회학의 지성사인가

이 책은 총 4권으로 기획된 '한국 사회학의 지성사' 2권에 해당한다. 지금까지 한국 사회학의 역사를 다룬 대부분의 작업들은 사회학 내부의 전공을 분야별로 나누고 그 안에서 연구 주제의 변화와 논문과 저서의 증감을 양적으로 분석하는 방식을 취하고 있다. 이런 방식의 연구는 한국 사회학의 양적 성장 과정과 사회학자들이 시기별로 어떤 문제에 어떤 관심을 기울였는가를 알려주는 장점이 있다. 그러나 개별적 사회학자들의 문제의식과 구체적인 분석 내용을 드러내기 어렵다. 저자는 이런 문제점을 해결하기 위해 한국 사회학의 역사에서 드러나는 세 가지 지적 흐름을 구별하고 각각의 흐름이 형성되고 발전하는 과정에서 중요한 역할을 담당한 대표적 사회학자들의 학문적 업적을 정리하여 분석하고 그것을 그의 개인적 삶과 시대적 배경 속에서 이해하는 방법을 선택했다.

한국 사회학의 역사를 세계 사회학의 역사와 관련지어 논의한 1권에 이어 2~4권에서는 한국 사회학의 역사에서 형성된 세 가지 학문적 흐름을 다룬다. 2권은 아카데믹 사회학을, 3권은 비판사회학, 4권은 역사

사회학의 흐름을 다룬다. '한국 사회학의 지성사'를 감히 사마천司馬遷의 《사기史記》에 비유하자면 1권은 '본기本紀'에 해당하고 2~4권은 '열전列傳'으로 볼 수 있다.

2권 '아카데믹 사회학'에서는 이상백, 배용광, 이만갑, 이해영, 김경동 등 다섯 학자의 삶과 학문적 업적을 다룬다. 3권 '비판사회학'에서는 이효재, 한완상, 김진균 세 사람의 삶과 학문을 살핀다. 4권 '역사사회학'은 최재석, 신용하, 박영신의 삶과 학문을 대상으로 삼는다. 이탈리아의 미술사가 조르조 바사리Giorgio Vasari가 《르네상스 미술가 평전》에서 13세기 말에서 15세기에 이르는 르네상스 시기 미술가 200여 명의 평전을 통해 당대의 예술정신을 복원했다면 이 책은 한국 사회학 70여 년의 역사에 중요한 위치를 차지하는 사회학자 11명의 '평전'으로 한국 사회학의 흐름을 재구성한다.

한국 사회학사 연구의 의미

한국 사회학의 역사를 만들어가는 주체는 누구인가? 두말할 것도 없이 한국 사회학자들이다. 그들은 한국에서 태어나 자라면서 우리말로 교육받고 사유하며 사회학이라는 학문의 길에 들어선 사람들이다. 그들은 국내의 대학이나 외국 대학에서 사회학을 공부하여 박사학위를 받고 연구의 결과를 논문과 저서를 통해 발표하고, 강의를 통해 학생들에게 가르치고, 사회적 공론 형성에 기여하는 사람들이다. 그들의 연구는 한국 사회의 역사 속에서 이루어지는 그들의 삶 속에서 진행된다. 사회학자들의 개인사, 그가 살았던 시대의 역사, 사회학의 역사는 서로 연결되어 있다. 한국 사회학의 역사는 한국 사회라는 무대에서 한국 사회학자들이 벌인 지적 '드라마'라고 할 수 있다. 그렇기에 한국 사회학사 연구에는 사회학자들의 학문적 업적만이 아니라 그들의 '삶'이 포함되어야 한다.[1]

한국 사회학의 역사를 쓰려면 우선 드라마에 등장하는 주요 인물들 Masters of Korean Sociology을 선정하고 그들의 저작을 그들의 개인사와 가족사 그리고 그들이 살았던 시대의 정치사와 사회사, 문화사와 지성사의 맥락 속에 넣어 평가하는 작업이 필요하다.[2] 한국 사회학의 역사는 한국 사회학의 역사를 시작한 초창기 사회학자들 연구에서 시작되

---

[1] 지금까지 나온 한국 사회학자의 평전으로는 임형철, 《바롬 고황경: 그의 생애와 교육》, 삼형, 1988; 상백 이상백 평전출판위원회, 《상백 이상백 평전》, 을유문화사, 1996; 홍성태, 《김진균 평전: 민중을 위한 학문과 실천의 삶》, 진인진, 2014; 박정희, 《이효재, 대한민국 여성운동의 살아있는 역사》, 다산초당, 2019 등이 있다. 인류학자 평전으로 전경수, 《손진태의 문화인류학—제국과 식민지 사이에서》, 민속원, 2010, 정치학자 평전으로 김학준, 《공삼 민병태 교수의 정치학: 해방 이후 한국에서 정치학이 소생-성장-발전한 과정의 맥락에서》, 서울대학교출판문화원, 2013 등이 있다.

[2] 루이스 코저는 사회학자의 삶과 그가 살았던 사회적, 역사적, 지적 문맥 그리고 그의 사회학 저술들이 어떻게 이어져 있는가를 잘 보여주었다. Lewis Coser, *The Masters of Sociological Thought: Ideas in Historical and Social Context*(Waveland Press, 2003), 2판을 신용하와 박명규가 우리말로 옮긴 《사회사상사》, 한길사, 2016를 볼 것. 1970년에 나온 초판에서 코저는 콩트, 마르크스, 스펜서, 뒤르켐, 짐멜, 베버, 베블런, 쿨리, 미드, 파크, 파레토, 만하임 등 12명의 사회학자를 다루었고, 2판에서는 소로킨, 토머스와 즈나니에츠키, 현대 미국 사회학 이론의 흐름을 첨가했다.

어야 한다. 1945년 해방 이후 서울대, 경북대, 이화여대, 고려대, 서울여대 등에 사회학과를 만들고 제자들을 양성하고 학문적 발전에 기여하면서 대학 안팎에서 사회학자로서 영향력을 행사한 인물들을 우선적인 대상으로 선정할 수 있다.

여기에는 논란이 있을 수 있지만 이상백(1903~1966), 고황경(1909~2000), 최문환(1916~1975), 변시민(1918~2003), 이만갑(1921~2010), 배용광(1921~2010), 이효재(1924~2020), 이해영(1925~1979), 황성모(1926~1992), 최재석(1926~2017), 홍승직(1929~2014) 등을 꼽을 수 있을 것이다.

한국 사회학의 역사에서 중요한 의미를 갖는 사회학자들의 삶과 연구업적을 비판적으로 정리하고 평가하는 작업은 학자 개인의 업적을 칭송하기 위한 것도 아니고 그의 사회학 연구에 흠집을 내기 위한 작업도 아니다. 그것은 오로지 학문적 관점에서 한국 사회학의 역사를 냉정하게 되돌아보고 한국 사회학자들이 공유하는 한국 사회학의 전통을 수립하기 위한 기초 작업의 일환이다. 지금까지 사회학자 개인에 대한 비평적 연구가 이루어지지 않은 이유는 사회학계가 너무 좁아서 서로가 서로를 잘 아는 관계였기 때문이다. 다 아는 사실을 굳이 글로 정리할 필요를 느끼지 못했을 것이고, 서로 잘 아는 사람들끼리 상대방의 연구업적을 비판적 분석의 대상으로 설정하기 어려웠을 것이다. 사실 초창기 한국사회학회는 서울대학교 사회학과의 사제나 선후배를 중심으로 이루어진 작은 공동체였다. 제자가 스승의 글을, 후배가 선배의 글을 비판적으로 평가하기는 어려웠다. 하지만 이제 한국사회학회는 1,000명 넘는 회원이 소속된 조직으로 확대되었고 선배학자들의 연구업적은커녕 이름도 모르는 젊은 세대 학자들이 늘어나고 있다. 그런 이유에서라도 한국 사회학의 역사 쓰기가 시급하다.

왜 11명의 학자인가

앞 세대 사회학자들에 대해 어렴풋이나마 알고 있고 다음 세대 학자들과 어울려 학문 활동을 하고 있는 중간 세대 학자로서 한국 사회학의 역사를 실감나게 쓰려면 어떻게 해야 할 것인가를 상당 기간 고민했다. 그러다가 어느 날 후학들의 관심을 불러일으키기 위해서는 학계에 큰 영향을 미친 중요 학자들의 학문적 업적뿐만 아니라 그들의 개인적 삶과 그들이 살았던 시대에 대한 이야기가 필요하다는 생각이 들었다. 그래서 이 책은 11명의 학자가 어떤 시대적 상황에서 어떤 삶을 살면서 어떤 연구업적을 남겼고 그것은 지금 여기에 어떤 의미를 갖는가를 이야기하는 평전 형식을 취하고 있다. 학자들의 생애를 재구성하면서 그들의 문제의식과 내면 세계를 세밀하게 찾아보려고 애썼다. 뒤이어 그들이 일생에 걸쳐 발표한 논문과 저서 전체를 대상으로 학문적 업적을 정리했다. 마지막으로 그들의 학문적 유산을 비판적으로 계승하기 위한 방향을 제시했다.

한국 사회학의 역사를 구체적으로 기술하기 위해서는 한국의 모든 사회학자들을 연구 대상으로 삼아야 한다. 그러나 그런 작업은 필자의 역량을 벗어나는 일이다. 일단 한국 사회학의 역사에서 중요한 위치에 자리한 대표적 학자들을 선정하는 작업이 필요했다. 한국 사회학계의 연구 주제와 분석방법, 현실적합성과 실천적 지향성 부분에서 두드러지게 기여한 사람들을 선정했다.

한국 사회학을 제도화한 이상백, 대구·경북 지역 아카데믹 사회학의 제도화에 기여한 배용광, 미국 사회학의 조사방법을 도입하고 농촌사회를 연구한 이만갑, 인류학에서 시작하여 인구학의 기초를 마련한 이해영, 이론과 조사방법 양면에서 아카데믹 사회학을 체계화한 김경동, 가족사회학에서 시작하여 여성학과 분단시대의 사회학을 전개한 이효재, 민중사회학으로 널리 알려진 한완상, 민족·민중사회학의 흐름을 대표한 김진균, 가족을 중심으로 하는 한국 사회사와 농촌사회학 연구에 기여한 최재석, 한국 근대사회사 연구에서 방대한 연구업적을 쌓은 신용하, 사회학 이론을 강조하면서 이론적 관점으로 한국 근현대사를 비판적으로 성찰한 박영신, 이렇게 11명을 선정했다.

11명의 사회학자를 선정한 객관적 기준이 무엇인가라는 질문이 제기될 수 있다. 엄격한 기준을 먼저 정해놓고 그에 따라 인물을 선정한 것은 아니다. 중요하다고 생각하는 학자들의 연구업적을 읽어나가면서 다루어야겠다는 생각이 드는 학자를 선정했다. 이런 인물 선정이 적절한지 의문을 던질 수 있다. 꼭 다루어야 할 중요한 인물이 빠져 있다는 주장도 가능하다.

한국 사회학의 역사에서 중요한 역할을 했지만 이 책에서 다루지 못한 학자로 이화여대 사회학과와 서울여대 사회학과를 창설한 고황경(1909~2000), 한국 사회학계에 사회사상사의 길을 열고 서울대 총장을 역임한 최문환(1916~1975), 독일에서 사회학을 공부하고 사회학의 토착화를 주장한 황성모(1926~1992), 고려대 사회학과를 창설하고 한국인의 가치관을 사회학적 조사방법을 사용하여 연구한 홍승직

(1929~2014), 농촌사회학에서 출발하여 지역사회론과 사회구조론을 개척한 김일철, 한국 문화문법을 연구한 사회학자이자 인류학자인 강신표, 문화사회학과 사회운동론을 전공한 임희섭 등을 들 수 있을 것이다. 1940년대 출생으로 넘어가면 권태환, 한상진, 김성국, 임현진, 조은, 양종회, 조한혜정, 이시재, 최재현 등을 꼽을 수도 있고 미국에서 활동한 한국 출신 사회학자 장윤식, 김재온, 구해근 등도 연구 대상이 될 수 있다.

그러나 역사 서술은 연구자의 '관심'과 '관점'을 벗어날 수 없다. 누구를 중요한 학자로 선정할 것인가는 보는 관점에 따라 달라질 수 있다. 이 책이 한국 사회학사 연구 분위기를 진작해 이 책에서 미처 다루지 못한 주요 학자들에 대한 연구가 더 많이 축적되고 더욱 체계적이고 통합적인 한국 사회학 '통사'와 '열전'이 나오기를 기대한다.[3]

2021년 4월 3일
인왕산 자락 청운산방에서
정수복

---

3   참고로 덧붙이자면 로버트 니스벳은 콩트, 스펜서, 마르크스, 베버, 뒤르켐, 짐멜, 베블런, 미드, 만하임 등을 다룬 루이스 코저의 《사회학적 사상의 대가들*The Masters of Sociolocal Thought*》에 대한 서평에서 코저가 다룬 학자들 가운데 누구를 빼고 누구를 넣어야 한다고 주장하는 사람은 자기가 중요하다고 생각하는 학자를 다루는 글을 직접 쓰면 된다는 의견을 표명했다. Robert Nisbet, "Masters of Sociological Thought: Ideas in Historical and Social Context, Lewis A. Coser", *American Journal of Sociology*, Vol. 78, No. 1, July 1972, p. 234.

1부

이상백과
한국 사회학의 제도화

2부

배용광과
대구·경북의 사회학

3부

이만갑과
아카데믹 사회학의 형성

4부

이해영과
아카데믹 사회학계의 형성

5부

김경동과
아카데믹 사회학의 주류화

1부
·

이상백과
한국 사회학의 제도화

1.

이상백에 대한 선행 연구

이상백은 1904년 대구에서 태어났다.[1] 1919년 3·1운동 당시 시위에 참여했다는 이유로 경찰에 구속되었다가 풀려나자 1920년 일본으로 유학을 떠났다.[2] 와세다대학 사회철학과에서 사회학과 사회사를 전공한 그는 농구계를 중심으로 일본 체육계의 중요한 지도자로 활동하기도 했다.[3] 1939~1941년에는 와세다대학 재외특별연구원 자격으로 만

---

1   이상백은 프랑스의 아날학파 2세대를 대표하는 페르낭 브로델(1902~1985), 그리고 2차 세계대전 이후 미국 사회학의 대표적 이론가 탈코트 파슨스(1902~1979)와 동년배의 인물로서 그 두 사람에 비해 일찍 세상을 떠났다.

2   3·1운동 과정에서 "한국인 시위자 7,509명이 살해되었으며, 15,961명이 부상당했고, 46,948명이 체포 투옥되었다." 신용하, 《3·1운동과 독립운동의 사회사》, 서울대학교출판부, 2001, 547~548쪽.

3   그는 이미 1930년대에 일본체육회 임원으로 활동하면서 일본의 황족을 비롯한 지도층 인사와 교류했으며 1936년 베를린올림픽에는 일본선수단 총무 자격으로 참석하

주에서 연구 활동을 했다. 이후 다시 일본에 머무르다가 해방 한 해 전인 1944년 귀국했다.[4] 해방 정국에서는 여운형의 측근으로 정치 활동을 하다가 여운형 서거 후 정계를 떠났다.[5] 이후 이상백은 사회학자이자 체육인으로 활동하면서 사회학을 하나의 분과학문으로 제도화하는데 기여했다.[6] 1945년 9월 경성대학교 사회학 담당 교수로 임명되었고

여 1940년 도쿄올림픽을 유치하는 데 큰 공을 세우기도 했다(1940년 도쿄올림픽은 중일전쟁의 확대로 실시되지 못했고 최초의 도쿄올림픽은 1964년에 가서야 열렸다). 해방 이후에는 한국체육회와 한국올림픽위원회를 만드는 데 기여했고 아시안게임을 시작하는 일에도 공을 세웠다.

4 "갑골문 등 중국 고대 문화에도 조예"가 깊었던 이상백은 1939~1941년에 베이징에 머무는 동안 3건의 돈황 사본을 입수하여 국내로 가져왔다. 그중 한 건은 서울대 규장각에, 다른 한 건은 영남대학교 도서관에 소장되어 있다. 정광훈, 〈1930~1940년대 한국 초창기 돈황학 연구—김구경, 한낙연, 이상백을 중심으로〉, 《중앙아시아연구》, 21권 1호, 2016, 50·61~65쪽.

5 이상백, 〈정치의 허구성에 대하여〉, 《학풍》 2권 1호, 1949, 24~30쪽. 여운형과 함께한 이상백의 중도 좌파 사회민주주의적인 지향성은 1961년 교육기회와 사회적 불평등에 관련하여 쓴 글에서 확인 가능하다. 그는 능력 있고 공부하려는 의욕이 있는 상층계급 출신 학생을 키워주는 일보다는 잠재적인 능력은 있지만 하층계급 출신이어서 기초가 약하고 적극성이 떨어지고 의욕이 없는 학생의 가능성을 발견하여 그것을 신장시키는 일이 교육자의 과제라면서 "그와 같이 지위가 낮은 사람의 재능을 발견하고 신장하는 일이 사회의 동맥을 크고 굵게 만들고 그 경화증을 막아주는 최상의 수단이다"라고 주장했다. 이상백, 〈인간자원의 개발—고등학교 졸업생의 진학문제에 대한 수상〉, 《사상계》 9권 2호, 1961, 237쪽.

6 김필동, 〈이상백의 생애와 사회학 사상〉, 《한국사회학》 28집, 1994년 여름호. 서구 사회학의 창시자, 고전, 정전의 문제를 다루고 있는 Peter Baehr, *Founders, Classics, Canons: Modern Disputes over the Origins and Appraisals of Sociology's Heritage*(New Brunswick: Transaction Press, 2002) 참조.

1946년 4월 서울대학교에 사회학과를 창설했으며 1957년 한국사회학회 창립을 주도하여 초대 회장으로 활동함으로써 한국 사회학을 제도화했다.

　이상백의 사회학을 탐구하게 위한 기본 자료는 1978년 을유문화사에서 3권으로 나온《이상백저작집》과 1996년 '상백 이상백 평전간행위원회'에서 펴낸《상백 이상백 평전》이다. 이상백 사후에 출간된《이상백저작집》이 그의 사회사 연구논문 및 저서와 〈과학적 정신과 적극적 태도〉, 〈질서와 진보〉, 〈중간계급의 성격〉, 〈사회과학의 통합을 위한 시론〉, 〈사회변동의 제 과제〉 등 10여 편의 사회학 논문들을 망라하고 있어서 그의 학문 세계를 보여주는 기본 자료라면, 이상백 타계 30주년을 기념하여 그와 관련된 여러 인사들의 글을 모은《상백 이상백 평전》에는 역사학자, 사회학자, 체육인 등 이상백의 다양한 면모가 담겨 있다. 그 가운데 이만갑, 김채윤, 한완상, 김경동, 강신표, 신용하, 김필동 등 사회학자들이 쓴 글은 이상백이 후배 교수와 다음 세대 학자들에게 어떤 영향을 미쳤는지를 짐작할 수 있는 자료이다.

　이상백의 학문 세계에 대한 최초의 연구는 1978년 신용하가 쓴 〈이상백 선생과 한국 사회사 연구〉라는 논문이다.[7] 이후 별다른 연구가 없다가 1990년대에 들어서 김필동이 이상백이 남긴 기본 자료를 바탕으로 네 편의 글을 발표했다. 1993년에 발표한 〈이상백의 사회사 연구〉와 1994년에 발표한 〈이상백의 생애와 사회학 사상〉이라는 두 편의 논

7　신용하, 〈이상백 선생과 한국 사회사연구〉,《東亞文化》14집, 1978, 17~32쪽.

문에서 김필동은 이상백이 사회사와 사회학 양대 분야에 남긴 업적을 정리했다. 김필동은 1994년 역사학자들이 펴낸《한국의 역사가와 역사학》에 '이상백' 편을 썼고 1996년에는 〈이상백의 학창시절〉이라는 글을 통해 1945년 이전 이상백의 지적 형성 과정을 꼼꼼하게 추적했다. 그의 작업은 이상백의 "사회학적 사유의 재구성을 통해 상백 사회학을 학문적 관심의 세계로 복원"시키는 데 크게 기여했지만 이상백의 학문적 업적에 대한 "평가와 비판에는 신중한 입장"을 취했다.[8]

이상백은 체육인으로도 활동했다. 한영혜는 1996년 이상백이 일본에서 체육인으로 활동할 당시 일본어로 발표한 글들을 토대로 〈이상백과 근대 체육—식민지 시대 지식인의 자아실현과 민족 아이덴티티: 일본에서의 체육 활동을 중심으로〉라는 논문을 발표했다.[9] 이 글은 다른 사회학자나 체육인들이 쓴 글과 달리 식민지 시대를 겪은 지식인 이상백의 친일 여부를 신중하게 다루고 있다. 이후 박명규는 2004년에 발표한 〈한국 사회학의 전개와 분과학문으로서의 제도화〉라는 글에서 한

---

8 김필동, 〈이상백의 생애와 사회학 사상〉, 《한국사회학》 28집, 1994년 여름호, 1~36 쪽. 인용은 5쪽; 김필동, 〈이상백의 사회사 연구〉, 《한국 사회사 연구의 전통》, 문학과지성사, 1993, 83~128쪽; 김필동, 〈이상백의 학창시절〉, 상백 이상백 평전간행위원회 편, 《상백 이상백 평전》, 을유문화사, 1996, 97~138쪽; 김필동, 〈이상백〉, 조동걸·한영우·박찬승 공편, 《한국의 역사가와 역사학》 하권, 창작과비평사, 1994, 292~303쪽.
9 한영혜, 〈이상백과 근대 체육—식민지 시대 지식인의 자아실현과 민족 아이덴티티: 일본에서의 체육 활동을 중심으로〉, 《한림 일본학 연구》 1집, 1996, 257~289쪽.

국 사회학의 제도화 과정에서 이상백이 담당한 역할을 밝혔다.[10]

이 글에서는 앞에 언급한 선행 연구들을 참조하면서 기존의 연구에서 제기하지 않은 문제들을 비판적으로 접근하고자 한다. 구체적으로 이상백을 한국 사회학의 태두, 비조, 창건자, 아버지로 보는 기존의 해석이 정당한지를 물을 것이다. 1945년 해방 직후 이상백이 사회학을 대학 내에 제도화시키는 과정을 추적하고 이상백이 '제도적 아버지'를 넘어 사회학이라는 학문의 내용을 채운 '정신적 아버지'로서 충분한 역할을 했는지 검토해보려고 한다.[11] 그와 함께 한국 사회학의 제도화 과정에서 그가 생각한 사회학의 모습이 이후 한국 사회학의 역사에 어떤 영향을 미쳤는지도 성찰해볼 것이다.

---

10 박명규, 〈한국 사회학의 전개와 분과학문으로서의 제도화〉, 이화여자대학교 한국 문화연구원 편, 《사회학 연구 50년》, 혜안, 2004, 35~91쪽.

11 김필동은 신용하가 이상백의 사회사 연구에 대해 쓴 글이 "상백에 대한 제자의 추념 논문이기 때문에 그것에 대한 비판은 지극히 절제되어 있다"고 썼는데 필자가 볼 때는 서울대학교 사회학과 출신이라면 누구라도 이상백에 대한 비판적 언급은 어려울 것이라고 본다. 신용하, 〈이상백 선생과 한국 사회사연구〉, 《東亞文化》 14집, 1978, 17~32쪽; 김필동, 〈이상백의 사회사 연구〉, 《한국 사회사 연구의 전통》, 문학과지성사, 1993, 84~85쪽.

2.

이상백과
한국 사회학의 제도화

1. 진단학회와 사회학과 창설

분과학문이 제도화되기 위해서는 최소한 세 가지 조건이 필요하다. 첫째, 기존의 분과학문과 구별되는 고유한 이론적·방법론적 패러다임 정립, 둘째, 대학 내에 학과 창설, 셋째, 학회 형성과 학회지 발간 등 학문 공동체의 형성이라는 세 가지 조건을 갖추어야 하나의 학문이 제도화되었다고 볼 수 있다.[12] 서구에서 이미 정립된 학문을 수용한 비서구 사회의 학계에서 분과학문이 제도화될 때 고유한 이론과 방법론의 정립

---

12 박명규, 〈한국 사회학의 전개와 분과학문으로서의 제도화〉, 41쪽. S. D. Clark, "How the Department of Sociology Came into Being", Rick Helmes-Hayes ed., *A Quarter Century of Sociology at the University of Toronto*(Toronto: Canadian Scholar's Press, 1988), pp. 1~10 참조.

이라는 첫 번째 조건은 충족하기 어렵다. 그러므로 두 번째 조건인 사회학의 대학 내의 제도화 과정부터 살펴보자.[13]

대학 내에 사회학과를 창설하기 위해서는 우선 제도화 의지를 가진 주도적 인물이 있어야 한다. 해방 당시 사회학과를 만들 지적 자원과 능력을 보유한 사회학자는 여럿 있었다. 하버드대학에서 박사학위를 받고 연희전문에서 가르치던 하경덕, 미국 남가주대학에서 박사학위를 받고 이화여전에서 가르치던 한치진, 독일에서 박사학위를 받고 보성전문에서 가르치던 김현준, 도쿄제국대학에서 공부하고 명륜전문에서 가르치던 신진균, 미시건대학에서 박사학위를 받은 고황경 등이 그들이다. 그럼에도 불구하고 이상백이 사회학의 제도화를 주도할 수 있었던 데에는 개인적 요인과 함께 여러 가지 정치적·제도적 요인들이 작용했을 것이다.[14]

이상백이 1946년 서울대학교에 사회학과를 창설할 수 있었던 배경에는 먼저 1934년 창립한 진단학회가 있다. 이상백은 진단학회의 창립 회원 24명 중 한 명으로 활동했다. 해방이 되자 경성제국대학이 경성대학을 거쳐 국립서울대학교로 전환되고 그 안에 문리대가 만들어지는 과정에서 국사학자 이병도를 중심으로 하는 진단학회가 중요한 역

---

13 한국 사회학의 제도화 과정을 알기 위해서는 1946년에 설치된 서울대학교 사회학과만이 아니라 1954년에 창설된 경북대학교 사회학과, 1958년에 창설된 이화여자대학교 사회학과, 1963년에 창설된 고려대학교 사회학과, 1972년에 창설된 연세대학교 사회학과의 역사에 대한 연구도 필요하다.

14 박명규, 〈한국 사회학의 전개와 분과학문으로서의 제도화〉, 48쪽.

할을 담당했다.[15] 진단학회는 일제강점기 경성에 거주하며 조선을 연구하던 일본인 학자들의 단체인 '청구학회'의 관변적이고 식민주의적인 학문 활동에 맞서기 위해 조선인 학자들이 만든 학회이다.[16] 1930년에 만들어진 청구학회가 발간하는《청구학총》은 당연히 일본어 논문을 게재했는데 진단학회의 학회지《진단학보》는 우리말 논문을 실었다. 진단학회 회원들은 "대개 신학문을 공부하기 위해 일본이나 다른 나라의 대학에 진학하는 한편 국어와 역사, 사회, 문화를 전공한 사람들로, 비록 형식적 여건 때문에 일본인 교수로부터 배웠으나 민족문화의 수호를 위해 한국학을 전공으로 선택했던 만큼, 민족적 자부심, 사명감, 그리고 책임감을 함께 가지고 있었다."[17] 이병도, 이선근, 김상기, 이상백, 신석호, 문일평, 손진태, 송석하 등 역사·민속·사회 분야의 학자들, 김윤경, 김태준, 이병기, 이은상, 이윤재, 이희승, 조윤제, 이재욱, 최현배

---

15 진단학회의 역사에 대해서는 진단학회 편,《진단학회 60년지: 1934~1994》, 진단학회, 1994를 참조. 경성제국대학에 대한 연구로는 정선이,《경성제국대학연구》, 문음사, 2000와 정준영,《경성제국대학과 식민지 헤게모니》, 서울대학교 대학원 사회학과 박사학위 논문, 2009; 정근식 외,《식민권력과 근대지식: 경성제국대학연구》, 서울대학교출판문화원, 2011을, 서울대학교의 역사에 대해서는 서울대학교 50년사 편찬위원회,《서울대학교 50년사: 1946~1996》, 서울대학교출판부, 1996 참조.

16 그럼에도 불구하고 조선사편수회에 관여했다거나 만주에서 친일 행위를 했다는 이유로 몇몇 사람들은《친일인명사전》, 민족문제연구소, 2009에 기록되어 있다.

17 이현희, 〈진단학회와 이상백〉, 상백 이상백 평전출판위원회,《상백 이상백 평전》, 을유문화사, 1996, 158쪽. 진단학회와 한국 근대 역사학의 역사에 대해서는 정병준, 〈식민지 관제 역사학과 근대 학문으로서의 한국 역사학의 태동──진단학회를 중심으로〉,《사회와 역사》110집, 2016, 105~162쪽 참조.

등 국어국문학자들, 조선 미술사를 전공한 고유섭, 윤리학자 김두헌, 교회사가 백낙준 등 총 24명이 발기인이었고 그 가운데 이병도, 이윤재, 이희승, 손진태, 조윤제 등이 위원으로 선출되어 실무를 맡았다. 김성수, 송진우, 조만식 등 26명은 찬조위원으로 선출되었다.[18] 이 학회는 1942년 조선어학회 사건이 일어나면서 진단학회 회원이기도 했던 이윤재, 이희승, 최현배, 이병기 등이 일본 경찰에 구속된 후 일제의 수색과 사찰이 강화됨에 따라 자진해서 활동을 중지했다.

이상백은 진단학회의 주요 구성원이었다.[19] 1934년 진단학회가 결성될 때부터 참여해서 《진단학보》 창간호에 〈서얼차대의 연원에 대한 일문제〉를 게재했다. 1939~1941년에는 《진단학보》의 편집에 직접 관여하기도 했다. 1942년 조선어학회 사건 이후 활동을 중단했던 진단학회는 해방이 되자마자 1945년 8월 16일 인사동 태화관에서 모여 회칙을 개정하고 곧바로 활동을 재개했다. 이때 이상백은 상임위원으로 선출되었다. 1948년 진단학회 위원장이었던 송석하가 사망한 후에는 위원장이 되어 학회를 이끌었으며 1954년 진단학회가 사단법인으로 등록할 때는 부이사장으로 선출되었다.[20]

---

18 진단학회 편, 《진단학회 60년지: 1934~1994》, 82~85쪽.
19 진단학회를 주도한 이병도는 이상백의 와세다대학교 선배이며 이상백에 앞서 '사학과 사회학'(史社學)을 전공했다. 와세다대학 동문으로 중요한 인물로는 이광수, 김성수, 현상윤, 양주동, 최두선 등이 있다. 이병도, 〈나의 회고록〉, 대한민국학술원 편, 《나의 걸어온 길—학술원 원로회원들의 회고록》, 대한민국학술원, 1983, 27~49쪽.
20 이현희, 〈진단학회와 이상백〉, 162쪽.

1945년 9월 8일 미군이 한반도에 상륙하여 미 군정이 시작되었고 10월 16일에는 경성제국대학이 경성대학으로 개칭되었다. 총장 대리 겸 법문학부장으로 백낙준이 임명되었다. 11월 중순 백낙준, 백남운, 이병도, 조윤제, 유진오 5명은 법문학부 교수 인선위원회를 구성했고 12월 16일에는 27명의 법문학부 교수를 발령했다. 이상백은 그 27명 가운데 포함되었다.[21] 1946년 8월 22일에는 경성대학과 서울에 있던 여러 전문대학을 통합하여 국립서울대학을 만들려는 이른바 '국대안'이 발표되었다.[22]

국대안에 대한 반대투쟁이 심해지자 미 군정청은 1947년 5월 26일 새로운 이사진을 발표하면서 수정안을 제시했다. 국립대학 설립에 반대하는 운동이 격렬했지만 미 군정은 반대파 교수와 학생들을 몰아내고 경성대학을 서울대학교로 개편했다. 이런 급박한 상황 속에서 이상백은 한편으로는 여운형을 중심으로 하는 정치 활동에 참여하면서 다른 한편으로는 새로 창설된 서울대학교에 사회학과를 개설하는 일에

---

21 이동진, 〈한국 사회학의 제도화와 배용광〉, 《동방학지》 168집, 2014, 255~256쪽.

22 1945년 10월 16일 자로 공포된 미 군정 법령 제15호는 "경성제국대학을 서울대학으로" 명칭을 변경했고 1946년 8월 22일 공포된 군정 법령 102호의 제목은 〈국립 서울대학교 설립에 관한 법령〉으로 되어 있다. 이 법령의 제2조는 다음과 같다. "전 세계 일류 고등기관의 학문 수준에 필적할 만한 정도로 동 대학교의 수준을 높이기 위하여 필요한 제반 감리제도(경쟁, 시험 급 기타 방법에 의한)를 창정함." 다른 한편 이화여자대학교는 1946년 8월 11일, 연희대학교는 1946년 8월 15일에 미 군정으로부터 설립 인가서를 받았다. 국사편찬위원회, 《실록 대한민국사 자료집—한국교육정책자료 1》, 국사편찬위원회, 2011, 2쪽과 13쪽.

힘썼다.[23] 그러나 1947년 7월 19일 여운형이 암살당한 후 정치 활동을 접고 사회학과의 창설에 집중했다.

앞서 말했듯 이상백이 사회학과 창설에 앞장설 수 있었던 데에는 그가 진단학회의 주요 구성원이었다는 점이 중요한 배경으로 작용했다. 김필동에 따르면 "상백의 진단학회 활동은 해방 후 상백이 경성대학 및 서울대학교 교수가 되고, 서울대학교에 사회학과를 창설하는 데 결정적인 배경이 되었다. 왜냐하면 진단학회 출신들이 문리과대학 문학부의 교수진 구성의 중심이 되었기 때문이다."[24] 진단학회 회원이었던 초대 국립박물관장 김재원의 회고에 따르면 국대안 반대운동이 전개되던 "1946년 12월 말 진단학회 회원들이 대거 법문학부의 교수 진용을 구성하였다."[25] 그에 따라 당시 진단학회에서 중요한 역할을 맡았던 이상백도 당연히 서울대학교 교수진에 포함될 수 있었다.[26]

---

23 1947년 5월 24일 창당한 근로인민당의 기본 입장은 '미소 양국에 공정 불편한 정책을 취하며 민족통일을 기초로 신흥 국가를 건설하고 봉건적 생산관계의 철저한 소탕과 개인적 창의를 허용하는 민주주의적 신경제 체제를 수립하며 민족의 우수한 문화를 계승 발양한다'는 것이었다. 이상백은 근로인민당에서 중앙감찰위원이라는 직을 맡았다. 김삼웅, 《몽양 여운형 평전》, 채륜, 2015, 339~340쪽.
24 김필동, 〈이상백의 생애와 사회학 사상〉, 《한국사회학》 28집, 1994년 여름호, 31쪽.
25 김재원, 《박물관과 한평생》, 탐구당, 1992, 325쪽.
26 진단학회는 해방 이후 하버드 옌칭연구소의 지원으로 1959~65년 사이에 '한국사' 집필을 위한 연구비 지원을 받아 총 7권으로 구성된 진단학회 《한국사》를 간행했다. 이 연구비는 1958년에서 1976년까지 18년간 집행되었고 1955년에 이루어진 《진단학보》의 복간도 옌칭연구소의 지원으로 이루어졌다. 김재원, 〈진단학회 50년 ―광복에서 오늘까지〉, 《진단학보》 57호, 1984.

그 무렵 민속학자 송석하가 서울대학교 문리대에 인류학과를 개설했다가 일찍 사망하면서 학과 설립이 유명무실해진 것을 보면 이상백의 존재와 활동은 사회학과 설립에 결정적인 요소였다 해도 과언이 아니다.[27]

국대안의 실현으로 일본식 대학제도에서 벗어나 미국식 대학체제가 도입되었다. 경성제국대학 시절의 법문학부에서 법학부가 분리되어 나갔고 홀로 남은 문학부는 미국식 대학체제에 맞춰 이학부와 합쳐서 문리과대학으로 출범했다. 당시 문리과대학은 3부로 이루어졌는데 1부는 어학 및 문학, 2부는 사회과학, 3부는 자연과학으로 구성되었다. 그리고 2부의 사회과학부는 사학과, 사회학과, 심리학과, 인류학과, 정치학과, 종교학과, 철학과, 지리학과로 구성되어 있었다.

이 과정에서 어떻게 사회학과가 만들어지게 되었는지에 대한 자세한 설명은 찾을 수 없다. 미 군정의 고위 관리가 미국식의 사회학을 도입하여 마르크스주의에 기초한 좌파 학술운동의 대안을 마련하기 위한 것이었는지, 아니면 이병도와 이상백을 비롯한 진단학회 회원들이 일본에서 공부한 경험을 바탕으로 사회학과 창설을 기획했는지, 그도 아니면 유억겸과 오천석을 비롯한 미 군정의 교육정책 수립가들의 의견

---

27 "무슨 일이든지 '총대를 메는' 사람이 있어야 일이 된다. '총대를 멘' 이상백의 사회학이 후일 크게 성장했음을 상기한다면 인류학의 '총대를 메려고' 했던 송석하의 요절로 인류학은 절망과 부진의 경로를 걷게 된 것이다." 전경수, 《한국 인류학 백년》, 일지사, 1999, 168쪽.

이 작용했는지를 밝힐 수 있는 자료가 남아 있지 않다.[28]

이상백이 앞장서서 사회학과를 만들려 했다는 의도를 공식적으로 밝힌 적이 없는 것을 보면 아마도 사회학과의 창립은 이상백의 의도라기보다는 다른 데서 나온 안이고 진단학회 회원들 사이에서 이상백이 사회학과 창설을 주도하는 것을 승인한 듯하다.[29] 경성제국대학의 유산으로 사회학과가 설치되었다는 견해도 있다. 김필동은 〈경성제국대학의

---

28 이만갑은 서울대 사회학과 창설과 관련하여 다음과 같이 증언한 바 있다. "해방 첫해에 사회학과를 만들었으면 좋겠다는 얘기가 어디서 나왔는지 난 모르지만, 아마 그 당시에 와세다 사람들이 상당히 영향력이 컸을 거예요. 우선 두계 이병도 선생이 이상백 선생의 선배고, 또 그 양반들이 다 진단학회 멤버고, 두계 선생이 진단학회 리더십도 상당히 강하게 가지고 있던 사람이고, 그러니까 서울대학에서 좀 공부한다는 사람들끼리 모여서 사회학과 만들자 그런 거죠." 이만갑, 〈해방 직후의 기억〉, 서울대학교 사회학과 60년 편집위원회 편, 《다시 출발선에 서서: 동문들이 쓰는 사회학과 60년》, 선인, 2006, 15쪽. 이와 달리 변시민은 서울대학교에 사회학과가 만들어질 수 있었던 이유는 미 군정이 사회학을 미국의 학문으로 자랑스럽게 생각했기 때문이라고 해석했다. 변시민, 〈회고〉, 한국사회학회편. 《한국사회학회 50년사: 1957~2007》, 한학문화, 2007, 15~20쪽. 제2차 세계대전 직후 미국이 유네스코UNESCO 사회과학국을 통해 세계사회학회를 적극적으로 창설한 것을 보면 변시민의 주장이 설득력이 있다. Charles-Henry Cuin, François Gresle, *Histoire de la sociologie, 2. Depuis 1918*(Paris: La Découverte, 1992), pp. 66~67과 Jennifer Platt, *History of ISA, 1948~1997*(International Sociological Association, 1998), pp. 13~18 참조.

29 당시 진단학회 회원 가운데 역사학자가 많아서 모두 역사학과 교수가 될 수 없었기 때문에 조선 시대 정치사에 박식한 이선근은 정치학과로 배치되고 사회사를 전공한 이상백은 사회학과로 가게 되었다는 해석도 있다. 김성은, 《한국 사회과학의 전문화와 대중화》, 서울대학교 대학원 사회학과 박사학위 논문, 2015, 67~68쪽.

사회학 교육〉이라는 논문에서 "경성제대에 사회학 강좌와 전공이 있었다는 제도적 유산이 해방 후 경성대학과 서울대학교에 사회학과가 설치되는 데 결정적인 영향을 미쳤다"고 주장했다.[30] 이런 주장은 해방 후 서울대학교 문리대에 특이하게 미학과, 종교학과 등이 개별 학과로 설치된 이유도 설명해준다. 왜냐하면 경성제대에 미학과 종교학 강좌와 전공이 있었기 때문이다.

그럼에도 당시 서울대학교 사회학과의 설치 배경을 이해하기 위해서는 그것이 "당시 미 군정 당국 및 미국의 정책적 고려와 밀접한 관련을 갖는 것임을 기억해야 한다."[31] 미소 공동위원회가 결렬되고 점차 냉전 분위기가 형성되자 미 군정은 한국의 지식인들이 사회주의로 경도되는 것을 막고 한국에 미국식 자유민주주의와 자본주의 시장경제 체제를 이식하기 위한 기초 작업을 수행했을 것이다.

아직 확실한 자료가 나타나지 않았지만 냉전체제의 수립이라는 큰 그림 속에서 이루어진 서울대학교 사회학과의 창설은 사회주의 이념에 맞서 자유주의적이고 반공주의적인 노선의 사회학 도입을 예고하는 것

---

30 김필동, 〈경성제국대학의 사회학 교육—제도와 사람들(1926~1945)〉, 《사회와 역사》 127호, 2020년 가을호, 69쪽. 경성제대에서 사회학을 전공하고 있던 신종식, 정종면, 송재진 등 한국인 학생들이 있었기 때문에 이들을 수용하기 위해서도 경성대학과 서울대학교에 사회학과 설립이 필요했다는 주장도 가능하다. 김필동, 〈경성제국대학의 사회학 교육—제도와 사람들(1926~1945)〉, 64쪽.

31 한완상·이기홍, 〈한국 사회학의 반성: 새로운 패러다임의 성격〉, 《현상과 인식》 38호, 1987, 192쪽.

이었다고 해석할 수 있을 것이다.[32]

2. 초창기 사회학과의 교수진 구성

하나의 학문이 제도화되는 과정에는 연구와 교육을 담당할 학자들이 필요하다. 이상백이 사회학과를 창설하고 난 다음 어떤 사람을 교수로 충원했는가를 살펴봐야 하는 이유이다. 초창기 사회학과 교수 충원은 한국 사회학의 앞날을 결정하는 데 중요하게 작용했다. 당시 한국에는 미국, 프랑스, 독일 등 구미에서 사회학을 공부하고 돌아온 사람들이 여러 명 있었다. 그럼에도 이상하게 식민지 시대 일본에서 공부한 사람들이 서울대학교 사회학과 교수로 충원되었다.[33]

---

32 냉전 초기 미국의 후진국 정책은 두 가지로 이루어졌다. 하나는 경제원조이고 다른 하나 사회주의 이념에 대항할 수 있는 대항적 가치와 이념을 선전하는 것이었다. 이에 대해서는 Morris Watnick, "The Appeal of Communism to the People of Underdeveloped Areas", Reinhard Bendix and S. M. Lopset eds., *Class, Status and Power*(New York: The Free Press, 1968), pp. 428~436을 볼 것. 워트닉의 글은 원래 1951년 시카고대학에서 발표한 것이다.

33 박영신은 이를 두고 "이들은 모두 일본에서 공부했다는 동류의식을 가졌을 것이며, 실제 일본식의 사회학 연구 경향에 따라 그 분위기에서 훈련·생산된 인물이었다"라고 썼다. 박영신은 남북 분단과 미국의 적극적인 개입이라는 '구조적 유인성'과 일본 중심에서 미국 중심으로 바뀐 상황에서 남한의 식자층이 실리적 계산에 기초해 급속하게 미국 사회학을 수용했다고 본다. 박영신, 〈사회학적 연구의 사회학적

1920년대와 30년대에 와세다대학에서 교육받고 연구한 이상백은 1945년 12월 미 군정청으로부터 경성대학교 사회학 담당 교수로 임명된 후 1946년 4월 서울대학교 문리과대학 안에 사회학과를 창설했다. 1947년 이상백에 이어 두 번째로 교수가 된 사람은 양회수로서 그 역시 와세다대학에서 사회학을 공부했다.[34] 양회수는 이상백의 추천으로 교수가 된 것으로 보인다. 세 번째로 교수가 된 사람은 교토제국대학 출신의 변시민이다. 그는 이상백을 통하지 않고 교토제국대학 화학 교수였다가 당시 문리대 학장으로 일하고 있던 이태규를 통해 1948년 사회학과 교수가 되었다.[35] 당시 막스 베버를 독일어로 강독하던 변시민은 지적 자부심에 차 있었으며 1952년 해방 이후 최초의 사회학 개론서인 《사회학》을 출간하면서 학문적인 권위를 확보했다.[36]

사회학과 창설 후 서울대 사회학과에서는 고황경, 한치진, 최문환, 배용광, 이만갑, 이덕성 등이 강의를 담당했다. 그 가운데 와세다대학에서 경제학을 공부한 최문환은 1949년 《근세 사회사상사》를 펴냈고 1950년 사회학과의 네 번째 교수로 임명되었다.[37] 이만갑은 한국전쟁

역사〉, 《현상과 인식》 9권 1호, 1985, 15쪽과 17~18쪽.

34 양회수는 최문환과 와세다대학 동기였다. 양회수는 1950년 서울대를 떠나 중앙대로 옮겼다가 경북대를 거쳐 전북대 사회학과에서 가르치다가 1982년 퇴임했다. 그는 주로 농촌사회학과 조사방법론을 가르쳤고 대표 저서로는 《한국농촌의 촌락구조》, 아세아문제연구소, 1967가 있다.

35 변시민, 〈회고〉, 31쪽.

36 변시민, 《社會學》, 장왕사, 1952.

37 최문환은 이상백의 와세다대학 후배이자 대구고등보통학교 7년 후배이기도 하다.

당시 공군 장교로 복무하다가 1955년 코넬대학에 연수를 다녀온 이후 1957년 교수로 임명되었다. 한국전쟁 당시 폭격으로 가족을 잃은 양회수는 개인 사정으로 서울대 사회학과를 떠났다. 와세다대학에서 경제학을 전공했지만 서울 상대 쪽에 자리잡기 힘들었던 최문환은 고려대학교를 거쳐 1950년 이상백의 후원으로 사회학과 교수가 되었다. 교수로 임용된 후 그는 《막스 웨버 연구》, 《민족주의 전개 과정》 등 중요한 저서를 펴냈지만 1961년 서울대 상대 학장이 되어 사회학과를 떠났다.

그때까지는 와세다대학 출신인 이상백과 최문환 두 사람이 사회학과를 주도했다.[38] 사회학과의 권력관계에서 소수파가 될 수밖에 없었던 교토제대 출신의 변시민은 1958년 문교부 국장이 되어 사회학과를 떠났다. 1958년에는 서울대학교 사회학과 졸업생 최초로 이해영이 사회학과 교수로 임명되었다. 변시민과 최문환이 떠난 후 사회학과는 이상백, 이만갑, 이해영 세 사람이 주도했다. 1966년 이상백 사후에는 사회학과 교수 임용에 이해영의 영향력이 가장 크게 작용했다.[39]

<hr />

1966년 서울대 총장에 임명된 최문환은 '서울대 종합화 계획' 수립 등 대학 행정가로서의 능력을 발휘했다. 이한우, 〈사회학〉, 《한국의 학맥과 학풍》, 문예출판사, 1995, 182~183쪽.

38 김채윤, 〈이상백과 최문환〉, 뿌리깊은나무 편, 《이 땅의 사람들 2》, 뿌리깊은나무, 1980, 166~177쪽.

39 권태환, 한상진, 양영진 등 서울대 사회학과 출신 학자들의 증언에 따르면 1966년 이상백의 사망 후 이만갑은 개인적인 연구에 치중한 반면 이해영은 '미국인구협회 Population Council'의 지원을 받아 인구 및 발전문제연구소(인발연)를 만들어 대규모 조사 연구를 진행하면서 제자를 훈련시켜 미국 유학을 지원하는 역할을 했다. 권태환에 따르면 이해영이 "학자로서 대단한 연구업적을 낸다기보다 많은 학자들

사회학이 제도화되는 과정에는 다음 세대 학자의 양성도 중요하다. 이상백 또한 그 점을 충분히 인식했는지 학문적 자질이 있어 보이는 제자들에게 정신적·물질적 지원을 아끼지 않았다. 경성제대 예과를 마치고 서울대학교 사회학과를 졸업한 후 학문의 길에 들어서 서울대 사회학과 교수가 된 사람은 앞서 말한 이해영과 황성모 두 사람이다.

이해영은 이상백과 최문환의 총애를 받아 1955년 이만갑과 함께 록펠러재단 후원으로 1년간 연수를 다녀온 후 1958년 서울대 사회학과 졸업생으로는 처음으로 교수에 임용되었다. 황성모는 서울대 대학원에서 석사학위를 마치고 1954년에서 1957년 사이에 강사 생활을 하다가 1957년 독일에 유학하여 1961년에 박사학위를 받고 귀국한 다음 이화여대를 거쳐 1962년에 서울대 사회학과 교수로 부임했다. 그러나 그는 몇 년 안 되어 '민족주의비교연구회'라는 학생 서클 사건으로 해직되었다.

이후 서울대 사회학과에서 석사를 마치고 이화여대 교수로 재직 중이던 고영복이 1966년 서울대 교수로 부임했고, 한국전쟁 중인 1952년 사회학과에 입학한 김채윤이 이상백의 무급 조교로 일하다가 1967년에 교수로 임용되었다. 1968년에는 서울여대에서 가르치던 김경동이 사회학과 전임강사로 부임했다가 1971년 미국 유학을 떠났다. 1970년

을 뒤에서 서포트하고 지원하는 역할"을 했고 이해영을 통해 "리서치 펀드가 많이 들어왔(다). 인발연은 당시 대학원생들에게 장학금을 줄 수 있는 유일한 기관이었다." 김인수·박경숙, 〈권태환 교수 인터뷰〉, 김인수, 《서울대학교 사회발전연구소 50년사 1965~2015》, 한울, 2015, 278쪽과 280쪽.

에는 에모리대학에서 박사학위를 받고 이스트캐롤라이나대학에서 가르치던 한완상이 교수로 부임했다.

1975년 서울대학교가 개편되면서 상대에서 가르치던 신용하와 김진균, 교양학부에서 가르치던 최홍기가 사회학과 교수로 합류했다. 신문대학원 소속이던 김일철과 오갑환도 사회학과로 합류했으나 오갑환은 안타깝게 요절하고 말았다. 미국 코넬대학에서 박사학위를 받고 노스캐롤라이나 주립대학에서 가르치던 김경동은 1977년 사회학과 교수로 복귀했다.

한국 사회학의 역사에서 2세대에 속하는 이들은 모두 이상백의 지적세례를 받고 사회학에 입문한 사람들이다. 이렇게 이상백은 1966년 세상을 떠나기 전까지 국내외에서 수학한 2세대 사회학자들을 양성하여 한국 사회학계 인적 기초를 마련했다.[40]

---

40 하나의 학문이 대학 내에 자리잡기 위해서는 학문의 창시자를 중심으로 학자
집단이 형성되어야 한다. 1890년대 프랑스에서 뒤르켐이 《사회학 연보L'Année
sociologique》를 매체로 하여 모스, 포코네, 시미앙, 부글레, 알박스, 위베르 부르젱
등의 제자들과 함께 학파를 형성하면서 대학 내에 사회학을 제도화하고 다른 학문
분야에 영향을 미치는 과정을 분석한 Philippe Besnard ed., "Sociologies Françaises
au Tournant du Siècle: Les Concurrents du Groupe Durkheimien", *Revue Française
de Sociologie* Vol. 22, No. 3, 1981 참조.

3. 사회학이라는 학문의 사회적 승인

사회학이 학문으로 제도화되기 위해서는 대학제도 안에 사회학과 창설 이후 전문적인 학술 활동을 위해 학회를 구성해야 한다. 학과 창설과 학회 구성이 제도화의 형식적 조건이라면 사회학이라는 학문의 고유한 연구 대상, 이론, 방법 등을 제시하고 그것을 다른 학문 분야의 학자를 포함하여 학계 전체에서 하나의 정당한 학문으로 승인받는 것은 제도 화의 내용적 조건이다.[41]

이 점에서 1950년 6월 1일 발간된 종합학술지 《학풍》의 사회학 특집 호가 중요하다. 《학풍》은 1945년 을유년에 첫걸음을 뗀 을유문화사에 서 펴낸 학술지로서 "지질과 인쇄가 근래의 호화판일 뿐만 아니라 내 용 면에서도 해방 후 기간에 이 방면 잡지의 최고봉"이라는 평가를 받 았다.[42] 이상백은 이 학술지의 창간에서 편집까지 관여하면서 중요한 역할을 수행했다.[43]

---

41 박명규, 〈한국 사회학의 전개와 분과학문으로서의 제도화〉, 이화여자대학교 한국 문화연구원 편, 《사회학 연구 50년》, 혜안, 2004, 41쪽.

42 《동아일보》 1948년 11월 9일 자. 천정환, 《시대의 말, 욕망의 문장》, 마음산책, 2014, 41쪽에서 재인용.

43 이상백은 일찍부터 학술 활동을 위해서 출판이 갖는 중요성을 인식하여 해방 직후 설립된 을유문화사를 적극적으로 활용했다. 《학풍》 말고도 이상백이 관련된 진단 학회의 학술지 《진단학보》와 진단학회 편 《한국사》 전 7권이 모두 을유문화사에서 출간되었다. 을유문화사 사장 정진숙은 이상백에 대해서 이렇게 증언했다. "상백

《학풍》에는 역사학, 사회학, 법학, 경제학, 정치학, 어문학, 고고학, 미학, 과학 등 여러 분야를 망라하는 학술논문들이 실렸고 '경제학 특집', '정치학 특집', '전후 불란서 문학 특집', '사회학 특집' 등을 주제로 특집호를 내기도 했다. 필자로는 고승제, 안응렬, 전석담, 양주동, 이희승, 김기림, 이양하, 홍이섭 등 학계의 각 분야에서 기초를 마련한 학자들이 다수 참여했다. 저명한 외국 학자의 논문을 번역하여 싣기도 했고 시와 소설 등으로 채워진 창작란도 마련했다.[44]

이상백은 이 학술지에 총 5편의 글을 발표했다.[45] 그 가운데 1948년 창간호에 발표한 〈과학적 정신과 적극적 태도—실증주의 정신의 현대적 의의〉와 1950년 '사회학 특집호'에 발표한 〈질서와 진보—'사회학' 비판과 '진보적 입장'에 대하여〉라는 두 편의 글은 이상백이 사회학

이상백 그분은 나의 절친한 선배이자 인자한 스승 격이었고, 내가 평생을 두고 운영해온 을유문화사의 보배로운 저자이자 뛰어난 편집기획자였다." 정진숙, 〈상백 이상백과 을유문화사〉, 상백 이상백 평전출판위원회 편, 《상백 이상백 평전》, 을유문화사, 1996, 390쪽. 프랑스의 경우 뒤르켐은 알캉Alcan 출판사, 부르디외는 미뉘 Minuit 출판사와 밀접한 관련을 맺고 있었다. 미국의 경우 파슨스는 프리 프레스Free Press에서 주요 저서를 출간했다.

44 천정환, 《시대의 말, 욕망의 문장》, 41쪽.
45 이만갑에 의하면 《학풍》 2권 5호, 1949에 이지동이라는 이름으로 실린 〈역사와 사회학〉이라는 논문도 이상백의 글이다. 이상백이 같은 잡지에 자신의 이름으로 여러 편의 논문을 싣는 것을 피하기 위해 필명을 사용했다고 한다. 김필동, 〈이상백의 생애와 사회학 사상〉, 《한국사회학》 28집, 1994, 3쪽. 그 밖에 "사회학 특집호"에 L이 라는 이름으로 실린 〈미국 사회심리학의 신경향: 정신분석학과 문화인류학〉과 부록으로 실린 40명의 서구 사회이론가들 소개, 파슨스와 바버의 글 번역 등도 이상백의 기획일 가능성이 높다.

에 대해 어떤 생각을 가지고 있었는지를 보여주는 가장 중요한 논문이다.[46]

이상백이 주도하여 한국전쟁 직전인 1950년 6월 1일 발행된《학풍》의 '사회학 특집호'는 지식사회 일반에 사회학이라는 학문의 성격과 중요성을 널리 알리는 역할을 했다.[47] 정치학 특집호와 경제학 특집호에 이어 마련된 사회학 특집호는 한국전쟁의 발발로 효과가 반감된 측면이 있긴 했지만 내용상 당시 아직 윤곽이 흐릿했던 사회학이라는 학문의 정체성을 분명히 하고 앞으로 한국의 사회학이 나아가야 할 방향을 제시했다. 이 특집호는 9편의 논문과 서양의 대표적 사회학자들을 간단하게 소개하는 부록으로 구성되어 있다.

a) 이상백, 〈질서와 진보— '사회학' 비판과 '진보적 입장'에 대하여〉

b) 탈코트 파아슨즈/바아나아드 바아버어, 〈전쟁 말기와 전후의 미국 사회학: 1941~1946〉

c) 김종흡, 〈종교사회학 논고〉

d) 이만갑, 〈가족기원론〉

e) L, 〈미국 사회심리학의 신경향: 정신분석학과 문화인류학〉

---

46 이는 이상백의 사회학을 연구한 학자들의 공통 의견이다. 신용하, 〈한국 사회학의 반성과 방향〉,《사회과학논문집》제1집, 서울대학교, 1976, 43~60쪽; 김필동, 〈이상백의 생애와 사회학 사상〉,《한국사회학》28집, 1994년 여름호, 1~36쪽; 최재석, 《한국 초기 사회학과 가족의 연구》, 일지사, 2002 참조.

47 《학풍》13호, 을유문화사, 1950년 6월.

f) 배용광, 〈지식인의 사회적 역할: 지식사회학적 일 고찰〉

g) 고재국, 〈양반제도론—이조사회 형태의 문제〉

h) 변세진, 〈문화와 사회—미국 문화사회학론〉[48]

i) 한상진, 〈예술사회학의 제문제〉[49]

j) 부록: 〈학설 중심 사회학자 군상〉

부록에는 출처가 명확하게 밝혀져 있지는 않지만 마르크스, 베버, 뒤르켐이라는 3대 고전 사회학자는 물론 콩트, 스펜서, 퇴니에스, 르플레, 타르드, 짐멜, 파레토, 만하임, 쿨리, 소로킨, 카우츠키, 부하린 등 40명의 사회이론가들의 주요 저서와 학설이 소개되고 있다.

이상백은 《학풍》의 사회학 특집호의 기획과 편집에 직접 관여하면서 사회학이라는 학문 전체의 모습을 보여주려 한 듯하다. 이는 특히 한국의 지적 상황을 염두에 두면서 한국 사회학이 나아갈 방향을 제시한 특집 맨 앞에 실린 이상백의 글에서 확인 가능하다. 이런 점에서 이 특집호의 구성을 음미하면 당시 이상백이 사회학에 대해 가졌던 생각을 짐작해볼 수 있다.

먼저 눈에 띄는 것은 미국 사회학에 대한 관심이다. 탈코트 파슨스와

---

48 변세진은 1950년 서울대학교 사회학과에서 최초로 석사학위를 받았으나 이후 사라졌다.

49 한상진韓相鎭은 사회학자가 아니라 해방 공간에서 활동한 미술사학자이며 미술비평가였다. 1950년 월북(또는 납북) 후 평양미술대학 교원으로 활동했다. 홍지석, 〈해방공간 예술사회학의 이론과 실천: 1940~60년대 한상진의 미학·미술사론을 중심으로〉, 《미학예술학연구》 36권, 2012, 173~199쪽.

버나드 바버가 쓴 제2차 세계대전 전후 미국 사회학의 흐름을 정리한 논문을 번역하여 싣고 있으며 미국의 정신분석학과 문화인류학을 소개한 필자 미상의 글이 〈미국 사회심리학의 신경향〉이라는 제목으로 실려 있다. 거기에 변세진이 쓴 〈문화와 사회—미국 문화사회학론〉을 추가하여 미국 사회학을 소개하는 글이 전체 9편의 글 가운데 3편이 실려 있다. 그다음 김종흡의 종교사회학, 이만갑의 가족사회학, 배용광의 지식사회학, 한상진의 예술사회학에 대한 글이 실려 있다. 이로써 사회학은 종교, 지식, 예술, 가족 등 광범위한 영역에 대한 학문적 접근이라는 자기 정체성을 형성하고 있다. 그 뒤에 조선 사회에 대한 고재국의 글을 실음으로써 사회학이 역사사회학적 연구를 포함하고 있다는 점도 밝힌다.

이 특집호는 한국전쟁이 끝나고 1955년부터 사회학자들의 미국 연수가 시작되어 미국 사회학이 본격적으로 수입되기 이전 초창기 한국 사회학의 모습을 잘 보여준다. 전체적으로 일본에서 공부한 학자들이 새로 등장하는 미국 사회학에 지대한 관심을 표명하고 있었다.[50]

---

50 해방 이후 서울대학교 문리대 안에 만들어진 사회학과의 학문적 정체성은 '느슨하고 이완된' 상태에 있었기 때문에 사회학이라는 학문을 주체적으로 정의할 수 있는 '틈' 또는 '새로운 기회'가 있었다. 하지만 당시 사회학의 경우 해방 이전 일본 학계의 영향력을 벗어나 주체적으로 자기 학문을 정의하고 발전시킬 수 있는 지적 역량이 부족했다. 따라서 일본의 영향력을 벗어나는 방법은 미국의 학문을 수용하는 길이었다. 박영신에 따르면 당시 우리 학계에는 "미국 의존에 대한 비판이 적절하게 이루어질 수 있는 학문적 전통이 없었(고) '미국의 지배'라는 두터운 외곽의 담을 넘어설 수 있는 지적 초월성을 가지고 독창적인 주장을 할 수 있는 학자군을 갖

이 특집호에서 눈여겨봐야 할 중요한 대목은 바로 필자들이다. 9편의 글 가운데 번역 논문과 저자 미상의 논문을 제외한 7명의 필자 중이후 한국 사회학계에 남아 활동한 사람은 이상백, 배용광, 이만갑 세 사람에 불과하다. 나머지 사람들은 한국 사회학의 역사에서 자취를 감추었다.

이와 관련하여 두 가지 사항을 지적할 수 있다. 첫째, 당시 미국이나 유럽에서 사회학을 본격적으로 공부하고 돌아온 하경덕, 고황경, 한치진, 김현준 등의 학자들이 필자로 참여하지 않았다는 사실이다. 특집호를 기획한 이상백이 이들을 필자에서 배제한 것인지 아니면 이들이 원고 청탁을 거절한 것인지는 알 수 없다. 다른 하나는 당시 서울대학교 사회학과에는 변시민, 양회수, 최문환, 이만갑 등 일본에서 공부하고 돌아온 학자들이 여러 명 있었는데 이들 가운데 이만갑만 필자로 참여했다는 사실이다.[51]

사회학이 하나의 독립된 학문으로 성립하려면 주변의 다른 분야의 학자들로부터 학문적 인정이 필요하다. 이상백은 "사회학을 제도적으

고 있지 못하였다." 박영신, 〈우리 사회학의 어제와 오늘을 되새김: 학문 일반사의 한 보기로서〉, 《현상과 인식》 65호, 1995년 봄호, 133쪽.

51 이만갑은 이상백이 독신 생활을 했기 때문에 저녁에 자주 그의 집을 방문하여 밤 늦게까지 이야기를 나누었다고 회고하면서 이상백과의 밀접한 관계를 시사했다. 변시민과 최문환은 1950년대 말 1960년대 초 서로 다른 이유로 서울대 사회학과를 떠나고 이만갑만이 사회학과에 남아 이해영과 함께 주도적인 역할을 하게 된다. 이 만갑, 〈해방 직후의 기억〉, 서울대학교 사회학과 60년 편집위원회, 《다시 출발선에 서서: 동문들이 쓰는 사회학과 60년》, 선인, 2006, 14~23쪽.

로 정착하게 하는 데 그치지 않고 자신이 지닌 사회적 영향력을 통해 신생 학문인 사회학이 한국의 학계 내에서 일찍부터 지적 독자성을 확보할 수 있는 든든한 배경을 만든 인물이다."[52] 그는 역사학자는 물론 법학자, 정치학자, 경제학자, 국어학자 등과 교류하면서 폭넓은 학문적 관심을 바탕으로 그들에게 사회학의 독자성과 중요성을 인식시킬 수 있었다. 그것은 이상백이 을유문화사에서 '한국문화총서'를 발간하고 《학풍》이라는 종합학술지를 발간하는 일에 깊게 관여하는 과정과 서울 대학교 문리대 안에 동아문화연구소를 창설하여 한국학 연구의 기초를 마련하는 과정에서 이루어졌다.

1948년에서 1950년 한국전쟁이 일어날 때까지 이상백은 매일 오후 학교 일이 끝나면 을유문화사로 가서 이병도, 이희승, 이숭녕, 김재원 등과 함께 총서 출판기획과 《학풍》의 편집에 관여했다.[53] 그 과정에서 이상백은 다른 학자들에게 사회학이라는 학문의 중요성을 인식시킨 듯하다. 서울대학교 박물관장이자 동아문화연구소장 시절 이상백의 연구실에는 사회학과 교수들은 물론 역사학과의 고병익, 한우근, 전해종, 김철준 교수를 비롯하여 영문과의 전제옥, 정치학과의 민병태, 김영국, 그리고 천관우, 이종복 교수 등이 자주 출입했다.[54]

---

52 박명규, 〈한국 사회학의 전개와 분과학문으로서의 제도화〉, 41쪽.
53 정진숙, 〈상백 이상백과 을유문화사〉, 상백 이상백 평전출판위원회 편, 《상백 이상백 평전》, 을유문화사, 1996, 390쪽.
54 김채윤, 〈종횡무진의 일생〉, 상백 이상백 평전출판위원회 편, 《상백 이상백 평전》, 을유문화사, 1996, 91쪽.

이상백의 회갑기념논총에는 배용광, 이만갑, 이해영, 황성모, 최재석, 고영복, 김채윤, 김일철, 김경동 등의 사회학자와 더불어 이병도, 김상기, 이기백, 김철준, 천관우 등 국사학자, 고병익, 전해종, 민영규 등 동양사학자, 이희승, 이숭녕, 김방한 등 국어학 및 언어학자, 정병욱, 조지훈 등 국문학자, 중국문학자 차주환, 고고학, 미술사학 및 미학 분야의 김원룡, 김재원, 황수영, 오병헌, 정치학자 이용희와 홍순창 등 당시 각 분야에서 활동하던 중요 학자들의 논문이 망라되었다.[55] 이상백이 학계에서 사회학을 하나의 분과학문으로 인정하는 데 크게 기여했음을 확인할 수 있는 대목이다.

---

55 이상백 박사 회갑기념논총 편집위원회, 《이상백 박사 회갑기념논총》, 을유문화사. 1964.

3.

이상백이 구상한
사회학

그렇다면 이상백이 구상한 사회학의 내용은 무엇인가? 해방 직후의 이념적 대립 상황에서 "한국 사회학의 태두로 인정받는 사회학자 이상백"은 정치 이데올로기에서 벗어난 실증적 태도와 과학적 정신을 강조했다.[56]

　서울대학교 사회학과 창설 후 이상백은 좌우 대립과 분단의 고착화 그리고 남한 단독정부의 구성이라는 혼란스러운 국면에서 한국 사회학이 나아갈 좌표를 마련해야 했다. 흔히 사회학이라는 학문의 창건자로 뒤르켐과 베버를 들고 거기에 마르크스를 추가하여 3대 고전사회학자로 보지만 해방 직후 이상백이 사회학과를 창설했을 당시 한국에 가장 잘 알려진 사회학 이론은 마르크스주의였다. 그러나 마르크스주의는

56　박명규, 〈한국 사회학 60년: 지성사적 성취와 학사적 과제〉, 한국학술협의회,《지식의 지평》4호, 2008, 174쪽.

좌익운동의 이론적 근거였기 때문에 서울대학교에 만들어진 사회학과에서 마르크스주의 사회학을 공식적으로 다루기는 어려웠다.

실증사관에 입각해 학문 활동을 하던 이상백은 1930년대 한국에서 이루어진 백남운의 저작을 비롯한 마르크스주의 사회경제사 연구에 대해 비판적인 입장을 견지했다. 좌우 대립이 심각하던 1947년에 7월에 출간된 《조선문화사 연구논고》 서문에서 이상백은 마르크스주의 사관에 대해 다음과 같이 비판적 입장을 취했다.

> 연구의 도정에 있어서 무슨 일반적인 법칙이나 공식만을 미리 가정하여 그것을 어떤 민족의 생활에 견강부회하는 방법을 취하여서는 안 된다. …… 독단적 해석과 기계적 적용은 진리를 탐구하는 방도가 아니요, 참으로 과학적 방법이 아니라는 것을 알아야 한다.[57]

이런 입장이었다면 보통 마르크스주의 사회학에 대항해서 베버나 뒤르켐의 사회학을 내세웠어야 했다. 그러나 이상백이 공부한 일본의 사회학에서는 베버와 뒤르켐에 대해 관심을 기울이지 않았던 것 같다.[58]

---

57 이상백, 《이상백저작집》 1권, 을유문화사, 1978, 8~9쪽. 그렇다고 이상백이 마르크스주의 학설을 원초적으로 부인한 것은 아니다. 이상백은 마르크스주의에 대해 "학설의 계급성 때문에 그 진리를 무시, 간과하는 것"은 학문하는 사람으로서 가져야 할 "정당한 태도가 아니다"라는 입장을 취했다. 이상백, 《이상백저작집》 3권, 468~472쪽.

58 20세기 전반기 일본의 대학체제에서 마르크스, 베버, 뒤르켐 등의 사회이론을 사회학자보다는 법학부의 정치학 전공 학자들이 주로 다루었다고 한다. 일본 사회학의

이런 이유로 이상백은 고전사회학자들을 넘어 사회학의 창시자인 오귀스트 콩트를 불러왔다. 실증사학자였던 이상백은 콩트의 실증주의에 기대어 자신이 생각하는 한국 사회학의 기본적 지향점을 제시했다.[59]

한국 사회학의 미래에 대한 이상백의 생각은 1948년 《학풍》 창간호에 발표한 〈과학적 정신과 적극적 태도〉와 1950년 같은 잡지 13호에 쓴 〈진보와 질서〉에 잘 나타나 있다. 신용하의 평가에 따르면 이 두 논문에는 해방 후 독립학과로서 사회학과 건설의 의의와 나아갈 방향과 관련하여 하나의 기본 지침이 담겨 있었다.[60] 사회학을 마르크스주의에서 분리시키고 콩트의 사회학을 근거로 들어 실증주의·경험주의적 학문으로서의 사회학을 제시한 것이다.[61] 이념적으로 좌우가 대립하던 해방 정국에서 미 군정의 주도로 이루어진 국립대학 사회학과의 이념적 지향은 이미 구조적으로 결정되어 있었다. 국립대학 종합화 과정에서 혁신계 또는 진보적 입장의 학자들은 국대안을 반대했고 그 과정에서 자의든 타의든 대학교수로 자리잡지 못했다. 1957년에 발표한 한국

역사에 대해서는 이시다 다케시 지음, 한영혜 옮김, 《일본의 사회과학》, 소화, 2003 참조.

59 콩트의 사회학에 대해서는 신용하, 《사회학의 성립과 역사 사회학—오귀스트 콩트의 사회학 창설》, 지식산업사, 2012을, 콩트의 주저인 《실증철학 강의》에 대한 비판적 논의로는 민문홍, 〈실증철학 강의/콩트〉, 김진균 외, 《사회학의 명저 20》, 새길, 1994, 19~26쪽 참조.

60 신용하, 〈한국 사회학의 반성과 방향〉, 《사회과학논문집》 제1집, 서울대학교, 1976, 50쪽.

61 김필동, 〈이상백의 생애와 사회학 사상〉, 《한국사회학》 28집, 1994, 22~25쪽.

사회학의 역사를 개괄하는 글에서 최문환은 해방 직후 한국의 사회학은 "유물사관 속에서 자라나지 않으면 안 되었(는데) 사회과학이란 명칭 아래 가두에 범람한 좌익 이론의 선전을 위한 허다한 팸플릿, 번역본 등은 사회학의 존재를 각성케 하는 데 도움이 되기보다 오히려 커다란 장애가 되었다"고 썼다.[62] 이런 상황에서 이상백은 콩트의 실증주의를 내세워 사회학계의 통합을 지향했던 것이다.

그렇다면 이상백은 콩트의 실증주의에 기대어 한국 사회학의 지향점을 어떻게 설정했는가? 이상백은 〈과학적 정신과 적극적 태도—실증주의 정신의 현대적 의의〉에서 콩트의 사회발전 3단계 법칙과 실증주의를 비판적으로 소화하여 제시하고 있다.[63] 그는 콩트의 실증주의를 프랑스혁명 이후 정신적 무정부 상태에 빠진 프랑스 사회를 재통합시키는 사상으로 보았다. 그래서 콩트의 실증주의를 해방 직후 좌우 대립으로 혼란해진 한국 사회의 혼란을 극복하는 하나의 방법으로 제시했다. 그가 볼 때 실증주의는 신학적 단계와 형이상학적 단계를 넘어선 최고의 단계로서 사실에 대한 관찰에서 출발하여 진리를 추구하는 과학적 정신이었다. "정신이 사실에 복종할 것"을 요구하는 실증적 정신이야말로 "제일의 과학적 정신이요, 과학적 정신은 관찰의 우위를 믿는 것이요, 따라서 사실을 존중하여 마지않는 태도"이기 때문이다.[64]

이상백은 콩트의 실증주의를 두 가지 방식으로 이해했다. 실증적 정

---

62 박명규, 〈한국 사회학의 전개와 분과학문으로서의 제도화〉, 53쪽에서 재인용.
63 이상백, 《이상백저작집》 3권, 439~449쪽.
64 이상백, 《이상백저작집》 3권, 445쪽.

신은 사실에 대한 관찰을 존중하는 인식론적 태도에 머무르지 않고 또 하나의 측면을 갖는데 그것은 비판보다는 건설을 중시하고, 파괴보다는 형성을 강조하는 적극적 실천윤리를 의미한다. "실증적 정신은 소극적, 부정적 태도가 아니고 적극적, 긍정적 태도"를 요구한다.[65] 그는 콩트의 실증주의를 통해 사회학자로서 학문하는 태도와 현실에 참여하는 태도 양쪽에 바람직한 방향을 제시하려고 했다. 학문적으로는 이데올로기를 벗어나 실증을 중시하는 과학적 태도를 가져야 하고 현실에 대해서는 비판과 파괴보다는 건설과 형성을 강조하는 적극적 태도를 가져야 한다는 것이 그의 입장이었다.

실증주의의 한 요소로 적극적 태도를 강조한 이상백이 콩트의 실증주의를 그대로 따르기만 한 것은 아니다. 이상백은 콩트의 실증주의가 인간의 주체적 행위 가능성을 무시했다고 비판했다. 해방 후의 혼란 상황에서 이상백은 역사와 사회가 정해진 법칙에 따라 움직인다고 보는 콩트의 견해에 반대하면서 역사와 사회에는 인간의 주체적 개입에 의

---

65 이상백, 《이상백저작집》 3권, 446쪽. 이상백은 '실증철학'의 프랑스어 philosophie positive를 '긍정'의 철학, '적극적' 철학으로 해석하고 이를 '부정'의 철학 philosophie négative과 대립시켰다. 민문홍은 콩트의 실증주의가 오늘날의 경험적 연구를 강조하는 실증주의와는 거의 관계가 없다고 보면서 콩트의 실증주의가 내포한 의미를 다섯 가지로 제시했다. 그것은 공상주의와 반대되는 실제적인 것이며, 개인적이고 집단적인 삶을 개선하기 위한 건전한 성찰이며, 의사소통에서 논리적 조화를 이루는 능력이며, 현상의 본질과 양립할 수 있는 철학 정신의 끊임없는 추구이며, 사회 생활을 합리적으로 조직하려는 철학적 경향이다. 민문홍, 〈실증철학 강의/콩트〉, 김진균 외, 《사회학의 명저 20》, 새길, 1994, 18쪽.

해 새롭게 구성되는 측면이 있음을 다음과 같이 강조했다.

> 현재는 생활하는 인간이 서 있는 장소이다. 콩트는 이것을 무시한다.
> …… 그는 인간을 단순한 추상으로 생각하고 인류 혹은 사회만 위대한
> 존재라고 생각한다. 그러나 과거로부터 오는 힘이 여하하더라도 그것이
> 미래를 지어가기 위해서는 아무튼 현재의 산 인간을 통해야만 되고, 그
> 매개를 거쳐야만 되는 것이다. 이같이 살아서 활동하는 현재의 인간을
> 무시한 데 과학적 정신과 적극적 정신이 콩트의 의중에는 통일되었으면
> 서 실제에 있어 통일되지 못한 원인이 있는 것이다. 금일에 있어서도 실
> 증적 정신은 중요하다. 그러나 그것은 과학적 정신과 적극적 정신의 합
> 일 통일이 확보된 한에 있어서만이요, 현재에 생활하는 인간의 활동을
> 정당히 파악하는 한에 있어서만이다.[66]

김필동은 이와 같은 이상백의 이론적 입장을 '인간주의 사회학'이라
고 볼 수 있으며 그에 따라 이상백은 집단 간 갈등이 나타나는 정치현
상에 관심을 기울였다고 해석한다.[67] 이상백은 인간의 실천 능력을 강
조했지만 그것은 당시 강세를 보이던 마르크스주의 실천론과는 엄연히
구별되는 것이었다. 그는 실천을 위한 이론을 주장하는 마르크스주의
학문관을 지지하지 않았다. 《학풍》 13호에 실린 〈진보와 질서〉에서 이

---

66 이상백, 《이상백저작집》 3권, 449쪽.
67 김필동, 〈이상백의 생애와 사회학 사상〉, 《한국사회학》 28집, 1994년 여름호,
    25~27쪽.

상백은 다음과 같이 자신의 입장을 밝혔다.

과학은 보통의 실천과 구별이 있고 맹목으로 실천에 몰입하는 것을 배척하여야만 한다. 학문에 최초부터 '진보'라는 것을 선험적 향도 개념으로 원용하여 독단적·맹목적 해석을 강요하는 것은 결코 학문을 진보적 과학으로 만드는 것이 아니요, 이러한 것은 그 후의 사회적 실천에 의하여 여지없이 분쇄될 것이다.[68]

이상백은 해방 직후 남북으로 분단된 상황에서 실증주의를 통해 마르크스주의를 비판하면서 사회학을 하나의 경험과학으로 수립하려고 했다. 그래서 사회학은 "철학적 보편성의 추상적 연구보다는 우리가 살고 있는 역사적 현실의 실태를 과학적으로 규명하여 진실을 파악해야 한다"고 주장했다.[69] 이상백은 사회조사와 현지 실태조사를 과학적 연구방법이라고 생각했고 1954년에는 대학원에서 직접 사회조사 방법론 강의를 맡기도 했으며 1955년에는 이만갑, 이해영 등 후배 교수들을 미국에 연수시켜 실증주의 사회학의 기초를 마련하려고 했다.[70]

---

68 이상백, 〈질서와 진보〉, 《학풍》 13호, 1950, 2~19쪽.

69 이상백, 《이상백저작집》 3권, 480쪽.

70 김경동의 증언에 따르면 1964년 유교적 가치에 대한 연구 보고서를 완성했을 때 이상백은 예상과 달리 《경국대전》 등에 나온 유교적 가치 분석에는 무관심한 반면 유교적 태도를 측정하기 위한 척도 구성과 도덕 및 수신 교과서 내용 분석에는 큰 관심을 보였다고 한다. 이를 두고 김경동은 이상백이 다음 세대 학자들에게 "한국 사회의 특성을 새로운 방법으로 연구하는 일을 격려하시려 했던 것"으로 해석했다.

1957년에는 미국에서 인류학을 공부하고 귀국한 이해영과 함께 덕적도에서 흑산도에 이르는 서해의 여러 섬들을 직접 답사하기도 했다.

이상백은 실증주의를 강조하면서 과학적 사회학을 한국 사회학의 지향점으로 설정했고 후배 교수와 제자들에게 조사방법론 중심의 '과학적' 사회학을 진작함으로써 이론적 통찰력보다는 경험적 조사를 강조하는 한국 사회학의 기본 풍토를 만드는 데 기여했다.[71]

이상백은 1962년 김채윤과 함께 서울, 대구, 전주에서 사회계층과 사회이동을 조사하는 연구를 진행하기도 했다. 이 연구와 관련하여 그는 다음과 같이 썼다.

한 사회의 기본적 성격을 밝히는 데에 필요하고 가장 중요한 사회학적 작업의 하나는 그 사회의 계층구조를 과학적·실증적으로 파악하는 일이다. 우리는 흔히 '한국 사회는 아직도 봉쇄적인 신분사회'다 혹은 '한국 사회에 있어서의 근본적인 지위 결정 요소는 구래의 세습적인 반상의 별別'이라든지 하는 등등, 우리 사회의 계급, 계층에 관련되는 여러 가지 말을 들을 때가 있다. 그러나 우리는 실증적인 조사연구를 거치지 아니

이는 이상백이 "새로운 경험적 사회학의 도입에 민감했다"는 것을 의미한다. 김경동, 〈무심한 듯한 표정의 자상하신 스승님〉, 상백 이상백 평전출판위원회 편, 《상백 이상백 평전》, 을유문화사, 1996, 347쪽.

71 이상백이 '과학적 정신'과 더불어 사회의 개선에도 기여하는 '적극적 태도'를 강조했지만 1960년대 이후 한국의 주류 사회학자들은 '과학적 정신'만 강조하면서 '적극적 태도'는 경시했다.

한 어떠한 발언도 그것을 그대로 받아들일 수 없는 것이다.[72]

이상백의 후원으로 1955~1956년 미국에서 연구하고 돌아온 이만갑과 이해영은 과학적 사회학의 수립을 위해 실증적인 조사 연구를 열정적으로 실시했다. 그 결과 1950년대 후반 한국 사회학의 지배적 분위기는 다음과 같이 바뀌었다.

사회학자가 미국을 다녀오는 통로가 넓어지자 일본식이거나 일본을 통해 전수되었던 사회학은 곧 미국식이거나 미국을 통한 사회학으로 옮아가기 시작하였다. 거의 휩쓸다시피 한 '새로운 사회학' 곧 '사회조사방법'에 의한 연구의 분위기가 이러한 상황의 변화를 단적으로 말해준다. 그것은 어느 한 대학교뿐만 아니라 가히 이 시대를 풍미했다 해도 지나치지 않을 그러한 상황이었다. 마치 사회학의 연구는 조사연구요, 사회조사 연구는 사회학이라는 등식이 확증되었다는 느낌마저 줄 정도이었다. 사회조사방법에 의하여 우리 사회의 여러 측면을 연구하는 데 기여한 사회학자들은 고황경, 이만갑, 이해영, 이효재, 뒤이어 홍승직 들이다. 가족, 농촌, 도시, 가치관, 태도, 계층, 인구와 같은 문제에 대하여 사회조사방법은 편리하고 유용한 도구가 되었던 것이다.[73]

이상백이 제시한 실증주의에 근거한 과학주의 사회학은 1980년대

---

72 이상백·김채윤, 《한국 사회계층연구: 사회계층의 예비적 조사》, 민조사, 1966, 13쪽.
73 박영신, 〈사회학적 연구의 사회학적 역사〉, 《현상과 인식》 9권 1호, 1985, 15~16쪽.

들어 젊은 학자들의 비판 대상이 되었다.[74] 김진균은 조사방법론 위주의 사회학이 '한국 사회학의 몰역사성'을 가져왔다고 비판하면서 민족과 민중의 입장에서 한국의 역사 현실과 대면하는 역사성의 회복을 주장하기도 했다.[75]

74 박노영, 〈아카데미 사회학의 인식론에 대한 비판적 고찰 – 주체적인 사회학을 지향하여〉, 《한국사회학》 17집, 1983, 141~161쪽.
75 김진균, 《한국의 사회현실과 학문의 과제》, 문화과학사, 1997, 173~198쪽.

4.

이상백과
동시대의 사회학자들

해방 직후 경성제국대학에서 변신한 서울대학교와 연희전문, 보성전문, 이화여전에서 승격한 연세대학교, 고려대학교, 이화여자대학교야말로 한국의 학자들이 근대적인 학문 연구를 시작한 제도적 출발점이었다. 해방 후 한국 학계의 과제는 식민지 시기 일본의 학문적 영향력을 벗어나 독자적인 학풍과 학문의 전통을 수립하는 일이었다. 그러나 그것은 그렇게 간단한 일이 아니었다. 한말 개화기 이후 근대적인 의미에서의 학문체계는 거의 모두 일본을 통해 수입되었기 때문이다.

그러나 사회학의 경우에는 다행스럽게도 일본을 경유하지 않고 1920년대에 유럽과 미국에 유학하여 사회학을 공부하고 돌아온 사람들이 1930년대부터 연희전문, 보성전문, 이화여전 등에서 사회학을 가르치고 있었다.[76] 미국 하버드대학에서 박사학위를 받은 하경덕 (1897~1951), 독일 라이프치히대학에서 박사학위를 받고 귀국한 김현준(1898~1950), 프랑스 소르본대학에서 수학한 공진항(1900~1972), 미국 남가주대학에서 박사학위를 받은 한치진(1901~1950 납북) 등이 그들이다. 비록 사회학의 제도화 이전이었지만 이들이 활동한 1930년대의 한국 사회학계는 다양한 학문적 배경을 가진 학자들이 활동한 화려한 시대였다. 박영신은 한국 사회학의 역사에서 1930년대가 갖는 의미를 이렇게 요약했다.

이 시대는 본격적으로 훈련받은 인적 자원이 전에 비하여 풍부하고 다양하였으며, 이들에 의한 사회학의 도입이 활기를 띠었었다. 일본에서 공부하던 이들 가운데서는 이론적 관심보다는 역사적 사실의 분석에 치중하고 있었으며, 서양에서 훈련받고 돌아온 이들은 사회학의 전통적 관심에 따라 우리 사회의 개량과 개조라는 실천적 문제를 이론적으로 논의할 뿐만 아니라 사회학의 대상과 방법에 대한 이론적 관심을 가지고 있었다. 어떻든, 1930년대는 일제하 지성사에서 가히 '사회학적 시대'라 부르고 싶은 푸짐한 시대였다.[77]

그런데 문제는 안타깝게도 해방 후 미국과 유럽에서 공부한 사회학

---

76 최재석, 〈1930년대의 사회학〉, 《한국의 초기 사회학과 가족의 연구》, 일지사, 2002, 47~80쪽.
77 박영신, 〈사회학적 연구의 사회학적 역사〉, 14쪽.

자들 가운데 어느 누구도 사회학이 한국의 대학 내에 제도화되는 과정에 기여하지 못했다. 하경덕, 김현준, 공진항, 한치진 등은 해방 이전 전문학교와 사회교육 기관에서 사회학을 강의하고 저술 활동을 하기도 했지만 그들의 사회학은 해방 이후 한국 사회학계에 계승되지 못하고 단절되었다. 만약 그들이 서울대학교 사회학과 교수진으로 합류했거나 연세대, 고려대, 이화여대 등에 사회학과를 창설하여 연구와 교육을 할 수 있었다면 한국 사회학의 역사는 한참 달라졌을 것이다. 그들이 부재하는 상황에서 이상백을 비롯하여 변시민, 최문환, 양회수, 이만갑 등 일본에서 공부한 사람들이 한국 사회학의 제도화 초창기에 서울대 교수진을 구성했던 것은 한국 사회학의 역사에서 하나의 아이러니이다.[78]

"일본에서 공부한 사람 가운데서도 왜 어떤 사람들은 사회학과 교수가 되고 다른 사람은 한국 사회학계에 흔적을 남기지 못하고 사라졌는가"라는 질문을 던져볼 수 있다. 여기에는 냉전이라는 역사적 상황이 작용했다. 좌우 대립이 남북 분단으로 이어지던 해방 정국에서 좌익 계열의 학자들은 남한에서 사회학을 제도화하는 일에서 배제될 수밖에 없었다.[79]

---

78 식민지 시기 일본에서 사회학을 공부한 사람으로 이상백과 더불어 신진균과 김두헌이 있었으나 신진균은 월북했고 김두헌은 대학 총장 등의 행정직을 맡으면서 학문 생활을 이어가지 못했다. 이에 대해서는 이동진, 〈식민지 시기 일본 유학생과 한국 사회학: 이상백, 김두헌, 신진균을 사례로〉, 《사회와 이론》 33집 2호, 2018, 281~321쪽 참조.

79 김진균은 분단 상황이 이후 사회학에 미친 영향을 다음과 같이 지적했다. "우리나라 우리 민족이 남북으로 분단되고 북쪽은 소련과 남쪽은 미국과 깊이 연계되어 세

서울대학교 국립대학 설립안에 반대하던 좌익 계열의 학자들은 월북하거나 남한에 남아 침묵하거나 전향하는 수밖에 없었다. 일본 도쿄상과대학에서 공부하고 1920년대와 30년대에 걸쳐 연희전문에서 경제사와 사회학을 가르쳤던 백남운은 《조선사회경제사》(1933), 《조선봉건사회경제사》(1937) 등의 저서를 발간했고 1930년대 중반 연희전문에서 경제학과 사회학을 강의하면서 《조선일보》에 사회학을 소개하는 글을 쓰기도 했다.[80] 해방 직후 1945년 9월 백남운은 경성대학교 교수로 임명되어 경성대학 재건에 참여했으나 미 군정의 국대안이 강행되고 남북 분단의 분위기가 짙어지자 1947년 월북을 선택했다.[81]

도쿄제국대학에서 사회학을 전공하고 그곳에서 실력을 인정받아 사회학과 조교 생활을 하다가 귀국한 신진균도 서울대학교 사회학과 교

계적 냉전체제하의 양극에 각각 대처해오고 있는 상황은, 곧 남한 사회과학의 자율성을 상당히 제약하는 조건이다. 분단과 냉전체제는 남북한에 서로 다른 이데올로기를 표방하게 하였는데 남한에서는 자유민주주의의 적극적인 측면보다도 북한에 대처하는 측면이 강조되어 반공을 국시로 삼았(다). 이 반공 이데올로기가 한국인의 사유, 사상, 그리고 그 표현을 일정한 테두리 안에서 한정하게 하였다." 김진균, 《한국의 사회현실과 학문의 과제》, 191쪽.

80 백남운의 사회학과 사회사에 대해서는 이준식, 〈우리 사회학의 발견: 백남운의 사회인식과 맑스주의〉, 《사회학연구》 6집, 1989, 310~340쪽과 이준식, 〈백남운의 사회사 인식〉, 《한국 사회사 연구의 전통》, 문학과지성사, 1993, 11~52쪽 참조.

81 "백남운은 '국대안'이 대학을 관료주의화하고 우수한 교수 진영을 배제하는 민주 교육의 유린이라고 보았으며, 나아가 그것은 자본주의 교육체제를 이식하는 과정이라 하여 이에 적극 반대하였다." 방기중, 《한국 근현대 사상사 연구―1930년대 1940년대 백남운의 학문과 정치경제 사상》, 역사비평사, 1992, 240쪽.

수로 임명될 가능성이 컸지만 좌익 지식인으로 활동하다가 월북했다.[82] 일본 사회학대회에서 여러 번 논문을 발표할 정도로 실력을 갖추었던 신진균은 1941년부터 성균관대학의 전신인 명륜전문에서 가르쳤다.[83] 그러나 신진균은 해방 공간에서 좌익 사건에 연루되어 월북을 선택함으로써 한국 사회학의 역사에 아무런 족적을 남기지 못했다.[84] 당시 서

---

82 최재석의 증언에 따르면 1950년대에 청계천의 중고책방에서 퇴니에스의 《게마인샤프트와 게젤샤프트》 독일어 원본을 발견해서 기쁜 마음으로 구매했는데 책 맨 앞장에 '신진균 장서'라는 표시가 남아 있었다고 한다. 최재석, 《한국 초기 사회학과 가족의 연구》, 일지사, 2002, 44쪽. 신진균의 도쿄제대 사회학과 후배인 이만갑은 해방 직후 신진균의 활동에 대해 다음과 같이 증언한 바 있다. "난 신진균 선생이라는 사람은 학자적 성격이 있고, 또 공부도 열심히 잘 하는 사람이고, 그런 정치 운동이나 사상 운동 하는 사람으로는 생각 안 했거든. 그런데 《조선신문》에 보게 되면, 상당히 맹렬히 투쟁을 하는 것처럼 나오거든." 이만갑은 1947년 신의주사범대학 교수로 있을 때 정세 파악을 위해 소련군 기관지 《조선신문》을 참조했는데 거기에서 신진균이 정판사 위조지폐 사건 때 좌익의 입장에 서서 법정 밖 투쟁을 하는 것이 보도되었다고 한다. 이만갑, 〈해방 직후의 기억〉, 서울대학교 사회학과 60년 편집위원회, 《다시 출발선에 서서: 동문들이 쓰는 사회학과 60년》, 선인, 2006, 21쪽.

83 신진균과 함께 명륜전문에서 가르치다가 연세대학교 국문과 교수가 된 이가원의 증언에 따르면 신진균은 해방 이전에 한국 사회에 대한 거대한 양의 연구 원고를 완성했으나 빛을 보지 못하고 해방 이후 혼란한 와중에 소실되었다고 한다. 신진균은 도쿄제대 사회학과 조교 생활을 하면서 일본 사회학대회에서 세 번에 걸쳐 논문을 발표했다. 1940년에는 〈조선의 촌락 사회 연구에 대하여〉를, 1941년에는 〈조선의 씨족에 관한 두 세 고찰〉을, 1942년에는 〈조선의 촌락에 있어서의 종족 결합의 일 사례〉를 발표했다. 이상백은 신진균에 앞서 1936년 〈중국의 효도에 대하여〉라는 논문을 발표했다. 최재석, 《한국 초기 사회학과 가족의 연구》, 35쪽과 44쪽.

84 그동안 소문으로만 떠돌던 신진균의 일본에서의 수학과 연구 과정, 그리고 해방 정국과 월북 이후의 활동에 관해 충실한 자료 수집을 바탕으로 심층 분석한 김필동,

구 사회학 원서를 탐독하면서 이론적으로 성찰하고 한국 사회에 대한 방대한 분량의 연구논문을 축적하고 있던 신진균이 서울대 사회학과 교수로 남아 있었거나 일찍이 성균관대에 사회학과를 창설했다면 한국 사회학의 역사는 달라졌을지도 모른다.

아래에서는 1920년대 미국, 독일, 프랑스에서 사회학을 공부하고 돌아와 1930년대부터 사회학을 가르치고 연구했지만 안타깝게도 한국 사회학의 역사에서 사라진 사회학자들을 간략하게 소개하면서 그들이 사회학의 제도화에 기여하지 못한 이유를 추론해본다.[85] 이는 왜 다른 사람이 아니라 이상백이 사회학을 제도화할 수 있었는가에 대한 보완 설명이기도 하다.

미국과 유럽에서 사회학을 공부하고 귀국하여 한국 사회학의 역사를 다르게 만들 수 있었던 첫 번째 인물로 하경덕을 들 수 있다.[86] 1897년 전북 익산에서 태어난 그는 평양의 숭실학교 졸업 후 1916년 샌프란시스코로 가서 고학으로 고등학교를 졸업하고 1921년 하버드대학

〈일제 말기 한 젊은 사회학자의 초상: 신진균론 (1)〉, 《한국사회학》 51집 1호, 2017, 437~489쪽과 김필동, 〈강단 사회학자에서 맑스-레닌주의 이론가로: 신진균론 (2)〉, 《사회와 역사》 118집, 2018, 213~272쪽 참조.

85 이들에 대한 기본 소개로는 최재석, 〈1930년대의 사회학〉, 《한국 초기 사회학과 가족의 연구》, 일지사, 2002, 48~69쪽 참조.

86 하경덕의 사회학을 처음 소개한 안계춘, 〈우리나라 사회학의 선구자 하경덕〉, 《人文科學》 80집, 연세대학교, 1978, 187~208쪽과 미국 사회학의 역사에서 거부되었던 흑인 사회학자 두보이스W. E. B Dubois를 부활시키는 연구와 견주어 잊힌 사회학자 하경덕의 현재적 의의를 조명한 원재연, 〈안당晏黨 하경덕: 격동기의 공공사회학자〉, 《한국사회학》 50권 2호, 2016, 67~93쪽 참조.

교에 입학해서 1928년 박사학위를 받았다. 그는 박사학위 논문을 수정해 1930년 노스캐롤라이나대학교 출판부에서 《사회 법칙: 사회학적 일반화의 타당성에 관한 연구》라는 저서로 출간했다.[87] 당시 컬럼비아대학교 사회학과 교수였던 로버트 맥키버가 《미국사회학저널*American Journal of Sociology*》(1932)에 서평을 썼으며 칼 만하임의 《이데올로기와 유토피아》, 로버트 머튼의 《사회이론과 사회구조》에도 이 책이 언급되고 있다. 이 저서에서 하경덕은 사회학의 '과학성'에 대해 고민하다가 사회학은 자연과학과 같이 될 수 없으며 철학, 심리학 등과 대화하는 '사회예술social arts'이라고 정의했다.[88]

귀국 이후 하경덕은 1931년에서 1942년까지 연희전문에서 사회학과 영어를 가르쳤다. 시인 윤동주는 그에게 배운 제자 가운데 한 사람이다. 하경덕은 해방 정국에서 《더 코리아 타임스*The Korea Times*》라는 영자신문을 만들어 미 군정에 한국의 상황을 알리는 역할을 했고 해방 당시 가장 큰 규모의 관제 신문사였던 《매일신보》를 인수하여 《서울신문》으로 개편하는 작업을 주도했다. 해방 정국에서 중요한 지식인 잡지였던 《신천지新天地》와 《주간 서울》도 그가 창간한 것이다.

그 무렵 많은 지식인들이 대학교수로 부임했는데 하경덕에게도 "연

---

[87] Kyung Durk Har, *Social Laws: A Study of the Validity of Sociological Generalizations*(Chapel Hill: The University of North Carolina Press, 1930).

[88] 하경덕의 이런 입장은 "현재의 맹목적인 과학 지향적 학문적 풍토에 대한 성찰의 기회를 제공한다." 원재연, 〈연세 사회학의 뿌리를 찾아서: 안당 하경덕 교수를 중심으로〉, 《연세대학교 사회학과 40년 1972~2012》, 연세대학교 사회학과, 2012, 27쪽.

세대, 서울대 등에서 성화와 같은 초청 교섭이 있었다"고 한다.[89] 그러나 하경덕은 공공사회학자로서 언론 활동을 계속했다. 그러다가 1948년 《서울신문》에 여순반란 사건을 보도하여 이승만 정권과 불화를 빚다가 결국 언론계를 떠났다. 한국전쟁 당시에는 피란을 가지 못하고 서울에 머무르다가 인민군에게 잡혀 모진 고초를 겪기도 했다. 이후 그는 일본으로 떠나 미 국무성 촉탁으로 연합군GHQ 맥아더 사령부를 위해 일하다가 1951년 4월 도쿄에서 병사했다.

한국 사회학의 역사를 다르게 만들었을 또 다른 인물로 한치진을 들 수 있다.[90] 1901년 평남 용강군에서 출생한 한치진은 16세에 중국으로 건너가 공부하다가 1921년 도미하여 1930년 남가주대학USC에서 사회학, 심리학, 철학 등을 공부하여 박사학위를 받고 귀국했다. 이후 1932년에서 1937년 사이에 감신대를 거쳐 이화여전에서 강의하면서 1933년에는 《사회학 개론》을 출간했다.[91] 한치진의 딸 한영숙의 증언에 따르면 한치진은 1937년 일본어를 못한다는 이유로 일제의 탄압을 받아 이화여전에서 축출되었다. 이후 한치진은 일본 와세다대학에서 1년 동안 머물면서 일본어를 배우며 두 권의 책을 저술했다.

일제 말기 요주의 인물로 지목되어 서대문형무소에 수감되어 있던

---

89 김동선, 《미군정기 '서울신문'의 정치성향》, 선인, 2014, 190쪽.

90 한치진의 일대기를 보여주는 사진들과 그의 저서 29권의 목록을 싣고 있는 한치진 기념사업회 편, 《한치진 박사 사진 자료집》, 한국알엠아이, 2013 참조.

91 한치진의 박사학위 논문 제목은 〈중국 윤리체계들에 대한 비판: 불교, 도교, 유교〉였다.

한치진은 1945년 8월 17일 출감하여 미 군정의 공보부 고문을 지내면서 라디오 방송을 통해 민주주의 원리를 해설했고 그것을 바탕으로 민주주의에 관한 다섯 권의 책을 집필했다.[92] 한영숙의 증언에 따르면 한치진은 1947년부터 서울대 교수를 했다고 하는데 강의를 했을지는 모르지만 정식 교수는 아니었을 것으로 짐작되며 사회학과가 아닌 정치학과 등에서 강의했을 가능성도 있다. 한치진은 1950년 8월 납북되었다고 하는데 이후의 소식은 알 길이 없다.[93]

독일에서 유학하고 귀국하여 1930년대 보성전문에서 가르치던 김현준도 한국 사회학의 역사를 다르게 만들 수 있는 인물이었다.[94] 그는 도쿄 유학시절 1919년 2·8독립선언에 참여했으며 3·1운동 이후 독일 라이프치히대학에 유학하여 1928년 〈동아시아(한국, 중국, 일본)에 있어서

---

92 한치진의 민주주의론과 빈곤론에 대해서는 홍정완, 〈일제하~해방 후 한치진의 학문체계 정립과 '민주주의'론〉, 《역사문제연구》 24호, 2010, 157~202쪽과 김예림, 〈해방기 한치진의 빈곤론과 경제민주주의론〉, 《서강인문논총》 42집, 2015, 383~417쪽 참조.

93 한치진의 부인은 '납치가족회'를 만들어 1960년까지 남편의 행방을 추적하고 납북자 소환을 위해 힘썼으나 아무런 성과도 이루지 못한 상태에서 자녀들과 함께 미국으로 이민을 떠났다. 한치진의 납북 경위에 대한 딸 한영숙의 증언은 한국전쟁 납북사건 자료원 편, 《한국전쟁 납북사건 자료집》 2권, 한국전쟁 납북사건 자료원, 2009, 431~438쪽을 볼 것.

94 최재석의 소개에 이어 사회학자 김현준에 대한 관심을 처음 글로 표명한 정근식, 〈김현준, 근대사회학의 태두〉, 정근식 외, 《근현대의 형성과 지역 엘리트》, 새길, 1995, 196~201쪽과 이후 체계적으로 자료를 수집하여 심층적으로 분석한 김필동·최태관, 〈한국 사회학의 개척자 김현준의 재발견〉, 《사회와 역사》 122호, 2019년 여름호, 51~116쪽 참조.

의 근대 신문의 생성·발전에 관한 연구〉로 박사학위를 받고 귀국했다. 이후 《동광》 34호에 국내 언론계에도 학술 전문 잡지가 필요하다는 내용의 글을 발표했고 《신동아》에 〈시위운동과 군중심리〉, 〈현대사회사상의 동향〉 등의 글을 발표했다. 1930년에는 우리나라 최초의 사회학 개론서인 《근대 사회학》을 출간하기도 했다. 1930년대에 보성전문에서 사회학을 강의하던 그는 광복 직후 성균관대 학장과 전주사범 교장을 거쳐 광주 조선대학교 문리학부장으로 재임 중 병사했다.

마지막 인물로 1930년대 프랑스에서 사회학을 공부한 공진항을 들 수 있다.[95] 1900년 개성에서 출판업을 하던 실업가 공성학의 둘째 아들로 태어난 공진항은 어려서 한학을 수학하다가 개성 제일공립보통학교에서 신식 교육을 받기 시작했다.[96] 이후 서울에 올라와 보성고등보통학교에 입학하여 수년간 수학하고, 일본으로 건너가 교토의 도지샤중학에 편입학했다. 졸업 후 와세다대학 영문과를 다니다가 유럽으로 건너가 런던대학에서 2년 공부하고 프랑스 소르본대학에서 사회학을 전공했다.

1932년 7월 귀국한 공진항은 천도교 조직을 중심으로 사회학을 강의하고 《사회과 강의》라는 사회학 교재도 편찬했다. 이후 그는 교육사

---

95 공진항에 대해서는 하경덕, 김현준, 한치진 등의 경우와 달리 최재석의 〈1930년대의 사회학〉에 부분적으로 나오는 수준 이상으로 발전시킨 연구가 아직 나오지 않고 있다.

96 이은주, 〈일제강점기 개성상인 공성학의 간행사업 연구〉, 《어문학》 118권, 2012, 181~212쪽.

업을 떠나 가업을 정리한 후 만주로 진출하여 사업가가 되었다. 1935년 만주의 랴오허강遼河 연안에 농지 20만 평을 매입하여 농장을 만들고 이상향 건설을 목표로 사업을 확대하여 만몽산업주식회사를 설립하기도 했다. 해방 이후에도 경기도 양주군에서 목축농장을 경영하다가 주프랑스공사를 역임했고 1950년에는 농림부 장관, 1957년에는 농협중앙회 회장, 1961년 고려인삼흥업사장, 천도교 교령 등을 역임하다 1972년 사망했다.

위에 언급한 여섯 명의 학자들은 이런저런 이유로 해방 이후 대학체제 안에 사회학과를 만들고 제자를 양성하는 일을 하지 못했다. 반면 이상백은 1946년 서울대학교 문리대에 사회학과를 만들고 1966년까지 20여 년 동안 제자들을 양성하는 일을 계속함으로써 한국 사회학을 제도화하는 일에 주역이 되었다.

여기서 "만약 OO였다면"이라는 가정법을 써가면서 백남운, 신진균, 하경덕, 한치진, 김현준, 공진항 같은 이상백과 동시대의 사회학자들을 거론한 이유는 한국 사회학의 역사를 설명하는 데 중요한 단서가 될 수 있기 때문이다. 해방과 더불어 서울대학교로 개편된 국립대학 사회학과의 교수진에는 백남운이나 신진균 같은 월북 지식인은 말할 것도 없고 이승만과 불화하면서 중도적 입장을 견지했던 하경덕 같은 사회학자도 없었으며 미국에서 공부한 한치진, 독일에서 공부한 김현준, 프랑스에서 공부한 공진항 등 구미에서 공부한 사회학자가 한 명도 없었다.[97] 초창기 서울대 사회학과 교수진은 이상백을 중심으로 모두 일본에서 사회학이나 역사학, 경제학 등을 공부한 사람들이었다. 이들은 일본을 통해 수용한 서구 사회학을 바탕으로 1950년대 후반부터 미국 사회학을 급속하게 수용하면서 한국 사회학의 내용을 채워나가게 된다.

---

97 해방 후 남한에서 학계가 재편되는 과정에서 좌익의 입장을 지닌 학자들은 주도권을 잡을 수 없었다. 백남운이나 이극로의 경우에서 보듯이 그들은 월북을 택했고 남한에 남았을 경우 침묵하거나 전향할 수밖에 없었다.

5.

이상백이
한국 사회학을
제도화할 수 있었던 이유

그렇다면 일본 와세다대학에서 공부한 이상백이 서울대학교 사회학과를 창설하고 한국 사회학의 아버지가 되는 과정에는 어떤 요인들이 작용했을까? 이 질문에 대해서는 앞에서 이미 두 가지 이유를 제시한 바 있다.

첫째, 좌우 이념 대립의 상황에서 명백하게 좌익의 입장에 섰던 사람들은 일단 한국 사회학을 제도화하는 일에 부적합했다. 이상백은 여운형 계열에 속하는 중도 좌파에 속했지만 국대안을 반대하는 좌익 계열에는 속하지 않았다. 여운형 사후에는 정계를 떠났다. 그랬기 때문에 서울대학교 안에 사회학을 제도화하는 역할을 담당할 수 있었다.[98]

---

98 이상백은 사회혁명을 부르짖으면서 실제의 생활에서는 자본가의 은혜나 일제의 혜택을 받고 사는 사람들의 언행의 불일치를 비판했다. 이상백, 〈자유와 이상에 대한 만상漫想〉, 박종홍 등 공저, 《인생의 좌표: 지성인의 수상선》, 동아출판사, 1961, 208쪽.

두 번째 이유는 그가 1920년대 말부터 1930년대에 걸쳐 조선 사회에 대한 논문들을 발표하면서 진단학회의 주요 구성원으로 활동했다는 점이다.[99] 해방 이후 진단학회가 국립대학이 된 서울대학교 문리대 교수진 구성에 주축이 되었기 때문에 이상백은 자연스럽게 사회학과 창설의 주역이 될 수 있었다.

좌익 계열의 학자를 제외하더라도 1930년대 미국과 유럽에서 본격적으로 사회학을 공부한 사람들이 있었지만 이상백이 사회학을 제도화할 수 있었던 이유로 두 가지 요인을 추가할 수 있을 것이다. 첫째, 넓게 보면 학문의 세계에, 좁게 보면 사회학이라는 학문에 헌신하려는 태도의 유무와 그 정도였을 것이다. 해방 당시 서울대학교 교수라는 직업은 그렇게 영향력을 행사할 수 있는 자리도 아니었고 경제적 보상도 겨우 생활할 수 있을 정도의 박봉이었다.[100] 많은 학자들이 언론계 등 정치적으로 영향력이 있거나 경제적으로 안정된 생활을 보장하는 다른 영역으로 진출했던 것은 이런 이유에서다.

---

99 이상백은 1934년 《진단학보》 창간호에서 1937년 7호까지 정도전에 대한 연구와 조선 건국에 대한 논문 등 6편의 논문을 실었다. 그 가운데 조선 건국에 관한 연구는 1954년 을유문화사에서 《이조 건국의 연구: 이조 건국과 전제개혁 문제》로 출간되었고 이 연구를 근거로 하여 이상백은 1955년 서울대학교에서 구제 박사학위를 받았다.

100 변시민의 증언에 따르면 당시 교수들이 월급으로는 생활하기에 바빠 책을 사볼 여유도 없었고 매일 낡은 와이셔츠에 헌 넥타이를 매고 출근했다고 한다. 변시민, 〈사회학과에 부임하기까지〉, 서울대학교사회학과 60년 편집위원회, 《다시 출발선에 서서: 동문들이 쓰는 사회학과 60년》, 선인, 2006, 32~33쪽.

반면 이상백은 한때 정치에 관심을 갖긴 했지만 줄곧 학문에 대한 관심을 버리지 않았다. 만약 여운형이 계속 정치 활동을 했더라면 이야기가 달라졌을지도 모른다. 그러나 1947년 여운형 암살 후 이상백은 정치에서 완전히 물러나 학문의 길로 들어섰다. 건국 직후인 1948년 9월 28일에 출간된《학풍》창간호 권두에 실린 창간사〈학문의 권위를 위하여〉에서 이상백은 자기 이익을 추구하는 사이비 모리배 학자들과 권력 당국의 학문에 대한 정치적 개입을 다 같이 비판하면서 학자들 스스로 학문의 권위를 확립하는 일에 매진할 것을 요구했다.[101]

학문에 전심전력을 경도해야 할 학자가 오늘은 생활을 위하여 몸을 영리기업에 두기도 하며, 내일은 세속적 위력에 아첨하여 학계를 파는 데 여념이 없다. 학문은 단순히 광범한 지식의 획득만으로써 권위를 자랑할 수 있는 것이 아니고, 학문하는 태도 다시 말하면 학문을 욕구하는 강력한 윤리적 힘이 필요한 것이다.[102]

다른 사람들과 달리 이상백은 학문의 세계에 헌신하려는 신념이 강했던 듯하다. 이상백은 제자들에게 저널리즘보다는 학문에 헌신하는

101　을유문화사 대표 정진숙에 따르면《학풍》창간호의 익명의 권두언은 이상백이 쓴 것이다. 정진숙,〈상백 이상백과 을유문화사〉, 상백 이상백 평전출판위원회 편,《상백 이상백 평전》, 을유문화사, 1996, 392쪽.

102　이상백,〈학문의 권위를 위하여〉,《학풍》창간호, 1948, 2~3쪽.

일이 필요함을 강조했다.[103] 최재석은 이상백의 글 〈저널리즘과 아카데 미즘〉을 읽고 나서 학문 연구에 몰두하게 되었다고 밝히기도 했다.

나는 한국의 사회학처럼 연구업적이 축적되지 못하고, 따라서 그 학문 의 학풍과 전통이 확고히 수립되지 못한 단계에서는 저널리즘보다 아카 데미즘이 우위에 서야 한다고 생각한다. 두말할 나위도 없이 저널리즘 이 아카데미즘보다 우위에 서고 그 기풍이 오랫동안 지속된다면 아카데 미즘의 확립은 어려워질 뿐만 아니라 저널리즘도 공허해지기 때문이 다.[104]

이상백이 한국 사회학을 제도화시킬 수 있었던 또 하나의 이유로 위 에서 말한 학문에 대한 헌신과 더불어 그의 지도자적 자질과 능력을 꼽 을 수 있다. 박명규에 따르면 "한국의 사회학계는 이상백이라는 개인 의 강한 영향력을 배경으로 제도화되었다"는 것이다.[105] 오랫동안 이상 백의 조교였던 김채윤은 '선생이 갖춘 뛰어난 속성'을 언급하면서 "6 척 장신에 수려한 용모, 고매한 인품, 좌중을 매혹하는 고담준화高談峻 話, 중후한 강의, 고미술에 대한 높은 식견" 등을 열거했다.[106] 이상백의

---

103 이상백의 이 글은 《문리대학보》 2호, 1953에 처음 실렸고 《이상백저작집 3권》, 을 유문화사, 1978에 다시 실렸다. 양영진(동국대 사회학과)도 1970년대 초 《대학국 어》에 실린 이 글을 읽고 아카데미즘의 중요성을 깨달았다고 이야기한 바 있다.

104 최재석, 《역경의 행운》, 만권당, 2015, 102쪽.

105 박명규, 〈한국 사회학의 전개와 분과학문으로서의 제도화〉, 48쪽.

106 김채윤, 〈종횡무진의 일생〉, 상백 이상백 평전출판위원회 편, 《상백 이상백 평전》,

지인이었던 을유문화사 초대 대표 민병도는 이상백에 대해 "후리후리한 6척의 거구, 수려하고 온후한 용모, 세련된 몸차림 등 외관상의 우월성에다, 정열적인 학술 연구를 통해 축적된 탁월한 식견, 농구를 비롯한 체육의 발전을 위해 보여주신 초인적인 활동, 고매하고 고고한 인품 등이 종합되어 시현하는 상백 선생의 위풍은 참으로 당당하여 그와 가까이하는 학계, 체육회를 비롯한 여러 분야의 일본인들을 압도하고도 남음이 있었다"라고 썼다.[107]

이상백의 수제자 가운데 한 사람이었던 김경동은 이상백의 카리스마에 대해 "평소에 무뚝뚝한 경상도 사나이 같지만, 몇 사람이 둘러앉아 환담을 나누는 자리에서는 좌중을 사로잡는 담론의 귀재였다. 워낙 박학다식에다 세계 각지를 두루 여행하여 온갖 경험을 쌓은 선생의 화제는 실로 종횡무진이었고 구수하면서도 힘이 담긴 말솜씨는 듣는 이를 흡인하는 마력을 지녔다"고 썼다.[108] 말하자면 이상백은 용모와 인격, 학문적 능력과 조직 역량에서 뛰어난 지도자적 자질을 소유한 사람이었다. 그래서 많은 사람들이 그를 존경하고 흠모했다.

다시 김채윤의 증언을 들어보면 "선생의 모습을 처음 대하는 문리대 신입생들은 우선 그 귀족 같은 외양에 압도되어 접근하기조차 어려운

을유문화사: 1996, 85쪽.

107 민병도, 〈상백 이상백 선생을 추모함〉, 상백 이상백 평전출판위원회 편, 《상백 이상백 평전》, 을유문화사, 1996, 359쪽.

108 김경동, 〈상백 이상백 박사〉, 대한민국학술원 편, 《앞서 가신 회원들의 발자취》, 대한민국학술원, 2004, 332~333쪽.

교수로 생각하기 일쑤였다. 뿐만 아니라 3면의 벽이 신구 서적으로 꽉 들어찬 선생의 연구실 분위기에 또한 기가 죽게 마련이었다."[109] 어떤 의미에서 카리스마적 자질이라고 부를 수도 있을 이상백의 이 같은 내적·외적 분위기가 그가 동료 교수들과 사회학과 학생들을 이끌고 나가면서 사회학을 제도화하는 역할을 담당하는 데 기여했을 것이다.[110]

---

109 김채윤, 〈종횡무진의 일생〉, 87쪽.

110 이만갑은 해방 이후 한국 사회학이 발전할 수 있었던 요인의 하나로 이상백의 리더십을 들었다. 이상백은 제자들에게 자신의 학문을 강요하지 않고 자유로운 학문 분위기를 만들고 미국 사회학 도입을 장려하고 장학금과 연구비 등으로 제자들을 후원함으로써 학문 후속 세대를 이끌었다. Man-Gap Lee, "Development of Sociology in Korea", *Sociology and Social Change in Korea*(Seoul: Seoul National University, 1982), p. 274.

6.

이상백의 일본 체육계 활동이 갖는 의미

해방 후 분단된 남한에서 새로운 학문의 전개는 일제 잔재를 청산하고 민족주의 정신으로 새로운 사회적 삶의 윤리적 기준을 마련하는 일과 관련되어 있었다. 당시 학자의 학문 활동은 윤리적 정당성 위에서 이루어질 때 권위를 확보할 수 있었다. 한국 사회학을 제도화한 이상백의 경우를 이런 관점에서 검토해볼 수 있다. 이상백은 1920년대와 30년대에 걸친 일본 체류 기간에 학문과 체육 활동을 병행했는데 해방 이후에도 서울대학교 사회학과 교수직을 수행하면서 대한체육회 활동에도 힘을 쏟았다. 특히 그가 가지고 있던 사료와 이미 쓴 초고들을 비롯하여 연구를 위한 기초자료들이 한국전쟁 중에 망실됨에 따라 연구 의욕도 사그라졌는지 학문 활동보다는 체육회 활동에 더 많은 정열을 바친 것으로 보인다.

그는 와세다대학 재학시절 농구부를 만들고 이를 바탕으로 일본농구협회를 창설하여 국제적으로 활동하면서 1936년 베를린올림픽 당시에는 일본 대표단의 총무 역할을 담당할 정도로 일본 체육계를 대표하는 인물이었다. 해방 후 그는 일본체육회 활동에서 쌓은 경험과 인맥을 바탕으로 대한체육회를 만들고 스포츠 외교의 일선에서 활동했다. 1948년 정부 수립 직전에 한국대표단이 런던올림픽에 참가할 수 있었던 데에는 그의 노력이 큰 역할을 했다.[111]

지금까지 이상백이 일제강점기에 일본체육회에서 활동한 내용을 두고 누구도 친일시비를 공식적으로 제기한 적은 없다.[112] 그러나 이상백이 일본체육회나 일본농구협회의 기관지에 기고한 글들을 분석한 한영혜의 연구에 따르면 "상백이 순수한 체육 정신을 아무리 강조해도 그의 체육 활동은 정치적인 성격을 띨 수밖에 없었다. 상백의 체육 활동은 취미로서의 운동, 혹은 선수로서 경기에 참여하는 수준을 넘어서서, 체육을 매개로 한 정치외교 차원에 이르고 있으며, 상백의 업적이 높은 평가를 받는 것은 바로 이 후자에서이다. 상백은 일본 체육계의 일원으

---

111 이성구·조동표, 〈체육인으로서의 이상백〉, 상백 이상백 평전출판위원회 편, 《상백 이상백 평전》, 을유문화사, 1996), 195~332쪽.

112 서울대학교 사회학과 출신이나 대한체육회 인사들로서는 누구라도 그 기관의 아버지 격인 이상백의 친일 문제를 거론할 수 없었을 것이다. 그렇게 되면 서울대학교 사회학과나 대한체육회나 모두 역사적 정통성을 상실하기 때문이다. 그러나 내가 사적인 자리에서 이상백의 일본체육회 활동을 이야기하자 어느 국사학자는 대번에 "그러면 그 사람 친일파 아녜요?"라는 반응을 보인 바 있다. 서울대 사회학과 교수 권태환은 은퇴 이후 2014년에 이루어진 인터뷰에서 "이상백 선생님은 친일파라고 알려져 있고, 독립운동을 뒤에서 지원한 사람으로 알려져 있는데"라면서 이상백에 대한 양면적 뒷소문을 이야기한 바 있다. 김인수, 〈권태환 교수 인터뷰〉, 《서울대학교 사회발전연구소 50년사: 1965~2015》, 한울, 2015, 271쪽.

로서 일본 체육의 발전에 기여하는 활동을 했으며, 국제 체육계에서는 종종 일본의 정치적인 입장을 반영하는 협상과 교섭, 결정 등에 관여하게 되었다."[113]

그렇다면 그의 활동에 친일적인 측면이 있었다고 봐야 할 것인가? 자본주의 맹아론을 제창한 국사학자 김용섭은 이상백이 학문 활동이나 체육계 활동에서 일본인들과 밀착되어 있었기 때문에 일제에 대한 저항의식이나 민족의식이 부족하다고 지적한 바 있다.[114] 하지만 그렇다고 그를 친일파로 몰아붙이기는 어려울 것 같다. 그는 비록 식민지 시대 일본을 대표하여 스포츠 외교의 실권자로 활동했지만 조선인으로서의 자부심을 잃지 않았고 1936년 베를린올림픽에 손기정을 비롯하여 능력이 있는 조선인 선수들을 적극 추천하여 출전시키기도 했다. 게다가 그는 끝까지 창씨개명을 하지 않고 이상백이라는 이름을 지켰다. 이상백 본인이 3·1운동에 적극 참여했다는 점, 큰형 이상정 장군이 만주에서 독립군으로 활동했다는 점, 민족시인으로 유명한 동생 이상화가 쓴 〈빼앗긴 들에도 봄은 오는가〉와 같은 시 등 형제들의 면모를 보더라도 이상백의 정신 세계가 친일이었다고 보기는 어려울 듯하다.[115] 민족

---

113 한영혜, 〈이상백과 근대체육─식민지 시대 지식인의 자아실현과 민족 아이덴티티: 일본에서의 체육 활동을 중심으로〉, 《한림 일본학 연구》 1집, 1996, 258쪽.

114 김용섭, 〈우리나라 근대 역사학의 발달, 1930년, 40년대의 실증주의 역사학〉, 《문학과 지성》, 1972년 가을호, 16~40쪽.

115 대한체육회 활동을 하면서 이상백은 부통령 이기붕과 밀접한 관계를 유지해야 했는데 그로 인해 4·19 직후 학생들에게 어용교수의 혐의를 받기도 했다. 한 원로교수의 증언에 따르면 1960년 4·19 직후 서울대학교 문리대 강당에서 이승만 정

주의 정신이 충만해 있던 해방 이후 을유문화사에서 펴낸 《조선문화논
총》 발간사에서 이상백은 다음과 같은 글을 남기기도 했다

> 우리는 하루바삐 우리 고유문화의 진정한 가치를 발휘, 천명하여 새로
> 운 민족문화 창조의 터전을 장만하고, 나아가서는 우리 고유문화의 진
> 가를 세계에 선양하여 새 인류문화의 질적 향상에 기여하여야 되겠다.
> 이것은 전 민족에게 부과된 숭고한 의무임을 우리는 확신하고 자각하는
> 바이다.[116]

문화재와 골동품에 조예가 깊어 서울대학교 박물관장을 역임하기도
했던 이상백은 초대 국립박물관장 김재원과 절친한 관계를 유지하면서
1960년대 초 '한국미술 1000년' 등의 전시회 기획을 통해 해외에 한국
문화를 알리는 데에도 중요한 역할을 했다. 이상백은 훗날 자신의 대학
시절과 그 직후를 회상하면서 당시 사상적으로 마르크스주의가 유행했
고 일제의 탄압이 극심하여 소수의 지사들은 해외에서나 지하에서 투
쟁을 벌였고 다른 한편에서는 많은 사람들이 사리사욕을 추구하며 친

권을 지지한 교수들에 대한 성토대회가 열렸는데 그 명단 가운데 이상백도 들어
있었다고 한다. 이상백이 이기붕을 지지했다는 이유에서였다. 그러나 이상백의
어용 시비는 대중 집회에서 다른 학생의 개입으로 무마되었다고 한다. 그 학생은
다른 학생들 앞에서 이상백이 이기붕의 비서였던 한글학자 한갑수의 강권으로 이
기붕 지지 문서에 그냥 형식적으로 서명한 것이었다고 해명했다.

116 정진숙, 〈상백 이상백과 을유문화사〉, 상백 이상백 평전출판위원회 편, 《상백 이상
백 평전》, 을유문화사, 1996, 391쪽에서 재인용.

일하는 비겁한 삶을 살고 있었으나 자신은 과격한 사상이나 비겁한 행동 어느 쪽도 아니어서 "극히 평범한 소위 쁘띠 블죠아적인 자유주의로 도피하면서 지나는 수밖에 없었다"고 썼다.[117]

이상백의 친일 여부에 대해 의문을 던졌던 한영혜는 "식민지 시대의 지식인들을 '친일'과 '항일'로 범주화하여 재단하는 것은, 아픈 역사의 잔재를 청산하고 새로운 방향을 지향해야 한다는 뜻에서는 어느 정도 필요한 작업이지만 그 시대의 아픔과 상처의 성격을 좀 더 깊이 이해하기 위해서는, 이제 한 걸음 더 나아가 당시 많은 지식인들이 공유했을 갈등과 내면의 흔들림을 파악하는 단계가 아닌가 한다"는 견해를 표명했다.[118] 일제 시대와 해방 정국에서 한 사람의 지식인이 취한 정치적 입장에는 회색지대나 겉으로 잘 드러나지 않는 부분이 있음을 염두에 두어야 한다는 말이다.

인류학자 전경수는 한국 인류학의 창시자이며 이상백과 와세다대학에서 함께 공부한 손진태의 친일 여부와 관련하여 "중요한 것은 식민지 시대라는 근대화와 민족문제가 착종된 특수한 시점에서 나타나는 사상적 혼종성에 대한 안목이고 흑백논리를 배격하면서 사상적 혼종성을 바라보는 전체적인 시각의 확보가 필요하다"고 보았다. 이런 관점에서 전경수는 "식민지 시대 지식인들이 학문을 하던 당시의 제반 사

---

117 이상백, 〈자유와 이상에 대한 만상漫想〉, 박종홍 등 지음, 《인생의 좌표: 지성인의 수상선》, 동아출판사, 1961, 208쪽.

118 한영혜, 〈이상백과 근대 체육─식민지 시대 지식인의 자아실현과 민족 아이덴티티: 일본에서의 체육 활동을 중심으로〉, 《한림 일본학 연구》 1집, 1996, 258쪽.

정과 상황을 재구성한 장 위에서 당사자의 입장"이 되어 보는 '맥락론'의 입장을 제시했다.[119] 전경수가 손진태를 접근하는 방법을 이상백에도 똑같이 적용해볼 수 있을 것이다. 이 문제에 대해 이상백의 개인사를 깊이 있게 연구한 김필동은 다음과 같은 의견을 피력했다.

그는 학자이자 체육인이었고, 학문의 세계에서는 사회학자이자 역사학자였다. 그는 또한 체육 관계 일에서 잘 나타나듯이 일본을 위해 열심히 일하면서도 동시에 한국(인)을 위해서도 자신의 위치를 이용할 줄 알았다. 그는 일본인들과 매우 밀착된 삶을 살면서도 창씨개명을 하지 않고 일제강점기를 넘겼다. 그리고 종국에는 한국의 독립을 달성하기 위한 비밀결사인 '건국동맹'에 참여하여 정치적인 활동을 했다. 이렇게 보면 상백의 삶은 단지 이중적일 뿐만 아니라 다면적인 모습을 보여주는 듯하다. 이러한 그의 이중적인 아니 다면적인 삶을 포괄적으로 이해하지 않는 한 그에 대한 이해는 매우 불충분할 수밖에 없다.[120]

위의 논의를 종합하면 이상백의 활동에 직접적으로 친일 시비를 걸기는 어렵다. 그는 이광수처럼 조선의 젊은 청년들에게 천황을 위해 전쟁터에 나가 목숨을 바치라고 연설한 적도 없고 이병도처럼 조선사편수회에서 식민주의 사관으로 조선의 역사를 다시 쓴 적도 없다. 그는

---

119 전경수, 《손진태의 문화인류학—제국과 식민지 사이에서》, 민속원, 2010, 17쪽.
120 김필동, 〈이상백의 학창시절〉, 상백 이상백 평전간행위원회 편, 《상백 이상백 평전》, 을유문화사, 1996, 134쪽.

학문의 세계에서 철저한 아카데미즘과 실증주의적 태도를 견지했고 일본 체육계 활동에서도 손기정을 베를린올림픽에 출전시키는 등 민족주의를 넘어서는 근대 체육의 보편주의를 앞세웠다.

7.

이상백의
학문적 유산

이상백의 가문은 구한말 사회변동기에 축재에 성공한 신흥 부르주아였다. 대구 약령시에서 한약재를 도매했으며 1,500석 규모의 지주이기도 했다. 이 가문의 재산은 도서관과 학교 설립, 독립운동 자금으로 쓰이기도 했다. 이런 사회적 배경에서 이상백은 조선 시대 양반체제의 구습에 대해 비판적이었으며 일본에서 공부할 때 서구의 근대의식을 남보다 쉽게 수용할 수 있었다.[121]

그는 1921년 와세다고등학원을 거쳐 와세다대학에 입학했는데 그때

---

121 이상백은 조선의 폐습 가운데 서얼차대, 천자수모법, 부녀재가금지 등의 습속에 대한 사회사적 연구를 통해 유교 사회에 대한 비판적 인식을 간접적으로 표현했다. 이상백, 《이상백저작집》, 을유문화사, 1978 참조. 서울대학교 사회학과 홈페이지에는 "이상백 교수는 사회학이 서구에서 그러했던 것처럼 한국에서도 '시민사회 성립'에 필요한 과학적 지식을 제공해줄 수 있을 것으로 기대하였다"라는 문구가 나온다.

손진태와 양주동이 같은 대학에서 공부하고 있었다. 이상백은 와세다 대학에서 학부를 마치고 같은 학교 연구생 자격으로 조선 사회에 대한 사회사 연구를 진행했다.

이상백에 대해 여러 편의 논문을 쓴 김필동의 평가에 따르면 "아마도 상백은 당시 일본에서 교육받은 한국인 인문사회과학자 중에서 가장 철저하게 학문적 수련을 쌓은 인물이었다고 해도 과언이 아닐 것이다. 바로 이 사실을 보여주듯 상백은 체육 관계 일로 바쁜 가운데서도 많은 논문을 작성할 수 있었고, 그 논문들은 각각 높은 수준을 유지할 수 있었다. 상백이 해방을 전후한 시기에 정치에 관여했고, 일상을 체육 관계 일로 분주했음에도 불구하고 끝까지 아카데미즘에 충실한 학자일 수 있었던 것도 이러한 학창시절의 수련이 배경이 된 것이라고 할 수 있다."[122] 이데올로기 투쟁보다는 아카데미즘에 헌신하는 태도를 견지한 이상백은 1948년《학풍》창간호에 그때야말로 "학문의 권위를 수립함이 가장 긴급한 요청"이라고 썼다.[123]

아래에서는 흔히 한국 사회학의 '태두'로 인정받고 있는 이상백에 대해 두 가지 질문을 던져본다. 첫째로 이상백이 사회학자로서의 분명한 정체성을 가졌는가라는 질문이다. 앞에서 살펴보았듯 이상백이 한

---

122 김필동, 〈이상백의 학창시절〉, 상백 이상백 평전간행위원회 편,《상백 이상백 평전》, 을유문화사, 1996, 133쪽.

123 박영신은 오늘날에도 사회학자들이 "학문 그 자체에 대한 일차적인 헌신보다는 그 학문을 수단으로 삼아 현존하는 사회의 요구에 적절히 대응하여" 대학 안팎에서 사회적 지위를 확보하는 행태를 비판했다. 박영신, 〈우리 사회학의 어제와 오늘을 되새김: 학문 일반사의 한 보기로서〉,《현상과 인식》65호, 1995년 봄호, 131쪽.

국 사회학의 제도화에 기여한 첫 번째 인물이라는 사실에는 의심의 여지가 없다. 그러나 그의 학문적 배경을 봤을 때 그가 사회학자로서 명확한 정체성을 가졌는지는 다소 의문이 들 수 있다.

이상백의 논저를 검토한 김필동의 평가는 "그(이상백)의 연구논문은, 그것이 사회학 논문이건 역사적 연구이건 간에 역사학과 사회학이 합일돼 있는 모습을 보여준다. 이 점에서 그의 역사적 연구는 그 자체 '역사사회학' 연구이며, 따라서 사회학적 연구라는 것"이다.[124] 이상백은 사회학과를 창설한 이후에는 스스로를 역사학자이며 동시에 사회학자라고 생각했을 것이다.

이상백이 사회학과 창설 이전에도 사회학자라는 자기 정체성을 가지고 있었는지 반문해볼 수 있다. 이상백은 와세다대학 재학시절 사회학과 역사학을 공부했다고 하지만 사회학자라기보다는 주로 역사학자로서 훈련받은 사람이다. 당시 일본의 동양사 연구를 대표하는 츠다 소우키치津田左右吉가 그의 학문적 스승이었다.[125] 역사학자들은 이상백이 1930년대 이후 발표한 사회사 분야의 논문들을 근거로 이상백을 실증사학의 범위 안에 포함시키고 있다.[126] 그러나 최재석은 "그(이상백)의

---

124 김필동, 〈이상백의 생애와 사회학 사상〉, 《한국사회학》 28집, 1994년 여름호, 2쪽.

125 츠다 소우키치의 문화사적 연구방법론이 이상백의 사회사 연구에 어떤 영향을 미쳤는지에 대한 연구가 필요하나 이는 필자의 능력을 넘어선다. 역사 이론 또는 일본 사상사나 학문의 역사를 전공하는 다른 학자의 연구를 기대한다.

126 홍승기, 〈실증사학론〉, 노태돈 외, 《현대 한국사학과 사관》, 일조각, 1991, 39~83쪽; 이현희, 〈진단학회와 이상백〉, 상백 이상백 평전출판위원회 편, 《상백 이상백 평전》, 을유문화사, 1996, 164쪽.

관심은 사회학의 관점에서 역사를 보는, 말하자면 사회사에 있었다고 말할 수 있을 것이다"라고 평가했다.[127]

그렇다면 사회학과 창설 이전 이상백의 사회사 연구를 사회학적 연구로 볼 경우 그의 연구가 역사학자들의 연구와 어떤 점에서 다른가를 질문하지 않을 수 없다. 김필동의 평가대로 이상백이 역사학자가 아니라 역사사회학자라면 그의 연구가 사회학적 관심을 반영하고 있어야 하며 나름의 이론적 관점과 개념 장치들을 활용했어야 한다. 그런 기준에서 봤을 때 이상백은 역사사회학자라기보다는 사회사 분야의 역사학자에 더 가까운 것으로 보인다.

그가 사회학과를 개설하고 서양 사회학을 가르치고 사회학 이론과 방법론에도 관심을 가졌지만 주로 1930년대 이루어진 그의 연구물들은 아직 사회학 이론과 개념들이 깊게 스며들지 않은 역사 연구물에 더 가깝다. 여말선초 불교와 유교 두 종교의 교체 과정과 조선 건국에 대한 연구나 서얼제도, 부녀재가금지, 노비 문제 등에 대한 연구는 주제 자체로는 사회학적인 관심을 반영하고 있다. 그럼에도 불구하고 그를 역사사회학자라고 보기에는 어려움이 있다.

1946년 사회학과 창설 이후에도 이상백 스스로가 역사 관련 논문이나 저서를 출간할 때 스스로를 '사회학자'라기보다 '사학도'로 생각했음도 눈여겨보아야 한다. 1947년 7월에 1930년대에 쓴 네 편의 논문을 모아 《한국문화사연구논고》라는 저서를 펴내면서 이상백은 서문에

127　최재석, 《한국 초기 사회학과 가족의 연구》, 일지사, 2002, 76쪽.

서 "우리 사학도의 중대한 책임"이라든지, "우리 젊은 학도들에게 사학 연구에 대한 일 자극이 되기를" 등의 표현을 쓰고 있다.[128] 그렇다면 이상백은 사회학과 창설 이후에도 과거 자신이 했던 연구들은 역사학의 분야에 속한 것으로 생각하고 사회학은 새롭게 만들어나가야 할 신흥 학문이라고 생각했던 것 같다.[129]

둘째로 이상백은 한국 사회학의 전개에 어떤 학문적 유산을 남겼는가라는 질문이다. 그가 한국 사회학의 제도적 아버지인 것은 분명하고 국제적 안목과 개인적 인품으로 많은 제자들로부터 존경을 받은 것도 사실이지만 "그가 이후 전개될 한국 사회학의 학문적 기초를 풍부하게 마련했는가"라는 질문에 대해서는 그리 쉽게 답할 수 없다.[130] 사후 그가 남긴 저작물을 모아 세 권으로 정리한 《이상백저작집》을 읽어보면 사회사 연구가 중심이고 10여 편의 사회학 논문들은 거의 모두 단편적인 글들이다.

그가 강의를 통해 제자들에게 깊은 지적 영향을 미쳤다고 보기도 힘들다. 그는 주로 사회학 개론과 사회학사 과목을 담당했는데 1948년

---

128 이상백, 《이상백저작집》 1권, 을유문화사, 1978, 6쪽과 10쪽.

129 이상백은 사회학과를 창설한 지 한참이 지난 1962년에도 역사학자로서 진단학회 편, 《한국사-근세 전기편》, 을유문화사, 1962를 펴냈다.

130 한 학문분과의 창시자는 고전과 정전을 남겨야 하지만 서구 학문을 수용한 비서구 사회의 경우는 학문의 제도적 틀을 마련하지만 누구나 참조하는 고전이나 정전을 남기지 못하는 것이 일반적이다. 서구 사회학사에서 이런 문제를 다룬 Peter Baehr, *Founders, Classics, Canons: Modern Disputes over the Origins and Appraisals of Sociology's Heritage*(New Brunswick: Transaction Press, 2002) 참조.

《학풍》 창간호에는 이상백의 《사회학 개론》이 곧 출간된다는 광고가 나와 있다. 그런데 이상백은 이 책을 끝내 출간하지 못하고 세상을 떠났다.[131] 이상백은 사회학사 수업시간에 겉장을 종이로 싼 일본 학자의 사회학사 책을 가지고 들어와 우리말로 번역해주는 방식으로 재미없는 강의를 했다고 한다.

대한체육회 일로 바빠서 해외여행을 많이 했던 그는 휴강을 많이 한 것으로도 유명하다.[132] 이런 일화도 있다. 이상백이 어느 날 강의를 하고 있는데 열어놓은 창문을 통해 바람이 들어왔다. 오래되어 제본이 약해진 일본어 사회학사 책의 낱장이 바람에 날려 강의실 바닥에 떨어졌다. 그래서 한 학생이 낱장을 주어서 이상백에게 가져다주었다는 것이다. 한 원로 사회학자의 증언에 따르면 그런 강의 방식에 불만을 느끼

---

131 이상백은 스스로 사회학 개론서를 쓰는 대신 뒤늦게 조셉 루섹Joseph Roucek과 롤랜드 워렌Roland Warren의 《사회학개론Sociology, An Introduction》, 정음사, 1958을 번역·출간했다. 이 책은 사회학의 각 분야를 종합적으로 잘 소개하고 있으며 마지막 장에 콩트, 스펜서, 뒤르켐, 마르크스, 베버, 짐멜, 파레토, 파크, 섬너 등 "사회학에 영향을 미친 학자들"을 다루고 있어서 이상백이 그 당시 생각하던 사회학을 잘 반영하고 있다.

132 1948년 서울대 사회학과에 입학한 주락원의 증언에 따르면 당시 "이상백 씨는 거의 강의 안 했다. 항상 삐릿삐릿한 구두에다 하얀 양복을 입고 다녔다. 이상백 선생이 거의 학교에 안 나왔기 때문에 학생들이 이상백 선생이 자주 다니는 단골 다방에 찾아가서 강의를 해주시라 요청했다. 그날 마침 비가 오던 날인데, 선생 말씀이 오늘 같은 날 학교 가면 내 구두 버린다고 했다는 얘길 듣고 정말 이상백 씨답다고 생각했다." 주락원, 〈1948년 입학의 기억〉, 서울대학교 사회학과 60년 편집위원회 편, 《다시 출발선에 서서: 동문들이 쓰는 사회학과 60년》, 선인, 2006, 67쪽.

고 있던 한 학생이 어느 날 "선생님은 어떻게 일본 학자의 책을 번역하는 방식으로 강의를 하십니까?"라고 항의성 질문을 했다. 그러자 이상백은 허심탄회하게 "이 사람아, 내가 아무리 공부해도 이 일본 학자를 능가할 수가 없어서 그러네"라고 답했다고 한다.

어떻게 보면 솔직한 답변처럼 들리기도 하지만 저술과 강의를 통해 한국 사회학의 탄탄한 기초를 마련하려는 학문적 노력이 부족했다고 해석할 수도 있다. 이상백은 강의와 저술에 헌신하기보다는 식민지 시대에 쌓은 학자로서의 권위와 체육인으로서 세계 각지를 다니며 갖게 된 국제적 감각으로 제자들에게 영감을 주고 학문의 길로 이끄는 역할에 머물렀던 것 같다.[133]

1946년 서울대학교 사회학과의 창설과 1957년 한국사회학회의 창립에 이상백이 결정적인 역할을 했음은 부인할 수 없는 사실이다. 그럼에도 불구하고 이상백을 한국 사회학의 '정신적 아버지'로 보기에는 다소 불편한 점이 있다.[134] 먼저 앞에서 다루었지만 이미 1930년대 국

---

133 김채윤에 따르면 이상백은 강의실에서보다는 연구실에서 제자들을 지도했다고 한다. 이상백은 우수하다고 판단되는 학생들을 정신적으로 격려하고 때로는 경제적 지원도 아끼지 않았는데, 그런 제자들이 자신의 연구실을 방문하면 그의 학문적 경륜과 해외여행을 바탕으로 해박한 지식을 술술 풀어놓았다는 것이다. 이상백은 그런 비공식적이고 개인적인 관계를 통해 다음 세대의 출중한 학자들을 양성했다. 김채윤, 〈종횡무진의 일생〉, 상백 이상백 평전출판위원회 편, 《상백 이상백 평전》, 을유문화사, 1996, 89~90쪽.

134 《조선일보》의 학술담당 기자 이한우는 "어떤 의미에서 이상백의 성가聲價는 학자로서보다는 학술행정가로서 더 컸다고 할 수 있을 것이다. 동시에 그는 체육행정가로서도 높이 평가되고 있다"고 썼다. 이한우, 〈사회학〉, 《한국의 학맥과 학풍》,

내에는 미국과 유럽에서 박사학위를 받고 귀국하여 사회학을 가르치던 학자들이 있었다. 그들은 이상백에 비해 사회학 본령의 연구에서 앞선 측면이 있다. 물론 이들은 대학 내에 자리잡고 학문적 업적을 쌓고 제자를 키우는 일을 하지 못했기 때문에 해방 이후 오늘에 이르는 한국 사회학의 역사에 직접적인 영향을 미치지 못하고 단절된 한국 사회학사의 앞 토막을 장식할 뿐이다. 반면 이상백은 서울대학교에 사회학과를 설립한 제도적 아버지이다. 하지만 이상백이 한국 사회학의 역사에서 기본이 될 문제의식, 이론, 방법론을 제시한 것은 아니다. 그를 사회학의 학문적 내용을 갖춘 한국 사회학의 아버지로 선뜻 내세우기에는 어려운 점이 있는 이유이다.[135]

사실 이상백은 사회학을 본격적으로 공부했다기보다는 역사학 가운데 사회사를 전공한 학자였다. 그의 연구업적은 사회사 분야를 크게 넘어서지 않았다. 물론 그의 사회사 연구는 다른 역사학자들의 연구와는 구별되는 서얼차대, 천자수모법, 부녀재가금지, 여말선초의 사회변동과 조선의 건국 과정 등 사회학적인 주제를 다룬 것이 사실이다. 그래서 이만갑은 이상백의 사회사 연구에 대해 "문화현상에 대한 날카로운

문예출판사, 1995, 182쪽.

135 김필동에 따르면 "상백은 연구·조사 활동을 조직하고, 학술 활동을 지원하며, 한국학의 국제적 교류를 촉진하는 등 논문 이외의 일을 통해 학계에 크게 공헌하였다." 김필동, 〈이상백의 사회사 연구〉, 《한국사회사 연구의 전통》, 문학과지성사, 1993, 98쪽. 이상백은 하버드 옌칭연구소의 동아문화연구위원으로 활동했으며 1961년 서울대학교 문리대에 '동아문화연구소'를 창설하고 초대 소장으로 일했다.

사회학적 통찰력을 가지고 역사를 고찰함으로써 일반 역사학자가 놓치기 쉬운 측면에 학문적 시야를 돌리도록 노력한 것이 아닌가 생각하게 된다"고 평가하기도 했다.[136]

---

136 이만갑, 〈사회학과 더불어 60년〉, 한국사회학회, 《한국사회학회 50년사, 1957~ 2007》, 한학문화, 2007, 10쪽.

8

.

이상백과
그의 후예들

이상백은 문필가였다. 그는 학술적인 논문만이 아니라 수필, 기행문, 칼럼 등 여러 종류의 글을 남겼다.[137] 지금은 어디에 있는지 알 길이 없지만 "줄곧 시를 지어 두툼한 미발표 시집을 남기었다"고도 한다.[138] 그가 쓴 시는 읽을 수 없지만 그가 남긴 수필 〈시간의 체험〉을 읽어보면 그의 내면은 밖으로 나타난 화려한 스포츠 외교 활동과 달리 어딘가 모르게 쓸쓸하고 외로웠던 듯하다. 아마도 오랜 독신 생활에서 비롯된 것이겠지만 그가 공식 모임에서의 연설을 꺼린 것을 보면 내성적인 측면

137　이상백, 〈학자의 극락지〉, 《사상계》 6권 11호, 1958, 265~271쪽; 이상백, 〈지나가는 길에 본 로마〉, 《사상계》 7권 10호, 1959, 217~221쪽; 이상백, 〈스페인 별견瞥見: 톨레도의 감명〉, 《신동아》 21호, 1966년 5월, 218~225쪽.

138　김채윤, 〈종횡무진의 일생〉, 상백 이상백 평전출판위원회 편, 《상백 이상백 평전》, 을유문화사, 1996, 86쪽.

도 있었던 듯하다. 그는 설 연휴를 혼자 고독하게 지내면서 이런 글을
남겼다.

설의 기억은 어릴 때의 일밖에 없다. 40여 년 전 외국으로 나가서부터의
'이방의 설'은 관계가 없고 나는 설을 완전히 잃어버렸던 것이다. 다른
사람들이 흥겹게 놀고 흥청대면 그럴수록 나는 냉기가 감도는 하숙방에
서 외로움과 쓸쓸함을 견뎌야만 했다. 그래서 나는 설이 되면 산간이나
시골로나 아는 사람이 없는 곳으로 돌아다니는 것을 위안으로 하였다.[139]

그는 홀로 지내다가 늦게 결혼했다. 평소에 전혀 감정 표현을 거의
하지 않던 그가 자신의 회갑기념논총 증정식에서 "잘난 사람이 되기
보다는 남에게 못할 짓을 하지 않는 사람이 되라"는 가훈을 소개한 뒤
갑자기 눈물을 흘렸다는 일화는 유명하다. 김채윤은 그 눈물의 의미를
"적기에 가정을 이루지 않은 것과 후사를 갖지 못한 것"에 대한 후회와
회한으로 이해했다.[140] 이상백은 1966년 갑작스러운 심장병으로 세상

---

139 강신표, 〈상백 선생의 미완성 유고와 나의 학문의 길 그리고 올림픽운동〉, 상백
      이상백 평전출판위원회 편, 《상백 이상백 평전》, 을유문화사, 1996, 340쪽에서 재
      인용.

140 김채윤, 〈종횡무진의 일생〉, 94~95쪽. 이상백이 만년에 어떤 심경의 변화를 보였
      는지는 모르지만 '이상백의 눈물'에 대한 김채윤의 해석은 이상백의 인간적 면모
      를 보여주기는 하지만 그와 동시에 전통적인 가족주의로 회귀하는 것 같아 선뜻
      동의하기 어렵다. 사회학이 혈연에 기반한 인간관계를 중시하는 전근대적 가치를
      넘어서 근대적인 보편적 가치 추구에 바탕을 둔 학문이라면 한국 사회학의 아버지

을 떠나 주위의 많은 사람들에게 아쉬움을 남겼다.

한국전쟁 이후 그는 서울대 사회학과 교수라는 직함을 가지고 대한
체육회 일에 더 많은 시간을 보냈지만 다음 세대 사회학자들을 열심히
키웠다.[141] 그는 제자들을 격려하고 장학금을 마련해주고 유학을 주선
하면서 출중한 후속 세대 학자들을 양성했다. 서울대 사회학과 교수였
다가 서울대 상대 학장을 거쳐 서울대 총장을 역임한 최문환은 이상백
에 대해 다음과 같이 썼다.

서울대학교 문리대의 사회학과는 선생이 산파역을 하였고 기후其後 우
리나라의 사회학계의 발전은 주로 이 박사가 심혈을 경주하여 오늘날의
대성을 이룩하였다고 볼 수 있다. 오날날의 다방면에서 활동하는 제제
다사濟濟多士의 많은 학자들은 거의 절대다수가 이 박사의 제자들이다.
이 박사가 뿌린 풍요한 비료에 의하여 이 나라의 사회학도는 성운星雲과
같이 일어나서 우리 사회문제에 대결할 것으로 보이는데 이는 오로지
이 박사가 뿌린 토양 위에서 성장할 것이라고 생각한다.[142]

이상백의 제자들 가운데 최재석, 김채윤, 한완상, 김경동, 강신표,

를 가족주의라는 틀 속에 넣는 해석은 적절하지 않은 것 같다.

141 그는 항상 체육회 일에 바빠서 한 학기에 한 달 정도밖에는 강의하지 않았다고 한
    다. 최재석은 사회학과의 다른 교수들의 휴강에 대해서는 불평을 하던 학생들이
    이상백의 휴강에 대해서는 아무도 말하지 않는 것을 이상하게 생각했다고 한다.
    최재석, 〈서울대의 이상백 선생〉, 《역경의 행운》, 만권당, 2015, 101~106쪽.

142 최문환, 〈고 이상백 박사를 추모한다〉, 《한국사회학》 2집, 1966, 6쪽.

신용하, 김진균 등이 개인적으로 그를 회고하는 글을 남겼다. 먼저 최재석은 자신의 사회사 연구의 뿌리가 이상백의 사회사에 있음을 다음과 같이 증언했다. "대학원(석사 과정)에서 사회학의 연구 대상을 횡적인 현재적 측면에서가 아니라 종적인 역사적 측면에서 바라보는 시각은 (이상백) 선생님의 영향을 받은 것이다."[143] 한완상은 《상백 이상백 평전》에 실린 〈나의 스승 이상백 선생〉에서 스승에 대한 감사의 정을 표시했고 자신의 저서 《현대사회와 청년문화》 맨 앞장에 "잊을 수 없는 스승 故 李相佰 선생님께 삼가 이 책을 드립니다"라는 문구를 남겼다.[144] 김경동은 《이상백 박사 회갑기념논문집》에 실린 〈교과서 분석에 의한 한국 사회의 유교가치관 연구〉의 맨 마지막에 "지도를 아끼지 아니하신 이상백 선생님께 특별히 감사를 드립니다"라는 글귀를 남겼고 이상백을 회고하는 글도 썼다.[145] 강신표는 〈상백 선생의 미완성 유고와 나의 학문의 길 그리고 올림픽 운동〉이란 글에서 "이상백 선생의 미완성 유고 〈한국인의 사고방식의 연구방법론〉(1966)은 나의 학문의 길에

---

143 최재석, 《역경의 행운》, 다므기, 2011, 30쪽.

144 한완상, 《현대사회와 청년문화》, 법문사, 1973; 한완상, 〈나의 스승 이상백 선생〉", 상백 이상백 평전출판위원회 편, 《상백 이상백 평전》, 을유문화사, 1996, 397~406쪽.

145 김경동, 〈교과서 분석에 의한 한국 사회의 유교 가치관 연구〉, 이상백 박사 회갑기념논총 편집위원회 편, 《이상백 박사 회갑기념논총》, 을유문화사, 1964, 368쪽; 〈무심한 듯한 표정의 자상하신 스승님〉, 상백 이상백 평전출판위원회 편, 《상백 이상백 평전》, 을유문화사, 1996, 344~347쪽.

있어서 '시발점'이었다"고 썼다.[146]

　제자들뿐만 아니라 학계의 많은 사람들도 이상백의 인품을 칭송했다. 그 가운데 사학계의 원로이며 대한민국학술원장을 지낸 이병도는 "형은 우리나라 학계의 중진으로, 또 체육계의 원로로, 그 쌓아놓은 공탑과 명성은 국내외에 떨치고 있으며, 형의 고결한 인격과 온후한 자질과 매력적인 언론, 풍채와 섬부한 식견, 다채로운 취미 등은 우리를 항상 감탄케 하였던 것이다"라고 썼다.[147]

　서울대 사회학과의 후배 교수였던 이만갑은 이렇게 썼다. "학자로서 또 체육인으로서 선생의 찬란한 업적은 이미 널리 알려져 있지만 평소 가까이 접하여 온 친지나 후배, 제자들로서는 역시 그런 업적을 찬양하기에 앞서 인간으로서 당신이 지닌 양식과 자유로운 정신, 그리고 해박한 학식이 훌륭하게 균형이 잡힌 고매하고 멋있고 따뜻한 인격을 잃었다는 사실에 더 깊은 공허감을 갖게 되는 것이다. 아마 선생처럼 남에게 도움을 많이 주시고 그러면서도 도움을 주었다거나 도움을 받았다는 의식을 피차에 풍기는 일이 없으신 분도 별로 있을성 싶지 않다."[148]

　이상과 같은 여러 사람들의 증언에 따르면 이상백은 서울대학교 사회학과 초창기의 중심인물로서 한국 사회학을 대학 내에 제도적으로

146　강신표, 《세계와 함께 나눈 한국문화: 산공山公 강신표 올림픽문화학술운동》, 국립민속미술관, 2010, 376쪽.

147　이병도, 《수상 잡필: 두계 이병도 전집 15권》, 한국학술정보, 2012, 483쪽.

148　이만갑, 〈弔·李相伯 박사〉, 《학문의 餘滴─한 사회학자의 단상》, 다락원, 1980, 250쪽.

안착시키고 후배 교수들과 제자들을 양성하여 한국 사회학이 발전할 수 있는 기틀을 수립한 인물이라고 평가할 수 있을 것이다. 그는 향후 한국 사회학의 전개를 위한 분명한 패러다임을 제시하지는 못했지만 그가 남긴 학문적 유산은 동료학자들이나 후배 학자들에 의해 계승되어 오늘날 한국 사회학에도 여전히 영향을 미치고 있다. 그가 후학들에게 적극적으로 권장하지는 않았지만 그가 남긴 사회사 연구는 최재석, 신용하, 김영모 등 2세대 학자를 거쳐 박명규, 김필동, 정근식, 안호용 등 3세대 학자로 이어졌으며 그 연구의 흐름은 '한국사회사학회'라는 독자적인 흐름으로 계속되고 있다.[149]

이상백은 한국의 사회학이 사회사 연구보다는 실증주의 정신으로 무장한 '과학적' 사회학이 되기를 바랐다. 그의 이 같은 방향 설정은 이만갑과 이해영을 비롯하여 후속 세대 학자들에 의하여 한국 사회학의 주류를 형성하면서 현재에 이르고 있다. 이상백의 지적 유산은 결국 사회사 연구와 '과학적' 사회학으로 계승되었는데 그 과정에서 '자료'와 '실증'을 강조하면서 한국 사회에 대한 이론적 성찰의 결핍과 현실 적합성의 부족이라는 문제를 낳기도 했다.[150]

---

149 그러나 한국사회사학회가 펴내는《사회와 역사》에 실린 논문들이 사회학보다 역사학 쪽에 더 가깝다는 평가를 받는 것은 이상백이 사회학자라기보다는 역사학자에 가깝다는 평가의 연속이라고 볼 수 있다.

150 박영신, 〈사회학적 연구의 사회학적 역사〉,《현상과 인식》31호, 1985; 한완상·이기홍, 〈한국 사회학의 반성: 새로운 패러다임의 성격〉,《현상과 인식》38호, 1987; 김진균,《한국의 사회현실과 학문의 과제》, 문화과학사, 1997.

2
부

배용광과
대구·경북의 사회학

1.

대구·경북 사회학의
창건자 배용광

제도화된 한국 사회학의 역사를 쓸 때 맨 먼저 나오는 사람은 이상백이고 그에 이어 나오는 사람은 이만갑이다. 그런데 이상백과 이만갑 사이에 들어가는 사람이 있다. 1954년 우리나라에서 두 번째로 대학에 사회학과를 설립하는 데 기여한 배용광이다.[1] 그는 1964년 한국사회학회의 공식 학술지 《한국사회학》 창간의 주역이기도 했다.

　배용광은 이만갑과 똑같이 1921년생으로 1948년 같은 해에 서울대학교 사회학과에서 강의를 시작했고 1950년 6월 《학풍》 사회학 특집호에 함께 논문을 실었으며 1957년 한국사회학회 창립에도 함께 참여했다.[2] 그는 경북대학교 사회학과를 주도적으로 발전시키면서 초창기 사

1　이동진, 〈한국 사회학의 제도화와 배용광〉, 《동방학지》 168집, 2014, 241~278쪽. 이동진의 논문은 이 글을 쓰는 데 출발점이 되었다.

2　이만갑은 배용광에 대해 "같은 시기에 함께 학문을 도모하고 서로 의지하면서 인생

회학자로서 지식사회학, 산업사회학, 종교사회학, 법사회학, 범죄사회학, 여성사회학, 체육사회학 등 사회학의 여러 영역에 두루 관심을 기울였고 대구·경북 지역을 대상으로 하는 경험적 조사 연구에서도 나름의 성과를 축적했으며 일찍이 사회학 개론서를 펴냈다.

그럼에도 불구하고 수도권 중심주의 또는 서울대 중심주의 편향 때문에 거의 관심의 대상이 되지 못했다. 배용광은 한국 사회학 초창기에 사회학 연구의 방향 설정에 중요하게 기여한 사회학자로 기억되어야 할 것이다.

한국 사회학의 온전한 역사는 전국 여러 대학교 사회학과의 역사를 모두 고려해야 한다. 1970년대 중반부터 서울과 수도권을 벗어나 부산, 대구, 광주, 대전, 전주, 청주, 울산, 창원, 진주, 춘천, 제주 등 여러 지방 대학교에 사회학과가 설립되었다. 1990년대 초 지방자치 시대가 열리면서 비수도권 대학 사회학과 교수들을 중심으로 지역사회 연구가 활성화되었다.[3] 지방 대학 사회학과에 자리잡은 사회학자들은 서울 중심의 사회학에서 벗어나 '지역'에 초점을 맞추어 지역사회를 분석하고 지역의 특성을 고려한 정책 대안을 제시하는 연구 작업을 시작했다.

이러한 움직임은 1997년 '지역사회학회' 결성으로 이어졌고 1999년 학회지《지역사회학》이 창간되었다. 이 학술지는 2019년 8월 현재 통권 42호를 발행했다. 이런 지역사회학회 활동의 기원을 1954년 경북대

을 걸어온" 동료학자라고 썼다. 이만갑, 〈하사賀詞〉, 청초 배용광 교수 화갑기념논총 간행위원회 편,《靑樵 배용광 교수 화갑기념논총》, 경북대학교 사회학과, 1981, 8쪽.

3 그 보기로 한림대학교 사회조사연구소 편,《춘천 리포트》, 나남, 1991 참조.

학교 사회학과의 창립에서 찾을 수 있다. 일찍이 대구·경북 지역사회 연구를 시작한 배용광의 사회학은 그런 의미에서도 한국 사회학의 역사에서 중요한 자리를 차지한다.

이 책에서 배용광을 다루는 또 하나의 이유는 그의 학문적 경력에 있다. 이 책에서 다룬 11명의 사회학자 가운데 서울대학교의 전신인 경성제국대학을 졸업한 사람은 배용광뿐이다.[4] 배용광은 경성제대 예과를 마치고 법문학부를 졸업한 후 사회학을 전공하기 위해 경성제대에 편입학하여 해방 직후인 1946년 경성대학을 졸업했다.[5] 그의 학문적 성향은 당연히 경성제국대학의 자장 안에서 형성된 것이다. 따라서 그에 대한 연구는 경성제대의 학풍이 해방 이후 한국 학계에 남긴 영향을 파악하기 위한 사례 연구가 될 수 있다.

초창기 한국 사회학의 역사에서 일본 사회학과 미국 사회학 사이의 관계는 무엇일까? 배용광의 사례를 통해 그 단절과 지속의 역사를 살펴볼 수 있을 것이다.

---

4 이해영과 황성모는 경성제대 예과를 마쳤을 때 해방이 되자 서울대학교에 진학하여 사회학을 전공했다.
5 경성대학은 경성제국대학과 서울대학교 사이의 과도기의 대학이다. 1945년 10월 16일 미 군정 법령 15호에 의해 경성제국대학은 경성대학이 되었다. 경성대학에 대해서는 강명숙, 〈1945~1946년의 경성대학에 관한 시론적 연구〉, 《교육사학연구》 14호, 2004, 91~106쪽 참조.

1. 개인적 삶의 궤적

배용광은 1921년 5월 27일 경북 대구시 중구 남산동에서 아버지 배국인裵國仁과 어머니 양악이梁岳伊의 셋째 아들로 태어났다.[6] 배용광이 태어난 중구는 일제강점기에 독립운동가 이상정, 시인 이상화, 사회학자 이상백 형제를 비롯하여 서예가 서병오, 서동균, 작가 현진건, 음악가 현제명, 초대 법무부 장관 이인 등이 출생한 대구시의 유서 깊은 중심부였다.

배용광은 대구보통학교(6년제)를 거쳐 1933년 대구고등보통학교(5년제)를 졸업한 후 1938년 경성제국대학 예과 15회로 입학했다.[7] 예과를 마치고 1941년 경성제대 법문학부 법학과에 진학하여 1943년에 9월에 졸업한 배용광은 법학부 대학원에 진학할 예정이었으나 건강상의 이유로 뜻을 이룰 수 없었다. 학문에 뜻이 있던 배용광은 1943년 10월 경성

---

6 〈청초 배용광 교수의 약력〉, 청초 배용광 교수 화갑기념논총 간행위원회 편, 《靑樵 배용광 교수 화갑기념논총》, 경북대학교 사회학과, 1981 참조. 배용광의 수제자인 한남제 교수에게 배용광의 부친 직업을 알아보았지만 모른다고 했다. 하지만 아들을 경성제대에 입학시킨 것을 보면 상당한 재산과 지위를 보유했을 것으로 짐작된다.

7 당시 대구고보는 한 학년에 100명이 입학해서 두 반으로 나뉘었다. 배용광은 훗날 국무총리를 지낸 신현확, 부총리를 지낸 김준성, 헌법학자 박일경과 대구고보 동기 동창으로 경성제대 법과를 함께 다녔다. 정신의학자 이동식과는 대구고보 입학 동기였고 5공 때 국무총리를 지낸 진의종과 현승종과는 경성제대 동기였다. 한국철학을 전공한 배종호와는 경성제대 예과 동기이고 역사학자 김성칠과 본과를 함께 다녔다. 당시 경성제대 예과 정원 200명 가운데 조선인은 70여 명이었다.

제대 문학부 철학과에 사회학 전공 2학년으로 편입학했다. 그러나 태평양 전쟁 말기 학병으로 동원되어 일본에서 복무하다 1945년 종전되자 귀국했다.

귀국 직후에는 대구에서 학병 출신들과 조직을 만들어 활동했다. 그러다가 서울로 올라가서 학업을 재개하여 1946년 9월 경성대학에서 사회학 학사학위를 받았다. 이후 곧바로 대구사범대학의 사회생활과 전임이 되어 대구로 내려왔다.[8] 그러나 1948년 일어난 학내 사건에 책임을 지고 물러났다. 그 후 다시 상경해서 서울대학교 사회학과 합동연구실에서 연구하면서 강사로 강의했다.[9]

당시 서울대학교 사회학과에는 1947년 10월에 부임한 양회수와 1948년 2월에 부임한 변시민이 교수로 있었다. 고황경과 이만갑은 강사로 가르쳤다. 1948년 배용광은 대학원 과목으로 타르드Gabriel Tarde의 원서를 강독했고 1949년 학부의 '사회의식론' 과목에서 만하임Karl Mannheim의 지식사회학을 중심으로 강의했다.[10] 배용광은 1949년 3월

---

8 당시 대구사범대학에는 도쿄제국대학에서 사회학을 전공한 허남성이 교수로 있었고 배용광은 대구고보 동기인 그의 추천으로 교수 발령을 받았다. 허남성은 도쿄제대 사회학과 이만갑의 1년 후배였는데 해방 정국에서 좌익으로 활동하다가 월북했다.

9 1946년에 사회학과에 입학한 황성모와 1948년에 입학한 고영복이 배용광의 강의를 직접 들었다고 한다. 이동진, 〈한국 사회학의 제도화와 배용광〉, 258쪽.

10 경성제대 예과에서는 영어, 독어, 불어 등 외국어 교육을 강조했다. 배용광은 주로 독어를 공부했지만 방과 후 수업으로 불어를 익혔다. 1948년 불어 원서강독 과목에서 타르드의 책을 학생들과 함께 읽었다. 당시 독어 원서강독을 담당할 사람은 여러 명이 있었으나 불어를 강독할 사람이 없어서 배용광이 맡았다고 한다. 참고로 경북대학교 도서관의 '배용광 라이브러리'에는 타르드의 저서를 일본어로 번역한

학기부터는 고려대학교와 국민대학교에 출강하여 사회학을 강의했다. 1950년 6월에 나온 《학풍》 13호 사회학 특집호에 〈지식인의 사회적 역할: 지식사회학적 관점〉이라는 글을 발표했다.

1951년 1·4후퇴 때 다시 대구로 내려가 육군 헌병학교 교수로 근무하다가 1952년 개교한 경북대학교 법정대학 정치학과 교수로 부임했다.[11] 배용광은 교수로서 안정된 신분을 갖게 된 이해에 최정연과 결혼했다. 1946년 서울대학교에 이어 1954년 경북대학교에 우리나라 두 번째 사회학과가 설립됨으로써 배용광은 법정대 정치학과에서 문리대 사회학과로 자리를 옮겨 신설된 사회학과의 책임을 맡게 되었다.

그러나 1956년에 '국립대학교 설치령'에 사회학과가 포함되어 있지 않다는 이유로 문교부로부터 사회학과 폐과 명령이 내려왔다. 이에 배용광은 경성제대 인맥 등을 활용하여 국립대학 설치령에 사회학과를 포함시켰다. 국립대학 설치령에 사회학과가 포함됨으로써 경북대는 물론 이후 1970~80년대에 충남대, 충북대, 전남대, 전북대, 부산대, 경

《模倣の法則》, 而立社, 1924와 《タルドの社會學原理》, 岩波書店, 1928이 소장되어 있다. 훗날 배용광은 타르드에 대해 다음과 같은 설명을 남겼다. "불란서의 타르드에 의하면 사회현상은 개인의 마음과 마음 사이에 생기는 사회심리학적 현상이며 보통의 심리학이 뇌내 심리학이라 한다면 사회학은 인간심리학이며 사회심리학이었다. 그는 개인심個人心간의 관계를 객관적으로는 모방imitation으로서 나타나는 것이라 생각하고 이것을 가지고 사회의 설명원리로 삼았던 것이다." 배용광, 《사회학》, 형설출판사, 1965, 237쪽.

11 경북대학교는 해방 당시 대구에 있던 대구의과대학, 대구사범대학, 대구농과대학을 통합하고 문리과대학과 법정대학을 신설하여 5개 단과대학으로 1952년 개교했다.

상대, 강원대, 제주대 등 지방의 여러 국립대학교에 사회학과가 설치될 수 있었다.

배용광은 1957년 서울에서 열린 한국사회학회 창립 과정에 이사로 참여했고 1963년에는 이상백, 최문환, 이만갑에 이어 한국사회학회 회장으로 취임했다. 1965년에는 일본사회학회 초청으로 일본 사회학대회를 참관했고, 1966년에는 프랑스 에비앙에서 열린 6차 세계사회학대회에 참석해서 한국사회학회를 세계사회학회에 가입시켰고 해외 사회학계의 동향을 살폈다.[12] 1974년에는 경북대학교에서 구제舊制 박사학위를 취득했다.[13] 1976~1980년에는 국민윤리교육 연구위원회 부회

---

12 당시 한국사회학회 회장은 이해영이었으나 가입을 위한 세계사회학회에는 전임 회장이었던 배용광이 국제 담당 이사였던 홍승직과 함께 참석했다. 한국사회학회의 영문명은 Korean Sociological Society(KSS)였다가 1966년 Korean Sociological Association(KSA)으로 바뀌었다. 영문 이름 변경은 한국사회학회가 세계사회학회International Sociological Association에 가입한 직후 이루어졌다. 미국사회학회는 1905년 American Sociological Society에서 시작하여 1950년대 후반 American Sociological Association으로 바꾸었다. 그러나 1924년에 창설된 일본사회학회는 Japan Sociological Society(JSS)라는 원래 영문명을 고수하고 있다. 사회학 자체만이 아니라 한국사회학회의 영문 명칭도 일본사회학회를 따르다가 미국사회학회를 따르게 된 것이 흥미롭다.

13 구제 박사학위는 정규 대학원 과정을 밟지 않고 그동안의 연구업적을 바탕으로 논문을 제출하여 박사학위 심사를 받는 제도로서 대학원 교육이 체계화되기 이전인 1975년까지 시행되던 제도이다. 일제강점기에 대학만 졸업하고 해방 후 교수가 되었던 사람들이 대학원에서 제자들에게 석·박사학위를 수여하는 자격을 부여하기 위해 만들어진 제도였다. 황산덕은 1960년 서울대학교에서 국내 최초의 구제 법학 박사학위를 받았다.

장을 역임했고, 1978년에는 프랑스, 영국, 서독, 벨기에, 핀란드, 스웨덴 등 6개국 학술 시찰을 다녀왔다. 회갑을 맞이한 1981년 배용광은 경북대학교 사회학과를 떠나 대구교육대학의 학장으로 부임했다.[14] 그럼에도 불구하고 사회학 연구는 계속되었고 은퇴 이후 1997년에는 자신의 학문적 궤적을 보여주는 14편의 논문을 엮어 《사회학 산책》이라는 저서를 간행했다. 대구교육대학 학장을 지낸 이후 대구공업대학 학장을 역임한 배용광은 2010년 11월 4일 타계해서 대구시 남양공원 묘원에 안장되었다.

2. 학자로서의 형성 과정

배용광은 경성제국대학을 졸업하고 사회학자로 활동한 유일한 사례이다.[15] 그는 경성제대 예과 3년을 마치고 정치학과 행정학을 전공하는

---

14 대구교육대학은 해방 직후 배용광이 잠시 몸담았던 대구사범대학이 아닌 별개의 대학이다. 대구사범대학은 1952년 경북대학교 사범대학으로 통합되었다.

15 경성제국대학 사회학 전공 졸업생은 일본인 3명 조선인 1명이었으나 아무도 학계에 진출하지 못했다. 경성제국대학에서 사회학을 전공하던 신종식과 정종면은 해방 이후 경성대학을 졸업했고, 송재진은 서울대 사회학과의 1회 졸업생이 되었으나 이후 학계에 정착한 사람은 아무도 없다. 김필동, 〈경성제국대학의 사회학 교육—제도와 사람들(1926~1945)〉, 《사회와 역사》 127호, 2020년 가을호, 64쪽.

법과의 제2부류를 마쳤다.[16] 원래 1944년 3월 졸업 예정이었으나 전쟁으로 수학 연한이 단축되어 6개월 먼저 졸업했다. 이후 배용광은 경성제대 문학부 철학 강좌 소속의 사회학 전공 2학년에 편입했으나 1944년 1월에 학병으로 동원되면서 학업을 중단했다가 해방 직후 귀국하여 1946년 경성대학에서 사회학 학사학위를 받았다.[17]

배용광의 부모는 그가 법학을 공부하여 법관이 되기를 기대했으나 그는 경성제대 시절 두 명의 일본 학자의 영향을 받아 사회학을 전공하게 되었다.[18] 먼저 배용광은 예과 시절 오다카 토모오尾高朝雄의 '법학통론'을 들으면서 학문이 무엇인지를 알게 되었다. 오다카는 도쿄제대 법학과를 졸업하고 교토제대에서 다시 사회학을 전공한 다음 독일에 유학하여 법철학과 법사회학을 공부한 뛰어난 학자였다.[19] 오다카는 경성제대 교수 재임시절, 배용광뿐만 아니라 이항녕, 황산덕, 유진오, 박일경 등에게도 지적으로 영향을 미쳤다.[20]

---

16 경성제국대학 예과는 1924년 2년제로 시작되었지만 1934년부터 3년제로 개정되었다가 1943년 다시 2년제로 바뀌었다. 경성제대 법학부의 1부류는 법학, 2부류는 정치학과 행정학, 3부류는 경제학 전공이었다.

17 이동진, 〈한국 사회학의 제도화와 배용광〉, 251~252쪽.

18 배용광이 〈나의 학문 산책〉이라는 글에서 밝힌 내용이다. 이동진, 〈한국 사회학의 제도화와 배용광〉, 254쪽.

19 경북대학교 도서관의 '배용광 문고'에는 오다카 토모오의 《實定法秩序論》(岩波書店, 1942), 《法律の社會的 構造》(勁草書房, 1957), 《ラートブルフの法哲學》(東京大學出版會, 1960) 등이 소장되어 있다.

20 오다카 토모오와 한국인 제자들에 대해서는 김창록, 〈오다카 토모오의 법사상—오다카 토모오와 식민지 조선〉, 《법사학연구》 46호, 2012, 433~458쪽 참조. 이 글에

배용광에게 영향을 미친 또 한 사람의 일본인 학자는 신메이 마사미치新明正道였다. 신메이는 도쿄제대 정치학과를 나오고 도호쿠東北제국대학에서 사회학 교수를 지냈다. 배용광은 철학 강의시간에 신메이에 대한 이야기를 많이 들으면서 사회학에 대한 관심을 갖게 되었다.[21] 경성제대의 사회학 주임 교수는 아키바 다카시秋葉隆였으나 배용광은 학병으로 나가면서 그의 강의는 듣지 못했다. 배용광은 1943년 11월 경성제대에서 열린 일본 사회학회 제18회 대회에 학생 신분으로 참여했다.[22] 훗날 그는 젊은 시절 사회학에 대해 가졌던 열정을 다음과 같이 회고했다.

일제 시대에는 고등경찰이 사회학을 전공하는 사람들의 뒤를 항상 미행하였다. 그런 가운데 본인은 사회학이 과연 나에게 무엇이냐를 스스로

서 김창록은 오다카의 사상이 식민주의를 넘어서지 못했음을 밝히고 있지만 조선인 제자 누구도 그 문제를 다룬 사람은 없다.

21 경북대학교 도서관의 '배용광 문고'에는 신메이 마사미치의 《群集社會學》(ロゴス書院, 1929), 《社會學意識の問題》(岩波書店, 1932), 《知識社會學の諸相》(寶文閣, 1933), 《社會學の基礎問題》(弘文堂書房, 1939), 《社會學史》(有斐閣, 1951), 《社會學思想史辭典》(創元社, 1952), 《社會思想史(辭典)》(創元社, 1952), 《社會學概說》(岩波書店, 1954), 《基礎社會學》(誠信書房, 1959; 1961), 《社會學的 機能主義》(誠信書房, 1972) 등이 소장되어 있다. 〈경북대학교 도서관 기증자 라이브러리 목록〉에서 배용광을 볼 것.

22 김필동, 〈경성제국대학의 사회학 교육—제도와 사람들(1926~1945)〉, 《사회와 역사》 127호, 2020년 가을호, 61쪽 사진 볼 것. 당시 촬영한 이 기념사진에는 신메이, 오다카, 아키바 등의 일본인 학자와 김두헌, 송석하, 고황경, 신진균 등이 나온다.

물으면서 공부를 했다. 일제 말엽에 일본 군대에 강제로 끌려가서 내 운명이 앞으로 어떻게 될 것이냐는 생각을 하면서도 사회학을 공부했다. 외출 허가를 받아 책방에서 일본 사회학회에서 발행되는 《사회학연구》란 잡지를 구해 와서 밤시간에 읽은 기억이 난다.[23]

1944년 1월 20일에 학병으로 입대한 배용광은 해방이 되자 1945년 9월 25일 귀국했다. 이후 학병들의 모임인 '1·20동지회'에 잠시 참여했다.[24] 그러다가 1945년 연말에 다시 서울로 올라와 학교를 찾아가 원서를 읽으며 사회학 공부를 시작했다.[25] 1946년 9월 배용광이 졸업하는 학기에 이상백의 주도로 사회학과가 설치되어서 배용광은 경성대학교 사회학과의 첫 번째 졸업생이 되었다. 당시 배용광은 사회학에 대한 열정으로 가득차 있었다. 1947년 가을 대구에서 배용광을 처음 만난 이만갑은 훗날 기억을 되살려 "그때 배 선생이 앞으로 한국의 사회학을 위해서 한 몸을 바치겠노라고 말하던 모습이 지금도 잊히지 않는다"라고 썼다.[26]

---

23 배용광 외, 〈한국 사회학 어디로 가야 하나〉, 《한국사회학》 22집, 1988, 222쪽.

24 학병 세대에 대해서는 김건우, 《대한민국의 설계자들—학병세대와 대한민국 우익의 기원》, 느티나무책방, 2017 참조.

25 법학부 시절 도다戶澤 교수는 학생들에게 도서관에서 원서를 찾아 읽고 요약하는 훈련을 시켰다. 이런 과정을 통해 배용광은 원서 읽는 능력을 향상시켰다. 정근식, 《배용광 교수 녹취록》, 3쪽.

26 이만갑, 〈賀詞〉, 청초 배용광 교수 화갑기념논총 간행위원회 편, 《靑樵 배용광 교수 화갑기념논총》, 경북대학교 사회학과, 1981, 8쪽.

2.

배용광과
한국 사회학의 제도화

1. 배용광과 대구·경북 사회학

1948년 서울대학교 사회학과에서 강의를 시작한 배용광은 서울대학교 사회학과 교수가 될 수도 있었다. 당시 서울대학교 사회학과에는 이상백의 와세다대학 후배 양회수와 교토제국대학 출신 변시민이 전임으로 자리잡고 있었고 고황경, 이만갑, 배용광 등이 강사로 가르치고 있었다. 그때 배용광은 경성제대 문학부 출신으로 서울대학교 문리대 부학장직을 맡고 있던 국어학자 이희승에게 원서를 제출하라는 말을 들었지만 이상백이 전임을 뽑지 않아서 미루고 있다가 한국전쟁으로 물거품이 되었다는 이야기가 있다.[27]

---

27 이동진, 〈한국 사회학의 제도화와 배용광〉, 258쪽.

배용광은 1952년 국립 경북대학교가 개교하자 법정대 교수로 부임했다가 1955년 사회학과 교수로 자리를 옮겼다. 1954년 경북대 사회학과의 창설 과정에는 당시 경북대 교학처장으로 있던 박관수가 큰 역할을 했다.[28] 박관수는 1952년 설립된 경북대학교를 종합대학으로 만들기 위해 새로운 학과 창설을 모색하고 있었다.[29] 그래서 "서울대학교에는 있는데 경북대에는 없는 학과"를 찾다가 사회학과를 발견하여 문리대 학장 이효상의 이름으로 문교부에 사회학과 창설을 신청했다고 한다.

1954년 경북대학교 문리대에 국문학과, 영문학과, 철학과, 역사학과와 동시에 사회학과가 만들어졌다. 사회학과의 정원은 20명이었고 신설 사회학과의 학사 운영은 1년 동안 사학과 교수였던 김익호가 담당했다. 그러나 1955년 배용광이 정치학과에서 사회학과로 자리를 옮기면서 사회학과의 운영을 주도하기 시작했다.[30] 1955년 첫 학기에는 지

---

28 히로시마고등사범을 나와 대구고보와 대구사범 교사를 지낸 박관수는 대통령이 된 박정희와 국회의장을 지낸 이효상을 가르치기도 했다. 박관수는 배용광의 친구의 부친이기도 했다. 이를 보면 배용광이 대구·경북 핵심 인맥과 이어져 있음을 알 수 있다. 이동진, 〈한국 사회학의 제도화와 배용광〉, 259쪽.

29 서울대 이외의 국립대학은 1951년 한국전쟁 시기에 만들어진 전시국립대학이 발판이 되었다. 당시 문교부 장관 백낙준이 주도하여 1952년에 경북대, 전남대, 전북대, 1953년에 부산대, 충남대가 국립대학으로 설립되었다.

30 1954년 경북대학교에 사회학과가 창설되자 배용광은 《경대학보》 창간호에 〈사회변동과 진보의 문제—우리 사회의 후진성 극복을 위한 서론적 소고〉를 발표하여 사회학 연구와 교육의 방향을 제시했다. 이 글은 이상백이 서울대학교 사회학과 설립 이후 1948년 《학풍》 창간호에 〈과학적 정신과 적극적 태도〉를 쓴 것과 비견될 수 있다.

식사회학, 사회사상사, 종교사회학, 사회정책, 네 과목을 개설하여 가르쳤다.[31]

배용광의 직계 제자 한남제는 경북대 사회학과 초창기 배용광의 기여에 대해 다음과 같은 증언을 남겼다.

1954년 봄, 대구 교외의 한적한 구릉에 드문드문 들어선 판자 교사에서 우리는 처음으로 선생님의 사회학 강의를 듣기 시작했습니다. 그해는 서울대학교에 이어 전국에서 두 번째로 경북대학교에 사회학과가 창설된 해이기도 합니다. 그 후 30여 성상, 선생님은 경북대학교 사회학과를 위해 살아오셨다 해도 과언이 아닐 정도로 온갖 어려움을 극복하면서 오늘에 이르기까지 우리 사회학과를 이끌어 오셨습니다.[32]

1956년 문교부가 '국립대학 설치령'에 사회학과가 기재되어 있지 않다는 이유로 사회학과 폐과 명령을 내림에 따라 1957년과 1958년에는 신입생을 뽑지 못했다. 이에 배용광은 교육부와 법제처의 관리들을 만나 국립대학 설치령에 사회학과를 포함시켰고 그 덕분에 1959년 경북

---

31 서울의 여러 대학에서 배용광을 교수로 초빙하겠다는 제의가 있었지만 당시 경북 대학교의 원로 교수 박관수와 이효상 두 사람이 "저 용광이 서울 보내지 말고 붙들어야 된다"고 만류하면서 배용광을 경북대에 머무르게 했다고 한다. 이동진, 〈한국 사회학의 제도화와 배용광〉, 259쪽과 경북대학교 사회학과 편, 《우리의 기억, 시대의 기억: 경북대학교 사회학과 창설 60주년》, 노벨미디어, 2014, 18쪽.
32 한남제, 〈편집후기〉, 청초 배용광 교수 화갑기념논총간행위원회 편, 《靑樵 배용광 교수 화갑기념논총》, 경북대학교 사회학과, 1981, 357쪽.

대 사회학과가 소생했다.[33]

경북대 사회학과는 서울대 사회학과와 무관하게 설립되었지만 "서울대 사회학과와 비단 학문적인 면에서뿐만 아니라 인간관계 면에 있어서도 유대가 깊다."[34] 당시 사회학과는 서울대에만 있었기 때문에 어쩔 수 없는 일이었지만 초창기 경북대 사회학과 교수는 와세다대학에서 공부한 양회수를 제외하고 전원 서울대 출신으로 이루어졌다. 1955년 최홍기에 이어 1960년에는 류시중, 1961년에 양회수, 1963년 정철수와 이순구가 교수진에 합류했다. "이러한 교수진 구성으로 인해서 당시 경북대학교 사회학과는 서울대학교 사회학과의 2부다, 출장소다, 지점이다"라는 말이 있을 정도였다.[35]

1961년에는 대학원 과정이 창설되었고 1964년에 권규식, 최달현, 한남제가 석사학위를 받았다.[36] 이후 서울대 사회학과를 졸업하고 경북대 대학원 사회학과를 졸업한 권규식이 1963년 조교를 거쳐 이후 전임이 되었고 1969년 경북대 사회학과 1회 졸업생인 한남제가 한국사회사업대학(현 대구대)에서 교수로 가르치다가 경북대 사회학과로 자리를 옮겼다. 이때부터 배용광이 경북대에서 가르친 제자들이 사회학과 교수진을 구성하기 시작했다.

---

33 이동진, 〈한국 사회학의 제도화와 배용광〉, 257쪽(?).
34 이만갑, 〈賀詞〉, 청초 배용광 교수 화갑기념논총간행위원회 편, 《靑樵 배용광 교수 화갑기념논총》, 경북대학교 사회학과, 1981, 8쪽.
35 이동진, 〈한국 사회학의 제도화와 배용광〉, 262쪽.
36 경북대학교 사회학과 편, 《우리의 기억, 시대의 기억: 경북대학교 사회학과 창설 60주년》, 21·173쪽.

1965년에 쓴 글에서 배용광은 경북대 사회학과가 서울대 사회학과와 함께 한국 사회학계의 양대 축임을 암시했다.

계층 내지 계급의 이론 연구에 대해서는 서울대학, 경북대학 각 사회학교실이 우선 주목된다. 그리고 이화여대 사회학교실의 이론적 연구활동에 대하여는 아직은 그 실적을 운위할 시기가 아닌 것 같다.[37]

1954년 정원 20명으로 시작한 경북대 사회학과는 1961년 5·16쿠데타 이후 입학생 정원이 10명으로 줄었다. 이 같은 상황은 1970년까지 10년 동안 계속되었다. 1970년 정원이 다시 20명으로 늘어났다. 1980년에는 정원이 40명으로 늘어났고 1981년에는 60명으로 증원되었다. 1974년에는 1971년 경북대 사회학과에서 석사학위를 받은 박종우가 뉴욕주립대학(버팔로)에서 박사학위를 받고 귀국하여 교수로 부임했다. 박사학위 없이 교수직에 임용된 경북대 사회학과 교수들은 경북대에서 구제 박사학위를 받았다. 1974년에는 배용광이, 1975년에는 권규식, 정철수, 한남제가 박사학위를 받았다. 류시중은 일본 토요東洋대학에서 박사학위를 받았다. 1978년에는 사회학과 대학원에 박사 과정이 설치되어 1983년 옥양련, 1987년 엄묘섭, 1992년 박승길, 1992년 박호강, 1996년 백승대가 박사학위를 받았다.[38] 현재까지 경북대 사회학과

---

37   배용광, 〈한국 사회의 階層攷: 현황과 과제〉,《아세아연구》8권 2호, 1965, 447쪽.

38   경북대학교 사회학과 편,《우리의 기억, 시대의 기억: 경북대학교 사회학과 창설 60주년》, 181쪽;《우리의 기억, 시대의 기억: 경북대학교 사회학과 창설 60주년》,

는 30여 명이 넘는 박사를 배출했다.

대구에는 1954년 경북대에 이어 1978년 대구대, 1980년 영남대, 1981년 계명대, 대구가톨릭대 다섯 개 대학에 사회학과가 설치되었다. 이에 따라 대구는 서울 다음으로 사회학과가 많은 도시가 되었다. 1988년 배용광은 경북대에서 열린 한국사회학대회의 심포지엄에서 다음과 같이 감회를 밝혔다.

지금 우리나라에는 전국적으로 약 30여 개에 가까운 사회학과가 있다. 이것은 1960년대 초 불과 3개 대학에만 사회학과가 있었던 현실에 비해서는 그야말로 비약적인 발전이라고 할 수 있다. 이제 한국 사회학은 여러분이 말하고 있는 바와 같이 다양한 연구가 나올 수 있는 바탕을 마련해 놓고 있다.[39]

대구와 경북 소재 대학의 사회학과에는 경북대 출신들이 다수 교수진을 이루고 있다. 1954년 경북대학교 사회학과 창설 이후 배용광이 대구·경북의 특성을 갖는 사회학을 발전시키면서 많은 후학들을 길러낸 결과 대구는 서울에 이어 사회학이 가장 번창한 도시가 될 수 있었다. 1996년에는 경북대 사회학과 한남제가 한국사회학회 회장으로 일

173~178쪽에 나와 있는 경북대학교 사회학과 대학원 석사학위논문 135편의 제목을 보면 전체적인 학풍을 알 수 있다. 181~182쪽에는 37편의 박사학위 논문 저자와 제목이 실려 있다.

39 배용광 외, 〈한국 사회학 어디로 가야 하나〉, 1988, 223쪽.

했고 2003년에는 대구대 사회학과 교수 김두식이 한국사회학회 회장을 역임했다.

1993년에는 경북대학교 사회학과를 중심으로 대구 지역 사회학자들이 《우리 사회 연구》라는 학술지를 창간했다. 경북대 출신으로 미국 유학 이후 경북대 사회학과 교수로 부임한 김규원은 창간사에서 "한국의 사회학이라는 테두리 안에서 과연 지방의 사회학은 설 땅이 있는가"라는 질문을 던졌다. 이런 문제 제기는 서울 중심의 사회학과 구별되는 지역 특성을 갖는 대구·경북 사회학의 문제의식의 발현이었다.[40] 《우리 사회 연구》는 경북·대구 지역 연구, 전통사상과 사회이론, 사회복지정책, 산업사회학, 종교사회학 등의 분야에서 독특한 연구논문들을 실었다.[41]

2. 배용광과 《한국사회학》 창간

한국사회학회는 1946년 서울대학교에 사회학과가 설치된 지 11년 만인 1957년 5월 5일에 창립됐다. 1957년 10월 20일에 열린 제1회 연구

---

40 김규원, 〈창간사를 대신하여: 한국의 사회학과 지방 사회학의 자리매김을 위한 하나의 주장〉, 《우리 사회 연구》 1호, 1993, 9쪽.

41 《우리 사회 연구》 10호에 실린 '우리사회문화학회' 회원 명단을 보면 영남 지역을 넘어 호남과 충청권 사회학자들도 참여하고 있다.

발표회에서 최문환의 〈막스 베버의 사회과학 방법론〉, 배용광과 최홍
기의 〈동족부락의 일 연구: 안동 하회 류씨 부락〉, 이만갑의 〈거트만 척
도에 대하여〉, 김채윤의 〈계급 및 계층의 개념〉, 김대환의 〈헤겔의 역사
관과 콩트의 사회관〉, 원용명의 〈학사상에 나타난 사회비평가들의 독
설과 실언〉, 이해영의 〈우리나라 인구문제의 과제〉, 최재석의 〈언어생
활에서 본 한국 사회적 성격의 일면〉, 고영복의 〈클라인의 집단이론〉
등 9편의 논문이 발표되었다. 이후에도 1년에 한 번씩 연구발표회가
있었지만 발표된 논문들을 편집하여 논문집으로 출간하지 못했다.[42]

당시 사회학 분야에는 1958년 서울대학교 사회학과 학생들이 시작
한 《사회학보》와 1960년 이화여자대학교 사회학과 학생들이 창간한
《사회학연구》, 1964년 서울대학교 사회학과 대학원생들이 만든 《사회
학 논총》이 있었다.[43] 이렇게 학생들이 주도하는 사회학 논문집은 나왔
는데 정작 사회학자들로 구성된 한국사회학회의 학회지가 발간되지 못
하고 있었다. 학계에 내놓아서 인정받을 정도의 수준이 되는 논문을 모
으고 편집하고 인쇄하여 배포하기 위해서는 그 일에 전념하는 사람이
있어야 했다. 그러나 당시 서울대 사회학과 교수들은 각자 자신의 강의
와 연구에 몰두하느라 학회지 발간을 위해 헌신할 성의와 시간을 내지

---

42 최재석은 논문 발표가 구두 발표로 끝나고 논문집으로 발표되지 못하는 상황을 비
    판했다.

43 배용광은 《한국사회학》에 앞서 나온 《사회학논총》이 한국 사회학계를 고무한 '귀
    중한 수확'이었다고 평가하면서 앞으로 《한국사회학》이 "학회각위學會各位의 뜨거
    운 지지와 협력을 얻어서 학회 발전의 참된 길잡이가 되어줄 것을 충심으로 염원하
    여 마지않는다"고 썼다. 배용광, 〈머리말〉, 《한국사회학》 창간호, 1964, 1쪽.

못하는 상황이었던 것 같다. 그러다가 학회 창립 7년 만인 1964년에 가서야 학회지《한국사회학》을 창간했다.

1957년 한국사회학회 창립 당시 이사로 참여했던 배용광은 1962년 이상백, 최문환, 이만갑에 이어 비서울대 교수로서는 처음으로 한국사회학회 회장에 취임하면서 전임 회장들이 미뤄왔던 학회지《한국사회학》의 창간을 서둘렀다. 배용광의 표현에 따르면 그는 한국사회학회 회장으로서 "학회지 간행을 가장 긴요한 과제로 알고 온갖 어려움을 무릅쓰면서 이 작업을 추진하였다."[44] 그가 경북대학교 도서관에 남긴 장서 가운데 미국에서 나온《미국사회학회지*American Journal of Sociology*》창간호(1895),《미국사회학리뷰*American Sociological Review*》창간호(1936),《미국 사회학자*The American Sociologist*》창간호(1965),《사회학 연구 초록*Sociological Abstracts*》창간호(1953), 프랑스에서 나온《국제사회학 노트*Les Cahiers Internationaux de Sociologie*》(1965),《프랑스 사회학 저널*Revue française de sociologie*》창간호(1960), 일본에서 나온《社會學研究》(1936),《社會學年報》(1964) 등이 소장되어 있다. 거기에는 배용광이《한국사회학》을 국제적인 학술지 기준에 맞게 만들려고 노력한 흔적이 보인다.

《한국사회학》 창간호에는 김경동의 〈태도척도에 의한 유교 가치관의 측정〉, 김대환의 〈농촌사회학의 근황〉, 김영모의 〈이조 삼의정의 사회적 배경〉, 김일철과 정홍진의 〈농촌사회의 변동과 그 수용과정〉, 조

---

44 이동진, 〈한국 사회학의 제도화와 배용광〉, 267쪽에서 재인용.

규갑의 〈미국 가족제도의 문제점〉, 최재석의 〈한중일 동양 삼국의 동족 비교〉 등 다섯 편의 연구논문과 최홍기의 〈미국 사회학에 있어서의 후진국 이론〉이라는 '해외 사회학' 소개, 파슨스와 실스의 저서《일반행동이론을 향하여 *Toward a General Theory of Action*》에 대한 정철수의 서평, 최재석의 〈사회학 관계 문헌목록(1945~1964)〉이 실렸다.[45] 1964년 11월 배용광은 창간호 머리말에 이렇게 감회를 밝혔다.

한국사회학회가 창립된 지도 벌써 7년여의 세월이 흘렀지만, 회원의 연구 성과를 발표할 '기관機關'으로서의 학회지를 아직 갖지 못하였다는 것은 이만저만 섭섭한 일이 아니었다. 하지만, 이제 우리들의 사색과 연찬을 위한 공동의 광장이 마련되었으니 참으로 다행한 일이다. 이것은 오로지 역대 회장을 비롯한 회원 동지 여러분의 눈에 띄지 않은 터전 공사에 힘입은 산물이 아닐 수 없다.[46]

당시 사회학과는 서울대, 경북대, 이화여대, 서울여대에 있었는데 필자들은 모두 서울대학교에서 석사학위를 받은 소장 학자들이었다. 그 가운데 최홍기와 정철수가 당시 경북대학교 사회학과 교수였다. 학회지 창립을 위한 실무를 맡았던 경북대 사회학과의 류시중은 편집후기에 다음과 같은 말을 남겼다.

---

45 한국사회학회,《한국사회학》창간호, 1964.
46 배용광, 〈머리말〉, 1쪽.

한 가지 일이 작든 크든 그 결과가 나오기까지에는 갖가지 사연과 애로가 깃들어 있을 줄 안다. 한국사회학회 회지 간행의 필요성이 사회학 연구자들에 입에 오르내린 것은 작금의 일이 아니려니와, 이제 그 결실을 보게 되니 동학 제현과 더불어 기쁜 마음을 금할 길 없다. 또 이《한국사회학》이 예정대로 사회학대회 날에 제현들의 손에 들어가게 된 것을 다행으로 생각한다.[47]

이에 대해 배용광은 "한국사회학회의 기관 학술지인《한국사회학》의 창간에 당시 류 교수의 숨은 노고를 결코 잊을 수가 없다. …… 류 교수의 꾸준한 희생적인 협조가 없었던들《한국사회학》의 창간은 아마 적어도 수년은 더 늦어졌으리라"고 회고했다.[48] 배용광 직전에 한국사회학회 회장을 역임했던 이만갑은 이에 대해 다음과 같은 증언을 남겼다.

사회학계에 대한 (배용광) 선생의 최대의 공헌은 아마 선생이 사회학회 회장을 맡고 있을 때 처음으로 학회를 대표하는 학술지인 '한국사회학'을 창간하였다는 사실일 것이다. …… 회원이 아직 많지 않을 때라 상당한 수준의 논문을 확보하기도 어려웠지만, 출판비를 마련한다는 것은 더욱 힘든 일이었다. 그러나 배 선생은 어려움을 무릅쓰고 학회지 간행

---

47 Y. 〈편집후기〉,《한국사회학》창간호, 1964, 142쪽.

48 배용광, 〈회고사〉,《우보 류시중 박사 정년기념논총》, 우보 류시중 박사 정년기념논총 간행위원회, 1991.

을 성취하고야 말았다. …… 한국의 사회학회가 단단한 기반을 갖게 된 것은 이러한 배 선생의 헌신적인 노력에 힘입은 바 크다고 생각한다.[49]

배용광이 《한국사회학》을 창간한 배경에는 1950년 을유문화사에서 나온 《학풍》 13호 사회학 특집을 편집한 경험이 작용했다. 이 특집호에는 번역과 익명의 논문을 빼면 7명의 필자 이름이 나오는데 특집호 편집을 담당한 서울대 문리대 사회학연구실에 속한 사람은 이상백, 이만갑, 배용광 세 사람이었다.[50] 또한 배용광은 1960년 《사회학보》 3집에 〈우리나라 사회학의 앞날을 위하여〉라는 글을 발표했는데 사회학에 대한 그의 학문적 열정이 《한국사회학》을 창간하게 한 힘이 되었다. 《한국사회학》이 서울이 아닌 대구에서 경북대학교 교수들이 주도하여 대구의 '경북인쇄소'에서 인쇄되고 제본되어 전국으로 배포되었다는 사실은 대구가 서울 다음으로 한국 사회학의 역사에서 중요한 거점 도시임을 말해준다.[51]

---

49 이만갑, 〈賀詞〉, 청초 배용광 교수 화갑기념논총 간행위원회 편, 《靑樵 배용광 교수 화갑기념논총》, 경북대학교 사회학과, 1981, 8쪽.

50 〈종교사회학 논고〉를 쓴 김종흡은 종교학자로서 훗날 서울대 부총장을 역임했고, 〈양반제도론—이조사회 형태의 문제〉를 쓴 고재국은 한국전쟁 시 월북하여 김일성대학 교수를 역임했으며, 〈예술사회학의 제 문제〉를 쓴 한상진은 이화여대에서 미술사 강의를 하다가 월북하여 평양미술대학 교수를 역임했다. 〈문화와 사회—미국문화사회학론〉을 쓴 변세진은 1950년에 석사학위를 받은 상태였다. 이동진, 〈한국 사회학의 제도화와 배용광〉, 268쪽.

51 배용광은 "끝으로 회지의 출판을 가능케 하여준 경북인쇄소 여러분의 노고를 치사하는 바이다"라고 썼다. 배용광, 〈머리말〉, 1쪽.

3. 배용광, 초창기 한국 사회학의 증인

초창기 한국 사회학계의 상황을 글로 남긴 배용광은 한국 사회학사의 증인이기도 하다.[52] 한국 사회학의 사명에 관심이 있던 배용광은 한국 전쟁 직전인 1950년 3월 18일 자《고대학보》에 실린 〈한국 사회학의 회고와 전망〉에서 우리나라 사회학이 선진국의 이론적 성과를 조속히 소화 흡수하여 한국 사회의 기본구조를 구명할 것을 기대했다.[53] 1960년 《사회학보》에 권두논문으로 실린 〈우리나라 사회학의 앞날을 위하여〉에서 그는 초창기 한국 사회학을 다음과 같이 회고했다.

6·25 이전의 우리나라 사회학은 발육 불량의 어린이와도 같이 앞날의 성장 발전만이 기대되는 안타까운 형편이었다.[54]

이어서 1964년 배용광은 당시 한국 사회학의 상황을 다음과 같이 진단했다.

---

52 한국사회학계 초창기 활동과 관련하여 배용광은 1959년 당시 전국에 존재하던 경북대학교, 서울대학교, 이화여자대학교 3개 대학 사회학과 학생들로 구성되는 학생 사회학회를 창립하는 데 관여하기도 했다.

53 배용광, 〈한국 사회학의 회고와 전망〉, 《고대신문》, 19·20호, 1950년 3월.

54 배용광, 《사회학산책》, 형설출판사, 1997, 9쪽.

어느 학계나 마찬가지로, 8·15 이후 비로소 햇빛을 볼 수 있었던 사회학계가 제대로 자리 잡기는 아마 1953년 정부 환도 후의 일이 아니었던가한다. 그로부터 꼭 10년, 우리의 발걸음은 비록 느린 템포일 망정 꾸준하였다고 하겠다. 학문적으로도 사회적으로도 선진인 외국에서 알뜰히공부하고 귀국한 학도들이 늘어가는 한편, 국내에서도 참으로 과학적인방법을 터득한 소장 학도들의 진지한 학문 태도로 말미암아, 바야흐로이 땅의 사회학은 앞날의 알찬 발전을 기약할 수 있는 단계에 들어선 것같다. …… 사회학이 그 생산성을 시현할 수 있는 기회는 앞으로 더욱 많아질 것으로 생각된다. 그것은 이미 국내의 유수한 학술지에 실려지는사회학 관계의 논문 수가 불어난 것으로 수긍될 수 있으리라.[55]

배용광이 1965년에 발표한 〈한국 사회의 계층고階層攷: 현황과 과제〉는 계층 연구를 중심으로 그간의 한국 사회학의 연구 성과를 요약정리평가하고 있다. 이 글은 이후 전공 분야별로 이루어진 한국 사회학사연구의 효시였다.[56]

---

55 배용광, 〈머리말〉, 1쪽.
56 배용광, 〈한국 사회의 階層攷: 현황과 과제〉, 《아세아연구》 8권 2호, 1965, 443~458쪽.

3.

배용광의
학문적 자세

1. 광범위한 학문적 관심

한 학자에 대한 궁극적인 평가는 그가 남긴 저서와 논문에 대한 검토를 통해 이루어진다. 배용광은 폭넓은 학문적 관심으로 사회학을 인문사회과학의 중심 학문으로 세우려는 일관된 뜻을 지니고 있었다. 그는 1964년 그런 자신의 생각을 다음과 같이 표현했다.

오늘날 한국 사회가 걸머지고 있는 여러 난문제難問題에 대결하려면 인접 제 과학과의 협동연구 태도가 또한 이룩되어야만 할 것이다.[57]

---

57 배용광, 〈머리말〉, 《한국사회학》, 창간호, 1쪽.

이런 그의 생각은 만년까지 지속되었다. 1988년 한국사회학대회 심포지엄에서 그런 자신의 생각을 다음과 같이 말했다.

외국 학자들 가운데는 사회학은 중추적인 사회과학이라고 하는 사람도 있다. 그런 의미에서 사회학은 여러 다른 사회과학 분야들, 즉 정치학, 경제학, 심리학, 인류학 등과 학제적interdisciplinary 연구를 하는 데 뛰어난 역할을 할 수 있다고 본다.[58]

사회학과 인접 학문들 사이의 대화를 강조한 배용광은 기초학문의 중요성도 깊이 인식하고 있었다. 1973년 배용광은 경북대 문리대 학술논문집《문리학총文理學叢》창간사에 기초학문의 중요성을 다음과 같이 강조하기도 했다.

대학의 편제를 주로 미국 대학에 본뜨고 있는 우리나라 종합대학에 있어서는 문리과대학의 존재는 그야말로 필수적이요, 문리과대학이 제대로 기능하고 있느냐 여부는 실로 종합대학의 사명 완수에 지대한 영향을 준다 해도 과언이 아닐 성싶다. 그리고 문리과대학의 기능은 이른바 '기초학'의 연구에 있어서 중추적인 역할을 수행하는 데에 있다고 생각된다.[59]

---

58 배용광 외, 〈한국 사회학 어디로 가야 하나〉, 1988, 223쪽.
59 배용광, 〈창간의 말〉,《文理學叢》창간호, 1973.

2004년 정근식과의 인터뷰에서는 학문분과의 전문화와 세분화라는 일반적 풍토를 의식한 듯 다음과 같이 말하기도 했다.

그래 내가 처음에 경대 법대에서 커리큘럼을 만들었어. 내가 법학, 정치학, 경제학 골고루 선택과목에 넣어놨는데 나로서는 생각이 있었어. 적어도 사회학을 하려면 폭넓게 사회과학을 알아야 된다 이 말이야. 그게 내 입장이야.[60]

배용광의 지적 관심의 넓이는 경북대학교 도서관에 배용광의 기증도서로 설치된 '배용광 라이브러리'를 보면 알 수 있다. 1999년에 설치된 이 문고에는 3,856권의 도서가 분류되어 있다. 배용광의 제자 권규식은 배용광의 장서에 대해 다음과 같은 증언을 남겼다.

중앙도서관 2층에 라이브러리가 있다. 배용광 교수의 소장 자료가 라이브러리로서 별실에 보관되어 있다. 나는 틈틈이 이곳을 찾는다. 선생님의 손때 묻은 자료들이라 정이 가고 자료들을 바라볼지라면 한국 사회학사를 한 눈으로 보는 듯한 느낌마저 든다. 《한국사회학》을 비롯해 사회학회에서 나온 거의 모든 자료들이 소장되어 있다. 선생님의 독서 범위는 사회과학 전반에 걸쳐 있었던 것 같고 진보적인 서적이 많은 것을

---

60 정근식, 《배용광 교수 녹취록》, 2004, 7~8쪽. 배용광의 주장과 달리 인접 학문과의 교류보다는 사회학 안에서 자기 전공을 깊이 파고들어야 한다고 생각한 대표적 사회학자로는 농촌사회학자 이만갑과 가족사회학자 최재석을 들 수 있다.

보고 내심 놀라기도 한다.[61]

라이브러리의 장서 목록에는 영어 저서, 일본어 저서, 프랑스어 저서, 미국과 유럽 사회학 저서들의 일본어 번역본과 한글 번역본, 우리말 저서 등 3,856권이 수록되어 있다. 경북대 도서관의 분류에 따르면 일본어, 영어, 프랑스어, 독일어 등 외국서 단행본 1,928권, 국내 단행본 1,336권, 국내 정기간행물 289권, 외국 정기간행물 99권 등이다. 이 목록을 일별하면 그의 폭넓은 학문적 관심을 확인할 수 있다. 1920년대부터 1980년대까지 일본에서 발간된 사회학 관련 도서들이 그의 학문 세계의 중추를 구성하고 있는 듯하지만 미국과 유럽의 사회학에 관심을 기울여 원서를 구해 읽었던 것도 확인할 수 있다.

장서 가운데 반공체제하에서 금서로 분류된 서적들도 상당수 발견되는 것을 보면 그는 이념적으로도 어느 한쪽으로 편향되지 않으려고 노력한 것으로 보인다. 장서에 나타난 그의 학문적 관심은 사회학을 중심으로 정치학, 경제학, 경영학, 인류학, 인구학, 심리학, 정신분석학, 법학, 행정학, 지리학, 언어학, 종교학, 역사학, 교육학, 철학, 문학, 과학 등 다방면에 걸쳐 있다.[62]

---

61 경북대 사회학과 편, 《우리의 기억, 시대의 기억: 경북대학교 사회학과 창설 60주년》, 18쪽에서 재인용.
62 배용광이 자신의 소장 도서를 다 읽었으리라는 보장은 없다. 소장 도서 가운데 일부는 외부의 관련 기관이나 다른 학문 분야를 전공하는 동료학자들로부터 기증받은 것일 수 있다. 그가 영어 서적, 프랑스어 서적, 일본어 서적을 어떻게 소장하게 되었는지 조사가 필요하다. 1920~1940년대에 출간된 일본어 서적이나 외국어 서

사회학만 따로 떼어서 보면 그의 관심은 사회학사, 사회학 이론과 방법론, 지식사회학, 산업사회학, 종교사회학, 사회심리학, 사회계급, 사회변동론, 집합행동과 사회운동, 농촌사회학, 가족사회학, 인구학, 도시사회학, 여성사회학, 사회복지, 사회사업, 사회정책, 사회문제론, 범죄와 일탈사회학, 법사회학, 문화사회학, 문학사회학, 음악사회학, 체육사회학 등 사회학의 거의 전 영역을 아우른다. 소스타인 베블런, 조지 허버트 미드, 프랭클린 기딩스, 로버트 맥키버, 로버트 린드, 폴 라자스펠드, 데이비드 런드버그, 킹슬리 데이비스, 피티림 소로킨, 탈코트 파슨스, 로버트 머튼, 조지 호먼스, 알프레드 슈츠, 로버트 니스벳, 세이모어 마틴 립셋, 윌버트 무어, 라인하르트 벤딕스, 에리히 프롬, 찰스 라이트 밀즈, 앨빈 굴드너, 피터 버거, 아미타이 에치오니, 모리스 자노위치, 닐 스멜서, 피터 블라우, 어빙 고프먼 등의 저서도 소장되어 있는 것을 보면 미국 사회학의 흐름을 이해하고 수용하려고 노력한 흔적이 보인다. 또한 그의 장서에는 영어 또는 일본어 번역본으로 콩트, 스펜서, 마르크스, 뒤르켐, 베버, 짐멜, 파레토 등 고전사회학자들의 저서가 포함되어 있다. 그가 일본 사회학을 통해 기본을 닦았지만 사회학의 뿌리를 직접 탐구하기 위해 애썼음을 알 수 있는 대목이다. 사회사상사 또는 정치사상사와 관련해서는 마키아벨리, 홉스, 로크, 밀, 루소,

---

적은 1945년 이후 일본 학자들이 남기고 간 책을 구입했을 수도 있지만 신간은 직접 구입했을 수도 있다. 김일철의 증언에 따르면 1950년대와 1960년대에는 사회학과 학생들도 일본 사회학 서적을 구입해서 공부했다고 한다. 김일철 인터뷰(2012년 3월 30일 공감식탁).

몽테스키외, 푸리에, 라스키, 라스웰, 리프먼, 조지 세바인, 토인비, 러셀, 미르달 등의 저서가 소장되어 있다.

　배용광은 한국 사회학자의 주요 "연구 대상은 비록 한국 사회라 하더라도 시야는 세계사적 넓이"를 가져야 한다고 생각했다.[63] 라이브러리에 나타난 그의 관심사를 나라별로 보면 프랑스 저자로는 샤를르 푸리에, 빅토르 위고, 앙드레 지드, 콩도르세, 베르그손, 뒤르켐, 셀레스탱 부글레, 모리스 알박스 등 뒤르켐의 제자들, 뤼시앙 레비-브륄, 르네 모르니에,[64] 조르주 귀르비치, 샤를르 베틀하임, 아르망 퀴비에, 앙드레 모르와, 알베르 소불, 알프레드 소비, 장-마리 도므낙, 시몬 베유, 레이몽 아롱, 모리스 뒤베르제, 로제 가로디, 시몬느 드 보부아르, 레이몽 부동, 알랭 투렌, 장 보드리아르 등이 있다. 독일 저자로는 괴테, 실러, 칸트, 헤겔, 딜타이, 리케르트, 빈델반트, 빌헬름 분트, 베버, 좀바르트, 쉘스키, 한스 켈젠, 아도르노, 하버마스 등이, 영국 사회학자로는 모리스 긴즈버그, 칼 만하임, 존 렉스, 톰 보토모어 등이 나온다. 미국의 철학자 존 듀이, 윌리엄 제임스의 저서도 있고 러시아 사상가 베르자예프, 플레하노프, 노보고로도체프의 저서도 있으며 이탈리아 학자로 파레토와 보비오가 나온다. 라이브러리에는 마르크스, 포이어바흐, 레닌의 저서는 물론 힐퍼딩, 루카치, 만하임, 부하린, 스탈린, 폴 스위

63　배용광, 〈한국 사회의 階層攷; 현황과 과제〉, 《아세아연구》 8권 2호, 1965, 454쪽.

64　르네 모르니에René Maurnier(1887~1951)는 알제리를 중심으로 한 프랑스 식민지 사회를 연구한 사회학자인데 '배용광 라이브러리'에는 그의 저서 *Sociologie coloniale* (1932)의 일본어 번역본 《식민지 사회학》(1939)이 소장되어 있다.

지, 모리스 돕 등의 진보적 성향의 서적도 다수 포함되어 있다.

2. '문제의식'과 사회학의 쓸모

배용광은 늘 사회학자로서 '문제의식'을 가져야 한다고 강조했다.[65] 1965년에 쓴 글에는 "무엇보다도 우리는 바른 문제의식을 연구의 추진력으로 삼아야만 하겠고 그 위에서 협동연구의 실을 거두어야만 하겠다"는 구절이 나오고 1967년에 쓴 글에서는 "오늘 우리 사회가 처하고 있는 현실 상황은 전과 다르다. 어떤 상황이든 본인은 상황에 대한 건전한 문제의식이 가장 소중한 것이라고 본다. 건전한 문제의식 없이 사회학이라는 학문은 그 자체가 성립될 수 없는 것이라고 생각한다"고 밝혔다.[66] 1997년 자신의 연구업적을 종합한 《사회학 산책》에서도 문제의식의 중요성을 다음과 같이 강조했다.

말할 나위도 없이 사회학의 연구는 우리의 경우 다른 사회 제 과학과 마

---

65 초창기 사회학자 최문환도 1959년에 출간한 《민족주의의 전개과정》에서 '세계문제의 초점인 동시에 조국의 핵심 문제'를 직면하는 것이 '진정한 학도의 태도'라고라며 민족 문제를 중심으로 '문제의식'을 강조했다. 정일준, 〈최문환과 한국 사회학의 문제틀: 민족주의와 자본주의를 넘어〉, 《한국사회학》 51집 1호, 2017, 415쪽.
66 배용광, 〈한국 사회의 階層攷; 현황과 과제〉, 《아세아연구》 8권 2호, 1965, 454쪽; 배용광 외, 〈한국 사회학 어디로 가야 하나〉, 1988, 같은 쪽.

찬가지로 한국의 사회적 현실을 해명하고 거기에 존재하는 모순을 밝혀서 그 해결을 위한 방도에 기여하는 것 이외에 목표는 없을 줄 안다. 한국이란 현실을 직시하지 않는 우리 사회학의 앞날은 '넌센스' 이외의 아무것도 아닐 것이다. 여기에 우리의 문제의식이 확립되어야만 한다. 한국이 참된 민주주의 사회로서 성장하여 가려면 어떠한 조건들이 필수적인가? 이에 대한 충분한 감각 없이 제대로 학문 연구가 될 수 있겠는가말이다. …… 연구자 자신이 민주적인 인간으로서의 자각에 부족되는바가 없는가 하는 것을 반성해야 할 것이다.[67]

배용광이 말하는 '문제의식'이란 현실사회가 안고 있는 근본적인 문제에 대한 인식을 말하고 그것을 해결하는 데 기여하는 학문을 하려는의지를 포함하는 듯하다. 그는 현대를 "사회에 있어서의 모든 불균형, 특히 계급 간의 그것과 도시 농촌 간의 그것이 조정되어야만 하는 시대"로 규정하면서 다음과 같은 문제의식을 표명했다.[68]

우리는 근대사회의 계급적 현실을 극복하여 민주주의와 계획적 통제를일치시켜야만 할 것이다. 그것은 요컨대 민주적 사회주의의 실현이다.

---

67 배용광, 《사회학 산책》, 형설출판사, 1997, 13쪽.
68 배용광, 《사회학》, 형설출판사, 1965, 225쪽. 배용광은 "전체 사회로서의 국민공동체는 평면적으로는 도시와 촌락으로 나누어지고, 수직적으로는 계급으로 나누어진다"라고 쓰기도 했다. 배용광, 《사회학 산책》, 형설출판사, 1997, 74~70쪽의 〈신분과 계급〉 참조.

여기에서는 실질적인 자유와 사회적인 평등이 양립하게 되고 근대사회의 병태는 차츰 고쳐져 갈 것이다. 즉 민주주의는 참다운 의미에서 완성을 보고, 소극적인 자유가 아니라 적극적인 자유가 확립되고, 개인은 그 능력을 힘껏 발휘할 수 있고, 근대적 인간의 분열한 퍼스낼리티person-ality도 조화한 형形으로 통일될 것이라고 생각한다. …… 이와 같은 사회와 인간은 이미 근대사회의 지반 위에서가 아니라 근대사회의 초극 위에서 비로소 현실화하는 것이다.[69]

배용광의 '문제의식'이 표출된 글로 1971년에 발표한 〈부인노동의 기본 문제〉를 들 수 있다. 1970년 가을에 일어난 전태일 분신자살 사건에 영향을 받아서 쓴 이 글은 다음과 같이 시작한다.

말하자면 어떤 변경지대에서 세인의 관심 밖의 존재였던 '말단 노동자의 사건'을 계기로 하여, 우리나라에 있어서도 이제 바야흐로 노동 문제에 대한 사회 일반의 관심이 정면으로 제기되고 있는 것 같다. 국민 대다수의 생활수준이 그동안의 경제개발을 통하여 상승적인 변화를 시현하고 있는 것을 우리는 솔직히 인정하여도 좋다. 그러나 동시에 우리는 저변 또는 하층에 있는 이른바 서민 노동자의 생활이 과연 얼마나 향상되었는지 그 실상을 묻고 싶은 심정이며, 만약에 거기에 어떠한 향상이 별로 인정되지 않는다면 그 연유를 실증적으로 구명해야 되겠다고 생각한다.[70]

---

69 배용광, 《사회학》, 형설출판사, 1965, 225~226쪽.
70 배용광, 〈부인노동의 기본 문제: 노동보호와 균등처우를 중심으로〉, 《여성문제 연

배용광은 사회학 연구에 이론, 방법론, 교설, 이데올로기, 인식의 범주 등이 다 중요하지만 무엇을 위한 사회학인가를 물으면서 사회학자들이 사용하는 이론과 방법론에 대해 끊임없는 반성과 검토를 요구했다.

문제의식이나 일반적 오리엔테이션이나 개념 도구는 틀림없이 중요하기는 하다. 그러나 그것들의 진위나 가치는 그것 자체로 결정되는 것이 아니라, 우리들의 사회 인식을 얼마만큼 정확하게 하며 풍부하게 하는가에 달려 있는 것이다.[71]

그는 사회현실 인식을 위한 조사방법의 중요성을 인정했지만 그에 앞서 문제의식을 강조하면서 조사방법 물신주의를 경계했다.

오늘날 사회학—넓게는 사회과학에 있어서는 분업적 협력과 실증적 연구가 불가결하다. 이론이나 방법은 필경 그 용구이다. 하기야 용구도 중요하기는 하다. 그러나 용구만을 연마하기보다도 용구를 갖지 않고서도 맨주먹 사냥식으로 사회현상과 씨름하는 사회학자 또는 사회학적 관심을 갖는 공중 편이 보다 큰 성과를 거둘는지도 모른다.[72]

문제의식을 강조한 배용광은 저널리즘보다는 아카데미즘의 수호자

구》1호, 83~84쪽.
71 배용광, 〈현대 사회학의 이론에 대한 소묘〉, 《사회학 산책》, 형설출판사, 1997, 70쪽.
72 배용광, 윗글, 70쪽.

가 되어야 한다고 생각했다.

물론 우리는 계몽 활동의 의의를 경시하지는 않는다. 하지만 과학의 연구와 계몽은 달라야 하는 것이고, 이 의미에서 저널리즘과 아카데미즘의 분업으로 학자가 연구에 전심할 수 있는 사회적 분위기의 조성이 진지하게 요청되어야 하는 것이다.[73]

그렇다고 배용광이 현실과 무관한 '학문을 위한 학문'을 주장한 것은 아니다. 그는 아카데미즘을 앞에 놓았지만 현실 세계와 무관한 사회학은 무의미하다고 생각했다.

과학은 그것이 구하는 진리에 의하여 사회생활에 소용이 되어야 하는, 즉 사회적 현실에 아무런 이바지함이 없는 그러한 사회과학은 무의미하다. 그렇다면 사회학도 그 실증적 이론으로서의 역사적 이론적 인식이 얻은 경험적 법칙에 기基하야 장래의 사회의 가능성을 과학의 이름에 있어서 가리키는 것을 최후의 과제로 삼아야 할 것이다. 이와 같은 의미에 있어서 우리는 사회학의 체계에 있어서도 실천사회학에 정당한 위치를 주고 넓은 의미의 사회정책을 사회학의 과제로 삼아야만 한다.[74]

배용광은 "원래 학문은 인간 생활의 일상적 문제를 풀기 위한 방법

---

73   배용광, 〈학문의 주체성〉, 《새교육》 19권 5호, 1967, 29쪽.
74   배용광, 《사회학》, 형설출판사, 1965, 247쪽.

으로 존재한다"고 보면서 "학문의 권위는 궁극적으로 그 효용(유용성)에 의하여 지탱되어야 한다"고 주장했다.[75]

학문은 인간의 여러 생활 부면에서 나타나는 문제를 일괄하여 해결하려고 하는 것이요, 학자는 다른 사회구성원의 힘에 겨운 문제를 떠맡아서 그 해결을 위하여 노력하는 자라 하겠다. 학문의 기초에 가로 놓인 문제, 학자가 답하려고 애쓰고 있는 문제는 모두가 환경(행위 주체인 인간의 욕구의 눈을 통하여 성립하는 세계)에 사는 개개 인간의 문제에서 나온 것이며, 이것과 현실적으로 연속의 관계에 선다고 하는 것을 우리는 똑똑히 이해할 필요가 있는 것이다. …… 학자 각자가 무엇을 생각하고 있을지라도 문제의 전체를 사회생활의 입장에서 관찰하는 경우, 그것이 근본에 있어서 사회구성원의 일상생활에 나타나는 문제와 아주 무관하다고 한다면 우리는 어떻게 하여 그 존재의 권리를 인정받을 수 있겠으며, 사회가 어째서 학문을 존재케 하며 그 때문에 많은 비용을 던지는가를 이해하기 어려울 것이다.[76]

실증을 강조하는 아카데믹 사회학자로서 배용광은 사회학의 쓸모가 정치적 '이데올로기'가 아니라 '과학'에 기초한 사회정책의 수립에 있다고 주장했다.

---

75 배용광, 〈학문의 주체성〉, 《새교육》 19권 5호, 1967, 30쪽.
76 배용광, 〈학문의 주체성〉, 29~30쪽.

과학은 어디까지나 실증적 이론으로서의 본질에 투철하여 일보 일보 견실하게 나아가야만 하고, 우리들의 실천적 행동들도 이와 같은 과학적 성과에서 도출되어야만 한다는 것을, 우리들은 우리들의 사회의 진정한 진보를 위하여 명심해야 할 것이다.[77]

그러나 배용광은 사회학은 현실의 분석에 머무르지 않는 현실 비판의 학문이라고 생각했다. 그는 학자 생활의 말년인 1988년 6월 경북대학교에서 열린 전기 한국사회학대회 '한국 사회학 어디로 가야 하나'를 주제로 한 심포지엄에서 사회학의 쓸모에 대한 자신의 생각을 다음과 같이 밝혔다.[78]

나는 사회학이란 현실과학인 동시에 현실비판의 과학이라고 생각한다. 사회적 현실을 어떤 학문보다도 더 날카로운 시각을 가지고 밝히려고 애쓰는 학문인 동시에 그 현실이 우리가 살아가기에는 뭔가 우리들에게 참으로 도움이 되는 상황이 못 된다 할 때는 이를 비판하는 입장에 서야 하고, 또 서 왔던 것이 사실이라고 생각된다. …… 베버의 이른바 '가치로부터의 자유'는 적어도 과학에 종사하는 사람들의 근본적인 입장이

---

77 배용광, 《사회학》, 형설출판사, 1965, 252쪽.
78 배용광 외, 〈한국 사회학 어디로 가야 하나〉, 《한국사회학》 22집, 205~227쪽. 이 심포지엄은 김일철이 사회를 맡고 배용광, 황성모, 박영신, 김진균, 조형, 정창수, 김성국, 이각범, 최석만, 김용학, 김미숙, 박명규가 참석하여 한국 사회학이 나아갈 방향에 대해 각자 자신의 의견을 개진했다.

되어야 할 것이다. 그러나 이것만 가지고는 사회과학자의 소임을 다했다고 볼 수 없다. 여기서 한 걸음 더 나가서 이른바 이론과 실천의 문제를 어떻게 보다 높은 차원에서 통합하느냐는 문제가 제기될 수 있다.[79]

3. 배용광의 지식인론과 학문론

배용광이 직업으로서의 학문의 길에 들어서게 된 1945~1948년의 해방 공간은 잠재되어 있던 좌익과 우익 사이의 이념투쟁이 표면화된 시기였다. 이미 식민지 시대부터 사회주의 이론에 관심을 기울이던 배용광은 현실 정치에 뛰어들 것인가 아니면 학자의 길에 들어설 것인가 선택의 기로에 서게 되었다.

학병으로 동원되어 일본에서 복무하던 배용광은 해방 직후 귀국하여 학병 출신으로 구성된 조선학병동맹에서 활동했다.[80] 주변의 여러 사람들이 좌익 활동에 가담했지만 배용광은 학문의 길로 들어섰다. 그는 이념에 의해 정치에 가담하기보다는 학문을 통해 '진리'를 탐구하는 삶

---

79 배용광 외, 〈한국 사회학 어디로 가야 하나〉, 222쪽.

80 이 학병 조직은 자생적인 군사단체로서 당시 좌익단체로 분류되었다. 이동진, 〈한국 사회학의 제도화와 배용광〉, 254쪽. 배용광은 4·19 이후 5·16 이전 제2공화국 시절 반민주행위 공민권제한법에 의한 반민주행위조사위원회 조사원으로 참여하기도 했다. 이동진, 〈한국 사회학의 제도화와 배용광〉, 273쪽.

을 선택했다. 1950년 한국전쟁이 터지기 직전《학풍》 13호에 발표한 〈지식인의 사회적 역할〉이라는 글은 그의 학문관을 대변한다.[81] 이 글에서 그는 학문이란 무엇이며 그것은 어떻게 발전하며 학문하는 사람의 사회적 역할은 무엇인가를 탐구했다. 지식사회학과 과학사회학의 내용을 담고 있는 이 논문에서 그는 먼저 다음과 같은 문제의식을 제시한다.

지식인에게 사회적 역할이 있다면 그것은 어디에서 유래한 것이며 또 그것은 어떻게 변화 발달하였는가.[82]

지식인이 지식을 창조하고 소유하고 활용하는 사람이라면 먼저 그 지식의 성격 규정이 필요하다. 이에 대해 배용광은 "지식의 어떤 소여

---

81 이 글은 참고도서로 즈나니에츠키의 저서《지식인의 사회적 역할》을 폭넓게 활용하고 있다. Florian Znaniecki, *The Social Role of Man of Knowledge*(New York: Columbia University Press, 1940). 외국 서적을 요약해서 자기 논문이나 저서로 발표하는 당시 우리 학계의 관습에 따라 배용광은 즈나니에츠키의 저서를 자기 방식으로 번안 요약하여 논문을 썼을 것으로 추정된다. 배용광이 이 책을 어떻게 접하게 되었는지는 알 수 없다. 이 책의 일본어 번역판의 존재 여부와 출판연도를 확인해볼 필요가 있다. 이 글은 다음 책에 다시 실렸다. 배용광, 〈지식인의 사회적 역할―지식사회학적 일 고찰〉,《사회학 산책》, 형설출판사, 1996, 18~35쪽. 배용광은 이 글에서 즈나니에츠키의 용어 technologist를 '과학기술자'로, sage를 '현인'으로 번역하고 있다. 1970년대 후반 한완상은 이와 비슷하게 '지식기사'와 '지식인'을 구별한 바 있다. 한완상, 《지식인과 허위의식》, 현대사상사, 1977 참조.

82 배용광, 〈지식인의 사회적 역할―지식사회학적 일 고찰〉, 19쪽.

의 대상물이건 그것에 관한 무조건적인 진리는 존재하지 않는다. 거기에는 단지 일정한 제 조건에 의거하는 정당성을 가진 진리—제 가설이 있을 뿐이다"라고 답한다.[83] 이어서 그는 새로운 생각과 지식이 출현하는 발명의 사회적 조건과 정당화 과정을 다음과 같이 제시한다.

발명은 사회적 필요에 응답하는 과정에서 나온 것이지만 모든 보수적 사회에 있어서 그것은 현존 질서를 침해하는 것으로서 위험시되어 왔던 것이다. 소여의 질서가 이미 교란된 때에만 발명은 이 동요를 이겨내기 위하여 정당화된다.[84]

(독립적인 발명가는) 한 규정된 사회적 역할을 수행하기를 원치 않는다. 그는 스스로 규정하는 바에 의하여 이러한 자율적 기능이 사회적으로 알려짐을 바라는 것이다. 그런데 발명가의 수가 많아지고 개인적 접촉, 공시된 결과의 관찰 또는 출판물의 증가 등에 의하여 타자의 활동을 알게 되면 그들의 발명적인 성과는 새로운 과학기술적 창조를 위한 재료가 되며 불완전한 발명은 완전케 되며 상이하는 방향에서의 발명이 새로운 종합으로 연결되며 불확정한 저상著想이 차츰 구체적으로 굳어져 나온다.[85]

---

83 배용광, 〈지식인의 사회적 역할―지식사회학적 일 고찰〉, 34쪽.
84 배용광, 윗글, 22쪽.
85 배용광, 윗글, 23쪽.

배용광은 지식인을 '진리의 발견자'로 생각했다. "진리의 발견자는 비상한 지적 통찰력, 보기 드문 표명 능력을 지닌 사람이라 생각되고 있다. 이러한 통찰력을 가지고 그것을 타자의 이익을 위하여 쓰는 사람만이 한 학파의 창시자로 될 수 있는 것이다."[86] 그는 지식인(현인)의 사회적 역할을 기존의 질서를 정당화하는 기능과 그것을 넘어서 새로운 가치 규범을 제시하는 기능으로 구별했다.

현인의 본래적인 지위는 그의 당파 안에 있으며 그의 본래적 기능은 이 당파의 집단적 제 경향을 지적으로 합리화 정당화하는 데에 있다. 이러한 기능을 수행하기 위하여 현인은 그 사회의 전 문화에 대하여 또 필요한 정도로는 타 문화에 대해서도 넓은, 말하자면 백과전서적인 지식을 가져야 할 것이다. …… 현인은 때로 사회적으로 규정된 역할을 넘어서는 경우가 있다. 즉 현존 문화질서가 명백히 포유包有하는 것보다 더 포괄적이고 철저한 가치기준과 행위규범을 그는 만들어내려고 한다. 이것들이 이른바 제이상諸理想—문화적 제실재諸實在는 거기에 개념적으로 귀속된다—이 되는 것이다.[87]

배용광은 지식의 사회적 확산에 관해서도 관심을 기울였다.

진리의 발견자가 되려면 사색가는 첫째로 그의 발견을 다루는 추수자들

86　배용광, 〈지식인의 사회적 역할—지식사회학적 일 고찰〉, 29쪽.
87　배용광, 윗글, 25~26쪽.

에 의하여 그것이 새로운 학자적인 전통의 절대적인 시작이라고 크게 창도되어야만 한다. …… 발견자에 의해 창시된 지식이 발전하려면 사회적 역할 상 두 개의 주요형—체계 구성자와 기여자—을 요한다.[88]

체계 구성자가 그의 시대 및 문명의 전 지식을 테스트하며 조직화하는 역할을 담당하는 반면, 기여자는 새로운 사실들을 이미 구성된 체계에 따라 설명함으로써 학파의 터전을 공고히 하는 사람이다.[89] 체계화된 지식은 과학적 지식을 통속화하는 사람과 교육을 담당하는 사람들에 의해 널리 전달되면서 지배적인 권위를 획득한다.

배용광은 하나의 이론이 어떻게 변화하고 발전하는가에 대해서도 생각을 정리했다. 학문은 한자리에 그대로 머무르지 않는다. 새로운 사실이 발견되고 새로운 이론적 문제가 제기되면서 새로운 체계화가 이루어진다. 사실의 발견자는 자신이 속한 직업적인 전통에 매몰되지 않는 고립적이며 독립적인 연구자들로서 이미 이룩된 지적 권위에 종속되지 않는 반역자들이다. 반역자들에 의해 새로운 사실들이 축적되고 분류되면서 새로운 체계화가 이루어진다.[90]

88　배용광, 〈지식인의 사회적 역할—지식사회학적 일 고찰〉, 29~30쪽.

89　'체계 구성자'는 systematizer를, '기여자'는 contributor를 번역한 것이다.

90　"탐구가들은 사회적으로 보통 인정되는 것과는 전연 다른 새로운 방식에 의하여 지식의 미지의 보고寶庫를 개척하는 것이므로 그의 탐구의 성과는 나중에 확인된다." 배용광, 윗글, 29~30쪽.

경험적 실재는 지식인에게 창조적 시도를 위한 무진장의 재료를 공급하고 있다. …… 과학적 탐구의 발달은 지식인의 새로운 사회적 역할을 가져온다. 이것은 미지의 경험적 재료를 발견함이 아니라 새로운 미지의 '이론적 제 문제'를 발견하며 그 제 문제를 새로운 이론으로 '해명하는 역할'이다.[91]

그렇다면 이론적 체계들 사이의 우위를 어떻게 판단할 수 있는가? 이에 대해 배용광은 다음과 같이 답했다.

만일 한 체계가 다른 것보다 취할 것이라면 이것은 오직 그 체계가 지적 지향의 제 목적에 보다 잘 쓰이기 때문이며 또 관찰자로 하여금 같은 심적 노력으로 더 많은 양의 사실을 또는 적은 심적 노력으로 같은 수와 종류의 사실을 볼 수 있게 하기 때문이다.[92]

배용광은 "학문(과학)의 본질은 자연과학에서나 사회과학에서나 마찬가지로 이론성(합리성)과 실증성에 있다"고 생각했다.[93] 그는 "현대의 사회학에 있어서 이론이란 실증을 거쳐서 제출되는 명제"라면서 사회학 이론과 사회사상을 구별했다.[94] 아카데믹 사회학자로서 그는 공허한

---

91   배용광, 〈지식인의 사회적 역할—지식사회학적 일 고찰〉, 33~34쪽.
92   배용광, 윗글, 33쪽.
93   배용광, 〈학문의 주체성〉, 《새교육》 19권 5호, 1967, 28쪽.
94   배용광, 〈현대 사회학의 이론에 대한 소묘〉, 《사회학 산책》, 형설출판사, 1997, 60쪽.

이론이 아니라 경험적 사실에 바탕을 둔 실증적 이론을 강조했다. 1967년 그는 한국 사회학의 발전을 위해 다음과 같은 제언을 했다.

우리는 한국의 사회과학 일반이 하루빨리 진정한 과학으로 확립되기를 기대하고 있다. 그러하기 위하여는 먼저 올바른 인식론적 입장에 입각하여 꾸준히 사실 인식을 착실하게 추진하여야 될 것이다. 요긴한 것은 단순한 실증이 아니라 실증적인 이론인 까닭이다. …… 학문하는 태도는 어디까지나 진실만을 추구할 것이요, 그것은 어디까지나 학자의 심혈을 기울인 실증적 이론의 수립 이외에는 없다. 학문에 있어서의 권위는 사실에 기초한 진리의 탐구에 있으며 그것은 또 학문의 효용에 기초하여 존립될 수 있는 것이다.[95]

그러나 배용광은 사회과학은 자연과학과 성격이 다른 학문이라는 사실을 인식하고 있었다. 그는 사회과학과 자연과학을 하나의 과학으로 보는 방법론적 일원론자들에 대해 이렇게 썼다.

사회과학론 안에는 위와 같은 특수성을 인정하지 않고 자연과학과의 본질적 차이를 부정하려고 하는 자도 있다. 즉 방법론적 일원론이라 불리는 것이 그것이다(뒤르켐, 미국 사회학의 일부 유력한 경향). 이러한 견해는 과학성을 높이는 의미에 있어서 단순히 부정할 수는 없다. 하나 통계

---

95 배용광, 〈학문의 주체성〉, 《새교육》 19권 5호, 1967, 29쪽.

적 양적 방법이나 실증적 방법은 되도록 이용되어야 하는 것이지만 한계를 가지고 있다. 그리고 이러한 소위 과학적 방법이 더욱 적용의 범위를 넓히고 더 많이 사용되게 되더라도 사회과학과 자연과학이 전혀 차이가 없는 과학이 되는 일은 없다. 주체와 객체와의 일치 따라서 그것에 기基한 이해란 것은 사회과학을 자연과학에서 구별하는 중대한 특질이며 사회 연구에 있어서의 유력한 무기인 것이다. 사회학 또한 당연히 이와 같은 성격을 갖는 것이라 할 것이다.[96]

---

96 배용광, 《사회학》, 형설출판사, 1965, 242~243쪽.

4
.

배용광의
학문적 업적

사회학 초창기에는 한 분야의 전문 사회학자보다는 전 분야에 관심을 기울여 이론적 사유를 하는 박학다식의 만능 사회학자가 요구된다. 배용광은 그런 유형의 사회학자였다. 배용광은 한국 사회학의 초창기 학자로서 사회학이라는 학문의 거의 전 영역에 관심을 갖고 무엇을 어떻게 연구할 것인가라는 문제에 답하려고 했다. 물론 이런 학문 태도에는 폭은 넓지만 깊이를 갖기 어렵다는 단점이 있다. 하지만 사회학 초창기에 학계에 사회학이 무엇인가를 밝히고 다음 세대 학자들을 교육하기 위해서는 그런 학문 태도가 필요했을 것이다.

배용광의 소장 도서를 들여다보면 그가 1920년대에서 1990년대에 이르는 긴 시기에 사회학을 중심으로 폭넓은 학문적 안목을 유지했음을 짐작할 수 있다. 4,000권에 가까운 그의 소장 도서는 사회학을 중심으로 인류학, 심리학, 교육학, 법학, 정치학, 경제학, 행정학, 역사학, 철학, 문학, 예술, 종교 등 광범위한 학문적 관심을 보여준다. 하지만 한 학자의 학문적 업적은 결국 그가 남긴 저서와 논문으로 평가할 수밖에 없다. 학자는 장서가이지만 장서가가 학자는 아니다. 아무리 많은 책을 읽고 생각을 많이 했어도 그것을 자신의 글로 정리하지 못하면 장서 자체는 큰 의미를 갖지 못한다.

배용광이 이룩한 학문적 업적은 그가 교직에서 은퇴한 후 1997년에 펴낸 《사회학 산책》에 들어 있다. 그가 평생 쓴 글 가운데 중요한 논문을 선정하여 편집한 이 책이야말로 배용광의 사회학 연구 50년을 집약하는 저서라고 할 수 있다. 이 책은 1950~1980년대에 발표한 14편의 논문으로 구성되어 있다. 이 책에 실린 논문들을 연도별로 재배치하면 다음과 같다.

① 〈지식인의 사회적 역할―지식사회학적 고찰〉, 《학풍》 13호(1950)

② 〈사회변동과 진보의 문제―우리 사회의 후진성 극복을 위한 서론적 소고〉, 《경대학보》(1954)

③ 〈우리나라 사회학의 앞날을 위하여〉, 《사회학보》 3집(1960)

④ 〈Sutherland의 Differential Association 이론―범죄 행위의 일반이론을 위한 소고〉, 《사회학보》 5집(1962)

⑤ 〈산업사회학 연구에 있어서의 문제점―하나의 제안〉, 《이상백 박사 회갑기념논총》(을유문화사, 1964)

⑥ "The Role of Entrepreneurship in the Modernization Process of Korea", *Report: International Conference on the Problem of Modernization in Asia* (Seoul: Asiatic Research Center, Korea University, 1965)

⑦ 〈현대 사회학 이론에 대한 소묘〉, 《伏賢文化》 5집(1969)

⑧ 〈생산기업체 종업원의 모티베이션—만족도 및 생산성에 관한 연구〉
  (문교부 연구보고서, 1970)

⑨ 〈도시화와 비행문제〉, 《복지연구》 5호(1970)

⑩ 〈체육사회학의 연구과제—하나의 시론〉, 《최영호 교수 화갑논총》
  (1971)

⑪ 〈부인노동의 기본 문제: 노동보호와 균등처우를 중심으로〉, 《여성문
  제연구》(효성여자대학교 한국여성문제연구소), 1호(1971)

⑫ 〈여자 노동력의 취업형태와 그 변화〉, 《여성문제연구》 2호(1972)

⑬ 〈농촌여성의 생활의식—마을금고 회원에 대한 조사분석〉, 《여성문제
  연구》 5호(1976)

⑭ 〈카리스마적 지배의 유형—종교사회학의 일 문제〉, 《전석재 박사 고
  희기념논총》(1985)

아래에서는 위의 목록에 나오는 논문을 중심으로 그의 연구업적을
사회학 이론과 사회조사, 근대화론, 농촌사회학, 사회계급론, 산업사회
학, 여성사회학, 사회학 개론 등 7가지로 분류하여 정리하고 평가하고
자 한다.

1. 배용광의 사회학 이론 연구와 사회조사

배용광은 아카데믹 사회학자로서 크게 보면 실증주의 인식론과 과학적

방법론을 주장했다. 하지만 그는 어떤 하나의 입장이 학계 전체를 지배하는 상황을 용인하지 않았다. 그런 점에서 그는 절충주의적인 입장을 취했다고 볼 수 있다. 그는 사회학 이론과 경험적 연구 사이의 지속적인 상호관계를 강조하면서 이데올로기적 독단을 인정하지 않았다. 그는 1950년에 발표한 글의 결론에서 이런 생각을 다음과 같이 밝혔다.

> 지식의 체계 상호 간의 상대적인 정당성을 인정하면서 전체로서의 지식이 제諸 시대를 통하여 성장하여온 이론적 제諸 체계의 종합적이고 동적인 총체임을 강조하고자 하는 우리로서는 오늘날처럼 각 방면 각 분야에서 여러 귀납적인 이론 탐구자가 크게 요망되는 때는 없으리라는 것을 믿으며 또 외치고 싶은 것이다. 독단적 확신과 회의적 의심 간의 딜레마, 상대주의와 주관주의의 동일시, 객관적 정당성과 절대주의의 동일시 등의 폐단을 지식의 귀납적인 비평가적인 과학으로 초극하여 지식인의 지식을 '인류의 지식'으로 만들어나가는 것이야말로 지식인의 자랑이 아닐 수 없다.[97]

배용광은 사회학이라는 학문의 발전은 이론에 기초한 실증 연구와 실증에 기초한 이론의 수립을 통해 이루어진다고 생각했다. 그래서 그는 조사방법과 더불어 서구 사회학 이론의 수입에도 적극적이었다. 그는 "외국의 학설 내지 이론의 소개에 있어서 취할 바 태도"는 "동서를

---

97 배용광, 〈지식인의 사회적 역할〉, 《학풍》 13호, 1950, 22쪽.

막론하고 널리 해외의 학문적 성과에서 그 장점을 소화 섭취하여 우리의 단점을 보완해 나가고, 이러함으로써 넓은 입장에서 충분한 이론적 기초를 쌓도록 하여, 그 기초 위에서 우리 사회의 구체적인 현실 연구의 길로 나아가야 할 것이라 생각(했)다."[98] 그는 이론에 의해 인도된 사회조사와 수집된 사회적 사실을 바탕으로 하는 사회학 이론의 구성을 다음과 같이 주장했다.[99]

과학의 본질적인 속성은 이론성과 실증성에 있다. 이론사회학에 의하여 인도받지 않는 현실 사회학은 맹목하고, 후자에 의하여 기초 지워지지 않는 이론 사회학은 공허한 것이 된다. 양 부문은 각각 독자적인 의의를 갖지만, 사회학은 이 양자의 올바른 상즉相卽 위에 실증적 이론으로서 발전시켜 가야만 하는 것이다.[100]

---

98 배용광, 〈학문의 주체성〉, 《새교육》 19권 5호, 1967, 29쪽. 그는 우리 고유의 사상에서 출발해 이론을 만들려는 가능성을 생각하지 못했다. 일단은 외국의 이론을 수입하여 이론적 기초를 쌓는 방법을 취했다. 외래문화 수용에 대하여 다음과 같은 입장을 밝히기도 했다. "다행히 우리나라는 역사상 수많은 외래문화를 수용하면서도 이를 잘 여과 소화하여 독창적인 우리의 문화로 자생시켜온 전통을 가지고 있다. 오늘날 전환기적 혼란이 없는 바는 아니지만, 슬기로운 전통의 발로는 혼란을 능히 극복하여 민족문화의 정체성을 확립할 것으로 기대된다." 배용광, 〈동서양 규범문화의 변화〉, 《정신문화》 13집, 1982, 160쪽.

99 이는 로버트 머튼이 말하는 '중범위 이론middle range theory'에 해당한다. 경북대 도서관 '배용광 라이브러리'에는 로버트 머튼의 *Social Theory and Social Structure*의 영어판과 일어판이 소장되어 있다.

100 배용광, 《사회학》, 형설출판사, 1965, 247쪽.

이론 연구와 관련해서 배용광은 특히 고전사회학 이론을 다음과 같이 강조했다.

나는 한국 사회학의 발전을 위해서는 우리나라 사회학도들이 고전에 더욱더 관심을 두어야 할 것이라고 생각한다. 사회학의 초창기 구미의 사회학 이론은 어떻게 보면 구름 잡는 얘기라는 비판을 면치 못할는지 모르겠지만, 시야가 넓고 긴 안목을 가지고 있다. 따라서 우리들에게 시사하는 바가 적지 않다고 본다. 본인은 젊은 사회학도들이 고전사회학에 대해서 좀 더 관심을 갖고 체계적인 이론을 수립하여 국제적으로도 기여할 수 있게 되기를 간절히 바란다.[101]

고전사회학 이론에 관심이 있던 배용광은 1974년 《빌프레도 파레토 사회학의 기초이론에 관한 연구》라는 논문으로 구제舊制 박사학위를 받았다.[102] 이 논문에서 배용광은 파레토의 잔기residues와 파생체

---

101 배용광 외, 〈한국 사회 어디로 가는가〉, 1988, 222쪽. 배용광은 제자 한남제에 대해서 "석사 과정을 마친 뒤에도 한 교수는 사회학의 기초이론에 대한 공부를 꾸준히 이어나갔는데, 이것은 그 후의 연구 활동에 든든한 디딤돌 구실을 한 것이다"라고 쓰기도 했다. 배용광, 〈하사賀詞〉, 《효종 한남제 교수 정년기념 논문집》, 효종 한남제 교수 정년기념논문집 간행위원회, 2001, xii쪽.

102 배용광의 박사학위 논문 《V. Pareto 사회학의 기초이론에 관한 연구》, 경북대학교 대학원, 1974은 주논문 〈V. Pareto 사회학의 기초이론에 관한 연구〉와 〈여자 노동력의 취업형태와 그 변화〉, 〈생산기업체 노동자의 모티베이션, 만족도 및 생산성에 관한 연구〉와 〈한국 사회 계층고: 현황과 과제〉라는 세 편의 부논문으로 구성되어 있다.

derivatives 사이의 관계에 주목했다. 경북대 사회학과에서 종교사회학 과목을 맡았던 배용광은 1978년과 1979년에는 각각 뒤르켐과 짐멜의 종교관을 다루는 논문을 발표하기도 했고 1985년에는 막스 베버의 카리스마 지도자에 대한 논문을 쓰기도 했다.[103] 배용광은 일련의 종교사회학 논문에서 종교가 사회구성에서 수행하는 기능은 무엇인가라는 문제와 종교인이 사회에서 수행하는 역할은 무엇인가라는 문제를 다루었다.[104] 배용광은 뒤르켐과 짐멜 사회학의 기본 입장을 정리하고 그 바탕 위에서 두 사람이 종교의 사회적 기능을 보는 상이한 입장을 상세하게 정리했다. 베버의 카리스마적 지도자에 대한 글에서는 고대사회의 사제, 예언자, 종교 창시자 등 종교 지도자의 사회적 역할을 정리했다. 현대사회학 이론에 관해서는 사회적 행동주의social behaviorism와 사회적 기능주의social functionalism라는 미국 사회학의 2대 조류를 개관하는 글을 남겼으며 서더랜드의 범죄 이론에 대한 논문도 발표했다.[105]

사회학 이론에 관심이 깊었던 배용광은 사회조사 만능주의를 경계했다. 그렇다고 사회조사에 부정적이었던 것은 아니다. 과학적 사회학을

---

103 배용광, 〈종교의 본질: 두 사회학자의 종교 본질관 (1): 뒤르켕〉, 《사회문화논총》 창간호, 1978, 9~24쪽; 배용광, 〈종교의 본질, 두 사회학자의 종교 본질관 (2): 짐멜〉, 《문리학총》 6권, 경북대학교 문리과대학, 1979, 1~14쪽; 배용광, 〈카리스마적 지배자의 유형〉, 《전석재 박사 고희 기념논총》, 1985. 《사회학 산책》, 형설출판사, 1997, 260~272쪽에 재수록.

104 배용광, 〈카리스마적 지배자의 유형〉, 《사회학 산책》, 260쪽.

105 배용광, 〈현대사회학 이론에 대한 소묘〉; 〈Sutherland의 Differential Association 이론—범죄 행위의 일반이론을 위한 소고〉. 두 글 모두 《사회학 산책》에 재수록되었다.

지향했던 그는 '문제의식'에서 시작되고 이론적 관심을 동반한 사회조사를 강조했다. 배용광은 경북대 사회학과 설립 이후 학생들과 함께 몇 차례 사회조사 실습을 조직했다. 1957년에는 최홍기와 함께 안동 하회마을 류씨 촌에서 설문조사를 했고, 1962년에는 류시중과 함께 대구 영세민 조사를 했다. 1963년에는 권규식과 함께 대구시 계층 조사 연구를 진행했으며 1964년에는 경북 영일군 대보면이라는 어촌 마을로 사회조사 실습을 나갔다. 배용광은 이런 조사 연구 결과를 논문으로 발표했다.[106] 배용광이 사회학 이론과 조사 연구의 상호 관련성을 바람직한 상태로 보았음에도 불구하고 배용광의 조사 연구가 사회학 이론과 유기적으로 연결되었다고 보기는 어렵다.[107]

---

106 배용광은 1957년 10월 20일 한국사회학회 제1회 연구발표회에서 최홍기와 함께 〈동족촌(河回 柳氏村)의 일 연구〉를 발표했다. 《한국사회학》 창간호, 1964, 129쪽. 배용광의 조사 연구의 보기로는 《영세민 실태조사 보고서》(경상북도, 1963). 배용광은 보고서의 요약본을 〈내일에 사는 습지 주민들: 대구시 신암동 5구의 빈민굴에 대한 실태 조사보고〉, 《세대》 14호, 1964년 7월호, 236~251쪽에 발표했다. 그 밖에 중요한 것으로 배용광, 〈생산기업체 종업원의 모티베이션, 만족도 및 생산성에 관한 연구〉, 문교부 연구조성비 지급 보고서, 1970; 배용광·김영태, 〈나병에 관한 사회학적 연구〉, 《복지》 16호, 1973, 20~25쪽; 〈농촌 여성의 생활의식—마을 금고 회원에 대한 조사 분석〉, 《여성문제연구》 5호, 1976, 1~21쪽; 《한국 노인의 생활실태 및 복지에 관한 연구》, 경북대학교 문과대학, 1979 등이 있다.

107 배용광은 이만갑과 달리 미국식 사회조사방법을 다시 배운 경험이 없기 때문에 아마도 경성제국대학의 조사 방식을 참조한 것으로 추측된다. 1940년 간행된 경성제국대학 위생조사부의 보고서의 내용과 구성을 보면 배용광의 빈민촌 조사 연구와 유사성을 발견할 수 있다. 경성제국대학 위생조사부, 박현숙 옮김, 《토막민의 생활과 위생: 1940년 경성의 풍경》, 민속원, 2010 참조.

2. 배용광의 근대화론

한국전쟁 이후 배용광은 사회학을 통해 한국 사회의 바람직한 변동 방향을 제시하려 했다. 1954년 배용광은 사회변동의 방향에 대한 글을 발표했다. 경북대 사회학과의 학문적 지향성 수립과도 관련된 이 글에서 배용광은 스펜서의 사회진화론을 비판하면서 사회적 행위자의 주체성을 강조했다. 사회적 행위자의 행위 능력이야말로 사회 개혁을 위한 기본조건이다. 그가 볼 때 스펜서의 사회진화론은 산업혁명 이래의 서양 사회의 발전을 반영한 '낙관적 관념'으로서 자본주의 사회의 사회적 제 모순을 보지 못한 단선적 진보의식의 표현이었다. 배용광은 스펜서의 사회진화론은 "원래 그 소재를 서양문명에서 취하고 있었던 만큼" 그것을 한국 사회에 적용하기 위해서는 한국 현실에 대해 '과학적 고찰'을 통한 '실증'이 필요하다고 생각했다.[108] 그는 진보는 인간의 주체적 실천을 통해 이루어지는데 한국 사회에는 아직 진보를 이룩할 근대적 주체의 형성이 미흡하다는 점을 아래와 같이 지적했다.

진보는 인간의 실천을 통해서만 행해진다. 인간의 실천은 지성적으로 지도된 충동을 내용으로 한 활동을 영위함으로써 의미 관련의 세계를 형성하고 있다. 이것이 동물사회와 다른 인간사회의 특징이다. 사회는

---

[108] 배용광, 〈사회의 변동과 진보의 문제: 우리 사회의 후진성 극복을 위한 서론적 소고〉, 《경대학보》 1954년 11월 10일, 인용은 《사회학 산책》, 37쪽.

창조적 지성적인 인간의 주체적 활동에 의한 다극적인 관련의 체계인 것이다.[109]

이후 배용광은 근대적 주체의 형성을 저해하는 요인과 그것을 극복하는 방안의 모색했다. 이런 배용광의 문제의식은 제2차 세계대전 후 미국 사회학을 발전시킨 근대화론에 입각해 있다. 그는 사회변동을 전근대사회에서 근대사회로의 이동으로 보면서 퇴니에스의 이익사회−공동사회 구분, 오그번의 문화지체론, 파슨스의 유형변수pattern variables 등을 활용했다.[110] 그러나 그는 선진국과 다른 한국의 특수성을 고려하여 한국 사회의 현황을 다음과 같이 진단했다.

아직도 봉건적 잔재가 우리 사회에는 허다히 존재한다. 이것은 낡은 비과학적인 생활양식을 고수해오던 인습이 일조일석에 타파될 수 없음을 여실히 말하는 사실인데 하여간 우리 생활에는 관습적 제약에 얽매이는 인간성의 약점이 너무도 뚜렷이 남아 있다고 하겠다. …… 사회 구성원 대다수 아니 전원이 인간적 '생활'을 영위할 수 있는 날, 미신적 인습적인 비과학적 문화의 제 형태가 남김없이 사라지는 날, 우리 사회도 전 세계의 '진보적 사회'의 대오에 당당히 참여할 수 있다. 환언하면 자유와 평등과 협동의 정신이 모든 민중에게 체득되고 우리 사회의 현실적 기반 위에서 '민주화'가 이루어지지 않는 한 우리 사회는 아마 후진성을

---

109   배용광, 〈사회의 변동과 진보의 문제〉, 《사회학 산책》, 41쪽.
110   배용광, 〈동서양 규범문화의 변화〉, 《정신문화》 13집, 1982, 155~160쪽.

면하지 못할 것이다.[111]

　　배용광은 근대화론을 긍정적으로 수용했다. 1960년대 근대화론은 한국 사회과학계의 주요 패러다임이었다. 1965년 한국사회학회 회장 시절 배용광은 다음과 같이 근대화의 중요성을 강조했다.

　　오늘날 학계의 내외를 막론하고 '근대화'의 문제만큼 일반적으로 관심 의 대상이 되어 있는 것도 별로 없는 상 싶다. 근대화를 제대로 이룩하느 냐에 따라서 국민생활의 장래가 근본적으로 좌우될 것이기 때문이다.[112]

　　배용광은 1965년 아시아의 근대화 문제를 다룬 고려대 아연 주최 국 제회의에서 영어로 발표한 논문에서 '전통이 변화에 저항하는 힘'을 '전통의 신성한 권위sacred authority of tradition'라고 표현했다. 전통은 개인주의와 이윤 추구를 필요악으로 보기 때문에 수동적인 인간형을 만들고 혁신적인 기업가 정신의 형성을 가로막는다고 보았다. 그는 전 통의 거의 대부분은 개인의 독창성을 억누르고 있으므로 "개인의식을 일깨우고 전근대적 사고방식으로부터 벗어나는 것"을 근대화의 가장

111　배용광, 〈사회의 변동과 진보의 문제: 우리 사회의 후진성 극복을 위한 서론적 소 고〉, 《경대학보》 1954년 11월 10일: 《사회학 산책》, 44~45쪽. 위 인용문에서 배용 광이 '선진국'이라는 말 대신 '진보적 사회'라는 말을 쓰고 있고 '민중'이라는 말 을 사용하고 있는 것이 흥미롭다.

112　배용광, 〈농촌 근대화를 저해하는 제 요인과 그 해결〉, 《지방행정》 137호, 1965, 20쪽.

중요한 전제조건으로 보았다.[113] 따라서 배용광은 근대화를 이루기 위해 사회 구성원들의 의식과 태도의 변화가 필수적임을 강조했다. 1967년에 농촌사회와 관련하여 쓴 글에서도 근대화를 이루기 위한 의식의 변화를 다음과 같이 강조했다.

우리가 강조하고자 하는 바는 농촌의 구조개선=근대화 과정이란 농민 의식의 변혁=근대화 없이는 제대로 진행될 수 없을 것이라는 점이다.[114]

그는 같은 글에서 "내 고장은 내 힘으로 이룩하여야 한다"면서 농민들의 자발적 향토의식을 강조했다. 그는 같은 해에 쓴 글에서 지역사회의 발전을 위해서 주민 활동의 공동화共同化, 조직화가 필요하다면서 "내 고장의 발전은 우리의 힘으로"라는 향토의식의 앙양에 솔선하는 적극적이고 치밀하며 근기가 있는 지도자의 중요성을 내세웠다.[115] 배용광은 1969년에 발표한 글에서도 의식과 태도의 변화를 강조했다.

---

113 배용광, "The Role of Entrepreurship in the Modernization Process of Korea", *Report: International Conference on the Problem of Modernization in Asia*(Asiatic Research Center, Korea University, 1965), pp. 754~764. 여기서는 이 글이 재수록된 《사회학 산책》, 형설출판사, 1994, 94~114쪽을 참조했음.

114 배용광, 〈도시화 농촌의 균형적인 발전〉, 《지방행정》 163호, 1967, 21쪽.

115 배용광, 〈지역사회 개발과 주민공동체〉, 《지방행정》 167호, 16쪽. 배용광의 주장은 1970년대 정부 주도의 새마을운동의 정신적 기조인 근면, 자조, 협동과 유사하다. 이는 1960~1970년대에 농촌사회학이나 지역사회개발론을 전공한 한국 사회학자들의 공통적인 주장으로 보인다.

그는 먼저 사회 진화, 사회 진보, 사회 발전, 사회 변혁 등의 용어가 혼용되는 상황을 벗어나기 위해 진화나 진보보다는 '발전'이라는 용어가 적합하다고 보면서 발전을 "보다 많은 수의 인간이 물질적으로 아쉬움이 없을 뿐더러 정신적으로도 자유로운 생활을 할 수 있게 되는 과정"이라고 정의했다.[116] 그런 상태를 실현하기 위해 필요한 것이 의식과 태도의 합리화와 민주화인데 한국 사회의 유교적 전통이 변화를 방해하고 있다고 보았다. 아래의 인용문들이 그런 생각을 잘 보여준다.

(서구 사회와 달리) 우리에게는 이른바 시민의식의 자각이 결핍되어 있는 듯하며 경제윤리도 보편적으로 확립되어 있지 않은 것 같고 사회생활의 전면에 걸친 비합리적 요소의 행세는 의연히 간과될 수 없는 환경적 조건인 것으로 보인다.[117]

신생국의 근대화를 연구한 저명 학자들이 강조하고 있는 바와 같이 근본적인 문제는 바로 태도의 변화에 있다고 하겠습니다. 변화라고 하는 것은 역시 사람의 마음가짐입니다. 태도가 변해야만 참으로 변화라고 할 수 있는 것이지요.[118]

해방 이후 우리 한국 사회에는 물밀듯이 외래적인 요소가 밀려 들어왔

---

116 배용광, 〈현대 한국 사회의 배경과 현실—사회변화론의 견지에서〉, 30쪽.
117 배용광, 〈한국 사회의 階層攷: 현황과 과제〉, 《아세아연구》 8권 2호, 1965, 453쪽.
118 배용광, 〈현대 한국 사회의 배경과 현실〉, 35쪽.

습니다만, 그러한 요소 가운데 으뜸가는 것이 다름 아닌 민주화인 것입니다. 이 민주주의와 유교적인 관념 사이에 조정이 있어야 하겠는데, 그것이 20년이 지난 오늘에도 제대로 되지 않고 있으니, 안타까운 일이 아닐 수 없습니다.[119]

그는 한국의 전근대와 근대를 가르는 시점을 1960년 4·19로 보면서 전통과 근대, 비과학적인 것과 과학적인 것, 농촌과 도시, 특수주의적 가치와 보편주의적 가치의 혼재, 다시 말해서 '비동시적인 것의 동시적 존재'를 한국 사회의 발전을 저해하는 역기능적 요소로 보았다. 그래서 그는 비동시적 요소들 사이의 조화로운 조정의 방법을 찾아내는 것을 사회학자의 주요 사명 가운데 하나로 여겼다.

우리의 현실은 너무나도 이론적인 복합적인 요소들을 많이 간직하고 있습니다. 옛날의 묵은 전통이 아직 뿌리 깊고, 여러 가지 저해요소들이 음으로 양으로 우리를 괴롭히고 있습니다. 그러면 역기능하고 있는 전통성을 어떻게 플러스로 작용케 할 수 있겠습니까.[120]

---

119 배용광, 〈현대 한국 사회의 배경과 현실〉, 31쪽.
120 배용광, 〈현대 한국 사회의 배경과 현실〉, 37쪽. 배용광은 이런 관점에서 농촌 생활의 변화에 따른 여성들의 생활의식과 생활태도의 변화를 조사했다. 배용광, 〈농촌 여성의 생활의식—마을금고 회원에 대한 조사분석〉, 《여성문제 연구》 5호, 1976, 1~21쪽.

3. 배용광의 농촌사회학

1950~1970년대까지만 해도 한국 사회학의 주요 연구 분야는 가족사회학, 농촌사회학, 인구학이었다. 배용광은 경북대학교 농촌사회연구소 소장을 역임했고 사단법인 인구문제연구소에도 관여했다. 그는 이만갑이나 최재석같이 농촌사회의 현장 연구를 하지는 않았지만 근대화론의 관점에서 농촌사회를 분석했다. 배용광은 당시 농촌 문제의 중요성을 다음과 같이 지적했다.

여러 영역 가운데에서 총인구의 6할 이상을 차지하는 농촌의 근대화는 우리나라의 장래를 진정 염려하는 인사라면 반드시 가장 관심하는 대상이 아닐 수 없으리라.[121]

배용광은 근대화 실현의 척도로 봉건적 토지 소유관계의 일소, 신분적인 공동체 및 공동체 의식의 해소, 기계화와 공장제 생산, 생활수준의 보편적 향상, 교육수준의 향상과 국민 의무교육의 보급, 매스미디어의 확대·발전, 시민적 자유의 확립과 대중의 정치참가, 고도의 도시화, 사회구조의 복잡화, 관료제화, 사회의식에 있어서 자아의 각성과 성숙과 같은 현상을 제시했다.

---

121 배용광, 〈한국 사회의 階層攷: 현황과 과제〉, 1965, 20쪽.

1965년 박정희 정부의 농촌 개발 사업이 시작될 무렵 배용광은 다음과 같은 낙관적 견해를 밝혔다.

농촌의 근대화를 위한 힘찬 사업이 이제 바야흐로 전국적으로 전개되려고 하는 시점에 즈음하여, 필자는 무한한 감회를 이기지 못하고 있다. 근대화의 목표는 요컨대 사회생활의 전 영역에 걸친 발전적 진보—문화적 충족과 정신적 자유가 함께 이루어져야만 한다—를 가져오는 데 있을 줄 안다.[122]

배용광은 당시 한국 사회과학계의 주류 이론이었던 근대화론에 입각하여 한국 사회가 안고 있는 전근대적인 문제를 해결하여 근대사회로 이행하는 것이 사회의 발전 방향이라고 생각했다. 그는 저생산성, 영세성, 정체성 등의 문제를 안고 있는 한국 농촌의 근대화를 저해하는 장애 요인으로 농민들의 의뢰심, 적극성 부족, 반상문화의 잔존, 동족 또는 문중의 구속력, 전래적인 가족제도, 상속제도, 장남 우대, 형식적 관혼상제, 위생 관념의 부족 등 농민들의 전근대적인 '고루한 생활 관념'을 지적했다.[123] 그는 농민들의 토지 소유와 경작의 규모 등에 대한 조사도 필요하지만 그와 더불어 "농촌 빈곤에 대한 사회학적 내지 사회심리학적 해석의 긴요함"을 강조했다.[124] 그가 볼 때 비합리적 의식구

---

122 배용광 외, 〈한국 사회 어디로 가는가〉, 223쪽.
123 배용광, 〈한국 사회의 階層攷: 현황과 과제〉, 1965, 22쪽.
124 배용광, 윗글, 1965, 23쪽.

조를 합리적인 의식구조로 바꾸는 '의식의 근대화'와 '인간 개발'이야
말로 농촌 근대화를 성공적으로 이끄는 힘이기 때문이다.[125] 이에 따라
농민들이 "자신이 보고 생각하며 창안할 줄 아는 자주적 태도, 용감하
며 치밀하며 끈기 있는 행동적 능력, 넓은 사회경제적 시야를 전개하며
이해할 수 있는 활달한 의식, 개인의 힘의 한도를 자각할 줄 아는 협동
적 태도" 등을 가져야 한다고 주장했다.[126]

배용광은 정부를 향해 농촌 개발에 앞서 "농민의 관에 대한 불신태
도가 어디에서 유래했는가를 분석하고 하루 속히 정부에의 신뢰감이
회복되도록 만전의 대비가 있어야 할 것"이라면서 관의 지나친 행정
적 개입보다는 농촌 내부에서 배출된 지도자의 역할을 강조했다. 그는
"지역사회인 촌락에 진정한 지도자가 위치하여 아직도 자아의 각성이
제대로 되어있지 못한 농민들을 충정으로 인도함으로써 참된 의미의
촌락 중심적인 협동체제가 확립되지 않고서는 '농촌 근대화'의 장래가
'화룡불첨정' 격이 되지 않을까" 염려했다.[127]

1970년에 쓴 글에서 "커다란 흐름을 말한다면 농업생산물이나 농가
노동력의 상품화, 행정의 일원화, 매스컴이나 도시적 대중문화의 침투

---

125 배용광, 〈한국 사회의 階層攷: 현황과 과제〉, 1965, 28쪽.
126 배용광, 윗글, 1965, 28쪽. 배용광의 이러한 주장은 자조, 자립, 협동이라는 농촌
     새마을 운동의 이념과 상통한다. 배용광은《새마을사업단의 광역화에 관한 연구》,
     도정연구 및 평가보고서, 경상북도, 1974를 실행하기도 했다.
127 배용광, 윗글, 1965, 27쪽. 새마을운동 지도자에 대한 연구로 김영미,《그들의 새
     마을운동: 한 마을과 한 농촌지도자를 통해 본 새마을운동 이야기》, 푸른역사,
     2009 참조.

를 통하여 농민층의 분해를 수반하면서 바야흐로 진행될 것인 농촌 지역의 해체, 재편성은 마을의 사회구조나 사회관계 또는 농민의 생활이나 의식에 커다란 변동을 가져올 것임에 틀림없다"고 예측하면서 이촌향도의 물결이 지속되어 장차 농촌 인구가 고령화, 여성화될 것을 예견했다.[128] 배용광은 농촌의 해체와 도시화의 속도를 바라보면서 "서울이란 거대 도시의 세력과 영향은 너무나도 강하게 주변 농촌의 생활 전면에 미쳐가고 있다는 점이 오늘날 우리나라 현실인 듯하다. 도시화는 우리나라에서도 가장 긴요한 문제로 제기되고 있다"며 도시화의 진전과 함께 생활방식의 서구화, 가사노동의 합리화, 여가시간의 증가와 같은 현상이 일어날 것도 예측했다.[129]

4. 배용광의 사회계급론

다른 한편 배용광은 계급론에도 관심을 기울였다.[130] 1965년《아세아연

---

128 배용광, 〈도시 주변 농촌의 사회적―문화적 의존관계〉,《도시문제》5권 3호, 1970, 26쪽. 배용광, 〈도시와 농촌의 균형적인 발전: 1970년대의 한국〉,《지방행정》16권, 1967, 18~25쪽도 참조할 것.

129 배용광, 〈도시 주변 농촌의 사회적―문화적 의존관계〉, 1970, 28쪽.

130 배용광, 〈한국 사회의 階層攷; 현황과 과제〉,《아세아연구》8권 2호, 1965, 441~455쪽. 배용광이 1974년 자신의 박사학위 논문에 〈한국 사회의 계층고〉를 부논문으로 포함시킨 것을 보면 이 논문은 배용광의 사회학을 대표하는 논문 가운데 하

구》에 발표한 〈한국 사회의 계층고—현황과 과제〉에서 계층을 계급을 포함하는 넓은 의미의 불평등 현상으로 정의하면서 "한 사회의 기본적 특징을 밝히는 데에 가장 중요한 사회학적 작업의 하나는 먼저 그 계층 구조를 어떻게 객관적 실증적으로 파악하느냐 하는 점에 집중되어야 할 것"이라고 주장했다.[131]

그는 이 글에서 해방 이후 1960년대 중반까지 한국 사회학자들에 의해 이루어진 계층 관련 논문을 요약평가하면서 계층현상을 연구할 때 가져야 할 '문제의식'을 제시했다. 당시 한국 사회학계는 계층에 대한 실증적 조사 연구를 강조하면서 농촌사회의 계층과 중간층에 대해 관심을 기울이고 있었다. 이런 상황에서 배용광은 한국의 사회학자들에게 농지개혁 이후 농촌의 계층구조 변동을 분석하기 위한 독특한 방법론을 찾아내야 하고 한국 사회의 현실을 고려하여 신중간층만이 아니라 구중간층 연구도 함께 연구할 것을 제안했다.[132] 일찍부터 사회의식에 관심을 기울였던 배용광은 계급의식 연구에서 표층의식과 심층의식

나라고 할 수 있다.

131 배용광, 윗글, 443~444쪽. 배용광은 계급이 대립 투쟁의 체계인 데 반해 계층은 평가체계를 주축으로 하는 지위체계라면서 당시 한국 사회의 현실은 계급 대립의 사실을 드러내서 강조할 만큼 '근대적 성숙'을 이루지 못한 상태로 파악했다. 배용광, 윗글, 449쪽.

132 배용광은 한국의 중간층 연구를 위해 영미 사회학계만이 아니라 중국과 인도 사회의 연구 성과도 활용할 것을 제안하면서 B. B. Misra, *The Indian Middle Classes: Their Growth in Modern Times*(Oxford University Press, 1961)을 보기로 제시했다. 배용광, 〈한국 사회의 階層攷〉, 450쪽.

을 구별하고 그 둘 사이의 상호 의존 내지 상호 침투를 살피면서 입체적·종합적인 연구를 제안했다. 또한 1960년대 이후 산업화를 겪으면서 일어난 사회이동도 긴급한 연구 과제라고 보았다. 사회이동 연구에서는 직업 지위의 변화만이 아니라 수입, 재산, 지출 등을 지표로 고려할 것을 주문했다. 그는 계층 연구가 미시적 차원에 머무르지 않고 전체 사회의 구조분석을 지향해야 한다면서 계층구조와 정치, 경제, 종교, 가족, 교육제도 사이의 복합적 관계를 분석할 것을 요구했다.[133]

5. 배용광의 산업사회학

배용광은 1956년 경북대학교 사회학과에 한국 사회학계 최초로 '산업사회학' 강의를 개설했다.[134] 배용광은 사회학 일반에 두루 관심을 기울

---

133 배용광, 〈한국 사회의 階層攷〉, 451~452쪽.
134 산업사회학과 관련하여 1936년 장덕수의 컬럼비아대학 박사학위 논문이 책으로 출간된 Duck Soo Chang, *British Methods of Industrial Peace: A Study of Democracy in Relation to Labour Disputes*(New York: Columbia University Press, 1936)이 있다. 이 책에 대한 서평이 *Foreign Affairs,* April, 1937에 실려 있다. 해방 이후 한국 사회학에서 노동 현장에 대한 아마도 최초의 조사 연구로 황성모의 〈한국공업노동력의 사회학적 고찰: 제일모직, 낙선화학, 대한중석 및 대한석공, 장성탄광 실태조사보고서〉, 1963이 있다.

였지만 산업사회학을 자신의 주요 전공이라고 생각했다.[135] 그는 이 분야에 많은 연구를 남기지 못했지만 사회학 초창기에 노동 문제의 중요성을 인식하고 이에 대한 연구를 시작했다. 1964년에 발표한 〈산업사회학 연구에 있어서의 문제점—하나의 제언〉에서 그는 한국적인 특성을 찾아내는 산업사회학 연구의 필요성을 다음과 같이 제안했다.

끝으로 우리는 오늘날 한국인의 활동 무대가 일익日益 산업의 넓은 제 분야에 확대되어 가고 있는 현실을 주목하면서 한국에 있어서도 산업사회학 연구를 위한 분위기가 하루빨리 확립되어 충실한 공적이 쌓여지기를 기대한다. 그리고 연구의 도전에서 산업의 '한국적 특성'이 밝혀지는 동시에 외국의 유수한 노작과 능히 비견될 수 있는 내용의 연구가 속출하여 사학斯學 연구의 국제적 교류에도 크게 공헌할 수 있게 되기를 염원하여 마지않는다.[136]

---

135 경북대학교 도서관의 '배용광 라이브러리'에는 다음과 같은 산업사회학 저서들이 소장되어 있다. Delbert Miller, *Industrial Sociology*(Harper and Row, 1951; 1964); Gisbert Pascual, *Fundamentals of Industrial Sociology*(McGraw-Hill, 1972); Stanly Parker, *The Sociology of Industry*(Praeger, 1967; 1977); Eugene Schneider, *Industial Sociology*(McGraw-Hill, 1969); Wilbert Moore, *Industrial Relation and Social Order*(Macmillan, 1951); Ivar Berg, *Industrial Sociology*(Prentice-Hall, 1979); 이모리 리쿠헤이, 《産業社會學》, 關書院, 1959; 마츠시마 시주오, 《産業社會學》, 川島書店, 1979; 오다카 쿠니오, 《産業社會學講義》, 岩波書店, 1979.

136 배용광, 〈산업사회학 연구에 있어서의 문제점—하나의 제언〉, 이상백 박사 회갑기념논총 편집위원회, 《이상백 박사 회갑기념논총》, 을유문화사, 1964; 배용광, 《사회학 산책》, 형설출판사, 1997, 92쪽. 이 논문은 원래 배용광이 1963년 한국사

그는 노사관계의 중요성을 일찍부터 파악하고 있었다. 1965년에 쓴 글에서 그는 "사회구조의 충분한 분석을 위해서는 지배계층의 문제를 간과할 수 없다"면서 "지배계층의 문제와 더불어 우리나라에 있어서도 노동조합운동이 점차로 본궤도에 오르는 듯한 산업계의 실정에 비추어 조직 노동자들의 문제 또한 연구과제로 더욱 부각될 것"으로 예측했다.[137] 그는 한국 사회의 근대화를 위해서는 군부, 관료, 지식인, 기업가 집단과 더불어 노동조합의 역할이 중요하다면서 노사관계를 원만하게 조정하여 생산성을 높이는 방법을 모색했다.[138] 배용광은 산업사회학 분야에서 한국의 근대화 과정에서 기업가의 역할을 다룬 논문, 기업체 종업원의 동기, 만족도, 생산성에 관한 연구, 여성 노동력의 취업 형태, 여성 노동자 보호에 관한 논문 등을 남겼다.[139] 그의 산업사회학은 기업의 성장과 더불어 노동자의 인권도 존중되는 기업문화와 생산조직

회학회의 사회학대회에서 발표한 것이다.

137   배용광, 〈한국 사회의 階層攷〉, 452쪽.

138   기업가 역할에 대해서는 배용광, "The Role of Entrepreurship in the Modernization Process of Korea", *Report: International Conference on the Problem of Modernization in Asia*(Asiatic Research Center, Korea University), pp. 754~764 참조.

139   배용광, "The Role of Entrepreurship in the Modernization Process of Korea", *Report: International Conference on the Problem of Modernization in Asia*(Seoul: Asiatic Research Center, Korea University, 1965); 배용광, 〈생산기업체 종업원의 모티베이션, 만족도 및 생산성에 관한 연구〉, 문교부 연구조성비 지급 보고서, 1970; 〈부인노동의 기본 문제: 노동보호와 균등처우를 중심으로〉, 《여성문제 연구》 1호, 효성여자대학교 한국여성문제연구소, 1971; 〈여자 노동력의 취업형태와 그 변화〉, 《여성문제연구》 2호, 1972.

의 형성을 목표로 했다. 크게 봤을 때 그는 정부가 주도하고 기업가와 노동자가 협력하는 한국적 노사관계 모델을 추구했다고 볼 수 있다.

6. 배용광의 여성사회학

산업사회학자로서 노동력에 관심을 가졌던 배용광은 1970년대에 여성 노동을 중심으로 여성의 의식과 사회적 지위에 관심을 기울였다. 그는 여성 노동 문제에 대해 세 편의 논문을 남겼다.[140] 1970년대 초 여자 노동력의 취업 형태를 1958~1969년 사이의 통계자료를 이용해 분석한 글에서 배용광은 여성 노동력의 활용을 위해서는 가사노동과 직업 사이의 적절한 조화가 이루어지도록 조치가 취해져야 한다고 강조했다.

여성 노동력의 개발은 질적으로도 양적으로도 우리의 관심사가 되지 않을 수 없을 것이다. 그러나 일반적으로 여자에게는 출산과 육아를 포함하는 가정 책임이 부하되고 있으므로, 여자 노동력의 활용이 문제로 될 때에는 사회적 활동(노동)과 가정 책임과의 사이의 조화를 어떻게 꾀하

140　배용광, 〈부인노동의 기본 문제: 노동보호와 균등처우를 중심으로〉, 《여성문제 연구》 1호, 1971, 83~100쪽; 배용광, 〈여자 노동력의 취업 형태와 그 변화〉, 《여성문제 연구》 2호, 1972, 1~26쪽; 배용광, 〈농촌여성의 생활의식—마을금고 회원에 대한 조사분석〉, 《여성문제 연구》 5호, 1976, 1~21쪽.

는가란 점에 충분한 고려가 주어져야만 한다. 이 문제는 여자 노동력의 활용이 앞서고 있는 영국, 스웨덴 같은 선진국에서도 크게 논의되고 있는 문제이다. 아마 우리나라에서도 조만간에 그것은 사회적인 문제로 될 것으로 생각한다.[141]

그는 여성 노동력의 특수한 성격에 관심을 기울이면서 남녀평등의 문제도 제기했다.

이와 같이 여자 노동력에는 남자 노동력에는 볼 수 없는 복잡한 문제가 관련되고 있다. 게다가 종래 여자 노동력은 남자 노동력에 비하여 열악한 조건으로 고용되는 것이 상례이었다. 여자 노동력 활용 내지 개발이 적극적으로 추진될 것이냐 여부를 생각할 때에, 여자 노동력을 위한 어떠한 고용이 마련되고 있는가 하는 점도 고려해야 할 것이다.[142]

배용광은 여자 노동력의 활용은 좋지만 영국, 스웨덴, 미국, 일본 등의 사례를 참고하여 여성 노동의 노동조건, 고용조건에 대한 고려가 있어야 한다고 주장했다. 그런 관점에서 다음과 같은 정책적 요구를 하기도 했다.

오늘날 우리나라 여성의 경제활동 참가율은 세계적 수준에 이르렀다고

---

141 배용광, 〈여자 노동력의 취업 형태와 그 변화〉, 《여성문제 연구》 2호, 1972, 2쪽.
142 배용광, 〈여자 노동력의 취업 형태와 그 변화〉, 3쪽.

할 수 있다. 그러나 취업구조 면에서는 여자 취업자의 3분의 2가 전문직 지식이나 훈련을 요하지 않는 농림어업 관계에 종사하고 있어서 후진성을 면치 못하고 있다. 선진국 여성에 있어서는 관리직, 전문직, 사무직 등에 상당한 진출상을 보이고 있지만, 우리의 경우에는 이러한 직종에서의 여자의 지위는 남자에 비하여 훨씬 낮은 실정이다. 이러한 상황에서 지속적인 경제성장에 참여하게 될 여성의 인적 활동에 대한 적극적이고도 효율적인 정책의 긴요성은 더욱 절실해진다고 하겠다. 그리고 70년대 후반부터의 일로 짐작되고 있는 노동력 부족의 문제에 미리 대비하는 의미에 있어서도 여자의 적성에 맞는 전력직종의 개발이 진지하게 강구되어야 하겠으며, 또 여성을 위한 기술 훈련의 확충 방안이 마련되어야 할 것이다.[143]

그는 1976년 시행한 '농촌여성의 생활의식'에 관한 조사에서 남녀차별 의식과 부인의 사회적 지위에 대한 다음과 같은 항목을 포함시켰다.

- "여성으로 태어난 것을 현재 행복하게 느끼고 계십니까?"(긍정 답변, 55퍼센트)
- "우리나라에서는 사람들이 살아가는 데 즐거움이나 괴로움이 남녀 간에 차이가 있을까요?"(차이 없다는 답변, 30퍼센트)
- "선생님께서는 사내아이에게도 여식 아이처럼 집안일(밥 짓기, 빨래

---

143 배용광, 〈여자 노동력의 취업 형태와 그 변화〉, 25쪽.

따위)을 돕도록 하는 것이 좋다고 생각하십니까?(긍정 답변, 7.6퍼센트)

1972년에 발표한 글에서 배용광은 여성 지위의 향상을 위해 대학교육을 받은 여성들의 선도적 역할을 기대했다.

끝으로 우리는 한국의 여성들이 스스로 전문적 지식 내지 기술적 능력을 개발함으로써 묵은 열등의식을 불식해 나갈 것을 기대한다. 또 취업 여성에게는 동시에 확고한 취업의식 내지 취업 태도의 소유자가 되도록 충심으로 당부하고 싶다. 이 기대와 당부는 특히 고등교육을 받은 여성들에게 간절한 바 있다. 그들의 선도적 역할이야말로 여성인력 개발의 장래 방향을 좌우할 것이기 때문이다.[144]

배용광의 남녀평등 의식이 얼마나 깊었는지는 확인할 길이 없으나 그의 여성 노동에 대한 연구와 여성 지위 향상에 대한 관심은 사회학자로서 그의 '문제의식'을 보여준다.

---

[144] 배용광, 〈여자 노동력의 취업 형태와 그 변화〉, 25쪽. 거의 같은 시기인 1970년 여성 사회학자 이효재는 여대생들을 향해 가정 생활에 매몰되지 말고 직업 생활과 사회 활동을 하라고 다음과 같이 권고했다. "그러므로 여성들은 그들의 일생을 결혼과 가정생활의 테두리에서만 꾸려나갈 것이 아니라 직업을 통해서 그들의 소질을 살리며 단체 활동을 통해서 사회 활동에 참여해야 할 것이다. 좁은 가정 생활의 테두리를 벗어나서 더 큰 사회를 활동의 영역으로 삼아 일생을 건설적으로 다양하게 살아갈 수 있어야 한다." 이효재, 〈미래 대학의 사회적 요청〉, 《학생생활 연구》 4호, 숙명여자대학교 학생생활지도연구소, 1979, 80쪽.

7. 배용광의 사회학 개론

사회학의 여러 전공 분야에 광범위한 관심을 가지고 있던 배용광은 사회학 개론서를 집필하기도 했다. 그는 김현준의 《근대 사회학》(1930), 한치진의 《사회학 개론》(1933), 변시민의 《사회학 개론》(1952) 등에 이어 비교적 이른 시기인 1957년 《사회학 강의안》을 출간했다.[145] 이 책은 경북대 사회학과 강의안을 정리한 교재로서 1961년 《사회학》으로 재출간되었고 1965년에는 개정판이 나왔다. 당시만 해도 사회학 교재가 드문 상태에서 이 책은 경북대학, 청구대학 등 대구 소재 대학에서 매우 유용하게 사용되었다. 이 책은 다음과 같은 문장으로 시작한다.

> 사회학은 'Sociologie'(불란서어)—영어로는 Sociology라 하고 독일어로는 Soziologie라고 한다—의 역어이다. Sociologie는 '사회학의 창시자'라고 일컬어지는 August Comte가 그의 저서 《실증철학 강의》 제4권(1839)에서 처음으로 사용한 말이다.[146]

사회학이라는 학문의 명칭을 프랑스어, 영어, 독일어로 제시한 배용광은 이 책에서 프랑스, 독일, 영국 등 유럽 사회학과 미국 사회학의 지적 전통을 두루 소개했다. 그러나 사회학에 대한 그의 지식의 주요 출

---

145 배용광, 《사회학 강의안》, 신생문화사, 1957.

146 배용광, 《사회학》, 형설출판사, 1965, 1쪽.

처는 일본어 서적이었다.

그의 사회학 개론서는 개설, 인간과 환경, 사회집단, 사회과정, 문화와 사회, 대중사회, 사회변동, 사회의 연구 등 총 8장으로 구성되어 있다. 책의 후기에서 배용광은 이 책은 비교적 짧은 1개월여 동안 "대학 강의의 일반교재로서 편술된 것"임을 밝혔다. 여기서 '편술'이란 적당한 부분을 발췌, 우리말로 번안하여 종합하면서 하나의 체계를 구성하는 저술 방식을 뜻한다. 1950~1970년대에 나온 사회학 교재는 거의 모두 이런 방식으로 만들어졌지만 그것을 솔직하게 밝힌 사람은 거의 없다.

배용광은 이 책의 참고문헌에 편술에 사용된 저서를 제시했다. 1934~1955년에 발간된 신메이 마사미치新明正道 등 일본 학자들의 저서 8권과 1887~1954년에 발간된 퇴니에스, 타르드, 뒤르켐, 기딩스, 베버, 짐멜, 긴즈버그, 보아스, 만하임, 귀르비치, 오그번, 소로킨, 맥키버, 리스먼, 파슨스, 런드버그 등 서구 사회학 저서 23권이다. 배용광은 사회학 개론서를 펴내면서 사회학을 강의한 지 10년이 되지만 "아직 이렇다 할 저서 하나 없는 데 대하여는, 언제나 자책지념이 앞선다"는 소회를 밝혔다.[147] 일본과 미국 사회학계의 개론 저서를 다수 장서로 확보한 것으로 봤을 때 배용광은 좀 더 나은 개론서 개정판을 내고 싶었던 것 같다. 그러나 아쉽게도 새로운 개정판 출간은 끝내 이루어지지 못했다.

---

147   배용광, 《사회학》, 형설출판사, 1965, 253쪽.

5.

배용광의
사회적 활동

1. 배용광의 학계 네트워크

배용광은 대구 경북대에 머무르면서도 서울대학교 사회학과 교수들과 밀접한 관계를 유지했다. 한국 사회학의 초창기 학자 연구에서는 이상백과의 관계가 중요하다. 이상백이 국내 유일의 사회학과인 서울대학교 사회학과를 창설하고 그 운영을 책임지고 있었기 때문이다. 배용광은 이상백과 마찬가지로 대구시 중구에서 태어나 대구보통학교와 대구고등보통학교를 다니면서 아마도 1930년대 일본에서 활동하고 있던 이상백의 이야기를 들었을 것이다. 그렇지 않았더라도 배용광이 사회학을 공부하기 시작할 무렵이나 해방 이후 이상백을 처음 만났을 때부터 같은 지역 출신이라는 사실이 친화성을 갖게 했을 것이다. 이상백과 배용광의 관계는 사제관계로 시작했다. 배용광은 1946년 경성대학 시절 이상백과의 관계를 다음과 같이 회고했다.

이상백 선생이 말이야 벌써 자리를 잡고 계시더만. 좀 있다가 책을 빌려서 내려와 졸업 논문 준비했지. 이상백 선생이 학생을 부를 때, 보통 성에다 '군'자를 붙이는 걸 잘 안 하는 어른이거든. '김', '이', '박' 이러지. 근데 나한테는 꼭 '군'자를 붙였어. 왜냐하면 벌써 학사학위를 가지고 있었으니까. '배 군! 배 군 우짤기고, 할 건 다 해야 한다. 시험은 쳐야된다' 그렇게 말씀하셨지. 그래서 마지막 졸업식에는 시험을 쳤다고. 그래서 1946년도 7월 초 졸업을 한 거지. 그게 경성대학 졸업생이야.[148]

제도적 차원에서 보면 배용광은 이상백의 첫 번째 제자였던 셈이다. 배용광이 경성대학을 졸업한 직후 1946년 9월에 경성대학이 서울대학교가 되면서 사회학과가 정식으로 만들어졌다. 이후 배용광은 사회학과 소속 사회학연구실에서 공부하면서 사회학과 강의를 맡았고 이상백이 주도한 《학풍》 13호 사회학 특집호(1950)에 글을 실었다. 1960년에는 사회학연구실에서 펴낸 《사회학보》 3호에 권두논문으로 〈우리나라 사회학의 앞날을 위하여〉를 수록했다. 배용광이 주요 학술지에 논문을 실을 수 있었던 것은 모두 이상백의 추천이 있었기 때문으로 추측된다.[149]

배용광은 이상백 박사 화갑기념논총(1964)과 최문환 교수 추념논문

---

148 배용광, 〈경성대학 졸업 전후〉, 서울대학교사회학과 60년 편집위원회 편, 《다시 출발선에 서서: 동문들이 쓰는 사회학과 60년》, 선인, 2006, 41쪽.

149 배용광의 글은 《학풍》 13호에 실린 이상백의 글 〈질서와 진보〉와 문제의식을 공유하고 있다. 이동진, 〈한국 사회학의 제도화와 배용광〉, 265쪽.

집(1977)에도 논문을 실었다.[150] 배용광은 이상백, 최문환, 이만갑에 이어 한국사회학회 회장을 역임했고 1965년 고려대 아세아문제연구소 주최 아시아의 근대화 문제 국제회의에서도 이만갑, 이해영 등과 함께 논문을 발표한 것을 보면 한국 사회학의 주류에 속한다고 볼 수 있다.

이동진에 따르면 배용광은 이상백과 최문환의 사회사상사 위주의 역사적 연구와 이만갑과 이해영의 사회조사방법론 위주의 경험적 연구라는 두 연구 경향을 종합하는 입장에 있었다.[151] 배용광은 특히 이만갑과 돈독한 관계를 유지했다. 이만갑과 배용광은 똑같이 1921년생으로 식민지 시기 제국대학 졸업생이다. 이만갑은 도쿄제국대학에서 사회학을 공부했고 배용광은 경성제국대학에서 법문학부를 졸업하고 사회학을 공부했다. 경성제대 예과를 졸업한 이해영과 황성모는 1948년 배용광의 강의를 들었다.

지금은 점차 사라지고 있지만 우리 학계의 전통인 회갑기념논문집은 기고자들을 통해 한 학자의 학계 네트워크를 짐작할 수 있는 지표로 작용했다. 1981년에 나온 배용광의 화갑기념논문집에는 권규식, 한남제, 류시중 등의 경북대 제자 교수들과 이순구, 최홍기, 김경동, 김영모 등의 서울대 사회학과 출신의 후배 교수들 그리고 오명근 영남대 사회학

---

150 배용광, 〈산업사회학 연구에 있어서의 문제점—하나의 제언〉, 이상백 박사 회갑기념논총 편집위원회, 《이상백 박사 회갑기념논총》, 을유문화사, 1964, 113~138쪽; 〈경쟁의 사회적 의의〉, 효강 최문환 선생 기념사업추진위원회, 편, 《효강 최문환 박사 추념논문집》, 효강 최문환 선생 기념사업추진위원회, 249~268쪽.
151 이동진, 〈한국 사회학의 제도화와 배용광〉, 242쪽.

과 교수, 원로 정치학자 이극찬, 윤근식 등의 논문이 포함되어 있다.[152]

2. 배용광의 사회 활동

해방 이후 경성제대 출신들은 정부와 학계에서 중요한 역할을 담당했다.[153] 유진오는 대한민국 헌법을 초안했고, 이희승과 이숭녕은 서울대학교 문리대의 정신적 지주였다. 경성제대 출신인 배용광은 경북대 교수시절 1959년 내무부 통계국 국제통계위원회 위원, 1960년 고등고시위원회 고시위원 등으로 활동했다. 1960~1961년 배용광은 4·19 이후 5·16 이전 제2공화국 시절 반민주행위 공민권 제한법에 의한 반민주행위조사위원회 조사원으로 참여하기도 했다. 배용광은 1976~1980년에는 국민윤리교육 연구위원회 부회장을 역임하기도 했다. 이 학회는 1972년, 박정희 대통령의 10월 유신과 더불어 생긴 학회로서 대학 윤리교육을 통해 우리의 정신문화를 재평가하면서 유신체제의 정당성을 옹호하는 역할을 담당했다.[154] 1952년 경북대학교에 자리잡은 이후 자

---

152 청초 배용광 교수 화갑기념논총 간행위원회 편,《青樵 배용광 교수 화갑기념논총》, 경북대학교 사회학과, 1981.

153 정종현,《제국대학의 조센징들》, 휴머니스트, 2019.

154 이 학회는 1980년 국민윤리학회, 1985년 한국국민윤리학회, 2007년 한국윤리학회로 여러 번 이름을 바꾸었다.

연스럽게 대구·경북 지역의 지역발전을 위해 도정과 협력하는 관계를 유지했다. 1963년에는 대구시 도시계획위원회 위원, 1964년에는 대구시 행정자문위원회 위원을 역임했고 경상북도 아동복지위원회 초대위원장을 역임하기도 했다.

6.

배용광 사회학의
비판적 계승

1. 배용광의 학문적 후예들

배용광은 경북대 사회학과에서 많은 제자들을 길러냈다. 1954년 사회학과에 1회로 입학했던 한남제가 썼듯이 배용광은 "강의 시간에는 엄한 가르침으로, 사사롭게는 항상 따뜻한 정으로 학생들을 보살폈다."[155] 그 가운데 사회학자로 성장한 제자들이 여러 명 나왔다.

1964년 경북대 사회학과에서 석사학위를 받은 권규식과 한남제는 그의 초창기 제자로서 이후 경북대학교 교수로 부임하여 제자들을 양

---

[155] 한남제, 〈편집후기〉, 청초 배용광 교수 화갑기념논총 간행위원회 편, 1981, 《青樵 배용광 교수 화갑기념논총》, 경북대학교 사회학과, 1981, 357쪽. 배용광은 사회학과 초창기에는 학점이 엄격하기로 유명해서 많은 학생들이 D학점을 받았다고 한다.

성했다.[156] 경북대 출신 사회학자로는 1960년대 학번으로 박승위(영남대 교수), 1970년대 학번으로 이영찬(계명대 교수), 김규원(경북대 교수), 이채문(경북대 교수), 백승대(영남대 교수), 박승길(대구가톨릭대 교수), 김한곤(영남대 교수), 이종일(대구교육대 교수), 윤병철(대구가톨릭대 교수), 1980년대 학번으로는 정용교(영남대 교수), 박창호(숭실대 교수), 1990년대 학번으로는 신형진(경북대 교수) 등이 있다.

이만갑은 배용광의 회갑을 맞이하여 쓴 〈하사賀詞〉에서 배용광의 인품에 대해 이렇게 썼다.

경북대 사회학과는 교수들 간의 화목이 두터워, 아카데믹 콤뮤니티로서 타과의 모범이 될 만큼 분위기가 좋은 것으로 알려져 있지만, 그것은 배선생의 인화를 도모하는 노력과 타인을 감화시킬 수 있는 훌륭한 인격이 크게 작용하고 있다고 생각된다.[157]

배용광은 자신의 자리를 끝까지 고수하지 않고 제자가 성장하면 그 자리를 제자에게 물려주었다. 일례로 1969년 권규식이 오데아의 《종교

---

156 서울대학교 사회학과를 졸업한 권규식의 경북대학교 사회학과 석사학위 논문 제목은 〈중간계급 연구〉(1964)이고 박사학위 논문 제목은 〈M. Weber의 프로테스탄트 윤리관과 아세아의 근대화〉(1975)이다. 경북대학교 사회학과 1회 졸업생인 한남제의 석사논문 제목은 〈R. Merton의 Reference Group이론〉(1964)이고 박사학위 논문 제목은 〈한국 도시의 가족연구〉(1975)이다.

157 이만갑, 〈하사〉, 청초 배용광 교수 화갑기념논총 간행위원회 편, 《青樵 배용광 교수 화갑기념논총》, 경북대학교 사회학과, 1981, 8쪽.

사회학 입문》을 번역 출판하자 배용광은 그동안 자신이 가르치던 종교 사회학 과목을 서슴없이 그에게 넘겨주었다.[158]

1973년 경북대 사회학과에 입학하여 학부, 대학원 석·박사 과정을 합쳐 10여 년 동안 경북대학교 사회학과에서 수학한 이영찬(계명대 교수)은 배용광에 대해 다음과 같은 증언을 남겼다.

배용광 선생님, 류시중 선생님, 정철수 선생님, 권규식 선생님, 한남제 선생님, 박종우 선생님 여섯 분의 선생님이 계셨는데 지금 세 분은 돌아 가시고 세 분만 생존해 계시네요. 1학년 교양학부 시절 배용광 선생님께 처음으로 전공 개론 수업을 들으며 '교수님'의 존재에 압도당했지요. 그 때 선생님의 연세가 50대 초반이었는데 우리에겐 높고 높은 태산과 같 았습니다. 한자, 영어, 독일어, 프랑스어 단어를 함께 판서하면서 카랑카 랑한 목소리로 어려운 전공 용어로 강의하시던 모습이 곧 '학자' 이미지 의 아이디얼 타입ideal type이 되었습니다. 기억력이 탁월하시다는 전설 이 있었고, 강의 중에 가끔 우리나라 유명 인사들의 인맥, 학맥, 혈연, 지 연의 족보를 꿰며 말씀하실 때는 시골 촌뜨기인 내겐 정말 위대해 보였 지요. 서울대학 다음으로 학과를 창설하고 당시 한강 이남에서 유일한 사회학과라는 자부심을 우리에게 늘 심어주셔서 지금까지 한 번도 그 자부심을 잊은 적이 없습니다.[159]

---

158 토마스 오데아, 권규식 옮김, 《종교사회학 입문》, 대한기독교서회, 1969.
159 이영찬, 〈스승님들을 추억하며〉, 경북대학교 사회학과 편, 《우리의 기억, 시대의 기억: 경북대학교 사회학과 창설 60주년》, 273쪽.

경북대 사회학과에서 박사학위를 받은 대구교육대 사회교육과 교수 이종일은 자신의 저서 서문에 다음과 같이 썼다.

배용광 은사님은 만나면 항상 천진하시면서도 고결한 모습으로 '이론 없는 실천은 방향이 없고, 실천 없는 이론은 공허하다'는 말씀으로 편협하고 모자란 제자의 학문 세계의 균형을 잡게 하셨다.[160]

배용광의 회갑을 맞이하여 경북대 사회학과 출신의 시인 이하석은 다음과 같은 하시賀詩를 쓰기도 했다.[161]

푸른 우산 아래서
흐르는 물이 세운 나무, 초록빛
무성한 잎들을 편
저 푸른 우산, 자욱하게 들리는
물소리 그 안에서 흐르는
꿈꾸고 생각하는 자의 그늘 위로
나무 가지는 넓게 퍼지고
그 위 푸른 햇살 흐르는

---

160 이종일, 〈머리말〉,《다문화사회와 타자 이해》, 교육과학사, 2014.
161 이하석, 〈푸른 우산 아래서—스승의 회갑에 부쳐〉, 청초 배용광 교수 화갑기념논총 간행위원회 편,《靑樵 배용광 교수 화갑기념논총》, 경북대학교 사회학과, 1981, 7쪽.

하늘, 모든 것들을 머물게 하고

늘 새롭게 출발케 하는

저 그윽한 서늘함.

많은 세월이 이룬 저 그늘의

주인, 창창한 나무에 바람 불어

만萬의 잎들은 사운거린다. 땀을 닦고

푹 쉬어라, 그다음 더욱 많은 땀을

흘려라, 너희들도 세상의 땀을 씻길 수 있는

푸른 우산이 되리라, 늘 푸른 힘 자욱하게 들리는

물소리 그 안에 흐르는.

2. 배용광 사회학의 비판적 계승

한 학자에 대한 진정한 평가는 그의 기여뿐만 아니라 한계 또한 지적해야 완성된다. 배용광은 학문적 야망에 비해 저작은 많이 남기지 못했다. 1961년에 펴낸 사회학 개론서와 1997년에는 평생 쓴 글 가운데 중요한 논문들을 선정하여 《사회학 산책》 두 권의 저서를 남겼다. 그는 '문제의식'을 강조하면서 사회모순의 해결을 도모하는 사회학을 지향했으나 시대적 상황의 영향을 받으면서 학자 생활 초창기의 문제의식을 날카롭게 벼리지 못했다.

배용광의 사회학은 크게 보면 1960년대 이후 정부가 주도하는 근대화의 틀 안에서 이루어짐으로써 별다른 '문제의식'을 보여주지 못했다.[162] 배용광은 학문적으로 현실비판적인 태도를 보였으나 1960~1970년대 상황에서 정부가 주도한 새마을운동과 국민윤리 교육이라는 틀 안에 머물러 있었다. 또한 배용광은 경험적 조사 연구와 사회학 이론 사이의 상호 연관성을 강조했으나 그의 조사 연구와 이론 연구 사이에는 거의 아무런 연관성을 찾을 수 없다. 실태조사와 이론적 사변이 각기 따로 이루어졌다. 배용광은 사회학과 다른 학문과의 학제적 연구를 주장했으나 구체적인 성과를 산출했다고 말하기는 어렵다.

또 그는 사회학 내의 여러 분야에 관심을 가지고 산업사회학, 법사회학, 체육사회학 등의 새로운 분야를 개척했으나 어느 한 분야에서도 깊이 있는 연구 결과를 만들어내지 못했다. 이는 사회학자 배용광 개인의 한계이지만 시대의 한계이기도 하다.

배용광은 1948년 서울대학교에서 타르드의 사회학을 강독하여 한국 사회학계에서 처음으로 프랑스 사회학 원서강독을 했다. 그 후에도 그는 귀르비치 등의 저작을 비롯하여 프랑스 사회학에 관심을 표명했다.[163] 1965년에는 프랑스 에비앙에서 열린 세계사회학대회에 참석하

---

162 그 일례로 배용광은 1977년 동료학자 세 명과 함께 발표한 논문에서 "우리 민족이 세계의 중심으로 나아갈 수 있는 길, 원동력 및 공간이 독창적인 문화"라면서 한국사상과 충효사상을 강조하는 국민윤리 교과 내용을 제시했다. 배용광·김위석·강영호·박희, 〈'국민윤리' 교과 내용의 모형 설정에 관한 일 연구〉, 《문리학총》 4호, 경북대학교 문리과대학, 1977, 31쪽.

163 그는 귀르비치의 법사회학에 관심을 기울였으며 계층과 계급을 연구하는 한국 사회학자들에게 귀르비치의 저서 *Le Concept de la classes sociales*에 관심을 기울일

기도 했다. 경북대 도서관의 '배용광 라이브러리'에는 프랑스 사회학 저서들이 상당수 소장되어 있다. 그러나 한국 사회학계에서 프랑스 사회학에 대한 이해는 아직 크게 부족한 편이다. 배용광이 시작한 프랑스 사회학의 주체적 수용과 우리 사회학을 위한 창조적 변용은 여전히 한국 사회학계의 과제이다.[164]

배용광은 서울대학교에 이어 대구 경북대학교에 사회학과를 만들었고 경북·대구 지역의 지역사회를 연구하기도 했으나 지방대학 사회학과의 진로를 분명하게 제시하지는 못했다.[165] 1954년 경북대에 사회학과가 만들어진 이후 1975년 충남대, 1976년 부산대, 전남대, 전북대,

---

것을 촉구했다. 김홍중은 2010년 서울대학교 사회학과에 프랑스에서 박사학위를 한 학자로서는 처음으로 부임했다. 독일 박사로는 황성모가 1962년 처음 부임했고 미국 박사로는 1969년 한완상이 처음 부임했다.

164 프랑스에서 사회학을 전공한 이영자, 이병혁, 변화순, 민문홍, 정수복 등이 1980년대 귀국한 이후 한국 사회학계에 프랑스 사회학을 본격적으로 연결시켰다. 배용광의 제자 가운데 이영찬이 프랑스 브장송에 있는 프랑슈-콩테Franche-Comté대학에서 박사학위를 받았으나 프랑스 사회학보다는 유교사회학 연구에 관심을 집중했다.

165 이후 지방사회학에 대해서는 김규원, 〈한국의 사회학과 지방사회학의 자리매김을 위한 하나의 주장〉,《우리 사회 연구》1호, 1993, 7~20쪽; 박재묵, 〈지방사회학〉, 한국사회학회 편,《21세기의 한국 사회학》, 문학과지성사, 1994, 249~270쪽; 강신표, 〈지방 사회학자의 할 일: 지역 산업구조 변화와 지역사 연구를 생각하면서〉, 《지역사회학》2호, 2000, 99~104쪽; 이은진, 〈지역사회 연구의 현황과 쟁점〉,《지역사회학》1호, 1999, 105~122쪽; 이은진, 〈사회학 연구에서 지역의 위치〉,《지역사회학》10권 2호, 2009, 5~30쪽; 김영정, 〈한국 지역사회학의 성립과 발전: 지역사회학회 활동 20년의 평가와 반성〉,《지역사회학》4권 1호, 2002, 5~18쪽.

1978년 제주대, 대구대, 1980년 영남대, 1981년 강원대, 계명대, 충북대, 동아대, 청주대, 1982년 경남대, 경상대, 1988년 한림대, 1989년 아주대, 1994년 울산대, 1995년 창원대, 1996년 배재대 등에 사회학과가 설립되었다.

다행히 대구·경북 지역에는 사회학과가 다섯 대학에 개설되어 있어서 학자 간 협력만 이루어진다면 대구·경북의 색깔을 지닌 특색 있는 사회학이 가능하다. 배용광의 제자이자 경북대 사회학과 교수인 김규원은 뒤늦게나마 "한국에서 이루어지는 사회학이 진정 한국적 사회학이 되기 위해서는 그 지방 사회학의 활성화가 무엇보다도 시급하고 긴요한 일"이라고 강조했다.[166] 그는 "자신이 일상적으로 부대끼며 사는 지역주민과 그 실질적인 문제를 도외시하고서는 사회학의 학문적 재생산이 위태롭다. …… 지방 거주 사회학자들은 자신의 학문적 지향점이 중앙에만 맞추어져 있다면 (이는) 한국 전체의 사회학 발전에 바람직하지 않을 뿐 아니라, 스스로의 학문 기반마저 결국 잃어버린다는 인식을 구체적인 연구 내용에서 드러내야 할 것"이라고 촉구했다.[167] 이런 문제의식으로 앞으로 대구·경북의 특색 있는 사회학이 만들어지기를 기대한다. 대구·경북 지역만이 아니라 광주, 대전, 청주, 전주, 부산, 울산, 제주, 춘천 등 여러 지역의 사회학자들은 '지역'에 초점을 맞추는 지역사회학을 발전시키면서 이런 논의를 일반화하여 한국적인 사회학

---

166 김규원, 〈한국의 사회학과 지방사회학의 자리매김을 위하 하나의 주장〉, 《우리 사회 연구》 1호, 1993, 12쪽.
167 김규원, 〈한국의 사회학과 지방사회학의 자리매김을 위하 하나의 주장〉, 18쪽.

을 만들어가는 작업에 기여해야 할 것이다.

배용광은 한국 사회학 초창기에 이상백, 이만갑, 이해영 등과 더불어 한국 사회학의 기초를 마련하고 한국 사회학이 나아갈 길을 모색했다. 그는 문제의식을 강조하면서 다소 비판적인 사회학의 요소도 가지고 있었지만 크게 보면 주류 아카데믹 사회학의 흐름에 속했다. 한국 사회학 초창기에 그가 남긴 논문들은 당시 한국 사회학의 수준과 문제의식을 파악할 수 있는 중요한 자료들이다. 그러나 그동안 한국 사회학의 역사에 관심 있는 학자들도 서울 중심의 관점을 벗어나지 못해 배용광이 한국 사회학사에서 차지하는 의미를 제대로 탐구하지 않았다. 경북대에서 그가 가르친 그의 학문적 후예들만이 아니라 한국의 사회학도들은 그가 제시하고 걸었던 학문의 길을 음미하며 각자 자신의 관심 분야에 따라 그가 남긴 문제의식을 바르게 발전시켜야 할 책임이 있다. 그것이 배용광의 사회학을 비판적으로 계승하는 일이 될 것이다.

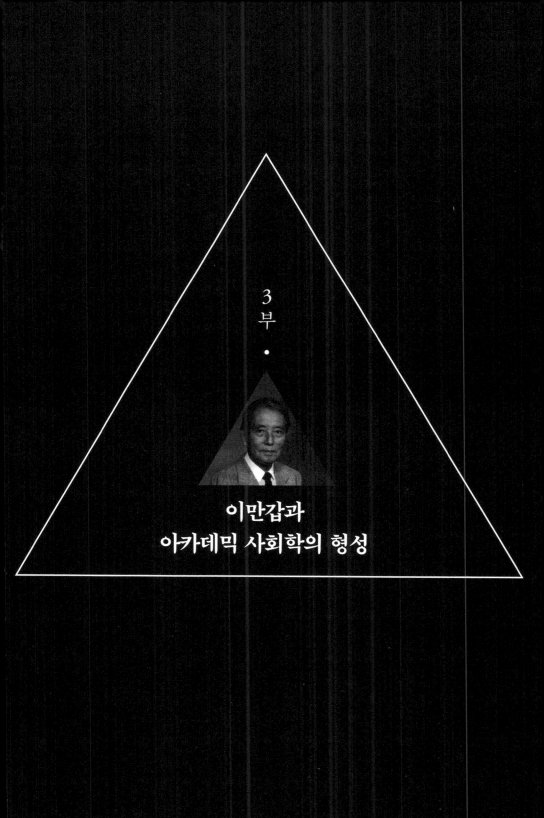

3부
·

이만갑과
아카데믹 사회학의 형성

1.

이만갑과
한국 사회학

이상백은 좌우 이념 대립이 심각하던 해방 정국에서 사회학이라는 학
문을 대학 내에 제도화했다. 그는 사회학을 어느 한쪽의 이념에 치우치
지 않는 중립적 학문으로 정립하려고 노력했다. 그러기 위해서는 현실
을 객관적으로 관찰하여 자료를 수집하고 그것을 합리적으로 분석하는
조사방법론과 통계학이 필요했다. 미 군정의 지휘 아래 만들어진 서울
대학교 사회학과에 처음 부임한 교수들은 모두 일본 유학생 출신들이
었다. 하지만 그들은 일본 사회학을 벗어나 미국 사회학을 수용해야 한
다는 시대적 요청에 적극적으로 부응했다.[1]

미국의 록펠러재단, 하버드대 옌칭연구소, 아시아재단을 비롯한 해
외 학술원조 단체들의 지원은 초창기 한국 사회학자들의 미국 사회학

---

1 사회학뿐만 아니라 모든 학문 분야에서 일본 학문의 패러다임에서 미국 학문 패러
다임으로 빠르게 전환했다.

수용을 촉진했다. 이만갑은 그런 상황에서 미국 사회학을 수용하고 가르치고 적용한 대표적인 인물이었다.[2] 박재묵과 김필동이 1983년에 발표한 글에 따르면 이만갑은 "해방 직후 한국에 사회학이 본격적으로 도입되기 시작하던 무렵부터 지금까지(비록 약간의 공백기가 있지만) 우리나라 최초의 사회학과인 서울대학교 사회학과에 재직하면서 서구 사회학의 이론과 방법을 소개하고 한국 사회에 대한 본격적인 조사 연구에 착수함으로써 불모지에 사회학의 씨를 뿌리고, 오늘날 국내외에서 활동하는 많은 후진 사회학자들을 육성해왔다."[3]

이만갑은 1921년 일제강점기에 태어나 고등학교 때부터 일본에 유학하여 도쿄제국대학에서 사회학을 전공했다. 일본에서 공부한 사변적 이론사회학에 회의를 느낀 이만갑은 해방 이후 구체적 현실을 경험적으로 연구하는 사회학을 추구했다.

이만갑은 1951~1955년에 공군 장교로 복무한 이후 1955년과 1956년 사이에 록펠러재단의 지원으로 미국 코넬대학에서 1년 동안 조사방법론과 농촌사회학을 공부했다.[4] 미국 연수 시기에 실증적인 조사방법

---

2 이만갑에 대한 선행 연구로 김경동, 〈이만갑 교수의 사회학의 세계〉, 서울대학교 사회학연구회 편, 《한국 사회의 전통과 변화: 이만갑 교수 화갑기념논총》, 법문사, 1983, xv~xxv쪽과 김봉석, 〈이만갑의 사회학〉, 《한국사회학》 50집 2호, 2016, 41~66쪽을 볼 것.

3 박재묵·김필동, 〈한국 사회학의 한 단면: 비판적 고찰〉, 《한국사회학》 17집, 1983, 172쪽.

4 이상백은 이만갑이 록펠러재단 지원을 받기 위한 추천서에 "나는 그가 한국의 선도적인 사회학자가 될 것을 확신한다I am sure that he will become a leading sociologist

에 매료된 그는 귀국 직후 1956년 가을 학기에 서울대학교 사회학과에 '사회조사방법론' 과목을 개설했고 1957년 9월에는 사회학과 교수로 임명되었다.

이만갑의 사회학에서 조사방법론과 농촌사회학은 서로 밀접하게 연결되며 안과 밖을 이룬다. 1958년 이후 이만갑은 한국의 농촌 현장에 조사방법론을 적용하여 '사변적 사회학'에서 벗어나 '새로운 사회학'이 무엇인가를 보여주는 작업에 몰두했다. 그 결과 이만갑은 흔히 사회조사방법을 소개한 학자로 알려져 있다. 하지만 그는 사회학 이론에도 관심을 기울여 미국 여러 대학의 사회학 이론 교재였던 니콜라스 티마셰프의《사회학 이론》을 1961년에 번역 출간했고 1964년에는 고영복과 함께 미국 대학의 사회학 개론 교재였던 킹슬리 데이비스의《사회학》을 번역하여 출간했다.[5] 이 두 권의 책은 1963년에 그의 이름으로 출간된《사회조사방법론》과 함께 초창기 한국 사회학계에 미국 사회학

---

in Korea"라고 썼다. Sang Baek Lee, 'Letter of Reference', 이만갑의 록펠러재단 지원과 연구 내용에 관한 자료인 Rockefeller Foundation, Folder 5652, Box 385, Series 613, FA 244, RG 10.1 Rochfeller Foundation records, Rockfeller Archive Center를 볼 것(이하 "이만갑 록펠러재단 자료"로 표기). 이 자료는 김인수 박사가 뉴욕 록펠러재단 자료실에서 직접 복사해온 것이다. 이 자료에는 지원서, 이력서, 추천서, 연구계획서, 연구보고서 등이 들어 있다.

5   니콜라스 티마셰프, 이만갑 옮김,《사회학 이론》, 수도문화사, 1961; 이만갑,《사회조사방법론》, 민조사, 1963; 킹슬리 데이비스, 이만갑·고영복 공역,《사회학》, 을유문화사, 1964. 이 책은 1부 인간사회의 본질, 2부 개인과 사회, 3부 사회집단론, 4부 사회제도론, 5부 인구와 사회, 6부 사회변동으로 구성되어 이후 한국 사회학자들의 사회학 개론서 집필의 모델이 되었다.

을 전파하는 데 중요한 길잡이 역할을 했다.

1956년 데이비드 리스먼의 《고독한 군중》이 《타임 *Time*》지에 소개되었을 때 한국 사회학자들은 이 연구를 한국인의 국민성 규명을 위한 연구의 모델로 반겼는데 이만갑은 1964년 이 책을 번역 출간하기도 했다.[6] 이만갑에 의해 수용된 미국 사회학은 이후 한국 사회학의 주류를 형성하여 지금까지도 강력한 영향력을 행사하고 있다. 이런 의미에서 이만갑의 사회학을 살펴보는 일은 한국 사회학사 연구의 중요한 고리를 형성한다.

---

6 데이비드 리즈먼, 이만갑 외 옮김, 《고독한 군중》, 을유문화사, 1964.

2.

이만갑의
지적 형성 과정

이만갑은 1921년 신의주에서 이희적과 정희국의 5남 2녀 중 5남으로 태어났다. 평북 용천 출신의 부친 이희적은 경주와 신의주에서 판사를 역임했고 이후 신의주에서 변호사로 활동했다.[7] 이만갑은 출생 이후 1945년 해방이 될 때까지 줄곧 식민지 시대에 살았다. 누구나 그렇듯 그의 아동기와 청소년기 체험은 그의 인생 전체에 지대한 영향을 미쳤다. 그는 훗날 그 시절이 갖는 의미를 이렇게 회고했다.

---

7 이만갑의 부친 이희적은 아버지의 만류에도 불구하고 평양을 거쳐 일본에서 법학을 공부하고 돌아와 법조인이 되었다. 이만갑, 〈내가 살던 농촌〉, 《학문의 여적》, 다락원, 1980, 189쪽. 이희적은 1933년 윤봉길과 이봉창 의거를 뒤에서 조직했던 춘산 이유필의 재판을 무료로 변론했고 이유필은 신의주 지방법원에서 3년 형을 선고받았다. 이만갑, 〈일제하의 나의 인생〉, 《사상》 25호, 1995, 58쪽.

일정시대에 살았던 25년의 세월은 나에게는 매우 중요한 시기이다. 그 기간에 체험하고 생각했던 것들은 나의 정신세계의 근간이 되고 있다.[8]

　　이만갑은 신의주에서 보통학교를 졸업하고 조선인 학생의 입학이 한 학년에 다섯 명밖에 허락되지 않던 신의주의 일본인 중학교를 1933년에 입학하여 1938년에 졸업했다. 중학교 졸업 직후 일본으로 건너가 시코쿠에 있는 마쓰야마松山 고등학교에 입학했다. 이 학교는 한 학년이 120명 정도였고 4반으로 나뉘어 있었는데 조선인 학생은 한 학년에 한두 명만 뽑았다.[9] 당시 이 학교에는 전석담, 황수영 등이 재학 중이었다.[10] 2년 터울의 선배였던 황수영은 이만갑에게 "지주의 자식으로 농민을 착취한 돈을 가지고 공부하고 있는 형편에 안이한 태도로 지낼 수는 없지 않느냐"는 말을 하곤 했다.[11] 그런 자극을 받으며 이만갑은 점차 '조선 사람'이라는 자의식을 갖게 되었고 독서와 사색을 통해 자기 세계를 만들어갔다.[12]

8　이만갑, 〈일제하의 나의 인생〉, 《사상》 25호, 1995, 65쪽. 25년간 식민지체제에서 자라고 교육받은 이만갑은 다음과 같은 생각을 피력하기도 했다. "나는 우리들 한국인의 지성에 비하면 일본인의 그것은 깊이와 넓이에 있어서 상당히 앞서고 있다고 생각한다. 그러나 그것은 선진국의 지성인에 비하면 아직 몹시 낮다고 믿고 있다." 이만갑, 〈일제하의 나의 인생〉, 66쪽.

9　이만갑, 〈일제하의 나의 인생〉, 61쪽.

10　전석담은 월북한 경제사학자이고 황수영은 동국대 총장을 역임한 미술사학자이다.

11　이만갑, 〈일제하의 나의 인생〉, 62쪽.

12　이만갑은 록펠러재단에 제출한 'Curriculum Vitae', 4쪽에서 자신은 고교시절 이상주의자이자 회의주의자로서 고민이 많았으며 외국어, 문학, 철학, 역사에 관심을

2학년 말 무렵에는 이념 문제를 포함하여 "여러 가지 고민이 겹쳐져 산다는 것 그 자체에 대해서 여러 가지 회의를 느꼈다." 대학 진학을 포기할 생각도 했다.[13] 그러다가 "군의 심정은 이해하네. 좋은 의미의 사회주의는 좋지만 …… 그래도 역시 대학은 가야지"라는 일본인 영어 교사의 따뜻한 충고를 받아들여 1941년 도쿄제국대학 문학부 사회학과에 입학했다.[14]

이만갑은 일제 시대 법조인이었던 아버지를 이어 법학을 공부하지 않고 사회학을 전공했다. 당시 도쿄제국대학 법대 입학이 어려워서 사회학을 선택했는지 아니면 사회학에 관심이 있어서 사회학을 전공하게 되었는지는 확인할 수 없다. 1995년에 쓴 만년의 회고에 따르면 "사회현상의 본질을 파악하여 민족 간, 계급 간 갈등을 극복함으로써 보

가지고 공부했다고 밝혔다. 〈이만갑 록펠러재단 자료〉. 당시 일본의 고등학교는 제국대학 진학 예정자를 교육하는 기관으로서 교사들은 학생들에게 철저한 엘리트 의식을 심어주었고 자유주의적인 지적 풍토에서 철학, 종교, 문학 교육을 중시하고 영어, 독어, 불어 등 외국어 학습에 높은 비중을 두었다. 정선이, 《경성제국대학 연구》, 문음사, 2000, 72~77쪽.

13 이만갑, 〈일제하의 나의 인생〉, 64쪽.

14 이만갑, 〈일제하의 나의 인생〉, 64쪽. 해방 이후 학계에서 제국대학 출신들의 위세는 대단했다. 김일철의 증언에 따르면 서울대학교 문리과대학 시절 교수들 사이에서 일본 제국대학 출신과 사립대학 출신 사이에 마찰이 심했다. "국립대학 출신은 사립대학 출신을, 이 실력 없는 친구들 (이렇게 본 거지) (웃음) 와세다다 게이오다 중앙이다 다 실력 없는 친구들, 그런 대학이다. 사립대학(출신들)은 일반대학 국립대학 나온 사람들을 다 친일파 취급하고. 친일파 아니면 거기 못 들어가. 사실상 그랬고. 아버지가 친일파 아니면 거기 정말 못 들어가거든." 김인수, 〈김일철 교수 인터뷰〉, 《서울대학교 사회발전연구소 50년사: 1965~2015》, 한울, 2015, 322~323쪽.

다 평등하고 평화로운 이상사회의 꿈을 꿈꾸면서" 사회학을 전공했다고 한다.[15] 2003년 한국사회학회 초청 강연에서는 젊은 시절 "착취와 억압이 없는 이상적 사회의 건설을 꿈꾸었다"고 말하기도 했다.[16] 1938~1944년 일본 유학시절 이만갑은 마르크스주의에 관심을 기울이기도 했지만 인간 정신의 자유로운 활동을 부인하는 유물론에 동의할 수 없었으며 계급보다 민족이 더 중요하다고 생각했다.[17] 사회주의보다 민족주의를 앞세웠던 것이다. 그의 말을 직접 들어보자.

애초에 대학에서 사회학을 전공하게 된 동기는 사회 안에서 벌어지고 있는 여러 가지 모순, 특히 한국이 일본의 식민지로서 처참한 지경에 빠지고 있다는 사실에 대해서 좀 더 학문적으로 깊이 알고 가능하다면 이를 해결할 방도를 마련하겠다는 생각에서 나온 것이다.[18]

---

15 이만갑, 〈일제하의 나의 인생〉, 65쪽.

16 김봉석, 〈이만갑의 사회학〉, 《한국사회학》 50집 2호, 42쪽.

17 김준길, 〈한국 사회학의 개척자 이만갑 교수의 진단: 한국 사회의 오늘과 내일〉, 《월간조선》 22권 11호, 2001년 11월호, 472쪽. 이 대담은 이만갑의 삶에 대해 많은 정보를 제공하는 중요한 자료다. 김준길은 1966년 서울대학교 사회학과에서 〈'매스 미디어'에 반영된 편견에 관한 연구―한국 신문 외신 보도의 내용분석〉이란 제목의 논문으로 석사학위를 받은 이후 언론계와 해외공보 전문가로 활동한 이만갑의 제자다.

18 이만갑, 〈사회학 교수가 겪은 조사 여화〉, 《사상계》 1964년 4월호. 인용은 《한국사회: 그 갈등과 대응》, 다락원, 1980, 214쪽.

이만갑이 1941년 도쿄제국대학에 입학한 해에 곧바로 태평양전쟁이
터졌다. 그 시절 이만갑은 정세 파악을 위해 일본 신문을 열심히 읽으
면서 조선의 역사와 문학 서적을 탐독했다.[19] 태평양전쟁의 발발로 대
학교육이 파행을 겪으면서 이만갑은 1944년 전시 특별조치로 평상시
보다 1년을 앞당겨 3년 만에 대학을 졸업했다. 같은 해에 학병으로 징
집되어 일본 군대에서 1개월여 근무하다가 결핵으로 병역면제 처분을
받았다.[20]

　귀국 후 1946년 2월에 고향 신의주 부근에 있는 삭주중학교 교장직
을 맡았다가 그해 5월 신의주사범전문학교 교감으로 자리로 옮겼다. 그
러다가 1947년 4월 이미 월남해 있던 가족을 찾아 남한으로 내려왔다.

　1945년 해방 직후 약 2년간 고향인 북한 지역에 머무르던 이만갑은
소련 군정의 지원을 받는 북한노동당이 "처음부터 관료적 통치로 인민
위에 군림"하는 것을 직접 목도할 수 있었다.[21] 남한으로 내려온 그는
도쿄제국대학 선배로서 당시 여운형의 근로인민당에 관계했던 노영목
과 마쓰야마 고등학교 선배였던 전석담, 대구 출신으로 훗날 월북한 역
사학자 김석형 등에게 자신이 겪은 북한 체험을 털어놓고 거취 문제를
상의했다. 이들은 모두 미 군정의 서투른 통치와 거기에 아부하는 한국

19　이만갑, 〈일제하의 나의 인생〉, 《사상》 25호, 1995, 65쪽. 이만갑은 도쿄제대 시절
　　맥키버, 쿨리, 뒤르켐 등에 영향을 받았다고 썼다. 〈이만갑 록펠러재단 자료〉.

20　정종현, 《제국대학의 조센징》, 휴머니스트, 2019, 265쪽.

21　김준길, 〈한국 사회학의 개척자 이만갑 교수의 진단: 한국 사회의 오늘과 내일〉,
　　476쪽. 이만갑은 록페러재단에 제출한 자료에서 해방 이후 "망치와 낫으로 민중을
　　때리고 죽이는 북한 사회에 절망했다"고 썼다. 〈이만갑 록펠러재단 자료〉.

인들의 행태가 역겹다고 이야기했다. 남한도 북한도 다 문제가 있는 어려운 상황에서 이만갑은 소련군이 통치하는 북한을 버리고 미군이 통치하는 남한을 선택했다.[22]

훗날 이만갑은 남한에서는 항일투쟁을 하던 사람들이 대부분 높은 지위를 획득하고 1949년 농지개혁 이후 농민의 3분의 2 이상이 자작농이 되었기 때문에 농민들이 공산주의에 큰 매력을 느끼지 못했고 그렇기 때문에 한국전쟁 때 남한을 점령한 인민군이 기대만큼 환영을 받지 못했다고 해석하기도 했다.[23]

월남 이후 이만갑은 연세대학교 등에 자리를 모색하다가 이상백을 만나 1948년 3월 서울대학교 문리대 강사로 처음 강단에 섰다.[24] 이후 1949년 3월에는 정재영과 결혼했다. 다음 해에 한국전쟁이 터지면서 1951년 2월부터 1955년 8월까지 공군 장교로 복무했다. 1953년에는 미국 공군대학에서 3개월간 단기 참모교육을 받기도 했다. 예편을 앞둔 1955년 1학기부터 군복을 입은 채 다시 강단에 섰다. 당시 이만갑에게 강의를 들었던 김일철의 증언은 다음과 같다.

---

22 김준길, 〈한국 사회학의 개척자 이만갑 교수의 진단: 한국 사회의 오늘과 내일〉, 476쪽. 이만갑 부친과 동향인 평북 용천 출신의 함석헌도 해방 이후 소련군에 의해 수감되어 고생하다가 1947년 월남했다.

23 김준길, 〈한국 사회학의 개척자 이만갑 교수의 진단: 한국 사회의 오늘과 내일〉, 477~478쪽.

24 이때 이만갑은 사회학 개론, 가족, 집단, 사회 문제 등을 강의했다. 〈이만갑 록펠러 재단 자료〉.

이만갑 선생은 동경대학을 한 2년? 그것밖에 안 다녔어. 일본 시코쿠라고 하는데 무슨 학교더라? 거기에서 고등학교를 나와서. 일본에서 당시는 중학교지. 6년제. 거기 공부하러 갔으니까 보통이 아니지. 거기를 다니고 동경대학에 들어간 거지. 그리고는 2년을 다니고 전쟁 말기에 학교를, 문을 닫았어요. 그거니까 학교를 못 다녔지. 1945년도 해방이 되고 난 뒤에 도쿄대학에서 그 당시에 있었던 사람들, 재학생들한테 명예졸업장을 준 거야. 그때도 대학이 4년이었으니까. 사실상 2년밖에 못 다녔어요. 그러니 무슨 공부를 했겠어요? 못했지. …… 그런데 이만갑 교수는 공부를 많이 못했으니까, 전쟁 당시에 공군 장교로 들어갔어요. 군복무를 하면서 학교에 가서 이상백 선생하고 접촉을 해서 강의를 하나씩 했지. 그때 우리가 이만갑 선생 강의를 들었고. 그리고 (이만갑 선생이) 미국에 공부하러 갔잖아. 한 1년 갔다 왔나? 갔다 오면서 조사방법을 배우고 와 가지고, 공부하면서 전임이 되었지. 그때부터 공부를 시작한 것이지. (웃음) 참 빈약했어요.[25]

---

25 김인수, 〈김일철 교수 인터뷰〉, 322쪽. 2021년 3월 30일 한국사회학회가 마련한 '공감식탁'에서 김일철은 1953년 서울대학교 사회학과 입학 이후 수강한 사회학과 강의 가운데 변시민의 강의가 가장 내용이 풍부했다고 회상했다. 변시민은 이미 1952년 사회학 개론서를 출간했다.

3.

일본 사회학에서
미국 사회학으로

이만갑은 해방 이후 한국 학계가 미국 사회학을 수용하는 과정에서 주도적인 역할을 담당했다. 이만갑의 학문적 편력은 "일본 제국의 학지學知가 어떻게 미국식 지식으로 재편되었는가"를 보여주었다.[26] 그의 학문적 변신은 일본의 구제舊制 고등학교와 제국대학에서 교육받은 세대가 해방 이후 어떤 변화를 겪는지를 보여주는 흥미로운 사례이다. 아래에서는 해방 전 일본에서 사회학을 공부한 이만갑이 해방 후 어떤 과정을 거쳐 미국 사회학을 선구적으로 수용하게 되었는지 살펴본다. 이만갑은 1941~1944년 도쿄제국대학 사회학과 시절에 배운 사변적인 사회학에 대해 스스로 부정적인 평가를 내리면서 '과학적인' 실증성을 갖춘 사회학을 모색하게 된 경위를 다음과 같이 밝혔다.

---

26 정종현, 《제국대학의 조센징》, 265쪽.

그러나 일정 때 배운 사회학 이론은 퍽 공허한 것으로 생각되었다. 이미 이론적인 체계가 잘 서 있던 경제학에 비하면 사회학의 체계 자체가 엉성해 보였을 뿐만 아니라 지식의 내용도 다분히 사변적인 것이어서 과학적인 실증성이 퍽 희박한 것으로 느껴졌다. …… 그러나 대학 때 사회조사방법에 대한 강의가 없었기 때문에 어떻게 현실사회에 접근하면 좋을지 막연한 것이었다. 통계학의 지식이 꼭 필요하리라고 느껴져서 읽어보느라고 하긴 했지만 그것은 자료를 얻는 방법보다는 자료를 얻은 뒤의 처리에 관한 방법이 주가 되어 있는 것같이 생각되었다. 물론 사회학의 방법에 관한 책이 없는 것은 아니었지만 그것은 거의 모두가 사회과학방법의 근본 원리에 관한 것이어서 가령 막스 웨버가 말하는 몰가치성이나 이념형이니 또는 웰슈텐(諒解)이니 하는 것을 알고 있다고 한댔자 그것만 가지고는 현실사회에서 직접 과학적으로 접근할 수는 없는 것이었다. 그만큼 구체적인 방법과 기술이 발전되고 있지 못했던 것이다.[27]

이만갑은 위와 같은 이유로 조사방법론에 관심을 갖게 되었다고 증언했다. 원로 사회학자의 증언은 존중되어야 한다. 그러나 사회학을 포함하여 해방 이후 한국 학계가 경험한 지식의 단절을 '공식적인 단절

---

27 이만갑, 〈사회학 교수가 겪은 조사 여화〉, 《사상계》 1964년 4월호. 인용은 《한국사회: 그 갈등과 대응》, 다락원, 1980, 215쪽. 이 인용문은 1964년 쓴 글에서 나온 것인데 이 당시에는 이미 농촌사회에 대한 사회조사 결과인 《한국농촌의 사회구조》(1960)를 펴냈고 《사회조사방법론》(1963)을 출간한 이후였다. 그러므로 이만갑의 도쿄제국대학에서의 경험은 현실을 정당화하기 위한 방법으로 재구성되었을 가능성이 있다.

론'과 '이면에서의 연속성'이라는 이중적 관점에서 파악하는 작업이 필요하다.[28] 이만갑은 도쿄제국대학에서 사회학을 공부하던 시절을 회고하면서 "일정시대에 접한 사회학은 원론적인 것이었고 사회학자들이 현실사회를 관찰해, 학술적인 용어로, 좋게 말하면 사변적으로 생각한 것을 그럴듯한 논리로 체계화한 지식의 집합이었다"라고 자신이 경험한 일본 사회학계를 요약했다.[29] 그러나 그에 앞서 도쿄제국대학에서 사회학을 공부하고 한국의 농촌사회를 연구한 신진균이나 한국 가족제도를 연구한 김두헌 등의 사례는 이만갑의 일본 사회학계에 대한 평가에 반론의 여지를 제공한다.[30]

1945년 이전 동경제국대학의 가족사회학은 토다 데이조戸田貞三 교수가 이끌었고 신진균과 김두헌은 모두 그로부터 수업을 들었거나 그의 가족사회학의 이론 및 조사방법론을 인용 활용하고 있다. 토다 데이조는 1920년대 미국 시카고대학에 유학하여 조사방법론을 수학했고 거기에

---

28 김인수, 〈농석 이해영의 사회학—'한국조사사'의 측면에서〉, 《한국사회학》 50집 4호, 2016, 56쪽.

29 이만갑, 〈삶의 뒤안길에서〉, 《세계일보》 2004년 6월 3일. 김인수, 〈농석 이해영의 사회학—'한국조사사'의 측면에서〉, 56쪽에서 재인용. 일본 학계의 서양 사상사 연구의 수준을 알기 위해서는 平田淸明, 장하진 옮김, 《사회사상사—비판적 사회인식의 발생사》, 한울, 1982를 볼 것.

30 신진균의 사회학에 대해서는 김필동, 〈일제 말기 한 젊은 사회학자의 초상: 신진균론 (1)〉, 《한국사회학》 51집 1호, 2017, 437~489쪽과 김필동, 〈강단사회학자에서 맑스-레닌주의 이론가로: 신진균론 (2)〉, 《사회와 역사》 118집, 2018, 213~272쪽을 볼 것.

깊게 공명했던 인물로 알려져 있다.[31]

　이만갑이 고황경, 이효재, 이해영과 공동 연구자로 참여했던 조사 연구의 결과물이자 한국 사회학계에서 최초의 사회조사로 평가받고 있는《한국 농촌가족의 연구》(1963)의 인용 문헌에는 1930년대 일본어로 출간되었다가 해방 이후 한글로 간행된 김두헌의 저작《한국 가족제도사》와 경성제국대학 교수이자 농촌사회학자였던 스즈키 에이타로鈴木榮太郎의 저작이 나온다.[32] 그런데 김두헌의 저작에 등장하는 '가족의 크기'와 '가족의 규범'을 측정하는 이론과 조사방법론은 토다 데이조로부터 직접 영향을 받은 것이다.[33] 그렇다면 일본 사회학계가 사변적이기만 했다는 이만갑의 평가는 재고의 여지가 있다. 당시 일본 사회학계는 사변적 이론과 더불어 경험적 조사 연구 또한 강조했던 것이다.

　일제강점기에는 조선 상황 파악을 목적으로 총독부 관리나 경성제국대학의 교수들이 주관한 조사 연구가 있었지만 해방 이후 1950년대까지 한국의 사회학계에서 학술 연구 목적의 체계적이고 조직적인 사회조사는 거의 없었다.[34] 그런 상황에서 이만갑은 미국에서 사회조사방법론을 배우기 훨씬 이전인 1948년 무렵 충무로와 종로 도로변 상점들을

31　김인수, 〈농석 이해영의 사회학— '한국조사사'의 측면에서〉, 56~57쪽의 각주 52.
32　이해영과 이만갑도 강의 시간에 스즈키 에이타로의《조선농촌사회답사기》(1944)를 언급했다고 한다. 김인수, 〈한상복 교수 인터뷰〉,《서울대학교 사회발전연구소 50년사: 1965~2015》, 한울, 2015, 301쪽.
33　김인수, 〈농석 이해영의 사회학— '한국조사사'의 측면에서〉, 56~57쪽의 각주 52.
34　김인수, 윗글, 34쪽.

대상으로 판매물품, 상가 소유주, 상점 경영주, 경영 규모, 경영주의 연령 및 출신 지역 등 기초적인 항목을 현지 조사한 바 있다.[35] 이것은 이만갑이 1955년 미국 유학 이전에 조사방법에 큰 관심을 가지고 있었음을 보여준다. 그리고 그런 관심은 일본에서 사회학을 공부하면서 생긴 것이라고 볼 수 있다.[36]

록펠러재단의 지원으로 1955~1956년 미국 코넬대학에서 보낸 1년은 이만갑의 이후 학문 생활에 결정적으로 중요하게 작용했다.[37] 이만갑은 록펠러재단에 제출한 연구계획서에서 사회학 이론, 사회조사방법, 공동체, 사회조직, 농촌사회학, 통계학 등의 과목을 수강하고 싶다는 의견을 피력했다. 그는 사회학에 대한 자신의 생각을 다음과 같이 밝혔다.

---

35 이만갑, 〈사회학 교수가 겪은 조사 여화〉, 《사상계》 1964년 4월호. 인용은 《한국사회: 그 갈등과 대응》, 다락원, 1980, 212~218쪽. 이 조사 결과는 무려 30년 뒤인 1979년에 《한국사회학연구》 3집, 서울대학교 사회학연구회에 〈종로·충무로 노포 실태조사〉라는 제목으로 발표되었다.

36 정종현의 해석에 따르면 이만갑의 사회학은 "일본 지식과 미국 지식의 혼종의 산물이었다. 이만갑은 미국 유학을 통한 재교육 이후에 자기 정체성의 일부였던 식민지적 기원을 결핍의 학문으로 의미화 했던 것이다." 정종현, 《제국대학의 조센징》, 268쪽.

37 이만갑은 '지원서Application for Fellowship'에 2년 동안 체류하고 싶다면서 가능하면 장기적인 계획을 세워서 미국에서 박사학위를 받고 싶지만 2년은 너무 짧기 때문에 체계적이고 집중적으로 공부해서 최대한의 효과를 얻기를 기대한다고 썼다. 이만갑은 시카고대학교의 윌리엄 워너William Warner교수와 공부하고 싶다는 의견을 밝혔지만 록펠러재단은 이만갑을 코넬대학의 로빈 윌리엄스Robin Williams에게 보냈다. 'Curriculum Vitae', 3쪽, 〈이만갑 록펠러재단 자료〉.

사회학은 특히 통계적 처리방법과 현장 연구를 통해서 사회에 대한 실증적이고 경험적 연구가 되어야 한다. 형이상학적 사변적 사회학에는 관심이 없다. 사회학이 맑스주의를 밀어내고 사회문제를 해결할 수 있는 학문이 되기를 바란다.[38]

이만갑은 미국에서의 연구 생활 1년을 결산하는 보고서에서 "한 사회의 구조와 기능을 이해하고 사회악의 원인을 연구하여 더 나은 사회를 만드는 데 기여하기 위해 사회학을 전공하게 되었다"면서 한국전쟁 이후 '비민주적인undemocratic' 질병들의 위협으로 고통받는 한국 사회를 제대로 진단하고 처방하기 위해서는 사변적인 이론이 아니라 '있는 그대로의 현실things as they are'을 과학적 방법으로 연구해야 한다고 강조했다.[39]

그는 코넬대학에서 공부하는 동안 '행태과학에서의 과학적 연구방법', '조사 연구 디자인', '농촌사회학 연구의 발전'이라는 세 과목의 강의를 들었지만 영어 실력이나 미국 사회에 대한 기본 지식이 부족해서 따라가기 어려웠다. 그래서 사회조사의 기본 개념을 익히기 위해 구드William J. Goode와 하트Paul. K. Hatt의《사회조사방법Methods in Social Research》을 읽고 또 읽었다.[40] '조사 연구 디자인' 과목은 거의 매주 과제가 있어서 더욱 힘들었기 때문에 담당 교수를 찾아가 상담을 하

---

38 Man Gap Lee, 'Curriculum Vitae', 4쪽, 〈이만갑 록펠러재단 자료〉.

39 Man Gap Lee, 'Report of Man Gap Lee', 1~2쪽, 〈이만갑 록펠러재단 자료〉.

40 Man Gap Lee, 'Report of Man Gap Lee', 2쪽, 〈이만갑 록펠러재단 자료〉.

다가 교수의 배려로 매주 1시간씩 따로 만나 개인지도를 받았다. 이만갑은 사회조사방법을 익히기 위해 윌리엄즈Williams 교수의 '엘리마에서의 여성의 역할' 조사 연구와 램지Ramsey 교수의 '뉴욕주의 지위가 낮은 농민들' 등 코넬대학 사회학과 교수들의 조사 연구 과정에 참여하여 일정을 짜고 인터뷰를 하며 자료를 수집하고 자료를 분석하는 방법을 익혔다. 램지 교수의 지원을 받아 코넬대학이 소재한 '이타카의 외국인 학생들(한국과 일본)의 미국 생활양식에 대한 태도'라는 제목으로 스스로 조사 연구를 실습해보기도 했다.[41]

이만갑은 1년 동안의 연구 생활을 정리하는 보고서에 "사변적인 유럽의 사회학과 달리 미국의 사회학은 실제적인 적용이 가능하고 과학적인 조사방법을 발전시켰다. 그렇기 때문에 때때로 '사회학은 미국의 학문이다Sociology is an American science'라고 말하기도 한다"라고 썼다.[42] 그는 사회조사방법이 미국뿐만 아니라 한국 등 저개발사회의 건전한 재조직을 위해서도 유용한 방법이기 때문에 긴급하게 수용할 필요가 있지만 한국의 정부 등 주요 기관들이 조사방법의 필요성을 제대로 인식할지는 미지수라고 말하기도 했다. 그는 귀국하면 구체적인 조사 연구를 실시하겠다고 계획을 밝히면서 미국의 재단이 앞으로 한국의 대학에 연구소 창설을 지원할 필요가 있다는 말도 했다.[43]

귀국 이후 1957년 그는 조사방법론을 활용하여 '도시학생의 직업

---

41 Man Gap Lee, 'Report of Man Gap Lee', 3~4쪽, 〈이만갑 록펠러재단 자료〉.
42 Man Gap Lee, 'Report of Man Gap Lee', 4쪽, 〈이만갑 록펠러재단 자료〉.
43 Man Gap Lee, 'Report of Man Gap Lee', 6쪽, 〈이만갑 록펠러재단 자료〉.

관념—사회적 조사 연구'를 발표했다.[44] 이후 1950년대 후반을 지나 1960년대에 이르면 해외기관의 지원을 받아 한국의 농촌과 가족에 대한 조사 연구가 다양하게 이루어지게 된다.[45]

해방 이후 "학문 세계의 권위와 제도의 부재, 전쟁 국면에서의 지식 생산의 정체와 미비, 미국 등의 해외 '학술 원조'의 영향력이라는 조건"은 당시 활동했던 여느 학자들과 마찬가지로 이만갑에게도 구조적 조건으로 작용했다.[46] 크게 봤을 때 해방 이후 특히 한국전쟁 이후 한국 사회학은 일본 사회학의 영향력에서 벗어나 미국 사회학을 빠르게 수용하는 과정으로 특징지을 수 있다. 1965년 한일 국교정상화 이전에는 일본과의 모든 공식적 교류가 차단되어 있었으므로 더욱 그러했다.

그러나 박영신은 미국 사회학의 수용 과정이 외적 환경의 변화뿐만 아니라 한국 사회학자들의 능동적 적응과 순응의 결과였음을 다음과 같이 지적했다.

미국 지향의 사회학이 거의 단숨에 단단하게 자리잡고 번지기 시작한 것은 일본 강탈 지배의 종말과 함께 곧이어 들어선 미국의 정치적 및 문화적 영향력의 증대와 불가분한 연관 관계에 있었기 때문이었다. ……

---

44 이만갑, 〈도시학생의 직업관념—사회적 조사 연구〉, 《사회과학》 1호, 한국사회과학연구회, 125~141쪽.

45 이상백, 이만갑, 이해영, 고황경, 이효재, 최재석 등이 1950년대에 실시한 실증적 사회조사 연구에 대해서는 최재석, 〈해방 30년의 사회학〉, 《한국사회학》 10집, 1976, 15쪽, 표-3을 볼 것.

46 김인수, 〈농석 이해영의 사회학— '한국조사사'의 측면에서〉, 56~57쪽.

미국식 문물은 미국의 단순한 외적 강요만이 아니라 일본의 강압과 강탈에 대한 깊은 저항의 대안적 결과로서 받아들여진 것이며 적어도 그러한 분위기에 승복한 대다수의 바람으로 수용되었던 것이다. …… 미국으로 이어진 세계성의 추세에 피동적으로 이끌려만 갔던 것이 아니라 권력을 둘러싼 이해관계와 다툼에 능동적으로 관여했던 이들이 스스로 불러왔던 의식과 행동의 결과이기도 했던 것이다. …… 이러한 관점에서 최초의 사회학과에 드리워졌던 '일본적' 사회학의 체취가 삽시간에 '미국적' 체취가 물씬거리는 사회학으로 옮겨 간 것은 강대 세력의 지배적 위치가 극적으로 자리바꿈한 것과 때를 같이 하여 이에 재빠르게 순응해간 의도적 행동이 엇물려 낳은 결과라는 데 별 이의가 없을 것이다. 이것은 그 이후 한국 사회학의 역사에서 원형이 되었다.[47]

일제 식민지 시기에 이미 일본 대학농구팀을 이끌고 미국을 다녀왔던 이상백은 해방 이후 나름 미국 사회학을 열심히 소개했으며 후배 교수들에게 사회조사방법론을 강조했다.[48] 이만갑과 이해영은 그런 이상백의 지도 아래 미국 사회학을 적극적으로 수용할 태세를 갖추고 있었으며 1955년 록펠러재단의 지원을 받게 되자 두 사람 모두 미국 사회

---

47 박영신, 〈한국 사회학의 사회학적 역사〉, 《현상과 인식》 1985년 봄호. 인용은 박영신, 《사회학 이론과 현실 인식》, 민영사, 1992, 432쪽.

48 사회사 연구자로서의 이상백은 일본 유학시절 실증적 학풍에 영향을 받았고 사회학자로서의 이상백은 방법론적으로 실증주의에 충실했다. 박명규, 〈한국 사회학의 전개와 분과학문으로서의 제도화〉, 이화여자대학교 한국문화연구원 편, 《사회학 연구 50년》, 혜안, 2004, 42쪽.

학의 조사방법론을 적극적으로 배우고 귀국하여 학생들을 가르치고 한국 사회학의 주류를 형성하기 시작했다. 이들이 미국 재단의 장학금으로 미국에서 연수를 하고 해외기관의 연구비를 받아 조사 연구를 진행하면서 사회학은 조사 연구에 기반한 양적 분석을 위주로 하는 학문이라는 한국 사회학의 기본틀을 마련했다. 이에 대해 박영신은 다시 다음과 같은 해석을 남겼다.

사회학에 몸담아 그 학문을 도구로 삼고 살아가려 한 이익집단은 미국이라는 정치적 및 경제적 강대국에 보다 크게 기대어 보다 민첩하게 그것을 지식의 새 중심부로 설정하고 거기에서 학문적 관심과 방법을 배워 '새로운 것'이라는 점을 드러내 강조하게 되었을 것이다. 이른바 미국식의 사회학이 우리나라 사회학의 주류 학풍으로 자리잡게 된 배경에는 정치적·경제적 중심부와 식민지 통치 이후의 새 국가 건설 과정에 놓이게 된 주변부의 자체 위치 설정이라는 거대한 학문 외적 조건과 이에 대응한 이익집단의 움직임이 있었다고 할 수 있다.[49]

이만갑은 1980년대에 들어서 또 한 번의 단절을 겪는다. 그는 조사방법론과 농촌사회학 등 이전에 했던 자신의 연구와 단절한 채 사회심리학, 뇌과학, 사회생물학 연구에 몰두했다. 그때는 미국이 아니라 일본에 가서 연구년을 보냈다. 일본의 니와노재단과 일본국제문화교류기

---

49 박영신, 〈한국 사회학의 사회학적 역사〉, 《현상과 인식》 1985년 봄호. 인용은 이 글이 수록된 박영신, 《사회학 이론과 현실 인식》, 민영사, 1992, 433쪽.

금의 지원을 받아 1983년 말에서 1984년 초 그리고 1984년 여름부터 1년 동안 도쿄대학교 사회심리학과에 가서 지냈다. 은퇴 후에는 그런 연구를 바탕으로 '의식'에 관한 몇 편의 논문을 발표하고 그것들을 엮어서 두 권의 저서를 출간했다. 흥미로운 사실은 과거에는 일본 학자들의 글을 거의 언급하지 않았는데 은퇴 후 발표한 글에는 일본 학자들의 글을 자유롭게 언급하고 있다는 점이다.[50]

이만갑은 해방 후 은퇴 전까지는 일본에서 배운 사변적 사회학을 비판하면서 미국 사회학을 수용하고 적용하려고 애썼지만 은퇴 후에는 아마도 자신의 학문적 형성기를 보낸 일본 학계로 되돌아가서 편안함을 느꼈을지도 모른다.[51]

---

50 이만갑, 〈자기와 자기의식〉, 《학술원논문집 인문사회과학편》 34호, 1995, 203쪽 각주 1), 2), 3), 6), 9), 10), 11)에는 일본학자 나카무라 하지메中村元, 나카니시 노부오中西信男 등 일본 학자들의 1980년대 초반 저서들이 언급되어 있다.

51 식민지 시대에 일본어로 공부한 세대는 미국의 흑인 사회학자 두보이스W. E. B. Dubois가 말한 '이중의 정체성dual identity'을 갖는다. 그 보기로 1931년생인 정치학자 이정식은 식민지 시대를 회상하면서 "나는 온전한 조선인도 일본인도 아닌 불완전한 존재였던 것이다"라고 썼다. 이정식, 〈불과 얼음의 길: 한국을 대표하는 정치학계의 석학 이정식의 인문학적 자서전〉, 《문학사상》 547호, 2018년 5월호, 55쪽.

4
.

이만갑 사회학의
전개

1. 5 · 16쿠데타와 근대화 이론

미국 사회학의 수용을 주도한 이만갑은 1960년대에 한국 사회학을 대
표하는 인물로 자리잡았다. 서울대학교 사회학과를 졸업한 언론인 김
준길은 이만갑과 인터뷰를 정리한 글에서 다음과 같이 썼다.

광복 이후 좌우 이념 대립이 심화되었을 때 사회학은 대체로 회색지대
에 머물렀다. 그러나 한국전쟁 이후 한국 사회학은 미국의 기능주의 사
회학을 도입하면서 한국의 근대화 과정에서 중요한 사상적 지주로 등장
하게 된다.[52]

---

52 김준길, 〈한국 사회학의 개척자 이만갑 교수의 진단: 한국 사회의 오늘과 내일〉,
    《월간조선》22권 11호, 2001년 11월호, 468~469쪽.

한국전쟁이 휴전협정으로 잠정적으로 마무리된 후 1950년대 한국 사회는 식민 잔재와 부패, 무질서와 무능력이 지배하고 있었다. 이런 상황에서 1960년 4·19혁명이 일어났고 민주당 정부가 집권했다. 이에 따른 혼란을 바로잡는다는 명분으로 1961년 5·16쿠데타가 일어났다. 당시 이만갑은 "자유민주주의 사상을 신봉하는 지식인의 입장에서도 적극적인 민주의식과 경제적인 자립 능력이 없는 국민들을 상대로 정부가 책임 있는 민주체제를 유지하기 어렵다"고 생각했다.[53]

1963년 선거를 통해 집권한 박정희 정부가 '조국 근대화'라는 슬로건 아래 경제개발 5개년 계획을 수립하고 이를 전격적으로 실행했다. 처음에 쿠데타를 경계하던 여러 지식인들이 박정희 정부를 지지하는 입장으로 돌아서는 상황에서 이만갑은 사회변동에서 지배집단 바로 밑에 머무르는 '주변집단marginal group'이 중요한 역할을 한다는 가설을 세우고 "5·16 이후 우리 사회의 몰락한 지식인들은 분명 한계집단의 위치에 있었다. 따라서 군복을 벗고 민정 이양에 성공한 군부가 제시한 조국 근대화의 청사진은 이들 한계집단 지식인들의 공감을 얻을 수 있었다"고 풀이했다.[54]

김준길이 정확하게 지적했듯이 "1960년대 초부터 군부가 집권하면서 사회학은 정부 주도의 근대화 개발에 매우 유용한 학문의 하나로 각광 받았다. …… 실제로 1960년대와 1970년대를 통하여 사회학을 공부한 인사들이 박정희 정부의 요직을 맡았던 사실은 우연이라고 볼 수 없

---

53   김준길, 윗글, 479쪽.
54   김준길, 윗글, 479쪽.

다."[55] 당시 한국 사회과학계는 미국 사회과학계가 개발한 근대화론을 적극적으로 수용했다. 근대화론은 냉전체제 아래서 미국의 사회과학계가 마르크스주의 이론을 대체할 수 있는 이론으로 발전시킨 것이다.[56] 로스토우의 후진국 경제발전론, 사무엘 헌팅턴과 루시안 파이의 정치발전론, 파슨스와 아이젠슈타트 등의 사회변동론은 마르크스주의 사회변동론을 대신할 수 있는 사회과학 이론이었다. 미국 학계가 주도하여 구성한 근대화론은 미국의 정치·경제제도뿐만 아니라 미국인의 문화, 가치, 생활양식이 선진적인 것임을 경험적 비교 연구를 통해 보여주었다. 1965년 고려대 개교 60주년 기념으로 아세아문제연구소가 주관하여 '아시아 지역의 근대화 문제'를 주제로 열린 국제학술회의는 미국 사회과학의 근대화론이 한국 학계에 자리잡는 중요한 행사였다. 여기에는 유진오, 이상은, 김준엽, 로버트 스칼라피노, 루시안 파이, 그레고리 헨더슨, 로널드 도어 등 국내외 철학, 역사학, 정치학, 경제학, 사회학 분야 60여 명의 학자가 참가하여 62편의 논문이 발표되었다.[57] 이 국제회의에 한국 측 사회학자로는 이만갑, 배용광, 이해영, 황성모, 홍승직, 노창섭, 김경동 등이 참가하여 '근대화 과정에서 여러 인구집단

---

55 김준길, 윗글, 468쪽.

56 로렌스 니콜스에 따르면 미국 사회학의 근대화 이론은 추리통계, 회귀분석 등의 연구방법, 소집단 연구와 더불어 세계 각국 사회학에 가장 큰 영향을 미쳤다. Lawrence Nichols, "Contemporary National Sociologies", *The American Sociologist*, Vol. 48, No.3~4, 2017, 267~268쪽.

57 Asiatic Research Center ed., *International Conference on the Problems of Modernization in Asia: Report*(Seoul: Korea University Press, 1966).

의 역할The Role of Various Population Strata in Modernization'이라는 주제 하에 한국의 근대화와 관련하여 군부, 지식인, 행정관리와 공무원, 농민과 노동자, 기업인 등 주요 사회집단의 현실 상황에 대해 발표하고 토론했다.[58] 1959년 워싱턴대학에서 사회학 박사학위를 받고 귀국하여 고려대 사회학과를 창설한 홍승직이 사회학 분야의 조직 책임을 맡았고 농촌사회학자였던 이만갑은 '농민과 근대화'라는 주제로 발표했다. 이만갑은 한국 측 사회학자 가운데 중요한 역할을 담당했고 이후 1966년 델러웨어대학에 교환교수로 가서 한·중·일 근대화 과정을 주제로 강의하면서 미국 학계에 한국 사회와 한국 사회학의 상황을 알리는 역할을 담당하게 된다.[59]

2. 이만갑의 사회조사방법론

1940년대 초 도쿄제국대학 시절에 배운 사변적 사회학에 만족하지 못

---

[58] 아연 주최 국제학술회의의 사회학 분과의 발표와 토론 내용을 세밀하게 검토하여 그것이 갖는 의미를 성찰적으로 반추한 글로 김인수, 〈한국의 초기 사회학과 '아연회의'(1965)—사회조사 지식의 의미를 중심으로〉, 《사이間SAI》 22호, 2017년 5월, 37~88쪽을 볼 것.

[59] Man-Gap Lee, *Sociology and Social Change in Korea*(Seoul National University Press, 1982).

했던 이만갑은 해방 후 서울대학교 사회학과 강사시절 서울에 설치된 미국공보원 도서관을 출입하며 미국 사회학 저작과 학술지를 열람하면서 미국 사회학을 독학했다. 1951~1955년 공군 장교로 복무하는 기간에도 미국 사회학에 대한 관심은 계속되었다. 그는 미국 사회학을 접하면서 '과학적 실증성'을 갖춘 '과학적 사회학'을 추구했다.

1953년 초 이만갑은 한국군 공군 장교로 미국 앨라배마주의 몽고메리에 있는 공군대학에 가서 교육받는 기회를 얻었다. 그때 이만갑은 미국 군대의 합리적이고 능률주의 시스템을 직접 경험할 수 있었다.[60] 당시 이만갑은 군의 참모로서 상관에게 의견을 제시하는 방법을 교육받았다. 그것은 문제를 서술하고 상황을 분석한 다음 가설을 설정하고 재정, 인력, 시간 등을 고려하여 취해야 할 방책을 상, 중, 하 세 가지로 제시하는 과학적인 행동 플랜을 작성하는 방법에 대한 것이었다.[61] 이때의 경험 또한 사변적인 사회학보다는 실증적이고 과학적인 사회학에 대한 이만갑의 관심을 강화시킨 듯하다.

공군에서 제대한 뒤 이만갑은 1955년 9월부터 1년 동안 미국 코넬대학에서 공부하게 되었다. 이만갑은 그때의 심정을 다음과 같이 표현했다.

---

60 당시 군은 한국의 사회집단 가운데 가장 합리화된 집단이었다. 5·16 당시 한국군 장교 6만 명 중 10퍼센트인 6천 명이 미국에 가서 훈련을 받고 돌아왔다. 김준길, 〈한국 사회학의 개척자 이만갑 교수의 진단: 한국 사회의 오늘과 내일〉, 한국에 행태주의 정치학을 처음 소개한 정치학자 윤천주(1921~2001)도 1952년 공군 장교로 미국을 다녀왔다.

61 김준길, 윗글, 471쪽.

그렇기 때문에 미국에서 공부할 기회가 생겼을 때 나는 전적으로 사회조사방법론에 관한 것만 할 생각이었다. 그것만 알면 얼마든지 한국 사회에 파고들 수 있으리라는 심산이었던 것이다. …… 사회조사방법뿐만 아니라 사회학의 지식 내용, 다루고 있는 범위의 문제, 거기에서 전개되고 있는 이론, 심지어 술어術語까지도 해방 전의 그것과는 거의 딴판이었다. 그때 새로운 사회학적 지식에 접하여 놀라고 감탄하고 흥분한 마음은 참으로 형용하기 어려운 것이었다.[62]

귀국 이후 이만갑은 미국 사회학을 빠르게 수용하는 일에 전념하게 된다. 김준길은 1950년대 한국 사회학의 상황을 다음과 같이 묘사했다.

이만갑 선생이 코넬대학에서 사회조사방법을 연구한 1955년은 런드버그가 1947년 사회학에 통계학을 활용한 자연과학적 방법론을 주장한 지 7년밖에 안 된 때였다. 1957년 서울대 문리과대학의 사회조사방법 강의의 교재였던 구드와 해트의 《사회조사의 제 방법》은 1952년에 뉴욕 맥그로힐 출판사에서 그 초판본이 나왔다. 다시 말하면 미국 사회학이 개발한 사회조사방법론은 이만갑 선생에 의해 한국에 불과 5~7년 격차로 소개된 것이다.[63]

---

62 이만갑, 〈사회학에의 지표〉, 《대학주보》 1964년 3월 25일. 인용은 이만갑, 《한국사회: 그 갈등과 대응》, 다락원, 1980, 215~216쪽.

63 김준길, 〈한국 사회학의 개척자 이만갑 교수의 진단: 한국 사회의 오늘과 내일〉, 471쪽.

이만갑은 근대 학문의 모델을 자연과학에서 찾고 사회과학에서도 실증성을 강조했다. 사회과학이 자연과학에 비해 초보적인 단계에 있지만 계속해서 실증적 지식을 축적한다면 현실을 설명하고 예측하고 현실에 대한 통제력을 갖는 실용적 지식을 얻을 수 있다고 생각했다. 사회과학 가운데서 경제학을 체계성과 실증적 자료를 수집하고 활용하는 선진학문으로 보면서 사회학도 그런 체계성과 실증성을 갖추어 나아가야 한다고 생각했다. 그는 이론적 사변에 그치는 학문보다는 한국 현실을 실증적으로 연구하는 학문의 필요성을 다음과 같이 주장했다.

사회학 분야에 있어서뿐만 아니라 사회과학 전 분야에 걸쳐 한국 학계의 중대한 결함의 하나는 학자들이 사변에 치우치고 외국에서의 학문적 업적을 섭취하는 데 분망하여 한국 사회 자체에 대한 과학적 접근을 소홀히 하고 있다는 것이다.[64]

그래서 그는 "1955년 록펠러재단의 장학금을 받고 미국에 가게 되었을 때 사회조사방법과 농촌사회학을 공부하겠다고 다짐했다. 외국인이 쓴 책을 읽고 억측을 가하는 것이 아니고 사회현상을 과학적으로 연구하는 경험적인 조사방법을 알고 그것을 우리나라 농촌사회에 적용하여 실태를 구명하는 것이 우리나라의 발전책을 강구하는 데 가장 옳은 길

---

64 이만갑, 《한국농촌의 사회구조: 경기도 6개 촌락의 사회학적 연구》, 한국연구도서관, 1960, i쪽.

이라고 생각되었기 때문이다."[65] 이론적 사변보다는 경험적 연구를 강조하고 실증적 과학성을 추구한 이만갑은 조사방법론을 사회학이 과학성을 갖추는 데 필수불가결한 수단으로 생각했다.[66]

1958년에 발표한 조사방법 위주의 사회학에 대한 일각의 비판적 견해에 대해 이만갑은 〈사회조사방법에 대한 그릇된 견해〉라는 글에서 고전사회학자 뒤르켐과 베버의 사회학적 방법론이 미국으로 건너가 사회조사방법론으로 크게 발전하고 있다는 점을 강조했다.[67] 1964년 발표한 글에는 조사방법론에 대한 신념이 더욱 분명하게 녹아들어 있다.

사회학도 과학이니만큼 그가 대상으로 하는 사회현상에 접근할 수 있는 방법이 필요하다. 과거의 사회학은 그런 좋은 방법을 마련하지 못했지만 오늘에 있어서는 자연과학에 있어서처럼 훌륭하지는 못하더라도 상당히 높은 수준으로 발전한 조사방법을 가지고 있는 것이다.[68]

---

65 이만갑,《한국농촌사회연구》, 다락원, 1981, 5쪽.

66 이만갑은 한국 사회학 초창기 마르크스를 제외한 채 베버, 짐멜, 뒤르켐을 중심으로 한 유럽 고전사회학자들에 대한 연구를 '사변적'이라는 이유로 멀리했다. 그러나 박영신은 "비록 일본을 통해서 접했다 할지라도 잠재적으로 뜻있는 사회학적 연구와 관심의 대상이 되고 또 생산적일 수도 있었던 유럽 사회학의 고전 이론과 방법론에 대해서 그토록 쉽사리 지나쳐버릴 수도 없었다"는 반론을 제기했다. 박영신,《사회학 이론과 현실 인식》, 민영사, 1992, 434쪽.

67 이만갑, 〈사회조사방법에 대한 그릇된 견해〉, 서울대학교 문리과대학 사회학과연구실,《사회학보》제1집, 1958, 김인수, 〈농석 이해영의 사회학〉, 36쪽에서 재인용.

68 이만갑, 〈사회학 교수가 겪은 조사 여화〉,《사상계》1964년 4월호. 인용은 이 글이 재수록된《한국사회: 그 갈등과 대응》, 다락원, 1980, 204쪽.

이만갑은 1967년 《중앙일보》에 발표한 〈미국의 사회학〉이라는 글에서는 사회조사방법론이 사회학 이론 구성을 위한 과학성뿐만 아니라 정부나 기업을 위한 실용성도 갖추고 있음을 다음과 같이 강조했다.

사회조사방법은 미국의 사회학자가 과거 수십 년 동안에 이룬 가장 커다란 업적의 하나일 것이다. 사회조사방법은 이론 수립의 기초가 되는 경험적 실증적인 자료 수집과 검증에 위력을 발휘하고 있으며 다수의 학자들이 보다 좋은 방법과 기술을 발전시키기 위해 노력하고 있다. 사회조사방법에 관련해서 말해야 할 것은 미국에서는 요즘 행정 관서뿐만 아니라 실업계에서도 조사를 의뢰하는 경향이 증대하고 있으며 특히 시장조사 의뢰를 받는 일이 사회학자들에게 빈번히 일어나고 있다고 한다.[69]

1960년대 사회조사를 통해 수집한 양적 자료의 분석은 미국뿐만 아니라 한국에서도 '조국 근대화'를 추진하는 박정희 정부의 관료들에게 농촌개발과 인구증가에 대한 현실을 "구체적인 통계수치로 설명할 때 상당한 설득력이 있었다."[70] 이런 상황에서 사회학은 사회조사라는 인식이 널리 퍼졌다. 이만갑은 1970년에 발표한 〈전후 15년간의 세계 사회학계〉라는 글에서 한국 사회의 역사성을 충분히 고려하지 않는다는

---

69 이만갑, 〈미국의 사회학〉, 《중앙일보》 1967년 4월 15일. 인용은 이만갑, 《한국사회: 그 갈등과 대응》, 다락원, 1980, 212쪽.

70 김준길, 〈한국 사회학의 개척자 이만갑 교수의 진단: 한국 사회의 오늘과 내일〉, 470쪽.

조사방법론에 대한 일각의 비판을 염두에 둔 듯 조사방법론 중심의 과학적 사회학의 실용성을 다음과 같이 옹호했다.

사회학이 증명된 지식을 마련하는 경험과학인 한 오늘날 미국에서 체계화된 사회조사방법의 개별적인 기술과 그의 기본적인 전제에 대해서는 논란할 여지가 있다 하더라도 조사방법 자체를 부정할 수는 없다는 것이 점차 깊이 인식되고 있다. 사회학은 미국의 학문이라고 말할 정도로 미국에서 굉장히 발전되고 있다. 미국 사회학자들의 활동은 실로 눈부신 바 있어서 순수학문적인 분야에 있어서 뿐만 아니라 농업을 비롯한 시장조사, 여론조사, 그 밖에 교육, 사회사업, 군사, 위생 등의 직접 실생활에 관련된 면에서도 굉장히 활약하고 있다.[71]

미국에서 1년 동안 조사방법을 배우고 돌아온 이만갑은 1956년 2학기 사회조사방법론 과목을 개설했다.[72] 당시 학생이던 김경동, 한완상, 임희섭, 강신표, 오갑환, 이근무, 안계춘, 한상복 등이 그의 강의를 들

---

71 이만갑, 〈전후 15년간의 세계 사회학계〉. 인용은 이만갑, 《한국사회: 그 갈등과 대응》, 다락원, 1980, 206쪽.

72 흔히 이만갑이 서울대학교 사회학과에 사회조사방법론을 처음 개설한 것으로 알려져 있지만 1948년에 농촌 조사 관련 '사회조사' 과목이 개설된 바 있다. 박명규, 〈한국 사회학의 전개와 분과학문으로서의 제도화〉, 이화여자대학교 한국문화연구원, 《사회학 연구 50년》, 혜안, 2004, 54쪽. 1954년 9월 학기에는 이상백이 대학원에서 사회조사법을 강의했다. 최재석, 〈해방 30년의 사회학〉, 《한국사회학》 10집, 1976, 10쪽.

었다. 그의 조사방법론 시간은 훗날 한국 사회학계에서 중요한 역할을 담당할 다음 세대에게 지대한 영향을 미쳤다. 일례로 김경동은 이만갑의 사회조사방법론 강의를 들으면서 런드버그George A. Lundberg의《사회 연구*Social Research*》(1942), 구드William J. Good와 하트Paul K. Hatt의 《사회조사방법*Methods in Social Research*》(1952)이라는 조사방법 분야의 저서들을 알게 되었는데 특히 구드와 하트의 책은 "마치 경전처럼 들고 다니면서 참고했다"고 회고했다.[73]

이만갑은 사회조사방법론 과목을 수강한 제자들에게 구드와 하트의 저서 가운데 한 장씩을 맡겨 초고를 쓰게 하고 그것을 수정 보완하여 1963년《사회조사방법론》교과서를 출간했다.[74] 그 무렵 이만갑의 조사방법론 강의를 들은 이동원은 당시의 상황을 다음과 같이 증언했다.

우리가 이만갑 선생님이 미국에 유학 가셔서 조사방법론을, 구데와 햇

73 김경동·이온죽·김여진 공저,《사회조사연구방법—사회연구의 논리와 기법(개정판)》, 박영사, 2009, iv쪽. William J. Goode and Paul K. Hatt, *Methods in Social Research*(New York: McGraw-Hill, 1952). 이 책의 일부가 1959년 한글 번역본으로 나왔다. 윌리엄 J. 구드, 폴 K. 하트 共著, 金海東 譯,《(社會)調査法 上卷》, 壯文社, 1959. 상권의 내용은 사실과 가치의 구별, 개념, 가정, 입증방법 등 주로 과학철학이고 구체적인 사회조사방법은 하권으로 예정되었으나 국립중앙도서관에는 상권만 소장되어 있는 것을 보면 하권은 출간되지 않은 것으로 보인다.
74 이만갑,《사회조사방법론》, 민조사, 1963. 이 책은 1975년 진명출판사에서 다시 나왔다가 1979년 개정증보판으로 이만갑, 한완상, 김경동 세 명의 공저로 출간되었다. 이후 1983년에는 한국학습교재사에서 1987년에는 학창사로 발행자가 바뀌어 계속 나왔다.

책인가, 그 양반이 내가 3학년 때인데, 내가 2학년 때 미국에 유학을 가
셔서 다음 해에 돌아오셔서 그 강의를 처음 하신 거예요. 그런데 하실 때
처음 들었는데, 본인도 실은 잘 모르고 강의를 하셨어. 이후에 김경동이
하고 누구누구 나눠줘서 번역을 하게 하고. 그러니까 이만갑 선생님도
강의를 하시면서 우리랑 함께 공부를 한 거지, 조사방법에 대해서 해박
하지는 않으셨어요.[75]

한완상은 당시 이만갑의 사회조사방법론 강의를 들으면서 이만갑이
영어 원서를 틀리게 설명하는 부분을 지적하며 질문을 하곤 했는데 어
느 날 이만갑이 연구실로 불러서 갔더니 학생이 교수에게 그런 태도를
취하면 안 된다는 꾸지람을 들었다고 증언했다.[76] 권태환은 이만갑의
《사회조사방법론》은 구드와 하트의 책을 거의 번역하다시피 해서 만든
책으로서 "요즘 말로 하면 완전 표절"이라고 말했다.[77] 당시 한완상, 김
경동, 한상복, 임희섭, 강신표, 이근무, 유재천, 안계춘 등 유망했던 대
학원생들이 그 책을 만드는 작업에 참여했기 때문에 이후 그들을 통해

---

75 김인수, 〈이동원 교수 인터뷰〉, 《서울대학교 사회발전연구소 50년사: 1965~2015》
한울, 2015, 388~389쪽.

76 정수복, "한완상 인터뷰 자료"(2016년 1월 30일).

77 김인수, 〈권태환 교수 인터뷰〉, 《서울대학교 사회발전연구소 50년사: 1965~
2015》, 한울, 2015, 264쪽과 270쪽. 권태환의 지적대로 1960년대에는 외국 저자의
책을 거의 번역하다시피 하여 저서로 내는 경우가 비일비재했다. 이는 학문 초창기
의 암묵적 관행이었다. 대학원생들이 부분적으로 번역한 것을 교수가 검토한 뒤 교
수 개인 이름의 역서로 출간하는 것은 1980년대에도 관행이었다.

이 책과 더불어 사회조사가 널리 전파되었다는 게 권태환의 해석이다. 어찌 됐든 이 교과서는 지속적으로 사회조사방법론 교재로 사용되면서 차세대 사회학자들에게 많은 영향을 미쳤다.

《사회조사방법론》 서문에서 이만갑은 "통계학에 관한 서적은 많이 나오고 있지만 사회조사에 관한 서적은 극히 수가 적어서 강의와 실무에서 불편과 곤란을 느낀다고 호소하는 일이 빈번해진" 상황에 대응하여 "사회조사에 필요한 방법과 기술을 제시"하기 위해 집필한 것이라고 저술 동기를 밝혔다. 이 책은 이후 조사에 기초한 자료 수집과 그 자료의 분석을 기초로 하는 이른바 미국식 '과학적' 사회학이 한국 사회학계에 뿌리내리는 데 크게 기여했다. 박영신은 현지 조사 연구에 기초를 둔 이른바 과학적 사회학이 한국 사회학계의 주요 흐름이 되는 상황을 다음과 같이 묘사했다.

1950년대 후반에 접어들면서 사회학의 연구는 획기적인 변화를 가져온다. 미국과의 관계가 더욱 긴밀하게 정립되면서 우리나라 사회학의 연구 지향성은 미국의 사회학 연구 경향과 뗄 수 없는 관계에 들어서게 되었다. 사회학자가 미국을 다녀올 수 있는 통로가 넓어지자 일본식이거나 일본을 통해 전수되었던 사회학은 곧 미국식이거나 미국을 통한 사회학으로 옮아가기 시작하였다. 거의 휩쓸다시피 한 '새로운' 사회학 곧 '사회조사방법'에 의한 연구의 분위기가 이러한 상황을 단적으로 말해준다. 그것은 어느 한 대학교뿐만 아니라 가히 이 시대를 풍미했다 해도 지나치지 않을 그러한 상황이었다. 마치 사회학의 연구는 조사 연구요, 사회조사 연구는 사회학이라는 등식이 확증되었다는 느낌마저 줄 정도

였다.[78]

그렇다고 사회조사가 아무 저항 없이 기계적으로 수용되고 적용된 것은 아니다. 소수의 사회학자들에 의해 사회조사방법이 철학적 기초와 이론적 성찰 없이 "단지 사실의 수집과 나열, 의미 없는 통계적 조작에 그치는 것이냐"는 비판이 제기되었다. 1966년 김진균은 사회조사가 붐을 이루는 현상을 두고 학자들이 한국 사회를 연구하기 위해서나 정부의 정책 결정 과정에 필요한 기초자료의 수집을 위해 사회조사가 필요하지만 한국 사회의 역사적·문화적 특수성을 고려하지 않고 조사방법을 기계적으로 적용하는 것은 문제가 있다고 주장했다.

과학적 방법의 본의를 망각하고 사회조사의 방법과 기술을 한국의 사회현상에 기계적으로 적용하려는 사람조차 없지 않은 것 같으며, 사회현상에는 역사적으로 축적된 문화적 요인이 크게 작용하고 있으므로 그 사회의 역사적 배경과 문화적 특성에 대한 깊은 고려가 있어야 함에도 불구하고 덮어놓고 사회조사방법을 적용하면 된다고 생각하는 경향이 없지 않은 것이다.[79]

---

78 박영신, 〈한국 사회학의 사회학적 역사〉, 《현상과 인식》 1985년 봄호. 인용은 박영신, 《사회학 이론과 현실 인식》, 민영사, 1992, 430쪽.
79 김진균, 〈소아마비 못 면한 사회학〉, 《청맥》 제20호, 1966년 8월, 64~73쪽. 인용은 이 글이 재수록된 김진균, 《비판과 변동의 사회학》, 한울, 1983, 156~157쪽.

1950년대 말 이만갑, 이해영 등과 함께 농촌가족에 대한 조사 연구에 참여했던 이효재도 1968년에 발표한 글에서 이론적 토대 없는 사회조사의 문제점에 대해 다음과 같은 비판적 평가를 남겼다.

　　아직도 우리의 연구는 여러 분야의 사회적 현상을 사회학적으로 이해하려는 초보적 시도인 것이다. 소위 실태 파악을 위하여 사회조사의 대상자들이 되는 응답자들의 속성을 통계적 비율로서 제시하여 이들의 분포경향으로서 사회현실의 경향을 추리하여 해석하는 정도이다. 이렇게 사회현상을 분류하고 그것에 관련된 요인들 사이의 관계를 규명하는 데 있어서 그 이면의 이론적 토대와 논리적 체계는 참으로 미숙하고 조잡하여 혼란한 상태를 벗어나지 못하고 있는 형편이다.[80]

3. 이만갑의 미국 사회학 이론 소개

이만갑이 사회조사방법을 가르치고 그것을 농촌사회 연구에 적용하는 일에 많은 시간을 보냈다고 하지만 사회학 이론에 무관심했던 것은 아니다. 그는 1948년 3월 서울대학교 사회학과 강사로 피티림 소로킨Pitirim Sorokin의 《현대 사회학 이론Contemporary Sociological Theory》

80　이효재, 〈체계 없는 '상식'의 단계 너머: 사회학, 한국사회과학의 시련〉, 《정경연구》 45호, 1968년 1월호, 141~142쪽.

(1928)을 강독했으며 1955~1956년 미국 코넬대학에서 공부할 당시에도 사회학 이론에 관심을 가졌다. 1958년에 발표한 글에서는 미국 사회학을 조사방법론 중심으로 소개하면서도 머튼Robert Merton과 파슨스Talcott Parsons의 구조기능주의 사회학 이론에도 관심을 표명했다.[81] 1961년에는 니콜라스 티마셰프의 《사회학 이론Sociological Theory: Its Nature and Growth》 제2판(1957)을 번역 출간했다.[82] 사변적 사회사상을 멀리하고 과학으로서의 사회학을 추구한 이만갑은 이 번역본의 출간 의의를 다음과 같이 부여했다.

> 이만갑에 의해 티마셰프의 사회학 이론이 번역됨으로써 사회사상이 아닌 과학적인 사회이론으로 체계화된 이론서가 처음으로 국내에서 발간되었다.[83]

이만갑은 1970년 한완상이 부임하기 전까지 서울대학교 사회학과에서 사회학 이론 강의를 맡았다.[84] 그는 제2차 세계대전 이후 미국 사회

---

81 이만갑, 〈미국 사회학의 발전―사회조사방법을 중심으로〉, 《문리대학보》 6권 2호, 1958, 22~26쪽.

82 이 책의 개정 확대판이 1985년 박재묵과 이정옥에 의해 번역되었다. 니콜라스 티마셰프·조지 테오도슨, 박재묵·이정옥 옮김, 《사회학이론: 사회학 이론의 성격과 발전》, 풀빛, 1985.

83 이만갑, 〈사회학 이론 및 방법론〉, 《학술총람 54집―정치학, 행정학, 사회학(1945~1997)》, 대한민국학술원, 1999, 561쪽.

84 한완상 해직 이후에는 김경동이 사회학 이론 과목을 맡았다. 김진균과 한상진도 구

학계를 주도한 이론적 흐름인 구조기능주의를 학생들에게 열심히 소개 했다.[85] 그런 노력의 일환으로 1963년에는 〈행위이론가 T. 파아슨즈〉라 는 글을 발표하기도 했다.[86] 그러나 그의 사회학 이론에 대한 관심은 소 개 수준을 크게 벗어나지 못했고 이론적 관심을 사회조사 연구와 연결 시키지 못했다.[87]

준하게 사회학 이론에 관심을 보였다. 현재는 김홍중이 사회학 이론 과목을 맡고 있다.

[85] 사회학에 관심이 있던 역사학자 윤해동은 학창시절 이만갑의 강의를 수강했는데 당시 이만갑이 파슨스의 이론에 대해 많이 설명했다고 증언했다.

[86] 이만갑, 〈행위이론가, T. 파아슨즈〉, 김형석 편, 《오늘의 고전》, 삼중당, 1963, 219~239쪽. 이 글에서 이만갑은 파슨스의 사회학 이론을 '구조기능주의'가 아니 라 소로킨, 즈나니에츠키, 맥키버, 호먼스, 밀스와 함께 '분석학파'로 분류하고 있 다. 이는 니콜라스 티마셰프의 《사회학이론》, 350~392쪽의 내용을 그대로 따른 것 이다. 티마셰프가 테오도슨과 함께 쓴 개정판에서는 파슨스를 즈나니에츠키, 머튼 과 함께 '기능적 접근'이라고 수정했다. 니콜라스 티마셰프·조지 테오도슨, 박재 묵·이정옥 옮김, 《사회학이론: 사회학 이론의 성격과 발전》, 풀빛, 1985, 349~384 쪽을 볼 것.

[87] 1960년대 한국 사회학자들의 사회학 이론에 대한 관심은 "주로 미국 이론의 약식 소개에 지나지 않는 그런 수준의 관심에 머물러 있었다." 박영신, 〈한국 사회학의 사회학적 역사〉, 《현상과 인식》 1985년 봄호. 인용은 박영신, 《사회학 이론과 현실 인식》, 민영사, 1992, 438쪽.

4. 이만갑의 사회생물학 연구

1986년 정년퇴임 이후 이만갑은 다시 이론 연구에 관심을 기울였다. 그가 만년에 기울인 이론적 관심은 1967년에 세운 주변집단 가설을 검증하기 위한 것이었다. 그는 역사에서 사회 변혁을 주도하는 세력은 지배계급의 바로 밑에 위치하고 있는 주변집단marginal group이라는 가설을 정립했지만 농촌사회 연구에 집중하느라 다루지 못하고 있다가 뒤늦게 이 문제에 천착하기 시작했다.[88]

1995년 이만갑은 동서양의 자기 개념에 관심을 기울이면서 윌리엄 제임스William James, 조지 허버트 미드George Hebert Mead, 에버렛 로저스Everette Rogers 등의 자기 개념을 검토하는 논문을 발표했다.[89] 이만갑이 인간의 자기의식을 다룬 것은 인간사회의 지배현상을 연구하기 위해서였다.[90] 지배현상은 인간사회뿐만 아니라 군집 생활을 하는 곤충이나 동물의 세계에도 나타난다. 그러나 인간은 "자기를 의식하는 복잡한 마음을 간직한 동물"이라는 점에서 다른 동물과 구별된다.[91] 이 때문에 이만갑은 인간의 자기의식을 연구했고 그에 이어 지배에 대한 연구를 시작했다. 그는 인간사회의 지배현상이 정치학, 경제학, 사

---

88 이만갑,《자기와 자기의식》, 소화, 2002, x쪽.
89 이만갑, 〈자기와 자기의식〉,《학술원논문집 (인문사회과학편)》 34호, 1995, 203~267쪽.
90 이만갑, 〈지배에 관한 연구〉,《학술원논문집(인문·사회과학편)》 42집, 2003, 317~388쪽.
91 이만갑, 〈지배에 관한 연구〉, 318쪽.

회심리학, 사회학, 철학의 연구 대상이지만 궁극적으로 인간의 마음과 밀접하게 관련된다고 생각했다. 인간의 마음을 연구하기 위해 사회학에서 심리학을 거쳐 뇌에 대한 연구와 사회생물학 연구로 나아간 것은 이런 이유에서다. 인류의 지배 행위는 진화의 산물이기 때문에 생물학적 고찰이 필요하다는 게 그의 생각이었다. 이만갑은 연구 결과를《의식에 대한 사회학자의 도전》과《자기와 자기의식》이라는 두 권의 저서로 펴냈다.[92]

그러나 지배현상에 대한 이만갑의 사회생물학적 연구는 사회학의 범위를 벗어났을 뿐만 아니라 애초에 그가 가진 '주변집단 변혁 주도설'이라는 문제의식을 흐리게 만드는 결과를 초래했다. 이만갑은 사회 변혁을 추구하는 주변집단에 관한 자신의 문제의식은 4·19와 이승만의 하야, 민주당 정부 수립을 뒤따른 5·16쿠데타라는 정치적 격변 속에서 비롯된 것이라고 밝혔다.[93] 그의 '주변집단 변혁 주도설'이라는 가설은 1967년 시카고대학교에서 열린 아시아연구협의회 연례대회에서 발표한 〈한국 근대화의 사회학적 함의Sociological Implication of Modernization in Korea〉와 1977년 일본 국제기독교대학교International Christian University 학보에 실린 〈한국 사회의 구조적 변화韓國社會の構造

---

92 이만갑, 《의식에 대한 사회학자의 도전》, 소화, 1996; 이만갑, 《자기와 자기의식》, 소화, 2002.

93 이만갑, 〈고도성장과 격차의식〉, 《한국사회—그 갈등과 대응》, 다락원, 1980, 81~82쪽.

的 變動〉에서 구체화되었다.[94]

필자는 60년대 중엽부터 '한 사회의 변혁을 주도하는 세력은 지배계급의 바로 밑에 위치하는 주변집단이다' 라는 가설을 설정하고 그 가설을 근간으로 하여 한국 사회의 변화를 논하였다. 예를 들면 구한말에서 전통사회를 무너뜨리고 새로운 체제를 수립하려고 시도하는 계층은 당시의 지배적 신분집단인 양반이나 혹은 반대로 억압을 받아온 상민이나 천민이 아니고 몰락한 양반인 향반과 토반 또는 양반의 첩의 몸에서 난 서얼이라는 것이다. 필자는 이 가설을 입증하기 위해서 증거를 얻으려고 노력하였다. 여기에서 필자는 왜 주변집단 성원들이 다른 계층보다도 더 강하게 기존 체제에 불만을 품고 지배계급에 도전하려고 하는가, 하는 문제를 깊이 생각하게 되었다.[95]

그러나 어찌된 일인지 이만갑은 이 주제에 대한 사회학적 연구를 미루다가 만년에 뇌과학과 사회생물학 연구로 나아갔다. 개인의 사회적 행위를 생물학적 요인으로 환원시켜 설명하려고 한 이만갑의 만년의 시도는 일찍부터 '사변적' 논의를 거부했던 이만갑의 실증주의적 학문관의 심연을 드러냈다고 볼 수 있다.

'5·16쿠데타'와 이후 군부 주도하에 진행된 근대화 과정에서 비롯된 '주변집단 변혁 주도설'이라는 가설은 한국 근대사에 나타난 홍경

---

94 김봉석, 〈이만갑의 사회학〉, 54쪽.
95 이만갑,《의식에 대한 사회학자의 도전: 자연과학적 전망》, 소화, 1996, 9쪽.

래 난이나 동학농민전쟁, 일제하의 사회주의운동이나 독립운동 등에 대한 사회사적 연구로 나아갈 수도 있었다.[96] 아니면 일본이나 중국 등 동아시아의 역사나 유럽과 미국 등에서 일어난 사회개혁운동 및 주변 집단 사례와 비교 연구를 진행하면서 자신의 가설을 검증할 수도 있었다. 그러나 이만갑은 그런 연구를 하지 않았다.

사실 이만갑은 1960년대에 역사학에 대한 관심이 많았다. 1964년에 쓴 〈역사학과 사회과학의 협조를 위하여〉라는 글에는 이런 구절이 나온다. "오늘의 서구 사회학자들은 그들의 제일차적인 관심을 사회의 횡단적인 면에 두고 있으며, 또 하나의 면 즉 종단적인 면을 과정이니 변동이나 하는 명목으로 추구하는 척하고는 있지만, 역시 사회학 일반의 활동으로서는 역사에 대해서 특별한 고려를 베풀지는 않았다. 사회학자들은 이른바 사회조사방법의 묘술을 가지고 사회현실을 탐구해서 얻은 사실을 바탕으로 하며, 사회이론을 세우려는 노력을 전개하는 동안에 그것이 사회의 역사성을 무시한 때문에 사회에 대한 옳은 인식에 커다란 결함을 노출하기 시작하고 있다는 것을 깨닫게 되었다."[97]

이런 논의에 이어서 이만갑은 다음과 같이 주장했다. "물론 외국의 학이론學理論을 이해하고 그것을 도입하는 데 우리는 조금도 게을리해

---

96 이만갑은 일본 국제기독교대학교 학보에 실린 〈韓國社會の構造的 變動〉에서 이러한 가설을 바탕으로 근대 한국 사회의 변동을 설명하려고 했다. 김봉석, 〈이만갑의 사회학〉, 54쪽.

97 이만갑, 〈역사학과 사회과학의 협조를 위하여〉, 이상백 박사 회갑기념논총 편집위원회 편, 《이상백 박사 회갑기념논총》, 을유문화사, 1964, 217쪽.

서는 안 될 것이고, 보다 더 많이 그런 학이론을 섭취하는 것은 긴요한 일이라 아니 할 수 없다. 그러나 또 한편으로 우리 사회의 옳은 이해는 도저히 외국의 사회과학적 이론만 가지고는 불가능하며, 현대의 한국 사회의 역사적 근원, 특히 문화적 배경에 관한 적절한 인식이 이루어져야 한다고 생각되는 것이다."[98]

이만갑은 역사학자들이 단순한 사실 기술적記述的 연구만 하지 말고 사회학자들이 사용하는 지위, 역할, 사회계층, 사회구조, 집단행동, 일탈 등의 개념을 활용하는 '체계적 역사학'을 해줄 것을 기대하면서 "사회과학자들이 외국의 이론을 이해하는 데만 급급하고, 우리의 역사에 대한 깊은 고려가 없이 오늘의 한국 사회를 보려는 태도를 취한다면" 오늘의 우리 사회를 옳게 파악할 수 없을 것이라는 의견을 피력하기도 했다.[99] 그러나 이만갑은 1970년대와 80년대를 거치면서 그런 역사사회학적 연구를 수행할 능력을 갖추지 못해서였는지 아니면 정치적으로 민감한 주제여서 함부로 다루기 어려워서였는지 사회학자로서 적합한 방식의 연구를 수행하지 않았다.[100]

---

98 이만갑, 〈역사학과 사회과학의 협조를 위하여〉, 228쪽.

99 이만갑, 〈역사학과 사회과학의 협조를 위하여〉, 235쪽.

100 이만갑의 문제의식과 이어지는 연구로 미국의 한국사 연구자 황경문은 조선 후기의 중인, 향리, 서얼, 무반, 서북인 등 주변집단을 '2차적 사회집단secondary social categories'이라고 부르면서 그들이 한국의 근대화 과정에서 중요한 역할을 했음을 입증했다. Kyung Moon Hwang, *Beyond Birth: Social Status in the Emergence of Modern Korea, Cambridge*(Massachusettes and London: Harvard University Asia Center, 2004) 참조. 홍경래 난에 대한 연구로 김선주, 김범 역, 《조선의 변방과 반란, 1812

그러다가 뜬금없이 뒤늦게 사회생물학적 접근으로 자신의 가설을 입증하기 위한 연구에 나섰다. 사회적 문제를 풀기에 앞서 "우선 인간의 사회적 행동이 어떤 생물학적 또는 생리학적 기초 위에서 행해지는가를 아는 것이 긴요하다고 생각하게 되었다"는 것이다.[101] 어떻게 이 같은 관심의 전환이 일어난 것일까? 이만갑은 과학주의자로서 사실을 바탕으로 가설을 설정하고 검증 가능한 명제를 생산하는 실증주의적 학문관을 가지고 있었다. 그는 사회학보다는 경제학이 더욱 과학화된 학문이라고 생각했고 경제학보다는 자연과학이 더욱 발전된 과학이라고 생각했다. 그래서 뇌과학과 사회생물학을 통해 '주변집단 변혁 주도설'이라는 사회현상을 자연과학적으로 검증하려고 했던 것이다. 이만갑의 마지막 저서 《자기와 자기의식》에는 다음과 같은 구절이 나온다.

인간은 인간이기 이전에 우선 생물체라는 것과, 인간은 의식을 의식하고 자신의 사고를 사고하는 정신적 동물이며 그것이 주로 인간이 가진 뇌의 특수한 구조와 기능에 의한 것이라는, 이 두 개의 사실을 고려한다면 오히려 당연하다고 생각하게 되지 않을까 싶다. 사실 이 두 가지 측

년 홍경래 난*Marginality and Subversion in Korea: The Hong Kyongrae Rebellion of 1812*》, 푸른역사, 2020 참조. 갑신정변을 주도한 개화당 안에서 중인의 역할을 논의한 것으로 김종학, 《개화당의 기원과 비밀외교》, 일조각, 2017, 13~17쪽도 볼 것. 통일신라 시대 육두품 출신의 원효와 최치원, 여말선초의 주변적 지식인 집단에 속했던 정몽주, 정도전 등도 이만갑이 관심을 가진 '주변집단'에 속한 지식인들로 볼 수 있다.

101 이만갑, 《의식에 대한 사회학자의 도전: 자연과학적 전망》, 소화, 1996, 9쪽.

면, 특히 뇌생리학적인 고찰이 깊어질수록 '자기'에 대한 우리의 연구는 혼란을 감소시키고 보다 선명한 인식에 도달할 수 있으리라고 확신한다.[102]

만년의 이만갑은 인간의식의 형성을 주체의 사회적 위치, 가족과 학교를 통한 사회화, 사회적 갈등과 협력 등 사회적 상호작용이나 문화적 요소로 설명하지 않고 뇌의 생리라는 자연현상으로 환원시키면서 사회학자로서의 정체성을 포기한 것으로 보인다. 그는 의식을 연구한 자신의 저서에 '자연과학적 전망'이라는 부제까지 달면서 '과학적' 접근을 추구했다. 이는 그가 자연과학과 구별되는 인문학과 사회과학의 고유한 특성을 인정하지 않고 '과학일원론'의 입장을 취한 것으로 볼 수 있다.[103] 이만갑의 학문 생활 전체를 놓고 볼 때 그는 '사회조사방법론'에서 시작하여 '사회생물학'에 이르기까지 줄곧 '과학으로서의 학문'을 추구한 것으로 보인다.[104] 그의 학문관은 한국 사회학의 주류가 실증주의적 인식론을 바탕으로 양적 자료와 통계학적 접근을 중시하는 방향으로 형성되는 데 중요한 기초로 작용했다.

---

102 이만갑, 《자기와 자기의식》, 소화, 2002, xii쪽.

103 윌슨의 '통섭' 개념과 생물학적 환원론을 비판한 것으로는 이남인, 《통섭을 넘어서—학제적 연구와 교육의 활성화를 위한 철학적 성찰》, 서울대학교출판문화원, 2015을 볼 것.

104 이만갑의 입장과 달리 사회학자로서의 정체성을 잃지 않고 뇌과학과 협력할 수 있는 길을 모색한 Paul Tibbetts, "Sociology and Neuroscience", *The American Sociologist*, Vol. 47, No.1, 2016, 36~46쪽 참조.

5. 이만갑의 농촌사회학 연구

이만갑은 1956년 미국 연수에서 돌아온 후 구체적인 현장 조사 연구에 착수했다. 1957년에는 고등학생들을 대상으로 직업의식을 조사했고 1958년에는 고황경, 이효재, 이해영과 공동으로 농촌가족에 대한 조사 연구를 수행했다.[105] 김채윤은 자신은 농촌 출신이기 때문에 농촌 생활이 당연하게 여겨져 농촌을 연구할 마음이 없었다면서 이만갑이 도시 출신이기 때문에 농촌사회를 연구하게 되었을 것이라고 말하곤 했다. 사실 이만갑은 "신의주에서 태어나 그곳에서 해방될 때까지 살았기 때문에 농촌이 어떤 곳인지 모르고 자랐다."[106] 이만갑은 자신이 농촌사회를 연구한 동기를 다음과 같이 밝혔다.

대학교수로서 초기에 연구한 영역은 농촌사회였다. 우리의 전통의 뿌리가 농촌에 있고, 우리 국민 대다수가 아직 거기에서 살고 있으며, 거기에 빈곤과 무식을 비롯하여 우리나라의 발전을 가로막는 심각한 문제들이

---

105 이만갑, 〈도시 학생의 직업 관념: 사회학적 조사 연구〉, 《사회과학》 1호, 1957, 125~141쪽; 고황경·이효재·이만갑·이해영, 《한국 농촌가족의 연구》, 서울대학교출판부, 1963, 이만갑이 담당한 이 책의 12장에서 15장에 해당하는 동족 조직의 형태, 동족 결합과 가족, 사회경제적 양상, 사회적 참여 부분은 이만갑, 《한국농촌사회연구》, 다락원, 1983의 3부에 재수록되었다.

106 이만갑, 〈내가 살던 농촌〉, 《학문의 여적》, 다락원, 1980, 167쪽.

도사리고 있다고 생각했기 때문이다.[107]

이만갑은 한국 농촌사회의 구조와 변동을 연구하면서 특히 변동에 관심을 기울였다. 그는 그 이유를 다음과 같이 밝혔다.

한국 농촌이 제2차 세계대전을 전후하여 특히 해방 이후에 일찍이 보지 못한 대규모의 변동을 겪었고 또 그 과정은 아직도 계속하고 있을 것이므로 동적인 측면에서 본다는 것은 극히 필요할 것으로 생각되었던 것이다.[108]

이만갑의 대표적인 사회조사 연구는 1958년과 1969년 그리고 1980년 3차에 걸쳐 경기도 광주군 및 용인군의 촌락에서 실시한 조사 연구이다.[109] 1958년에 실시한 1차 조사 연구의 결과는 1960년《한국 농

---

107   이만갑, 《자기와 자기의식》, 소화, 2002, viii쪽.

108   이만갑, 《한국 농촌의 사회구조—경기도 6개 촌락의 사회학적 연구》, 한국연구도서관, 1960, 1쪽.

109   이만갑의 농촌사회 연구는 미국의 재정 지원으로 설립된 한미재단의 연구비 지원으로 이루어졌다. 연구비 문제에 대해 1965년 경북대 사회학과의 배용광은 다음과 같은 의견을 남겼다. "서울대학교의 사회학교실은 특히 연구비 문제에 있어서 유리한 조건에 연구를 추진할 수 있는 분도 있는 것 같지만, 그 조건이 외국기관의 원조로 마련되는 것이니만치, 우리 학계의 실정은 밝다고는 생각되지 않는다." 배용광, 〈한국 사회의 階層攷: 현황과 과제〉, 《아세아연구》 8권 2호, 1965, 446쪽. 한국에서 농촌사회 연구는 사회학자들에 앞서 농업경제학자들에 의해 이루어졌다. 그 보기로 1930년 위스콘신주립대학에서 박사학위를 받은 이훈구(1896~1961)가

촌의 사회구조》로, 2차 조사 연구 결과는 1973년 《한국 농촌의 구조
와 변화》로, 3차 조사 연구의 결과는 1984년 《공업 발전과 한국 농촌》
으로 출간되었다.[110] 동일 지역 농촌에 대한 3차에 걸친 종단적 연구는
1950~1980년대 한국 농촌의 구조와 변동을 다룬 한국 사회학계의 대
표적 연구이다.[111]

　이만갑은 농촌사회 연구에 사회조사방법을 사용했다. 그는 1960년
에 발표한 글에서 한국 농촌사회 연구에 조사방법을 사용하게 된 동기

　　태평양문제연구회Institute of Pacific Relations의 재정 지원을 받아 1931~1932년
　　에 식민지 조선의 토지이용 조사를 실시한 바 있다. 김인수, 〈기독교와 사회조사
　　—일제하 이훈구의 토지이용조사의 정치적 의미〉, 김예림·김성연 편, 《한국의 근
　　대성과 기독교의 문화정치》, 혜안, 2016, 112쪽.

110　《한국 농촌사회의 구조와 변화》, 서울대학교출판부, 1973는 《한국 농촌의 사회구
　　조》, 한국연구도서관, 1960를 일부 수정해 재수록한 1부와 2차 조사 결과를 정리
　　한 2부로 구성되어 있다. 이만갑은 《한국 농촌의 사회구조》가 절판되어 구하기 어
　　려운 상태이고 부족하여 수정할 부분이 있으며, 1차와 2차 조사를 연관시켜 보아
　　야 제대로 이해될 수 있다고 생각하여 1차와 2차 조사 연구를 한 책에 묶었다고 밝
　　혔다. 이만갑, 《한국 농촌사회의 구조와 변화》, 서울대학교출판부, 1973, i쪽.

111　이만갑이 3차 조사를 망설이고 있을 때 한국 사회를 연구하는 영국 런던대학의 사
　　회인류학자 마르티나 도이힐러Martina Deuchler가 연구를 독려하는 '강력한 권
　　고'를 해주었다. 이만갑, 《공업 발전과 한국 농촌》, 서울대학교출판부, 1984, iv쪽.
　　이만갑이 도이힐러와 좋은 관계를 유지한 반면, 최재석은 도이힐러가 자신의 한국
　　가족제도 연구를 표절했다고 주장했다. 이만갑은 1981년에는 기존의 단행본에 포
　　함되지 않은 농촌사회 관련 글들을 묶어 《한국 농촌사회연구》, 다락원, 1981으로
　　펴내기도 했다. 최재석은 1975년 일지사에서 《한국 농촌사회연구》를 펴낸 바 있
　　는데 이만갑이 같은 제목으로 뒤늦게 책을 펴내면서 자신의 저서에 대해 일언반구
　　도 언급하지 않은 것을 의아하게 생각했다. 최재석, 《역경의 행운》, 만권당, 2015.

를 다음과 같이 밝혔다.

사회학 분야에 있어서 뿐만 아니라 사회과학 전 분야에 걸쳐 한국 학계
의 중대한 결함의 하나는 학자들이 사변에 치우치고 외국에서 학문적
업적을 섭취하는 데 분망하여 한국 사회 자체에 대한 과학적 접근을 소
홀히 하고 있다는 것이다. 외국에서 발전된 사회과학의 제 업적에 관해
서 우리가 알고 있는 것에 비하면 우리는 우리 자신이 살고 있는 사회에
관해서는 너무도 모르고 있었다. 우리는 물론 외국에서 발전된 학문적
원리를 충분히 또 신속하게 섭취하고 소화해야 할 것이다. 그러나 근대
화 과정에서 반세기 이상이나 혼란을 겪어 온 한국 사회에서는 오늘날
외국의 그 학문적 원리는 그 자체의 연구보다도 우선 우리 사회의 구명
을 위해서 적용될 수 있을 때 비로소 가치를 가지는 것이라고 할 것이라
고 필자는 확신하고 있다. 필자는 한국 사회를 구명하기 위해 사회조사
방법을 연구했다. …… 필자는 이 방법을 가지고 한국 농촌사회를 파악
하는 데 적용하기로 하였다. 우리가 오늘날 놓여 있는 사회적 문화적 경
제적 제 조건의 근원이 주로 농촌사회에 있다고 보기 때문이다.[112]

이만갑은 1958년 미국 기금으로 만들어진 한국연구도서관의 연구비
지원을 받아 실시한 1차 농촌사회 현지 사회조사에서 한국 농촌사회의
사회구조적 성격과 변화 그리고 그 안에서 이루어지는 인간관계에 대

112　이만갑, 《한국 농촌의 사회구조》, 한국연구도서관, 1960, i~ii쪽.

한 기본적 사실을 발견하고 앞으로의 연구를 위한 가설의 원천을 탐색했다. 1969년에는 옌칭연구소Harvard-Yenching Institute의 연구비 지원을 받아 같은 지역에서 2차 조사를 실시하여 지난 10년 동안 일어난 변화를 살폈다. 1980년 4월 '급격한 정치적 변동기'에 이만갑은 현대그룹의 정주영 회장이 설립한 아산재단의 지원을 받아 같은 지역에서 세 번째 조사를 실시함으로써 1950년대 말에서 1980년대 초에 이르는 한국 농촌사회에 대한 연구를 마감했다.

1차와 2차 조사는 경기도 광주군 돌마면의 여수리, 도촌리, 하대원리, 경기도 광주군 오포면의 창평, 차곡, 그리고 경기도 용인군 능원리 등 6개 촌락의 가구 전체를 대상으로 이루어졌다. 기본적으로 공식적 면접 설문조사를 실시했고 촌락의 지도자들, 관청 공무원, 은행원과 학교 교사, 빈곤층, 일부 여성 등을 대상으로 비공식 심층면접을 수행했다. 3차 조사에는 비농가구와 축산농가가 증가한 여수리, 도촌리, 하대원리에서는 원주민만 조사했고 나머지 지역에서는 2차 조사 이후 전입한 가구도 포함해 조사했다.[113]

1차 조사에는 응답자의 연령, 교육수준, 가구원 수 등의 일반 항목과 종친, 문중, 유림 등의 동족 결합에 대한 항목, 반상차별 정도, 반상 온존 가능성, 통혼범위 등 반상관계에 대한 항목, 토지 이용, 생활수준, 주거 현황, 부채 현황, 직업의식, 전답 소유 여부 및 규모, 연간 총수입 등 경제적 상황에 관한 항목, 직업, 지주·소작관계의 변화와 세대 간

---

113 이만갑, 《공업 발전과 한국 농촌》, 서울대학교출판부, 1984, 14~15쪽.

계층이동 등 사회계층에 관한 항목, 행정기관 이용도, 사회단체 및 문화단체 참여도, 자녀교육에 대한 견해, 대중매체 이용도 등 근대적 사회집단과 문화 활동에 관한 항목, 촌락의 의사결정과 리더십에 대한 항목, 계·두레·품앗이 등 사회적 협동관계에 대한 항목 등이 포함되었다.

2차 조사는 1차 조사의 기본틀을 유지하면서 지난 11년간 일어난 행정구역과 행정기능의 변화, 전답 임야 등의 변화, 교통 통신의 변화를 확인하고 그에 대한 촌락 주민들의 반응과 대응을 조사했다.

3차 조사에서도 1차 조사의 기본틀을 유지하면서 공업화와 도시화의 영향을 집중적으로 조사했다. 주민들의 전출입 상황과 직업 변화 현황을 검토했고 조사 지역 중 성남시로 편입된 지역의 주민들에게 편입 이후 좋아진 점과 나빠진 점을 질문했다. 새마을운동의 영향, 농촌사회에서 여성의 역할 등에 관한 항목도 새로 추가되었다.

이와 같은 3차의 조사 연구를 통해 이만갑은 농촌의 동족 결합 및 반상의식과 같은 전통사회적 특성이 약화되고 있는 가운데 생활수준이 전반적으로 향상되었으며, 새마을운동의 영향력이 커졌고 농촌사회에 도시적 생활양식이 계속 파급되고 있음을 보여주었다. 농업 위주였던 1950년대 말의 한국 사회에서 1960년대 이후 산업화와 도시화가 빠르게 진행되면서 새마을운동이 전개된 농촌사회의 변화를 현지에서 조사한 이만갑의 연구 결과는 한국 사회 연구의 주요한 성과라고 할 수 있다.[114] 1950년대 말에서 1980년대 초에 이르는 20여 년에 걸쳐 일어난 농촌사회의 변화를 마감하는 《공업 발전과 한국 농촌》의 서문에서 이만갑은 자신의 학문 활동의 중요한 연구 결과를 앞에 두고 "감개무량하다"는 감회를 표현하기도 했다.[115]

1970년대까지 한국 사회에서 높은 비중을 차지하고 있던 농촌사회에 대한 이만갑의 연구는 빈곤과 무지로부터의 탈출을 목표로 전개된 새마을운동의 과정과 성과에 대한 연구로 자연스럽게 이어졌다. 그는 1975년에서 1976년에 걸쳐 유네스코 한국위원회 위원으로 한국, 인도, 멕시코, 탄자니아 4개국 지역사회 개발 사례 연구의 한국 사례를 빈센트 브란트Vincent Brandt와 함께 수행했다.[116] 이 연구에서 이만갑은 자신이 이미 연구한 바 있는 경기도 이천군의 두 마을과 충남 공주군의 두 마을의 가구주 전체를 대상으로 조사 연구를 실시했다. 조사 결과는 응답자의 80퍼센트 이상이 1971년 새마을운동 시작 시점과 비교하여 1976년 조사 당시에 생활수준과 생활의 질이 향상되었다고 응답했고

---

114 이만갑의 조사 연구 가운데 일부가 박지향·김철·김일영·이영훈 엮음, 《해방 전후사의 재인식》 2권, 책세상, 2006, 390~432쪽에 〈1950년대 한국 농촌의 사회구조〉라는 제목으로 실려 있다.

115 이만갑, 《공업 발전과 한국 농촌》, 서울대학교출판부, 1984, iii쪽.

116 Vincent Brandt, Man-gap, Lee, "Community Development in the Republic of Korea", R. Dore and Z. Mars ed., *Community Development*(Paris: UNESCO, 1981). 이 연구는 빈센트 브란트·이만갑, 《한국의 지역사회 개발: 4개 새마을 부락의 사례연구》, 유네스코 한국위원회, 1979으로 출간되었고 이만갑, 《농촌사회연구》, 다락원, 1981, 4부에 다시 실렸다.

그것을 새마을운동의 결과로 인식하고 있었음을 밝혔다.

이만갑의 새마을운동 모범사례 연구는 정부 주도의 새마을운동에 간접적으로나마 정당성을 부여하는 역할을 했다. 그는 1977년 서울대학교에 새마을운동종합연구소를 설립하여 1981년까지 소장직을 맡으며 새마을운동 연구를 계속했다.[117] 이만갑은 1984년에 출간한《공업 발전과 한국 농촌》에서 새마을운동을 지역사회 개발운동의 한국적 유형으로 소개하면서 다소간 부작용이 있었지만 크게 보면 큰 성과를 가져왔다고 긍정적으로 평가했다.[118]

강대기와 박대식의 평가에 따르면 이만갑의 농촌사회 연구는 같은 지역을 세 차례에 걸쳐 "동일한 방법으로 심층적인 추적 조사를 실시하여 농촌사회의 변화 과정을 자세히 정리했다는 점"에서 의미가 있다. 하지만 "보다 명확한 이론적 접근과 모형에 의거하여 농촌사회의 변화를 체계적으로 분석할 수 있었다면 더욱 훌륭한 연구가 될 수 있었을 것"이라는 아쉬움을 남겼다.[119]

이만갑은 1970년대 초 농촌사회와 더불어 도시사회에 대한 연구도 진행했다. 유네스코 등 국제기구의 지원을 받아 전 세계 중간 규모 도시 비교 연구의 일환으로 대구를 선정하여 현지 연구를 진행했다. 이

---

117 연구소의 주요 업무는 '새마을운동 10주년 기념사업'이었다. 이만갑,《삶의 뒤안 길에서》, 세계일보사: 2004, 김인수,《농석 이해영의 사회학》, 35~36쪽 각주 16.

118 이만갑,《공업 발전과 한국 농촌》, 서울대학교출판부, 1984의 4장 새마을운동, 12장 생활 향상, 14장 촌락에서의 새마을운동 등을 볼 것.

119 강대기·박대식,〈도시와 농촌공동체의 변화〉, 한국사회학회 편,《광복 50년 한국 사회와 사회학》, 한국사회학회, 1995, 106쪽.

연구는 산업화 초기 도시화의 현황을 점검하고 미래를 예측한 중요한 연구로 남아 있다.[120]

---

120 Man-Gap Lee and Hebert Barringer, *A City in Transition*(Hollym, 1972). 이 책의 영문판은 오늘날 다시 읽힐 가치가 있다고 판단되어 2012년 우리말로 번역 출간 되었다. 이만갑·허버트 베린저, 김영화 책임번역, 《전환의 도시 대구》, 양서원, 2012.

5.

이만갑의
사회 활동

1957년 9월 서울대학교 사회학과 조교수로 임용된 이만갑은 1959년 부교수로 승진했으며 1963년에는 정교수가 되었다. 1965~1966년에는 미국 델라웨어대학에 교환교수로 다녀왔다. 서울대학교에서는 문과대학장, 박물관장, 도서관장, 신문대학원장, 대학원장, 서울대학교 부설 새마을운동종합연구소 소장을 역임했고 1986년에 정년퇴임했다.

이만갑은 학교 밖의 학회 활동에도 적극적으로 참여하여 1962년과 1968년 두 번에 걸쳐 한국사회학회 회장직을 역임했으며 1963년 가족계획협회 이사, 1966년 가족계획심의위원회 위원으로 활동했다. 사회학을 넘어서 지식인으로서 이만갑은 1960년대를 대표하는 월간지 《사상계》의 편집위원을 역임하면서 사회적인 문제에 대한 글을 발표했다. 그는 1960년대에 《사상계》를 비롯한 지식인 잡지에 〈군인-침묵의 데모대〉(1960), 〈중산계급의 정치적 역할〉(1960), 〈성의 사회적 해조諧調와 가치〉(1960), 〈산아제한〉(1961), 〈혁명과 사회〉(1961), 〈농민과 관리〉(1962), 〈근대화와 그 방향〉(1964), 〈재벌의 자세〉(1965), 〈국민과 지도자〉(1965), 〈오늘의 사회악 근절을 위한 나의 제언〉(1965), 〈변화하는 사회에서의 모랄〉(1965), 〈인권 부재의 사회〉(1968), 〈새 사회에의 지향: 사회관의 문제〉(1968) 등 당대의 중요한 사회 문제에 대해 발언했다. 이러한 문필 활동은 이만갑 나름의 '사회학자로서의 현실참여'였다.[121]

이만갑은 신의주 출신의 월남인으로서 반공의식을 가지고 있었고 5·16쿠데타에 대해서도 긍정하는 입장이었다. 1970년대 정부가 주도한 새마을운동을 긍정적으로 평가하여 권위주의 정부에 정당성을 부여하는 역할을 하기도 했다. 그는 "박 대통령의 강한 집념과 그의 영도하에 있는 정부 행정기관의 정력적인 활동"을 새마을운동의 성공 요인으로 들면서 "새마을운동을 추진하는 데 있어서 박 대통령이 어떤 정치적 목적을 달성할 수단으로 이용했다고 보는 것은 지나친 생각일 것이다"라고 말했다.[122]

이만갑은 미국 사회학을 한국에 수용하는 일에 앞장서면서 해외에서 한국 사회학계를 대표하는 역할도 담당했다.[123] 1960년대 중반 이후 이

---

121 박명규, 〈한국 사회학의 전개와 분과학문으로서의 제도화〉, 이화여자대학교 한국 문화연구원 편, 《사회학 연구 50년》, 혜안, 2004, 81쪽.

122 이만갑, 《공업 발전과 한국 농촌》, 서울대학교출판부, 1984, 94쪽과 92쪽.

123 이만갑은 이해영과 더불어 외국 기관의 연구비 지원을 가장 많이 받은 학자이다. 이에 대한 김일철의 증언은 다음과 같다. "이만갑 교수, 돌아가신 이만갑 교수도 외국 돈을 많이 끌어왔어요. 그런데 이쪽(연구소쪽)으로 연결시키지 않고 독자적으로 해서 가족계획, 농촌, 이런 리서치를 많이 했지. 학생들 동원해서 그걸로 보고서를 내고. 그런데 이렇게 해서 보고서를 내면 어떤 보고서를 냈는지 몰라요."

만갑은 해외 여러 학술행사에서 한국 사회학계를 대표했다. 1966년에
는 미국 아시아학회에서 한국 사회의 구조적 변동에 대한 글을 발표했
고 1973년에는 일본사회학회, 유네스코 일본위원회, 세계사회학회가
공동으로 주관한 아시아 지역 사회학회 구성을 위한 회의에서 주제 발
표를 했다. 1978년에도 아시아 사회학자를 위한 포럼에서 발제를 맡았
다.[124] 이만갑은 1975년에 이상백(1954)과 고황경(1960)에 이어 사회학
자로서는 세 번째로 대한민국학술원 회원으로 선출되었다. 이후 그는
사회학계의 원로로 활동하다가 2010년 세상을 떠났다.

김인수, 〈김일철 교수 인터뷰〉, 17쪽.

[124] 이만갑이 환갑을 맞이하여 해외에서 영어로 발표한 글을 모은 책으로 Man-Gap
Lee, *Sociology and Social Change in Korea*(Seoul: Seoul National University, 1982)를
볼 것.

6.

이만갑 사회학의
비판과 계승

이만갑은 서울대 사회학과 교수로서 한국 사회학에 중요한 유산을 남겼다. 사회학과를 만든 이상백이 사회학 연구보다는 대한체육회와 국제올림픽위원회 일에 더 많은 시간을 할애하다가 일찍 세상을 떠났고 양회수, 변시민, 최문환, 황성모가 이런저런 이유로 서울대 사회학과를 떠나면서 이만갑과 이해영이 사회학과를 주도했으나 이해영 또한 상대적으로 이른 나이에 세상을 떠나는 바람에 이만갑은 홀로 서울대 사회학과의 원로 자리를 오랫동안 지켰다.[125]

---

125 김채윤은 이만갑이 사회학과 동문들에 대해 갖는 영향력을 다음과 같이 평가했다. "그리하여 처음부터 지금까지 계신 분은 오직 선생님뿐이셨습니다. 그만큼 선생님은 가장 많은 우리 동문들에게 큰 영향을 주셨습니다." 김채윤, 〈序—헌사에 대신하여〉, 서울대학교사회학연구회, 《한국 사회의 전동과 변화: 이만갑 교수 화갑 기념논총》, 법문사, 1983, vii쪽.

이만갑은 미국에서 도입한 사회조사방법론을 한국 농촌사회에 적용하는 연구를 통해 자신의 학문적 위치를 공고하게 만들었다. 그는 3차에 걸친 농촌사회 현장 조사에 사회학과 학생들을 참여시켜 사회조사방법 훈련 과정을 마련하기도 했다. 이만갑의 농촌사회 연구는 한국의 주요 사회학자들이 조사방법을 실습하는 실질적 기회를 제공하면서 초창기 한국 사회학의 형성에 커다란 영향을 미쳤다.

1970년대 이후 여러 대학의 사회학과 교수가 된 중요한 학자들이 이만갑이 주도한 조사 연구에 참여했다. 1959년의 1차 조사에는 장윤식, 김경동, 강신표, 오갑환, 이근무, 김진균 등이 참여했고 1970년의 2차 조사에는 석현호, 이철, 이각범, 이병혁, 최진호, 최재현, 임현진, 김성국, 김동식 등이 참여했다. 마지막으로 1980년의 3차 조사에는 박노영, 전광희, 정근식, 박민선, 이정옥, 이혜숙, 정혜선, 조형제 등이 참여했다. 그러나 이해영과 달리 이만갑은 제자들을 후원하고 양성하는 일보다는 자기 개인 연구에 더 강조점을 두었기 때문에 밀접한 사제관계를 유지한 제자는 그리 많지 않은 편이다.[126] 아마도 1차 조사에 참여한 김경동이 이만갑의 학문 세계를 이은 가장 충실한 제자라고 할 수 있을 것이다.[127]

---

126 김일철의 증언에 따르면 이해영이 미국의 리서치 펀드를 연구소를 통해 받고 연구 결과 보고와 기금 관리를 철저하게 하면서 제자들을 양성하는 데 주력했던 반면, 이만갑은 "외국 돈을 연구소 쪽으로 연결시키지 않고 독자적으로 해서 가족계획, 농촌 이런 리서치 연구를 많이 했(다)." 이해영이 "기관을 중시"했다면 이만갑 교수는 다소 "이기적"이었다. 김인수, 〈김일철 교수 인터뷰〉, 317~318쪽.
127 김경동은 사회학 개론, 사회학 이론, 사회조사방법론, 한국사회변동론 등의 교재

이만갑은 과학적 사회학을 추구하면서 조사방법론을 강조했다. 그는 사회조사방법을 가르치고 그것을 농촌사회와 도시 연구에 적용하면서 경험적인 조사 연구를 중심으로 하는 한국 사회학의 주요 흐름을 만들었다. 이만갑은 한국 사회학의 초창기에 경험과학으로서의 사회학을 수립하는 일에 중요한 역할을 담당했다. 아래에서는 이와 같은 그의 학문적 기여를 충분히 인정하면서 그의 학문 세계를 비판적으로 평가해 본다.

첫째, 이만갑은 사회조사 연구를 강조하면서 미국 사회학 이론을 소개하는 일도 겸했다. 그러나 그의 경험 연구에는 이론과 조사 연구가 유기적으로 연결되지 못하고 분리된 채로 남아 있었다. 그의 농촌사회 조사 연구는 발견된 사실을 이론적으로 설명하는 단계로 발전하지 못하고 단순한 사실의 서술에 머물렀다. 사회학 이론에 대한 고민과 천착이 부족했기 때문이다. 이에 대해 이만갑은 1970년에 발표한 저서의 서문에 다음과 같이 썼다.

필자는 제2부에서 농촌사회의 변화과정을 충실히 더듬어보려고 노력하였다. 그러나 한 가지 아쉬운 것은 이러한 사실들이 내포하고 있는 이론적인 의미를 찾아내는 충분한 노력을 하지 못했다는 것이다. 그러기에

와 저서를 써서 아카데믹 사회학의 기초를 튼튼히 하는 데 기여했다. 그는 이만갑이 1955년 연수를 다녀온 대학인 코넬대학에서 박사학위를 받았으며 이만갑의 사회학 연구를 개괄하는 글을 썼다. 대한민국학술원 회원이 된 이후 김경동은 학술원 총회가 열릴 때면 이만갑을 자신의 차로 모셔 함께 회의에 참석하곤 했다.

는 필자의 학문적인 능력이 부족했고 또 그럴 시간적 여유도 없었다. 그러나 가까운 장래에 시간을 얻어서 한국 농촌사회의 이론 형성을 위한 작업은 해야 하겠다고 생각하고 있다.[128]

그러나 이만갑은 이후에도 한국 농촌사회에 대한 이론적 작업을 하지 못했고 정년퇴임 이후에는 사회생물학 연구로 자신의 연구 생활을 마감했다. 박영신은 1960년대 이후 사회조사가 한국 사회학계의 주류가 되면서 사회학 이론에 대한 관심이 주변적인 것으로 밀려나게 된 상황을 다음과 같이 지적했다.

사회조사 연구가 오랫동안 사회학의 주요 흐름을 이끌어 오면서 연구의 양적 생산에 기여한 것이 사실이지만, 이론에 대한 상대적인 무시나 몰이해를 가져왔던 것 또한 사실이다. 이와 같은 맥락에서 이론에 대한 인식과 이론과의 관련성이 간과된 채 사회학 연구가 조사방법이라는 간편한 도구에 내맡겨져 온 경향 때문에 조사방법survey research method과 방법론methodology을 혼돈하였는가 하면, 사회학 이론 자체에 대한 도전은 그만두고라도 이론적 논의를 비경험적이라고 규정하려는 몰이론적인 분위기가 생겨나기도 했던 것이다. 과거에 우리 사회학은 경험적인 것이란 것, 그리고 과학적 지식의 생산은 무엇이며, 개념의 경험적 준거는 또 무엇인가 하는 기본적인 이론 및 방법론적인 물음을 던져 따져보지

---

128 이만갑, 《한국 농촌사회의 구조와 변화》, 서울대학교출판부, 1972, ii쪽.

않았었다. 이러한 물음과 이에 대한 해명을 빼놓은 방법은 방법론상의 큰 문제를 안고 있으며, 그것은 결코 사회학에서 의미 있는 과학적 지식의 생산과 이론적 해명을 지향하는 뜻있는 연구가 될 수 없을 것이다.[129]

이만갑의 사회학을 연구한 김봉석은 선험적 가치판단을 배제한 '과학적' 조사방법을 사용한 경험적 연구 결과들이 어떤 사회적 의미를 갖는지에 대해 다음과 같은 평가를 내렸다.

그러나 그가 남긴 유산을 이어받은 연구 성과들이 한국 사회와 관련해 더 많은 것을 이야기하고 나아가 더 좋은 사회를 만드는 데 기여하도록 하려면 목적과 수단이 전도되지 않은, 즉 조사방법론은 연구자 자신이 추구하는 목적과 가치를 실현하기 위한 유용한 도구이지 그 자체가 목적인 것은 아니라는 자세를 견지할 필요가 있다.[130]

박영신은 이만갑이 사회조사 방법을 강조하면서 등한시한 고전사회학 이론과 현대사회학 이론에 대한 연구의 중요성을 다음과 같이 강조했다.

우리에겐 이론의 뿌리가 깊이 고전에까지 내리지 못하였기에, 얼핏 무

---

129 박영신, 〈한국 사회학의 사회학적 역사〉, 《현상과 인식》 1985년 봄호. 인용은 박영신, 《사회학 이론과 현실 인식》, 민영사, 1992, 431~432쪽.

130 김봉석, 〈이만갑의 사회학〉, 《한국사회학》 50집 2호, 2016, 63쪽.

성해 보이는 그 가지와 잎들은 잔잔한 바깥바람에도 쉽게 흔들리고 넘어지곤 했을 것이다. 어차피 세기가 바뀔 무렵 유럽의 거장들이 사회학을 세웠다는 사실을 인정한다면 그것에 미치는 뿌리와 현대에 이르는 줄기를 착실히 이해하는 마음가짐이 있어야 하며, 아마도 그런 이론의 구조 속에서 단순한 이식이나 토착이 아닌 자체 생산의 학문으로 나아갈 수 있는 보기를 찾을 수 있을 것이다.[131]

둘째, 이만갑의 사회조사방법을 활용한 한국 농촌사회 연구에는 지금 여기 한국의 농촌사회가 어떤 역사적 과정을 거쳐 형성되었는지에 대한 질문이 빠져 있다. 조선 후기에서 일제 식민지 시대를 거쳐 해방과 한국전쟁, 그리고 1960년대와 70년대에 걸쳐 진행된 농촌사회의 구조적 변동에 대한 총체적이고 역사적인 관점이 빠져 있다. 한국 농촌사회의 변동을 두고 이만갑도 "근대화 과정에서 반세기 이상이나 혼란을 겪어 온 한국 사회"라고 표현했다.[132] 그러한 그는 한국의 농촌사회와 농민들이 겪은 역사적 경험을 깊이 있게 천착하지 못했다.

1963년 제1차 경제개발 5개년 계획이 시작되고 1965년에는 한일협정이 체결되고 곧바로 월남파병이 이루어졌다. 이 무렵부터 농민 분해가 가속화되고 도시 인구가 급증했다. 도시화와 공업화가 일어나면서 많은 이농 인구가 발생했다. 그러나 1969년에 실시한 이만갑의 농촌사

---

131 박영신, 〈한국 사회학의 사회학적 역사〉, 《현상과 인식》 1985년 봄호. 인용은 박영신, 《사회학 이론과 현실 인식》, 민영사, 1992, 444쪽.

132 이만갑, 《한국 농촌의 사회구조》, 한국연구도서관, 1960, i쪽.

회 연구는 농촌 현장의 가시적이고 미시적인 현상에 초점을 맞춘 채 거시적 차원의 정치·경제적 상황이나 정부의 농업정책에 대한 비판적 논의를 하지 않았다.

이만갑은 농민들이 생활에서 느끼는 문제점이나 고통을 외면한 채 "11년 전에 비하면 한국 농촌도 적지 않게 변했다. 사람들이 입은 옷이 좋아지고, 기와와 슬레이트를 올린 집이 늘어났다. 그리고 사람들의 교육수준과 의식수준이 높아졌으며 여성들의 지위가 향상되고 생활수준이 상당히 올라갔다"라고 썼다.[133] 그의 조사에는 한국 사회 전체의 구조적 변동과 농촌사회의 변화를 연결하는 총체적이고 역사적인 관점이 결여되어 있다.

셋째, 이만갑 사회학에는 사회학적 비판의식이 빠져 있다. 김철규에 따르면 "한국의 농촌사회학 연구들은 학문을 둘러싼 외적 조건들에 의해 크게 영향을 받았다. 1960~1970년대의 외적 조건은 권위주의적 독재체제였다. 근대화를 밀어붙이던 정권하에서 당시의 연구들은 매우 보수적인 입장에서 농촌개발과 근대화에 관련된 연구들을 수행했다. 전형적으로 나타났던 것이 새마을운동에 관한 연구들이었다."[134] 이만갑의 농촌사회학 연구도 김철규의 일반 명제에서 크게 벗어나지 않는

---

133 이만갑, 《한국 농촌사회의 구조와 변화》, 서울대학교출판부, 1972, i쪽. 당시 농촌 상황의 문학적 표현으로는 신경림의 시집 《농무》, 창작과비평사, 1975과 이문구의 소설 《관촌수필》, 문학과지성사, 1977과 《우리 동네》, 민음사, 1981를 볼 것. 《우리 동네》에 실린 김우창의 평론 〈근대화 속의 농촌〉도 볼 것.

134 김철규, 〈한국의 사회변동과 농촌사회학의 변화〉, 이화여자대학교 한국문화연구소 편, 《사회학연구 50년》, 혜안, 2004, 297쪽.

다. 이만갑은 '과학적 사회학'을 내세워 가치중립적인 입장을 견지했는데 이는 암암리에 기존의 이념적·정치적 상황을 있는 그대로 인정하는 결과를 낳았다. 해방 후 반공체제의 성립과 자유당 정부의 부패, 5·16 후의 권위주의적 정부와 1972년 유신체제의 수립이라는 역사적 과정에서 그는 기존 체제에 대해 비판적 입장에 선 적이 없다. 적당한 선에서 기존 체제를 수용하고 거기에 순응하면서 미국 연수, 국내외 연구기관의 연구비 지원 등의 특권과 특혜를 누렸다.

그에게는 사회학자로서 시대와 비판적으로 대결한 흔적이 나타나지 않는다. 그의 사회학에는 거시적 차원의 권력관계나 계급관계에 대한 비판적 인식이 없다. 이와 관련하여 1950년대 중반 이후 이만갑에게 미국 사회학을 배웠던 한완상은 이렇게 썼다.

사회학은 사회에 관한 학문이다. 남의 사회도 연구해서 그 구조와 변화를 파악해 둘 필요가 있지만 자기가 숨 쉬고 살고 있는 자기 사회의 구조와 변동을 보다 더 깊고 넓게 파악해야 할 것이다. 6·25사변 이후 조국의 분단은 더 여물어지면서 안으로 정치적 부조리, 경제적 불안정, 공동체의 약화, 가치관의 혼란, 대외의존도의 증가, 권위주의 풍토의 만연 등이 우리의 사회를 시들게 하고 있었는데도 우리들로 하여금 이러한 '우리의 현상'에 대해서는 눈을 감게 하는 사회학 책을 주로 읽었던 것이다. …… 심각한 문제가 있어도 문제없는 것처럼, 불안해도 안정되어 있는 것처럼, 전쟁을 겪었어도 아무 일이 일어나지 않았던 것처럼, 사회가 심각하게 병들었어도 건강한 것처럼 생각하도록 은근히 유도해 준 그러

한 보수적 사회학을 얼마간 터득한 셈이다.[135]

한완상의 민중사회학에 이어 1980년대에 등장한 비판사회학의 흐름은 이만갑이 주도한 한국의 주류 사회학이 지니고 있는 몰역사성과 체제순응성을 비판하면서 한국 사회의 근현대사를 고려하며 민주주의, 평등, 분단체제의 극복이라는 현실적 과제 해결에 도움이 되는 현실적합성이 높은 사회학적 지식을 추구하게 된다.

넷째, 이만갑은 협소한 실증주의적 과학주의 인식론에 사로잡혀 있었다. 이는 그의 만년의 연구 활동에서 분명하게 드러난다. 이만갑은 서울대학교에서 은퇴한 후 학술원 회원으로 활동하면서 이전의 연구와 단절하여 인간의 의식과 행동에 관한 연구 결과를 발표했다. 그는 인간 행위의 사회·문화적 차원에 대한 관심을 버리고 심리적 차원을 거쳐 생물학적 차원에 관심을 기울였다. 이만갑은 뇌과학과 인간에 관한 생물학적 지식에 깊은 관심을 기울이기 시작했고 사회학을 벗어나 자유롭게 자신의 연구 주제를 탐구했다.

그런데 이 같은 인간의 사회적 행위에 대한 자연과학 환원론적 사고의 출발점이 주변집단이 사회 변혁을 주도한다는 가설이었다는 점은 무척 흥미롭다. 이만갑의 주변집단 변혁 주도설은 사회운동론의 관점에서 볼 때 매우 흥미로운 가설로서 사회사나 사회운동의 사회학의 영역에서 깊이 천착해볼 수 있는 주제였다. 이만갑은 주변집단 변혁 주도

---

135 한완상, 《민중사회학》, 종로서적, 1981, 2쪽.

설을 입증하기 위해 준거집단 이론, 상대적 박탈 이론, 자아관계 이론 등 사회심리학 이론에 관심을 기울이다가 자기와 자기의식에 관한 이론에도 관심을 보였으나 여러 차원의 이론적 자원들을 체계적으로 연결시켜 자신의 가설을 입증하지 못하고 뇌과학과 사회생물학에 준거한 자연과학 환원론으로 돌아섰다. "처음에는 사회변동 이론의 정립을 위한 기초 작업으로서 사회적 지위에 관련된 자연과학적 지식을 얻고자 시작한 연구였지만 정신과 물질의 문제가 인간의 가장 본질적이고 근본적인 문제여서 그 자체를 안다는 것이 목적이 될 정도로 깊숙이 들어서게 됨을 선생 자신도 어쩔 수 없었던 것이다."[136]

이만갑의 주변집단 변혁 주도 가설을 사회생물학이 아니라 사회과학적 수준에서 검증할 수 있는 비교 역사사회학 연구가 이루어진다면 이만갑의 사회학을 의미 있게 계승하는 작업이 될 것이다. 그러나 크게 보면 이 문제는 도구적 실증주의instrumental positivism의 극복이라는 과제를 제시한다. 경험 연구를 강조하면서도 이론적·역사적·비판적 관점을 잃지 않는 사회학의 형성이 그것이다. 이에 대한 논의는《한국 사회학의 지성사》3권 비판사회학의 계보학과 4권 역사사회학의 계보학에서 다시 계속될 것이다.

---

136 김준길, 〈한국 사회학의 개척자 이만갑 교수의 진단: 한국 사회의 오늘과 내일〉, 481쪽.

4부

이해영과
아카데믹 사회학계의 형성

1.

이해영의
사회학사적 위치

서울대학교 사회학과 초창기에 학문적으로 가장 큰 영향력을 행사한 사람은 이상백과 최문환이었다. 경성제대 예과를 마치고 사회학과에 입학한 이해영은 그 두 사람의 수제자였다. 1949년 서울대학교 사회학과를 졸업한 이해영은 1952년 부산 피란시절 모교에서 강의를 시작했다.[1] 1955년과 1956년 사이에는 미국 노스캐롤라이나대학에서 공부했다. 귀국 후 1958년에 모교 출신으로는 처음으로 사회학과 교수가 되었다. 이해영과 함께 경성제대 예과를 다닌 사회학과 동기생 황성모는 1958년 독일 유학을 마치고 귀국하여 1962년 서울대학교 사회학과 교수로 부임했지만 몇 년 후 민비련 사건과 동백림 사건에 연루되어 서울대학교를 떠났다. 하지만 이해영은 계속 사회학과에 남아 후진을 양성

---

[1] 이해영에 대한 선행 연구로는 김인수, 〈농석 이해영의 사회학: '한국조사사'의 측면에서〉,《한국사회학》50집 4호, 2016, 27~65쪽을 볼 것.

했다. 이해영은 스승 세대인 이상백, 최문환, 변시민 등 1세대 사회학자와 그가 가르친 김일철, 한완상, 김경동, 임희섭 등 2세대 사회학자 사이에 위치하는 1.5세대 사회학자라고 할 수 있다.

흔히 이해영은 인구학자로 알려져 있지만 조사 연구 일반에도 관심을 가졌던 사회학자였다. 1954년 백령도, 덕적도, 흑산도 등 서해의 여러 섬 지역의 현장 연구에서 시작된 그의 조사 연구는 1959년 고황경, 이효재, 이만갑 등과 함께 수행한 한국 농촌가족에 대한 연구로 이어졌다. 1964년에는 '미국인구협회Population Council'에서 재정 지원을 받아 서울대학교 문리과대학 안에 '인구 및 발전문제연구소'(이후 '인발연'으로 줄여 씀)를 창설했다.[2] 1965년에는 이 연구소의 사업으로 경기도 이천 지역에서 농촌가족의 출산력에 대한 조사 연구를 실시했다.

이해영은 인발연을 통해 사회조사를 위해 필요한 재정과 인력을 확보하고 그것을 적절하게 조직하여 조사 연구를 실시하면서 기초자료를 수집하고 분석하는 조사 연구의 전통을 만들었다. 이해영은 연구소의 재정과 인맥을 활용하여 여러 후학들을 훈련시키고 유학을 보내 다음 세대 학자들을 양성하는 일에도 크게 기여했다.

---

2 이해영이 만든 연구소의 명칭은 여러 번 변경되었다. 1964년 처음 만든 인구통계실 The Population Statistics Laboratory이라는 명칭은 1929년 윌리엄 오그번이 시카고 대학 사회학과에 만든 '통계연구실Statistical Laboratories'이라는 명칭과 유사하다. 인구통계연구실은 1965년에 인구연구소The Population Studies Center로 바뀌었고 1968년에 인구 및 발전문제연구소Population and Development Studies Center로 바뀌었다가 1995년에는 사회발전연구소The Institute for Social Development and Policy Research로 개칭되었다.

이해영의 사회학은 마이클 뷰러웨이의 사회학 분류틀에 따르면 '전문사회학professional sociology'에서 출발하여 점차 '정책사회학policy sociology'으로 이동했다고 볼 수 있다.[3] 그는 연구소 설립, 연구원 훈련, 연구 기획, 조사 연구 실시, 연구 결과 출판 등을 효과적으로 조직한 탁월한 '연구기획자'였다.[4] 1968년에는 교수로 승진했고 서울대학교 교무처장, 문리과대학 마지막 학장, 사회과학연구소 초대 소장을 역임했다. 그가 한창 활동했던 1960년대와 70년대에는 많은 대학교수들이 정부나 정당의 요직을 맡아 학교를 떠났지만 그는 끝까지 학자의 정체성을 유지하다가 1979년 갑자기 세상을 떠났다.

3 Michael Burawoy, "For Public Sociology", *American Sociological Review*, Vol. 70, No. 1, 2005, 4~29쪽.

4 이해영이 '연구기획자'라는 표현은 권태환이 처음 사용했다. 김인수, 〈권태환 교수 인터뷰〉, 《서울대학교 사회발전연구소 50년사: 1965~2015》, 한울, 2015, 280쪽.

2.

이해영의
지적 성장 과정

이해영은 1925년 서울 종로구 가회동에서 홍선대원군 이하응의 둘째 형인 홍완군 이정응의 증손으로 태어났다. 그의 할아버지 이재완은 고종의 사촌이었고 그의 아버지 이달용은 경기중고등학교의 전신이자 우리나라 최초의 관립학교인 관립 한성중학교 교장을 지냈다. 왕족 가문의 이해영은 자신의 어린 시절을 "평화롭고 유복한 집안에서 큰 사건 없이 지냈던 감미로운 기억으로 가득차 있다"고 표현했다.[5] 이해영은

---

5 이해영은 1955년 당시 자신이 태어난 집에서 계속 살고 있으며 자신이 7세 때 아버지가 돌아가셨으며 당시에는 어머니, 아내, 딸과 함께 살고 있다고 밝혔다. Hae Young Lee, 'Curriculum Vitae' Rockefeller Foundation Records, Folder 5650, Box 358, Series 613, FA 244, RG 10.1, Rockefeller Archive Center. 이 자료는 김인수 박사가 뉴욕의 록펠러재단 본부 자료실에 가서 직접 찾아내서 복사한 것이다. 이 자료에는 지원서, 이력서, 추천서, 연구계획서, 연구보고서 등이 들어 있다. 앞으로 이 자료는 〈이해영 록펠러재단 자료〉로 표기한다.

조선 시대 양반들의 주거지였던 북촌의 재동초등학교를 1938년에 졸업하고 5년제였던 경기중학교를 1943년에 졸업했다.[6] 이후 경성제국대학 예과를 마치고 해방 후 1946년에 서울대학교 사회학과 2회로 입학해서 1949년에 졸업했다.[7] 왕족이었던 이해영이 근대의 정신을 표현하는 사회학이라는 학문을 선택한 것은 다소 의외라고 할 수 있다. 그는 록펠러재단에 제출한 서류에서 자신이 사회학을 전공하게 된 이유를 다음과 같이 밝혔다.

1945년 8월 15일 해방이 되었을 때의 격렬했던 흥분을 결코 잊지 못할 것이다. 모든 것이 희망에 차 있었고 미래는 장밋빛으로 보였다. 그러나 이후 전개된 무질서한 상황은 우리 젊은 세대를 어지럽게 만들었고 어떻게 살아야 할 것인가를 고민하게 만들었다. 그때 오귀스트 콩트가 나에게 영감을 주었다. 혁명 이후 프랑스 사회에 새로운 방향을 제시하기 위해 사회과학이라는 새로운 체계를 창건한 콩트를 떠올리면서 나는 사회학을 전공으로 선택했다.[8]

---

6 이해영의 가계에 대해서는 최명, 《술의 노래—나의 술벗 이야기》, 선, 2014, 17쪽을 볼 것. 서울대학교 교수였던 영문학자 송욱과 서양사학자 민석홍이 이해영의 경기고 39회 동기생이다.

7 서울대학교 사회학과 1회 졸업생은 경성제대와 경성대학에서 사회학을 전공한 송재진이다. 김필동, 〈경성제국대학의 사회학 교육—제도와 사람들(1926~1945)〉, 《사회와 역사》 127호, 2020년 가을호, 64쪽.

8 Hae Young Lee, 'Curriculum Vitae', 〈이해영 록펠러재단 자료〉. 이해영이 콩트를 떠올린 것은 이상백의 영향인 듯하다.

1949년 대학 졸업 후 풍문여고에서 잠시 영어교사로 근무했다. 한국전쟁이 발발하면서 부산으로 피란을 간 이해영은 해군본부 민간 번역요원으로 일하다가 보성고등학교 교사로 부임해 학생들을 가르쳤다. 1951년 윤호영과 결혼한 후 슬하에 3남 1녀를 두었다. 1952년에는 보성고교에서 가르치면서 동시에 서울대학교 사회학과 강사로 영어 원서강독을 담당했다.[9] 1953년 9월 서울 환도 이후 1954년에는 사회학과에서 영어 원서강독, 문화인류학, 도시사회학을 가르쳤고 서해 도서 현장연구에 참여했다.[10]

일제 시대에 학창시절을 시작한 이해영의 학문적 전환점은 두 번에걸친 미국 유학이었다.[11] 첫 번째 유학은 1955년과 1956년 사이에 노스캐롤라이나대학에서 이루어졌다. 당시 미 국무성과 록펠러재단 등은세계 각국의 촉망되는 젊은 연구자들을 미국에 1년간 초청하는 프로그램을 운영하고 있었다.[12] 이해영은 1955년 방한한 록펠러재단의 사회

9　이해영은 1946년 사회학과 진학 이후 대부분의 시간을 맥키버MacIver, 오그번 Ogburn 등 미국 학자들의 글을 읽으며 지냈다고 밝혔다. 'Curriculum Vitae'. 〈이해영 록펠러재단 자료〉.

10　Hae Young Lee, 'Curriculum Vitae'. 〈이해영 록펠러재단 자료〉.

11　이상백과 이만갑이 서울대학교에서 구제舊制 박사학위를 받았지만 어떤 이유에서인지 이해영은 끝까지 박사학위를 받지 않았다. 이해영은 1955년 미국 연수 당시미국 대학에서 학위를 받는 것에 관심이 있느냐는 재단 측의 질문에 대해 "아마도문학 석사 학위일 겁니다. 하지만 꼭 필요한 것도 아니고, 그다지 관심도 없습니다 Possibly a Master of Arts degree. But not essential, nor am I actively interested."라고답했다. 〈이해영 록펠러재단 자료〉.

12　포드, 카네기, 록펠러재단의 활동에 대해서는 Inderjeet Parmar, *Foundations of the*

과학 담당관인 로저 에반스Roger Evans의 추천으로 미국에서 공부할 기회를 얻었다.[13] 이미 학사학위 논문에서부터 문화가 인간 행위에 미치는 영향에 대해 관심을 보인 이해영은 노스캐롤라이나대학에서 문화인류학과 가족사회학을 중심으로 공부했다.[14]

인류학에 대한 이해영의 관심이 어디서 비롯된 것인지는 확실하지 않다. 아마도 이해영의 경성제국대학 예과시절 법문학부에 사회학 전공 교수로 재직한 아키바 다카시秋葉隆에서 시작된 것이 아닌가 싶다. 아키바는 조선의 무속을 연구하면서 종교학 전공 교수였던 아카마쓰

American Century: The Ford, Carnegie, and Rockefeller Foundations in the Rise of American Power(New York: Columbia University Press, 2012)를 참조할 것.

13 최문환, 〈사회학〉, 유네스코 한국위원회 편, 《유네스코 한국총람》, 삼협문화사, 1957, 173~174쪽. 록펠러재단에 보낸 이해영에 대한 추천서에서 이상백은 "사회학은 한국의 학문 세계에서 거의 신흥 학문인데 이 분야의 발전에 헌신할 수 있는 인물이 너무 없다. 이해영은 예외적인 한 사람이며 정말로 우리의 희망이다really our hope"라고 썼다. 당시 이해영이 선호한 대학은 시카고대학이었으나 재단 측의 판단으로 노스캐롤라이나대학으로 가게 되었다. 〈이해영 록펠러재단 자료〉.

14 이해영의 학사학위 논문 제목은 〈문화와 성격—문화인류학적 연구Culture and Personality—A Cultural Anthropological Study〉였으며 기본적 틀을 만들기 위해 루스 베네딕트, 브로니슬라프 말리노프스키, 랠프 린턴, 킴볼 영 등을 참조했다고 밝혔다. 〈이해영 록펠러재단 자료〉. 당시 노스캐롤라이나대학에는 사회학과 인류학이 하나의 과department of sociology and anthropology로 편성되어 있었다. 이해영은 연구계획서에서 공동체를 연구하기 위해서는 인류학자들의 경험적 관찰방법과 사회학자들의 통계적·실험적 방법의 균형을 유지하면서 인류학과 사회학 사이의 학제적 연구가 바람직하다는 의견을 밝혔다. 'Report to Rockefeller Foundation', 3~4쪽, 〈이해영 록펠러재단 자료〉.

치조赤松智城와 함께 현장조사를 실시하여 《조선무속의 연구》를 펴냈다.[15] 이해영은 이 저서를 읽으면서 현장 조사 연구의 필요성을 알게 된 듯하다.[16] 서울대학교 사회학과에 입학해서는 이상백에게 현장 조사 연구에 대한 강의를 들었을 것이다.

이해영은 이상백과 함께 1954년 하버드대 옌칭연구소의 연구비 지원으로 국립중앙박물관이 주관한 '서남해 도서탐구반'의 '사회학반'에 소속되어 한반도 서남해 지역 여러 섬의 인구와 이민, 경제 활동 및 생활상태, 근대화와 교육현황 등에 대한 조사에 참여했다.[17] 1955년 이해영이 록펠러재단에 제출한 연구계획서를 보면 루스 베네딕트의 《국화와 칼》에 대한 언급이 나오는데 미국 인류학계의 동아시아 연구 성과에 대한 관심도 작용한 듯하다.[18]

이해영은 노스캐롤라이나대학에서 인도의 공동체, 중국의 가족 변

---

15 1937년에 경성과 오사카에서 출간된 이 책의 상권이 민속원에서 재출간되었다. 秋葉隆·赤松智城 共編, 《朝鮮巫俗の研究》上·下卷, 서울: 民俗苑, 1992; 이 책의 번역본은 아키바 다카시, 심우성 옮김, 《조선무속의 연구》, 동문선, 1991을 볼 것. 아키바 다카시, 심우성 옮김, 《조선민속지》, 동문선, 1993도 볼 것.

16 강신표의 증언에 따르면 계룡산 현장조사를 바탕으로 박수무당의 중요성을 이야기했더니 이해영 교수가 "자네가 감히 아키바의 연구를 부정하느냐?"는 반응이 있었다고 한다.

17 덕적도, 흑산도, 대청도, 추자도 등을 3차에 걸쳐 답사한 이 조사 연구는 김재원 편, 《한국 서해도서》, 을유문화사, 1957로 출간되었다. 강신표는 이 조사에 학생으로 참여했다. 김인수, 《서울대학교 사회발전연구소 50년사: 1965~2015》, 한울, 2015, 33쪽.

18 이해영, '연구계획서', 〈이해영 록펠러재단 자료〉.

화 등에 관심을 갖고 공부한 후 귀국하여 1957년 '문화인류학' 강의를 개설했고 1958년에는 인류학 개론서를 편집하여 출간했다.[19] 총 12장, 182쪽으로 구성된 이 책은 체질인류학, 고고학, 문화인류학 등 인류학의 하위 분야, 인종, 선사 시대, 진화론, 기능주의, 정신분석, 문화접변, 원시경제, 가족과 씨족, 혼인의 양식, 가족과 개인, 씨족과 토테미즘, 계급과 협동체, 법률과 정치, 주술과 종교, 예술, 복식과 주거 등 광범위한 내용을 담고 있다.

강신표, 한상복, 이문웅 등은 당시 사회학과에서 이해영의 강의를 들으며 인류학에 관심을 갖게 되었고 이후 세 사람 모두 미국에서 인류학을 전공하고 귀국하여 한국 인류학계의 발전에 공헌했다.[20] 1959년 서울대학교 법과대학 학생으로 이해영의 사회학 개론 강의를 들었던 정치학자 최명의 증언에 따르면 이해영 교수 강의 시간에 받아 적어놓았던 노트를 보니 별로 볼 것이 없었지만 겉장에 '사회학 개론' '강사 이해영'이라고 쓰여 있었고 그다음 장에는 고든 차일드Gordon Childe의 《인류사의 전개Man Makes Himself》(1949)와 킹슬리 데이비스Kingsley Davis의 《인간사회Human Society》(1949)라는 두 권의 원서 제목이 적혀

---

19 이해영·안정모 공편, 《인류학개론》, 정연사, 1958.
20 서울대학교 사회학과 50년사 편집위원회 편, 《서울대학교 사회학과 50년사》, 오름, 1996, 75쪽. 해방 이후 서울대학교에 설립되었다가 없어진 고고인류학과가 1961년에 부활했고 이해영의 제자 한상복이 강사를 거쳐 1967년 교수로 부임했다. 한국 인류학의 역사에 대해서는 한국문화인류학회 엮음, 《문화인류학 반세기》, 소화, 2008과 전경수, 《한국 인류학 백년》, 일지사, 1999과 《손진태의 문화인류학—제국과 식민지의 사이에서》, 민속원, 2010 참조.

있었다고 한다.[21] 이 두 권은 이해영이 1955~1956년 미국에서 공부할 때 탐독했던 책으로 고든 차일드의 책은 1959년 강기철에 의해 《인류 사의 전개》라는 제목으로 번역되었고 킹슬리 데이비스의 책은 1964년 이만갑과 고영복에 의해 번역되었다.[22] 박명규에 따르면 이해영은 인류학을 강의하면서 킹슬리 데이비스, 마리온 레비Marion Levy, 로버트 레드필드Robert Redfield, 랠프 린튼Ralph Linton, 알프레드 크뢰버Alfred Kroeber 등의 저작을 참조했고 '문화접변acculturation', '문화지체cultural lag' 등의 개념을 한국 학계에 처음 소개했다.[23]

이해영의 2차 유학은 1962~1963년 미국 펜실베이니아대학에서 이루어졌다. 이때 이해영은 인구학을 집중적으로 공부했다. 이해영은 이미 1차 유학시절에 공동체와 가족사회학을 공부하다가 인구 문제에 관심을 갖게 되었다.[24] 당시 읽었던 아이린 토이바Irene Taeuber의 인구학

---

21 최명, 《술의 노래-나의 술벗 이야기》, 선, 2010, 18쪽. V. Gordon Childe(1892~1957)
    는 윤보선(1897~1990)이 1924~1932년 영국 에든버러대학 고고학과에서 공부할
    때 은사였다. 인류사를 신석기혁명, 도시혁명, 지식혁명으로 설명한 *Man Makes
    Himself*는 1936년에 초판이 나왔고 1941년과 1951년에 개정판이 나왔다.

22 고든 차일드, 강기철 역, 《인류사의 전개》, 정음사, 1959; 킹슬리 데이비스, 이만
    갑·고영복 공역, 《사회학》, 을유문화사, 1964.

23 박명규, 〈한국 사회학의 전개와 분과학문으로서의 제도화〉, 이화여자대학교 한국
    문화연구원 편, 《사회학 연구 50년》, 혜안, 2004, 66쪽. 이해영이 중요하게 참조한
    킹슬리 데이비스와 마리온 레비는 하버드대학교 파슨스의 제자들로서 구조기능주
    의 사회학자들이었다.

24 이해영은 1955~1956년 노스캐롤라이나대학 연수를 마감하면서 쓴 보고서에서 공
    동체 연구, 가족, 인구 문제가 세 개의 관심 분야라고 밝히고 각각의 분야에 대해서

논문 〈전후 한국 인구의 잠재력〉은 이해영이 인구학에 관심을 갖는 결정적인 계기가 된 듯하다.[25] 이 논문은 한국이 인구증가에 대해 자유방임적 태도로 임한다면 인구 문제로 인한 비극적 파국을 맞이할 가능성이 높다고 경고하고 있다.[26] 이해영은 1956년 록펠러재단에 제출한 보고서에서 경제개발과 인구 문제의 관련성을 의식하고 이번에는 "인구문제 연구에 많은 시간을 보내지 못했지만 (인구 문제는) 앞으로의 연구과제로 남아 있다"고 쓴 바 있다.[27]

귀국 후 이해영은 1957년 제1회 한국사회학회 연구발표회에서 〈우

공부한 내용을 요약했다. 'Report to the Rockefeller Foundation' 1쪽, 〈이해영 록펠러재단 자료〉.

25 Irene Taeuber, "The Population Potential of Postwar Korea", *Far Eastern Quarterly*, 1946년 5월. 이해영은 귀국 이후 인구 문제의 중요성을 정부, 국회, 학계, 언론계 등에 알리기 위해 이 논문을 번역해서 발표했다. 아이린 B. 토이바, 이해영 옮김, 〈한국 인구의 과거와 미래〉, 《財政》 1958년 4월호, 52~65쪽. 아이린 토이바는 1948년 록펠러조사단이 일본, 한국, 타이완, 중국, 인도네시아, 필리핀 등 아시아 6개국을 방문 시찰할 때 미국 인구학 및 사회과학 분야의 전문가로 참여했다. 김인수, 〈출산력 조사를 통해 본 일본의 인구정치: 1940~1950년대〉, 《사회와 역사》 118집, 2018, 197~198쪽.

26 이런 견해는 한국뿐만 아니라 제2차 세계대전 후 아시아 인구 문제에 대한 미국 학계와 정계의 지배적인 의견이었다. 예컨대 1945년 킹슬리 데이비스는 다음과 같이 썼다. "우글거리는 아시아인들이 수십 년 내에 2~3배로 늘어날 가능성은 많은 관찰자들에게 프랑켄슈타인의 끔찍함으로 나타나고 있다." 조은주, 《가족과 통치: 인구는 어떻게 정치의 문제가 되었나》, 창비, 2018, 36쪽에서 재인용.

27 아이린 토이바의 논문에는 "한국의 경우 인구 문제를 무시한 어떠한 국내외 개발계획도 비합리적이다"라는 내용이 나온다. 'Study Plan', 8쪽, 〈이해영 록펠러재단 자료〉.

리나라의 인구문제의 과제〉를 발표했고 제3회 연구발표회에서는 〈출생률 연구의 새로운 방향〉을 발표하면서 인구학 분야를 개척했다.[28] 《사상계》 등의 잡지에 인구 문제에 대한 글을 싣기도 했다.[29] 그리고 보면 이해영의 관심이 인류학에서 인구학으로 넘어간 것은 이미 1차 유학시절에 만들어진 것이라고 볼 수 있다.

첫 번째 유학 후 6년 만에 이루어진 두 번째 미국 유학은 이해영의 학문 생활에서 결정적으로 중요하게 작용하게 된다.[30] 당시에는 전 세계적으로 인구폭발이 중요한 문제로 제기되었고 유엔과 미국의 외원 재단들은 인구증가를 둔화시키기 위해 여러 연구기관을 설립하고 인구학 연구기금을 마련하고 있었다.

이 같은 분위기에서 1962~1963년 펜실베이니아대학에서 인구학을 집중적으로 공부한 이해영은 이 과정에서 인구학자 빈센트 휘트니 Vincent Whitney와 밀접한 관계를 형성하고 귀국 후 그의 후원에 힘입어 미국인구협회Population Council의 지원을 받아 서울대학교에 '인구 및 발전문제연구소'를 설립했다. 이 연구소는 이후 한국 사회학계의 후진

---

28 최재석, 〈해방 30년의 한국 사회학〉, 《한국사회학》 10집, 1976, 13쪽의 표-2.

29 이해영, 〈인구: 그 격증의 의의〉, 《사상계》 7권 8호, 1959년 8월호, 174~182쪽과 〈세계 인구의 전망〉, 《사상계》 8권, 4호, 1960년 4월호, 111~117쪽을 볼 것.

30 이해영은 펜실베이니아대학에서 석사 과정을 이수했는데 한상복의 증언에 따르면 유학 가기 전에 서울에서 "수학과 학생을 가정교사로 들여 연구실에서 수학과 통계학을 배웠다"고 한다. "자기가 그게 약하다고, 그래서 대학원에 가서 그걸 할 거라고." 김인수, 〈한상복 교수 인터뷰〉, 《서울대학교 사회발전연구소 50년사: 1965~2015》, 한울, 2015, 289쪽.

을 양성하는 인큐베이터로서 기능하게 된다.[31]

---

31 이해영과 지속적인 관계를 유지한 빈센트 휘트니는 이해영 2주기를 추모하는 저서
    에도 논문을 기고했다. Vincent H. Whitney, "Interrelations of Population Planning
    and Development Planning with Special Reference to Asia", Yunshik Chang, Tai-
    Hwan Kwon, and Peter Donaldson eds., *Society in Transition with Special Reference
    to Korea*(Seoul: Seoul National University Press, 1982), pp. 259~280.

3.

이해영 사회학의
전개

1. 이해영의 사회조사

서울대학교 사회학과 초창기 학자들은 구체적인 자료의 수집과 경험적 조사 연구를 중요하게 생각했다. 최문환은 "이제 사회학은 현실에 대하여 구체적인 자료를 요구하게 되었으며, 사회학의 이론은 실증적인 내용과 동시에 과학적 업적을 종합하여 조사방법을 채용하게 되었다"고 선언했다.[32]

그러나 한국전쟁 전에는 누구도 사회조사방법을 사용한 체계적인 현장 연구는 실시하지 못하고 있는 상태였다.[33] 초창기 사회학자들은 한

---

32 최문환, 〈사회학〉, 유네스코 한국위원회 편, 《유네스코 한국총람》, 삼협문화사, 1957, 174쪽.
33 김인수, 〈농석 이해영의 사회학〉, 35쪽.

국전쟁을 전후로 UNKRA, UNESCO, FOA 등의 국제기구를 통해 흘러 들어온 미국 사회학 서적을 접하고 전후 연합국의 여러 조사기관들이 주관하는 조사 활동을 참관하면서 사회조사방법에 더욱 큰 관심을 갖게 되었다.[34] 1950년대 초반 한국에서 미국 사회학은 당시 미국에서 발전하고 있던 경험적 조사방법과 거의 동일한 의미로 인식되고 있었다. 1956년에 작성해서 1957년에 출간된 한국 사회학 현황 소개글에서 최문환은 이렇게 썼다.

> 서울대학교 문리과대학에 재직 중인 이만갑, 이해영 두 교수가 록펠러 재단의 장학금으로 1955년 10월에 도미하게 되어 미국 학계에서 발전하고 있는 실증적 조사의 이론과 실제를 견습하게 되어 한국 사회에 대한 앞으로의 과학적 분석에 필요한 선진 기술을 이 나라에 도입 보급할 것이 크게 기대되고 있다.[35]

이만갑과 이해영 두 사람이 똑같은 시기에 미국 유학을 하고 돌아왔지만 흔히 조사방법론 하면 이만갑을 떠올린다. 다음과 같은 표현이 그 보기이다.

> 1957년 이만갑 선생의 사회조사방법론 강의는 우리나라 사회과학의 코

---

34 최문환, 〈사회학〉, 174쪽.
35 최문환, 윗글, 175쪽.

페르니쿠스적 변화를 예고하는 신호탄이었다.[36]

이만갑은 1970년에 영어로 발표한 글에서 한국 사회학의 역사를 해방 이전, 해방 이후, 1956년 이후, 1960년대 중반 이후 이렇게 네 시기로 나누고, 1956년을 자신과 이해영이 함께 미국 연수를 통해 이전의 사회학과 구별되는 '새로운 사회학New Sociology'을 도입한 '획기적인 변화epoch—making change'가 일어난 해로 기록했다.[37]

이해영도 1955년 록펠러재단에 제출한 '연구계획'에서 "철학적이고 사변적인 독일식 사회학에 만족할 수 없어서 영미의 사회학자, 인류학자, 사회심리학자들이 발전시킨 '실증적 방법론positive methodology'에 관심을 갖게 되었으며" 문화인류학과 가족 문제를 주제로 연구하지만 "국제적으로 승인될 수 있는 방식internationally acceptable manner"으로 "기본적인 사회학 조사 연구방법basic methodology of sociological survey"을 배우고 싶다는 의사를 표명했다.[38]

사실상 이만갑과 이해영은 조사방법론의 수용과 적용에 똑같이 중요한 역할을 담당했다.[39] 이만갑이 한국 농촌사회를 대상으로 개인적인

---

36 김준길, 〈한국 사회학의 개척자 이만갑 교수의 진단: 한국 사회의 오늘과 내일〉,
    《월간조선》 22권 11호, 2001년 11월호, 470쪽.

37 Man-Gap Lee, "Development of Sociology in Korea", *Sociology and Social Change in Korea*(Seoul: Seoul National University, 1982), p. 271.

38 〈이해영 록펠러재단 자료〉.

39 〈이해영 록펠러재단 자료〉.

조사사업을 실시했다면 이해영은 인발연을 설립하여 자료의 수집과 분석방법의 개선에 심혈을 기울였다.[40] 록펠러재단 사회과학국장의 기대와 예상대로 이해영과 이만갑은 귀국 후 한국 사회학계에서 상호 강화 mutual reinforcement의 관계를 형성했다.[41] 그럼에도 불구하고 한국 사회학계에서 이만갑이 초창기 조사방법론을 대표하는 학자로 인식된 까닭은 그가 1956년 '사회조사방법론' 과목을 개설하고 1963년《사회조사방법론》교재를 간행했기 때문일 것이다.

실제 연구 차원에서 보면 이해영은 이만갑과 거의 동시에 사회조사방법을 적용하는 현장 연구를 실시했다. 이해영은 1959년 고황경, 이효재, 이만갑과 함께 아시아재단의 지원으로 이루어진 한국 농촌가족에 대한 조사 연구에 참여했다. 이 조사 연구는 한국 사회학계에서 명실상부하게 '최초'로 불릴 만한 체계적인 조사 연구였다. 이때 이해영은 전남 담양에서 현지 조사의 책임을 맡았다. 이후 1965년에는 인발연을 설립하고 이천 지역에서 출산력 연구를 실시하면서 과학적인 조사방법을 사용했다.

이해영은 조사방법에 대한 체계적인 교육과 연구의 필요성을 늘 강조했다.[42] 그는 인발연 설립 초기부터 사회조사 및 통계분석 세미나와 워크숍을 조직하여 연구소 내부 구성원들을 훈련시켰다. 1967년 7~8월에 진행된 '사회학조사방법 워크숍Sociological Research Methods

---

40 〈이해영 록펠러재단 자료〉.
41 〈이해영 록펠러재단 자료〉.
42 김인수, 〈농석 이해영의 사회학〉, 50쪽.

Workshop'은 대표적인 예이다. 한국사회학회와 한국농경제학회가 공동 주관하고 아시아재단The Asia Foundation과 농업발전협회The Agricultural Development Council의 후원으로 이루어진 이 행사에는 총 24명이 참가 했는데 사회학자로는 이해영, 김경동, 한상복, 김채윤, 이동원, 한남제, 김영기, 김석훈, 이온죽 등이 있었다.[43] 사회조사방법의 충실한 내용을 체계적으로 조직하여 교육시킨 이 워크숍은 한국 사회학자들에게 "사회조사 및 통계방법론에 대한 집약적인 학습의 기회"를 제공했다.[44]

이해영은 현지 사회조사 및 통계자료 분석에서 방법론적 엄밀성을 강조했다.[45] 1966년에 발표한 글에서 이해영은 좀 더 엄격한 방식으로 사회조사방법을 적용하여 확실한 자료를 수집해야 한다고 강조하기도 했다.

우리가 오늘날 경계해야 할 한 가지 문제는 그 방법과 조사가 너무나 안 이한 상태하에서 진행되어 왔다는 사실이다. 방법에 대한 엄격한 자기

---

43 아시아재단은 미국의 대학교수, 기업가들이 참여하여 아시아 지역의 민주주의, 법치주의, 시장경제 등을 진흥시키기 위해 만든 재단이고 농업발전협회는 록펠러 3세가 기금을 제공하여 아시아 지역의 농업 발전을 위해 만든 재단이다.

44 한상복은 "내가 그 프로그램에 참여해서 좋은 리서치 방법론을 얻었지"라고 회고했다. 김인수, 〈한상복 교수 인터뷰〉, 《서울대학교 사회발전연구소 50년사: 1965~2015》, 한울, 2015, 308쪽.

45 사회조사 연구에서의 엄격함에 대한 강조는 이해영의 조사 연구에 연구비를 지원한 미국인구협회Population Council의 정신과 일맥상통한다. 인구협회는 '엄격한 증거의 힘the power of rigorous evidence'이 문제 해결의 열쇠라고 강조했다.

훈련, 조사에 있어서의 가혹하리만치 요구되는 사실 추구의 태도, 이 두 가지는 모든 조사의 전제가 된다. 확실치 않은 전거하에 자료를 수집하고 그것을 수량화하는 것으로 조사가 끝나는 것은 아니다.[46]

이해영은 통계청을 비롯한 정부의 각급 기관에서 생산한 조사 통계 자료에 대한 비판적 제안을 통해 정부 통계자료의 신뢰성과 타당성을 높이는 일에도 기여했다. 1970년 10월에는 인구 및 발전문제연구소 주최로 정부 통계에 대한 신뢰도와 타당성을 검토하는 '통계문제 세미나'를 개최했다. 이 세미나에서 이해영을 비롯한 사회학자들은 정부의 각종 통계자료의 수집, 분류방법 표준화의 필요성을 제기했다.[47] 1971년 2월에는 경제기획원 조사통계국 관료들과 함께 인구통계, 경제통계, 농림통계 작성 방식에 대해 토론했고, 같은 해 12월에는 정부 각 부서의 관료들과 함께 지방행정 통계, 문교 통계, 노동 통계, 보건사회 통계, 출산력 조사자료의 신뢰성과 타당성 증진을 위한 세미나를 진행했다.[48]

---

46 이해영, 〈개교 20주년 기념 특별시리즈, 상아탑 成年의 結晶 (8) 사회학〉, 《대학신문》 1966년 10월 15일. 김인수, 〈농석 이해영의 사회학〉, 38쪽에서 재인용.

47 김인수, 〈농석 이해영의 사회학〉, 50~51쪽.

48 두 차례의 회의에 사회학자로는 이해영을 비롯하여 이만갑, 고영복, 김영모, 김일철, 김진균, 신용하, 장윤식, 유의영, 김한초 등이 참석했다. 행사 결과는 유의영·석현호 공편, 《한국정부 통계자료의 현황과 문제점(제1편): 인구 및 경제통계》, 인구 및 발전문제연구소, 1971과 장윤식·유의영·석현호 공편, 《한국정부 통계자료의 현황과 문제점(제2편): 지방행정, 문교, 노동, 보건사회통계, 가족계획 및 출산력

이 같은 이해영의 활동을 종합해보건대 한국 사회학의 초창기 역사에서 조사방법과 통계분석이 뿌리내리는 과정에는 이만갑 못지않게 이해영의 기여가 컸음을 알 수 있다. 이런 사실은 그의 인구학 연구를 보면 더 잘 드러난다.

2. 이해영의 인구학

이해영은 학생들에게 인구학에 대한 관심을 불러일으키고 많은 조사연구를 수행했다. 제2차 세계대전 후 록펠러재단과 포드재단 등은 제3세계의 인구증가 둔화를 위한 프로젝트를 만들고 제3세계 정치 지도자들을 설득하기 위해 후진국 학자들을 미국으로 초청하여 훈련시키고 연구비를 제공했다.[49] 이해영의 학문적 관심이 인류학에서 인구학으로

조사자료》, 인구 및 발전문제연구소, 1972로 출간되었다.

49 1948년 이후 냉전체제가 형성되면서 특히 1949년 중국의 공산화 이후 미국 정부, 민간재단, 비정부기구, 대학과 연구소의 지도자들은 아시아 지역의 급속한 인구증가가 경제발전을 저해하고 빈곤을 가중시키며 공산혁명의 가능성을 높인다고 판단하고 인구 통제의 필요성을 느끼고 있었다. 이에 따라 미국 정부를 대신하여 1952년에 설립된 미국인구협회Population Council가 인구학과 의료보건학 관련 현지 학자 초청, 재교육, 연구비 지원 등의 역할을 담당했다. 김인수, 〈출산력 조사를 통해 본 일본의 인구정치: 1940~1950년대〉, 《사회와 역사》 118집, 2018, 199~200쪽, 202~203쪽, 206쪽. 그 결과 출산력 연구를 중심으로 한 인구학은 미국 사회학의 분과 중에서 가장 일관성 있고 국제적으로 초점을 맞춘 연구 결과를 산출

옮겨간 이유는 아마도 미국인구협회의 연구비 지원에서 비롯된 바가 큰 것으로 보인다. 그러나 이해영이 인류학이거나 인구학이거나 현장조사 연구의 중요성을 강조한 점은 일관된다. 그리고 그는 인구학 연구의 중요성을 나름 깊이 인식했던 것 같다. 그는 인구학을 "인간사회의 본질과 변동을 구명하는 기본 과학의 하나"로 생각했다.[50] 그가 볼 때 많은 사람들이 "아직도 인구학이라면 아무 색채도 윤기도 없는 한낱 무미건조한 성격의 학문"으로 인식하고 있다면서 "인구학에 대한 이러한 오해의 대부분은, 말할 것도 없이 인구학이 다루는 자료가 숫자이고 통계적 처리를 전제"로 하기 때문이라고 추정했다. 그럼에도 불구하고 그는 '근대적 자료'와 '근대적 방법'을 가지고 연구하는 인구학은 "우리를 매혹시키고 사로잡을 수 있는" 근대의 기초학문이라고 생각했다.[51]

이해영은 노스캐롤라이나대학 연수 후 1957년 서울대학교 사회학과에서 '인구 문제'라는 강좌를 처음 개설했고 1959년과 1960년에는 인구증가 문제에 관한 글을 발표하기도 했다.[52] 앞서 말했지만 1962년 미국인구협회Population Council의 후원으로 이루어진 펜실베이니아대학

했다. Michael D. Kennedy and Miguel A. Centeno, "Internationalism and Global Transformation in American Sociology", Craig Calhoun ed., *Sociology in America: A History*(Chicago: University of Chicago Press, 2007), pp. 680~681도 볼 것.

50　이해영·권태환,《인구학입문》, 서울대학교 보건대학원, 1973, 1쪽.

51　이해영·권태환, 윗글, 같은 쪽.

52　그 가운데 이해영, 〈인구—그 격증의 의의〉,《사상계》73호, 1959년 8월: 이해영, 〈세계 인구의 전망〉,《사상계》81호, 1960년 4월 등을 볼 것.

유학은 이해영의 학문 이력에서 결정적인 계기가 되었다.[53] 이해영은 그때 알게 된 펜실베이니아대학교 인구학연구소의 빈센트 휘트니의 격려와 조언에 따라 귀국 후 1964년 9월 서울대학교 문리과대학 부설로 '인구연구소'를 설립했다.[54] 연구소 초창기에 이해영은 김진균, 이동원, 권태환을 조교로 채용하고 1965년 3월부터 5월까지 경기도 이천 지역에서 출산력 조사를 실시했다.

이해영이 미국인구협회로부터 3만 달러의 연구비를 지원받아 설립한 이 연구소는 이후 인구현상의 조사 및 연구, 연구자료의 수집·정리, 연구 성과 및 연구자료의 간행, 인구 관계 학자의 양성 및 훈련, 연구발표회, 공개강좌 및 학술토론회 개최, 국내의 학회 및 연구기관과의 협

---

53 '미국인구협회Population Council'는 1952년 존 록펠러 3세가 임신, 출산, 산아제한, 가족계획 등을 포함하는 모자 보건reproductive health의 증진을 목적으로 설립한 비영리기관으로서 지금도 아프리카, 아시아, 라틴아메리카, 중동 지역에서 활발하게 활동하고 있다. 주로 조사 연구를 통해 확보한 '엄격한 증거의 힘the power of rigorous evidence'을 바탕으로 만들어진 문제 해결책evidence-based solution으로 전 지구적 변화를 추구한다. 인구학은 2차 세계대전 이후 미국 사회학을 비서구 사회로 전파하는 가장 중요한 수단이었다. Dennis Hodgson, "Demography: 20th Century History of the Discipline", *International Encyclopedia of the Social and Behavioral Sciences*(Amsterdam: Pergamm, 2001), pp. 3493~3498.

54 1964년 인구통계실로 시작하여 1965년에 인구연구소로 명칭을 변경했다. 김인수, 《서울대학교 사회발전연구소 50년사》, 한울, 2015, 261~264쪽. 이해영에 앞서 고황경이 1949년 프린스턴대학과 컬럼비아대학에서 약 1년간 머물면서 인구 문제를 연구했지만 곧 한국전쟁이 터졌고 고황경이 학문에 전념하지 않았기 때문에 구체적 성과로 이어지지 못했다.

력 등 여러 활동을 전개했다.[55] 이해영이 초대 소장을 맡았고 조이제(인구학), 이만갑(사회학), 황성모(사회학), 최지훈(통계학), 정병휴(경제학), 고응린(보건학), 최인현(경제기획원 통계 담당 공무원) 등이 연구원과 특별연구원으로 참여했다.[56] 이해영은 1968년 활동 범위를 넓히기 위해 연구소의 명칭을 '인구 및 발전문제연구소'(이후 인발연으로 줄여 씀)로 바꾸고 1976년까지 약 10년 동안 연구소를 이끌면서 여러 조사 연구사업을 수행했다.[57]

인발연 초기의 가장 중요한 연구업적은 1965년 3월부터 5월 사이에 이천 지역에서 실시한 출산력 조사이다.[58] 이 조사는 한국 사회학의 역

---

55 김인수, 〈농석 이해영의 사회학〉, 38쪽. 당시 국내에서는 연구기금을 마련하기 어려운 상황에서 조지 워스George C. Worth라는 선교사가 미국인구협회의 한국 대표가 되면서 인구연구소에 10년간 연구기금을 받는 데 기여했다. 이후 다시 리처드 무어Richard Moore의 도움으로 유엔 인구활동기금UNFPA으로부터 10년 동안 지원을 받았다. 이후 1980년대 중반 이후에는 국내에서 연구비를 조달하게 된다. 김인수, 〈권태환 교수 인터뷰〉, 《서울대학교 사회발전연구소 50년사: 1965~2015》, 한울, 2015, 281쪽과 283~284쪽.

56 1965년 당시 조이제는 한국외국어대학을 졸업하고 시카고대학에서 박사학위를 받고 귀국하여 인구문제연구소에 합류했다. 그는 훗날 카터 에커트와 《한국 근대화, 기적의 과정Modernization of Republic of Korea》, 월간조선사, 2005을 편집하고 〈인구정책과 경제발전〉이라는 장을 집필했다.

57 이해영이 세상을 떠나고 인구 연구의 중요성이 감소됨에 따라 연구소의 이름은 1995년 사회발전연구소로 바뀌었다.

58 출산력 조사는 한 국가의 출산력의 수준과 그것의 변화에 영향을 미치는 요인을 밝혀내기 위한 연구로서 장기적인 인구 전망을 가능케 하는 기초자료이다. 연구 결과는 출산과 관련된 관행을 변화시키는 정책 형성의 근거로 활용될 수 있었다. 김인

사에서 전무후무한 대규모 조사였다. 조사원들은 엄격한 태도로 사회조사에 임했고 그 과정에서 연구자로서의 자질을 훈련했다. 1964년 미국인구협회는 한국의 서울, 농촌, 서울과 농촌의 중간 지역에 대한 세 개의 연구 프로젝트를 지원했는데 농촌 지역은 연세대학교 의과대학의 양재모 교수팀이 맡았고, 서울 지역은 서울대학고 의과대학의 권이혁 교수팀이 맡았으며, 서울대학교 인발연의 이해영 교수팀은 서울과 농촌의 중간 지역을 맡았다.[59] 이천에서 이루어진 중간 지역 현지 조사 연구에는 김진균, 권태환, 이동원이 조교로 참여했고 질문지 작성을 위해 구드William Goode와 하트Paul K. Hatt의《사회조사방법Methods in Social Research》(1952)을 주로 참조했다.

그렇다면 사회학자 이해영 연구팀의 조사 연구와 나머지 두 의과대학 연구팀의 조사 연구 사이에는 어떤 차이점이 있었는가? 의료전문가들의 연구가 "주로 가족계획의 기술적 지원과 생식 분야의 연구에 집중"된 반면 이해영 연구팀은 피임에 대한 지식, 정보, 서비스를 제공하는 한편 출산력을 사회의 구조와 변동이라는 거시적 맥락 속에서 이해하려는 경향을 보였다.[60] 이해영 연구팀은 이천 조사 현장에서 20~44세 사이의 기혼여성 2,024명에 대해 전수조사를 실시했고 100여 개의

수, 〈출산력 조사를 통해 본 일본의 인구정치: 1940~1950년대〉, 《사회와 역사》 118집, 2018, 178~179쪽.

59 김인수, 권태환과의 인터뷰 자료. 김인수, 〈농석 이해영의 사회학〉, 40쪽.

60 이해영의 이런 연구 관심은 킹슬리 데이비스의 영향을 받은 것이다. 김인수, 〈농석 이해영의 사회학〉, 41쪽과 김인수, 《서울대학교 사회발전연구소 50년사》, 한울, 2015, 268쪽 참조.

특이한 사례에 대해서는 심층면접을 실시하여 응답자의 사회경제적 배경의 차이에 따른 출산율 차이, 가족계획의 현황과 이에 대한 태도, 가족의 규모에 대한 가치, 가족 가치 및 가족 형태 등을 체계적으로 조사했다.

출산력 조사 후 이해영은 인구 문제와 경제성장의 문제를 연결시키면서 어떻게 하면 거기에 사회학적 관심을 불어넣을 수 있을까 고심했다. 1972년에는 한국사회학회가 주관하고 아시아재단이 후원한 "가족계획 연구 활동에 대한 사회학적 평가" 심포지엄이 개최되었는데 이해영을 비롯하여 이만갑, 이효재, 홍승직, 고영복, 김대환, 윤종주, 정경균, 정철수, 윤시중, 김일철, 임희섭, 한완상, 김진균 등 당시 한국 사회학계의 주요 인물들이 논문을 발표했다. 여러 발표자들이 가족계획 사업에서 보건의료적·실용적 접근을 넘어서는 학술적·사회학적 접근을 강조했는데 이는 평소 이해영의 지론이기도 했다.[61]

잘 알려져 있지 않지만 이해영은 1974년 10년 만에 다시 이천 출산력 조사를 실시했다. 이 조사 역시 미국인구협회에서 연구비를 지원했고 펜실베이니아대학 인구연구소의 빈센트 휘트니 교수가 기금 지원과 연구 과정에서 조언자 역할을 했다. 이 조사 연구의 목표는 한국 사회의 경제발전에 따른 인구변동의 실태를 조사하고 1965년 조사 결과와 비교하는 것이었다. 1965년과 1974년 사이의 출산율 수준과 유형의 비교, 사회경제적 구조 및 가치체계와 인구학적 행위의 상호 관련성 연

---

61 김인수, 〈농석 이해영의 사회학〉, 52~53쪽.

구, 가족계획 사업의 효과적 수행을 방해하는 문제점 파악과 그에 대한 해결책 모색, 출산율 말고도 영아 사망률, 낙태율, 가족계획의 효과 등 인구학적 자료를 풍부하게 수집했다. 조사 결과 10년 동안 가족계획 실시율이 2배 이상 늘어났고 인공유산율도 3배 정도 증가했으며 피임 방법에도 많은 변화가 일어나는 등 정부의 가족계획 정책이 성공적이었음을 확인하고 교육수준 향상과 자녀 수 감소 사이의 관계, 중매결혼에서 연애결혼으로의 이동, 핵가족의 정착 등을 밝혔다.

이해영의 이천 2차 조사 연구는 인구현상을 좀 더 넓은 사회적 맥락 속에 해명하면서 가족사회학과 인구학 연구를 잇는 성과를 얻었다.[62] 위와 같은 연구 관심의 연속선상에서 이해영은 1974년 유엔 인구기금 United Nations Fund for Population Activities이 '세계 인구의 해'를 맞이하여 실시한 세계 출산력 조사의 일환으로 한국 출산력 조사를 경제기획원 조사통계국과 함께 실시하면서 가족계획 연구의 지향점을 사회과학적으로 변화시키는 데 기여했다.[63]

---

62 김인수, 〈농석 이해영의 사회학〉, 44~45쪽.

63 이 연구 결과는 Tae Hwan Kwon, Hae Young Lee, Yunshik Chang, Eui-Young Yu, *The Population of Korea*(Seoul National University Press, 1975)로 출간되었다. 1974년 8월 루마니아의 부쿠레슈티에서 열린 '세계인구회의'는 인구변동을 일으키는 사회경제적 조건을 강조했으며 사회발전 없이 인구 문제의 해결이 가능한가라는 토론이 이루어졌다. 이 회의에서는 "모든 인간의 생활수준과 생활의 질적 개선"을 궁극적인 목적으로 설정하고 인구증가율 억제, 질병 발생과 사망률의 감소, 출생률 억제와 결혼연령의 인상, 인구의 과도한 집중과 편재 방지, 국제 이동을 위한 협정의 체결, 인구 구성의 급격한 변화에 대응하는 정책의 수립 등을 중점적인 목표로 하는 '세계인구행동계획'을 채택했다. 이해영·권태환 편, 《한국 사회: 인구와 발전》,

3. 이해영과 근대화 이론

한국전쟁을 겪은 후 한국의 학계와 지성계에는 미국의 학문을 빠르게 수용하는 분위기가 형성되었다. 을유문화사는 '구미신서'라는 번역서 발간에 즈음하여 다음과 같이 그 의의를 밝혔다.

> 우리가 시야를 넓혀 세계적인 한국을 염원할 때 우리의 고유문화에만 집착할 수 없게 되었습니다. …… 그러므로 폐사에서는 해외 선진국 특히 구미 각국의 저명한 서적을 번역 출판하여 우리나라의 미흡한 면을 채워 신구·동서의 학문적인 집대성을 꾀하려 합니다.[64]

이해영은 1950년대 학자 생활 초창기에 두 권의 영어책을 우리말로 번역했다. 1954년에는 제임스 코넌트의 《현대 과학과 현대인》을 출간 했고 1955년에는 존 듀이의 《자유와 문화》를 출간했다.[65] 듀이의 책은 을유문화사의 '구미신서' 3번으로 출간되었다. 이해영은 두 권의 영어

서울대학교출판부, 1978, 〈서문〉.

64 존 듀이, 이해영 역, 《자유와 문화》, 을유문화사, 1955, 208쪽.

65 당시 미공보원 등은 한국 학자들의 번역 사업을 지원했다. 아마 미국에 연수를 가 기 위해서는 영어 능력을 입증하기 위해 연구업적에 번역서가 포함되어야 했을 것 이다. 제임스 코넌트, 이해영 역, 《현대인과 현대과학》, 박문출판사, 1954; 존 듀이, 이해영 역, 《자유와 문화》. 이 두 권의 번역서는 이해영이 1955년 록펠러재단의 지 원을 받는 데 중요하게 작용했다. 〈이해영 록펠러재단 자료〉.

책을 우리말로 번역하면서 과학적 사고방식과 민주주의라는 가치를 이해하고 근대화론을 수용할 자세를 갖춘 것으로 보인다.[66] 1955년 이해영이 록펠러재단 지원으로 미국 유학을 갈 때 제출한 연구계획서에는 다음과 같은 구절이 나온다.

한국의 가족체계는 서구화의 충격, 과다 인구 등 다른 아시아 나라들과 같은 문제를 공유하고 있다. 그러므로 미국 학자들에 의한 아시아 가족 문제에 대한 최근 연구 업적은 한국 가족체계 연구에 매우 유용하게 응용될 수 있다. 산업혁명 이후 유럽과 미국의 가족체계의 변화에 대한 연구도 이 분야의 일반이론들과 기초적인 방법론에 친숙해지기 위해 꼭 필요한 것이다.[67]

위의 언급에는, 당시 우리나라의 지적 상황을 고려할 때 당연한 것이겠지만, 한국 가족을 연구하기 위해 서구의 가족 변화를 참조하고 미국 학자들의 관점에서 바라본 아시아 가족 연구의 결과를 한국의 가족 연구에 적용하겠다는 뜻이 분명하게 드러나 있다.

한국 현대 사회과학의 역사에서 볼 때 한국전쟁이 끝난 1953년에서 1960년대 중반 사이에 지식체계의 '거대한 전환'이 일어났다. 해방 이

---

66 당시 주한 미국공보원USIS 등은 영서의 우리말 번역을 지원했는데 을유문고의 '구미신서'는 그 결과물인 듯 보인다. 이만갑도 자신의 번역서를 '구미신서'로 출간했다. W. W. 로스토우, 이만갑 역, 《소비에트 사회사》, 을유문화사, 1957.

67 Hae Young Lee, 'Study Plan', 〈이해영 록펠러재단 자료〉. 번역은 필자.

후 대학에 자리잡은 사회과학자들은 거의 대부분 식민지 시대 일본 제국의 고등교육 체계에서 수학했으나 전후 1950년대를 거치면서 점차 '미국 사회과학의 학술지식 체계'로 전환했다.[68] 사회과학 분야에서는 제2차 세계대전 이후 미국 사회과학계가 비서구 사회의 발전에 관해 방향을 제시한 근대화 이론이 주류가 되었다. 이해영이 사회학자로 활동한 1950년대 말부터 1960년대를 거쳐 1970년대에 이르기까지 한국의 사회과학계는 미국 사회과학계에서 수입한 근대화론의 영향 아래 있었다.

근대화 이론은 유럽의 역사를 배경으로 형성된 '근대사회'의 특징과 대비되는 '전통사회'의 특성을 밝히고 비서구 사회가 근대사회로 전환하기 위한 방법을 모색한 학문적 노력의 결과였다. 근대화론은 비서구 지역에 속한 나라들의 역사와 문화적 전통, 경제적 상황, 정치제도, 사회적 갈등, 종교 전통 등의 특수성을 고려하지 않고 서구의 경험에서 만들어진 '근대사회'와 대비되는 '전통사회'라는 하나의 범주에 넣어 설명하는 일반 이론이었다.[69] 그것은 마르크스주의 사회과학에 대한 미국 사회과학계의 응전으로서 반공주의적 사회발전의 방향을 제시하는 이론이었다. 미국의 공익재단과 미국공보원USIS 등의 적극적인 활동

---

68 홍정완, 《전후 한국의 사회과학 연구와 근대화 담론의 형성》, 연세대학교 사학과 박사학위 논문, 2017, iv쪽과 7쪽.

69 월러스틴에 따르면 근대화 이론은 "전통사회들의 내부적 질서의 복잡성을 간과하는 경향을 보였다. 가령 권력과 정체성 같은 핵심적인 사회과학 개념들만 하더라도 대안적인 관점들이 존재한다." 이매뉴얼 월러스틴, 이수훈 옮김, 《사회과학의 개방》, 당대, 1996, 78쪽.

에 힘입어 한국의 지식인층은 근대화론을 긍정적으로 수용했다.[70]

한국전쟁 이후 반공 이데올로기가 강화되고 4·19혁명이 5·16군부 쿠데타로 반전된 후 근대화론은 한국 사회가 나아갈 방향을 제시하는 주도적 이론이 되었다.[71] 좀 더 구체적으로 살펴보면 1955년 아시아재단Asia Foundation의 재정 지원으로 서울에 '한국연구센터'가 설립되었다. 이 기관은 외국 서적을 접하기 어려웠던 시절 인문사회과학 분야의 영어 원서를 구비한 도서관을 만들고, 한국의 각 분야 대표적 학자들에게 연구비를 지원하고 그 결과를 책으로 출판하는 사업을 진행했다.[72] 또 1950년대 후반부터 주한 미공보원은 영어 서적의 한국어 번역을 지원했고 학자들의 미국 연수와 학생들의 미국 유학을 주선했다. 미공보원이 1965년에 창간한 《논단論壇》이라는 계간지는 한국 지식인 사회에 큰 영향을 미쳤다. 거기에는 에드워드 실스, 로버트 니스벳, 킹슬리 데이비스 등 미국을 대표하는 사회학자들의 논문이 번역되어 실렸

---

70 정일준, 〈한국 사회과학 패러다임의 미국화: 미국 근대화론의 한국 전파와 한국에서의 수용을 중심으로〉, 《미국학논집》 37권 1호, 2005, 80쪽.

71 1968년에 발표한 글에서 이효재는 사회학자에게 근대화론은 너무 익숙한 이론이라고 썼다. 이효재, 〈체계 없는 상식의 단계를 넘어: 한국 사회학의 형성을 위한 기초 작업의 금후〉, 《정경연구》 45호, 1968년 1월호, 140~146쪽.

72 1959년 이해영이 고황경, 이효재, 이만갑과 공동으로 진행한 조사 연구의 결과물로서 한국 사회학 최초의 조사 연구 결과인 《한국 농촌가족의 연구》, 서울대학교출판부, 1963의 출간과 이만갑의 농촌사회 조사 연구 결과물인 《한국농촌의 사회구조: 경기도 6개 촌락의 사회학적 연구》, 한국연구도서관, 1960의 출간도 '한국연구센터'의 지원으로 이루어진 것이다. 한국연구센터는 얼마 후 한국연구도서관으로 이름을 바꾸었다.

다. 1965년 고려대 아세아문제연구소가 주관한 근대화 문제 관련 국제 학술회의는 한국 사회과학계에 근대화 이론이 수용되는 결정적인 계기가 되었다.[73]

이해영은 1955년과 1962년 두 번에 걸친 미국 체류를 통해 미국 사회학의 주류 이론인 근대화론을 수용하고 그에 근거한 인구학 연구를 본격화했다. 그가 중시했던 킹슬리 데이비스나 마리온 레비는 모두 탈코트 파슨스의 제자들로서 구조기능주의 이론가들이었다. 이해영의 수제자 권태환에 따르면 이해영은 거대이론화 작업이나 화려한 명제를 제시하기보다는 주관적 가치판단을 자제하며 구체적 자료를 수집하고 사실을 발견하는 일에 열중했다.[74] 그럼에도 불구하고 이해영은 "넓은 이론적 관점에서 흩어져 있는 데이터를 수집하고 자신의 발견을 축적된 지식의 문맥 안에서 해석하는 통찰력을 발휘했다"고 한다.[75]

그렇다면 그의 이론적 관점은 무엇이었을까? 그것은 크게 보면 근대화론의 자장 안에 있었다. 1960년대와 70년대에 걸쳐 이해영이 발표한

---

73 이 국제회의에서 이해영은 "Modernization of Korean Family Structure in an Urban Setting"라는 논문을 발표했다. 아연 주최 국제학술회의의 내용과 그 의미에 대해서는 김인수, 〈한국의 초기사회학과 '아연회의'(1965)―사회조사 지식의 의미를 중심으로〉, 《사이間SAI》 22호, 2017년 5월, 37~88쪽을 참조할 것.

74 Tai-Hwan Kwon, "In Memory of Professor Hae-Young Lee", Yunshik Chang, Tai-Hwan Kwon and Peter Donaldson ed., *Society in Transition with Special Reference to Korea*(Seoul: Seoul National University Press, 1982).

75 Tai-Hwan Kwon, "In Memory of Professor Hae-Young Lee", p. x.

다음과 같은 논문들이 이를 말해준다.[76]

① 〈레비의 중국사회론〉, 이상백 박사 회갑기념논총 편집위원회 편, 《이 상백 박사 회갑기념논총》, 을유문화사, 1964, 585~608쪽.

② 〈사회변화의 현단계〉, 김용구 편, 《전통과 현대성》, 춘추사, 1965, 31~43쪽.

③ 〈독서인-관리-한국 지식인의 계보에 관한 시론〉, 석천 오종식 선생 회갑기념문집 편찬회 편, 《사상과 사회》, 춘추사, 1965, 273~286쪽.

④ 〈특수주의의 배격과 보편주의의 제도화〉, 《정경연구》 1권 10호, 1965, 96~106쪽.

⑤ "Modernization of Korean Family Structure in an Urban Setting", *Report: International Conference on the Problem of Modernization in Asia*(Seoul: Asiatic Research Center, Korea University, 1965), pp. 699~708.

⑥ "Tradition and Change in Rural Korea", *Population and Development Studies Center Reprint Series*, No. 9, 1969, pp. 1~15.

⑦ 〈전통적 요인과 비전통적 요인—경제학과 다른 사회과학의 협동을 위 해〉, 효강 최문환 선생 기념사업추진위원회 편, 《효강 최문환 박사 추

---

76 근대화 이론과 인구학적 전환 이론은 상호간에 서로를 강화하는 분석적 틀mutually reinforcing analytic frameworks이라고 보는 Nils Gilman, *Mandarins of the Future: Modernization Theory in Cold War America*(Baltimore: The Johns Hopkins University Press, 2003), p. 104를 볼 것.

모논문집》, 효강 최문환선생 기념사업추진위원회, 1977, 357~376쪽.

이 논문들 가운데 근대화론의 입장이 잘 드러나는 구절을 인용해보면 다음과 같다.

중국사회 연구가 일시적 유행에 그치지 않고 이토록 내외 학자들의 줄기찬 관심의 대상이 되고 있는 것은 거기에 그럴만한 충분한 이유가 있지만 특히 제2차 대전의 막이 내린 후 후진사회의 근대화 문제가 비록 그 당사국뿐만 아니라 세계적인 각광을 받으면서 이에 대한 관심의 도는 한층 더 치열해진 것 같다.[77]

하여간에 전통적 사회의 근대화가 성공적으로 수행되려면 그 자체 안에서의 저항이 극복되어야 할 세 개의 영역이 있다. 즉 정치, 경제, 및 사회구조가 그것이다. 이 세 영역에서의 변화를 위한 기초적 요건은 인간 태도의 근대화이다. 근대성modernity은 생활양식style of life이다. 근대적 스타일을 형성하는 행위의 총체는 사람의 마음의 틀에 의해 그 전체적 통일이 이루어지는 것이다.[78]

---

77 이해영, 〈레비의 중국사회관〉, 이상백 박사 회갑기념논총 편집위원회 편, 《이상백 박사 회갑기념논총》, 을유문화사, 1964, 587쪽.

78 이해영, 〈사회변화의 제 단계—변화의 추진세력을 중심으로〉, 김용구 편, 《전통과 현대성》, 춘추사, 1965, 31쪽. 이 구절은 이해영이 Max Milikan, Donald Blackmer ed., *Emerging Nations, Their Growth and United States Policy*(Little Brown, 1961)에서 인용한 문장이다. 이 책의 우리말 번역판은 M. F. 밀리칸·D. L. M 블랙크머 편,

오늘날 우리 한국 사회가 근대화의 문제를 다루는 데 있어서 그리고 무엇보다도 그 근대화의 과정을 최단 시일 내에 성공적으로 수행해나가기 위한 그 제일의 과제도 전통적 한국 사회의 구조적 특질의 파악에서 출발해야 할 것이다. 이 경우 한 가지 요체는 중국 사회로부터의 막연한 유추가 아니라 압도적인 중국의 영향하에서도 우리 사회가 지니고 내려온 한국적 구조의 특질을 파헤쳐나가는 데 있다.[79]

이해영은 1960년대 한국 사회에는 근대화 과정이 성공적으로 이루어지기 위해 필수 요건인 인간의 근대적 내적 태도 지향과 새로운 행위 양식의 제도화를 촉진할 정신적 기반이 완전히 결여되어 있다고 진단했다. 그가 볼 때 한국 사회의 근대화는 전통적 가치에 매몰된 한국인들이 전통에서 벗어나 근대적 자아의식에 눈뜬 시민으로 태어나는 일과 밀접히 관련된 것이었다.[80] 이러한 진단은 이해영을 비롯한 주류 사회학자를 포함하여 당시 지식인 일반이 공유하는 것이었다.[81]

유익형 역, 《신생국의 근대화》, 사상계사출판부, 1963으로 출간되었다.

79 이해영, 〈레비의 중국사회관〉, 이상백 박사 회갑기념논총 편집위원회 편, 《이상백 박사 회갑기념논총》, 을유문화사, 1964, 607쪽.

80 이해영, 〈사회변화의 제 단계—변화의 추진세력을 중심으로〉, 김용구 편, 《전통과 현대성》, 춘추사, 1965, 41~43쪽.

81 이러한 분위기에서 1968년 반포된 국민교육헌장은 근대화론을 보수적 민족주의와 결합시켜 만들어진 것이다. 1960년대 근대화 정책의 이념적 기초에 대해서는 《역사문제연구》 15호, 2015의 특집, 특히 황병주, 〈국민교육헌장과 박정희 체제의 지배담론〉, 《역사문제연구》 15호, 2015, 129~175쪽을 볼 것.

4. 이해영의 학문적 업적

1966년 이상백의 갑작스런 사망 이후 서울대학교 사회학과의 연구 프로젝트는 이만갑과 이해영의 주도로 이루어졌다. 이만갑이 개인 자격으로 외부 프로젝트를 수주하고 학생들을 참여시켜 수행한 연구 결과를 자신의 이름으로 발표했다면, 이해영은 연구소를 설립하여 제자들을 훈련시켜 공동 연구를 실시하고 연구 결과도 대부분 공저로 발표했다. 게다가 일찍 세상을 떠났기 때문에 단독으로 발표한 저서와 논문의 양은 적은 편이다. 그럼에도 불구하고 그는 인류학과 인구학 분야에서 중요한 연구업적을 남겼다.

학문 생활 초창기에 문화인류학에 관심이 있던 이해영은 한국, 중국, 일본 세 나라의 문화와 사회를 비교하는 논문을 발표했다. 1964년에 발표한 〈레비의 중국사회관—그 근대화의 문제와 관련하여〉와 1976년 뒤늦게 발표한 〈수치의 문화 죄의 문화—한국 문화 유형의 연구를 위한 서장〉은 그의 한·중·일 비교문화 연구라는 포괄적 구상을 보여주었다. 이해영은 1960년대 중반부터 사회변동과 근대화 문제에 관심을 기울였는데 〈사회변화의 현 단계〉(1965)와 〈한국 농촌의 전통과 변화〉(1973) 등의 논문에 그 흔적이 나타난다. 그는 한국 사회의 근대화를 위해서는 한국 전통사회의 구조적 특질을 파악해야 하고 그러기 위해서

는 사회학과 역사학의 제휴가 필요하다는 생각을 피력하기도 했다.[82]

그러나 그가 발표한 대부분의 논문은 사회조사를 통해 수집한 자료를 바탕으로 양적 분석을 수행한 결과물들이다. 그는 미국인구협회 등 외원 기관으로부터 연구비 지원을 받았기 때문에 1960년대 중반부터 영문으로 보고서와 논문을 발표했다. 1971년에는 인발연 이름으로 《인구 및 발전문제연구소 회보Bulletin of the Population and Development Studies Center》라는 영문 소식지를 창간했다. 이해영은 대표적 조사 연구인 이천 출산력 조사 연구에서 얻은 기초 자료를 활용하여 제자들과 함께 여러 편의 논문을 발표했다. 그가 권태환, 김진균과 공저로 발표한 〈한국 농촌도시 이천읍에서의 가족 크기에 대한 가치와 태도〉(1966)는 그 보기이다.[83]

이해영은 인구 문제와 연관된 도시 문제에도 관심을 갖고 있었다. 인발연에서는 〈근대화 과정에 있어서 사회적·지리학적 이동〉(1968), 〈경제성장과 도시화〉(1968), 〈한국 도시화의 과정 분석〉(1969), 〈지방 대도시에 있어서 노동력 이입 과정〉(1970), 〈국내 인구이동과 도시화〉(1970), 〈소년 비행과 도시화에 관한 연구〉(1970) 등 도시화와 도시 문제에 대한 여러 가지 조사 연구를 수행했다. 1970년대 중반에 발표되었지만 이

---

82 이해영, 〈레비의 중국사회관〉, 이상백 박사 회갑기념논총 편집위원회 편, 《이상백 박사 회갑기념논총》, 을유문화사, 1964, 607쪽.

83 이 논문은 영문으로도 발표되었다. Hae Young Lee, Tae Hwan Kwon and Chin Kyun Kim, "Family Size Value in Korean Middle Town, Ichon-Eup", *Journal of Marriage and the Family*, Vol.30, No. 2, 1968, 329~337쪽.

해영의 사후에 오갑환과 공저로 발표된 영문 논문 "Urbanism in Korea: A New Way of Life"(1980)은 한국의 도시성에 대한 선구적인 연구였다. 이 논문은 시카고학파에 속하는 루이스 워스Louis Wirth의 "생활양식으로서의 도시성Urbanism as a Wat of Life"(1938)을 이론적 자원으로 활용하면서 "우리나라 도시사회의 성격 규정과 생활양식 문제를 다룬 본격적이고 포괄적인 업적으로 이 방면의 연구에 있어서 하나의 이정표"가 되었다.[84]

이해영은 초기에는 단독 논문을 더러 발표했지만 후기의 논저는 거의 모두 공동 저술이었다. 그는 다른 학자들과 달리 공동 연구 프로젝트의 결과를 논문이나 저서로 발표할 때 자기 이름을 내세우지 않고 제자들의 이름을 앞에 놓았는데 이해영의 수제자로 인발연 2대 소장을 역임한 권태환은 이해영의 연구업적에 대해 이렇게 말했다.

이해영 선생이 어떻게 보면 업적이 가장 없는 교수 같은데, 가장 큰 업적을 낸 분이야. 다른 사람 같았으면 다 자기 이름으로 하고 우리 같은 사람 이름은 나타나지 않았을지도 몰라. 그런데 늘 제자들 먼저, 늘 앞에 세워주시고 그렇게 했어.[85]

---

84 Hae-Young Lee, Kap-Hwan Oh, "Urbanism in Korea: A New Way of Life?", Yunshik Chang ed., *Korea, A Decade of Development*(Seoul National University Press, 1980), pp. 219~240. 권태환, 〈한국 사회학에 있어서의 도시연구〉, 《한국사회학》 18집, 1984, 12쪽과 17쪽.

85 김인수, 〈권태환 교수 인터뷰〉, 276쪽.

'연구기획자'로서의 이해영은 여러 학술보고서와 학술지 발간에 기여했다. 인발연을 운영하면서 학자들의 조사 연구 결과가 널리 공유되어야 한다고 생각한 이해영은 인발연의 영문 회보 〈인구 및 발전문제연구소 회보〉 발간을 비롯하여 다양한 보고서와 단행본 발간을 기획했다. 1978년 네 권으로 출간된《한국 사회, 인구와 발전》은 인발연 중심으로 이루어진 이해영의 연구 기획 능력을 보여주는 대표적 저작물이다.[86]

그가 인발연을 운영하면서 형성한 연구자 네트워크를 저자로 총망라한 이 저서는 유엔 인구활동기금UNFPA의 지원으로 1974년에 시작되어 3년 6개월간 진행된 학제적 연구의 결과물로서 총 4권 23편의 논문으로 이루어져 있다. 인구와 발전을 주제로 한 사회조사와 연구 결과를 총괄한 이 총서의 1권은 '인구와 발전', 2권은 '인력과 자원', 3권은 '지역사회, 구조와 가치', 4권은 '국민 생활과 정책적 의미'라는 부제를 달고 있다. 이 총서는 1980년대 한국 사회의 미래를 기획하고 그에 맞추어 정책을 설계하는 데 기여할 수 있도록 구상되었다.[87] 사회학자,

---

86 이해영·권태환 편,《한국 사회, 인구와 발전》1~4권, 서울대학교출판부, 1978. 이 책의 제1편집자로 이해영의 이름이 나오는데 이는 이해영이 이 책의 기획에 그만큼 심혈을 기울였다는 것을 의미한다.

87 이해영이 이 책을 기획하게 된 직접적인 계기는 1972년 미국 정부가 미국학술원에 의뢰해서 나온《인구와 미국의 미래: 인구 성장과 미국의 미래에 관한 위원회의 보고서Population and the American Future: The Report of the Commission on Population Growth and the American Future》와 1974년 부쿠레슈티 세계인구회의에서 제기된 바 인구변동과 사회경제적 변동 사이의 관계에 대한 관심의 증대였다. 김인수, 〈농석 이해영의 사회학〉, 54쪽.

경제학자, 농경제학자, 행정학자, 인류학자, 사회복지학자, 지리학자, 심리학자, 교육학자, 식품영양학자 등 여러 분과학문의 연구자들이 참여했다. 이해영과 권태환이 공동 편집한 이 총서에는 해외 사회학자 장윤식과 유의영을 비롯하여 김채윤, 김일철, 김경동, 김진균, 조형 등 여러 사회학자들이 참여했다. 네 권의 책을 기획하면서 이해영은 사회체계에 대한 종합적이고 총체적인 이해를 다음과 같이 강조했다.

현재 많은 사람들이 개발도상국에 맞는 모형의 개발을 추진하고 있다. 그러나 가장 중요한 문제점은 개발도상국의 경우, 그 사회의 체계에 대한 이해가 근본적으로 부족하다는 점이다. 모델을 만들고 고치는 일은 기술적인 것이다. 한편 사회체계에 대한 이해는 발전적 맥락 속에서 인구문제를 해결하는 데에 본질적인 중요성을 갖는다. 개발도상국에 우선 요구되는 것은 그들 각각의 사회의 여러 구조, 제도, 문화, 가치, 환경에 대한 이해가 아닐 수 없다.[88]

1970년대 중반 한국 사회는 지속적 경제성장을 경험하면서 비농업 부문의 팽창, 교육수준의 향상, 인구이동과 도시화 등 새로운 변화에 직면해 있었다. 이해영은 인구변동을 사회·경제·문화 변동의 주요 요인이자 동시에 그 결과로 보았다. 그는 사회학자로서 향후 한국 사회의

---

88 이해영·권태환 공편, 《한국 사회, 인구와 발전 1(인구·발전)》, 서울대학교출판부, 1978, 〈서문〉.

인구와 발전이라는 문제에 대한 포괄적 인식을 지향했다.[89] 그가 기획
한 《한국 사회, 인구와 발전》 총서는 정부의 인구정책과 경제개발계획
수립에 기초자료를 제공하는 동시에 사회과학 안의 여러 분과학문 사
이의 대화를 촉진하고 연구 능력을 증진하는 데 크게 기여했다.[90]

---

89 김인수, 〈농석 이해영의 사회학〉, 55쪽.

90 권태환은 이 책이 "한국 사회학에서 가장 주목할 만한 업적 가운데 하나인데, 사람
들이 아직 모르고 아무 관심이 없지. …… 각 분야 많은 사람들이 협력해서 매니지
먼트를 하고, 그것은 대단한 업적이야. 한국 사회학에서 아직 그만한 업적은 나올
거라고 생각지 않아"라고 평가했다. 김인수, 《서울대학교 사회발전연구소 50년사》,
112쪽.

4.

이해영의
사회적 활동

1. 정책사회학자 이해영

이해영은 1965년에 발표한 지식인에 대한 논문에서 에드워드 실스 Edward Shills의 글에 기대어 지식인의 보편적 기능을 첫째, 한 사회의 도덕 및 지성의 통일성 확립, 둘째, 통치 권위의 합법 정당성 부여, 셋째, 한 사회의 핵심적 가치체계의 정밀화와 발전, 넷째, 정치참여에 의한 권위 및 권력 행사, 다섯째, 혁명운동의 이론적 무기 제공이라는 다섯 가지로 제시했다.[91] 그렇다면 이해영은 그와 같은 지식인의 다섯 가지 기능 가운데 어떤 역할을 담당했는가? 그는 막스 베버의 '독서인-관료scholar-official' 모델을 논의한 글에서 순수 학문에만 전념하는 학

---

91 이해영, 〈독서인-관리: 한국 지식인의 계보에 관한 시론〉, 석천 오종식 선생 회갑 기념문집 편찬위원회 편,《사상과 사회》, 춘추사, 1965, 273~294쪽.

자가 아니라 경륜을 가지고 현실 정치에 관여하는 한국의 지식인 전통을 환기시켰다.

> 이러한 바탕 위에서 전통적 한국 사회의 지식인—사대부도 다시 한번 이해되어야 할 것이며, 이 계보를 아직도 이어받은 현대 지식인의 과제와 방향도 다시 한번 검토해볼 필요가 있는 것 같다.[92]

이해영은 정치 지향형 지식인이라기보다는 정책 지향형 학자였다. 그는 줄곧 대학교수의 자리를 지켰으며 정치에 직접 관여하지 않았다. 그러나 그는 자신의 연구가 정책 형성에 활용되어 한국 사회의 근대화에 기여할 수 있기를 원했다. 그의 사회학은 마이클 뷰러웨이가 분류한 '전문사회학professional sociology'과 '정책사회학policy sociology' 사이에 걸쳐 있었다. 그는 5·16쿠데타 이후 만들어진 '국가재건최고회의' 사회 분야 자문위원으로 제1차 경제개발 5개년 계획 가운데 교육과 사회 분야 정책 형성에 참여했다. 교육 분야에서는 대학 개혁안을 만드는 일에 기여했고 사회 분야에서는 경제개발을 성공적으로 수행하기 위한 인구정책 형성에 관여했다.[93] 이후 서울대학교 문리대 안에 '인구 및 발전문제연구소'를 창설하여 정부의 인구 및 개발정책 형성에 필요한 연

---

92 이해영, 〈독서인—관리: 한국 지식인의 계보에 관한 시론〉, 293쪽.

93 Tai-Hwan Kwon, "In memory of Professor Hae-Young Lee", Yunshik Chang, Tai-Hwan Kwon and Peter Donaldson ed., *Society in Transition with Special Reference to Korea*(Seoul: Seoul National University Press, 1982), p. x.

구를 계속했다.[94] 이해영의 제자 권태환은 5·16쿠데타 이후 이해영이 정부의 정책 입안과 관련된 연구를 하게 된 계기를 다음과 같이 증언했다.

5·16 이후에 박정희 대통령이 '경제문제에 걸림돌이 뭐냐, 인구 문제다' 해 가지고 의사들은 보건사회부를 통해서, 그 당시 이름은 뭐였는지 모르겠네, 사회과학 하는 사람들은 경제정책을 통해서 서로들 자기의 영역을 확보하려고 노력했거든, 사회학 쪽에서는 고황경 선생이 대표적 인물이었고, 고황경 선생이 추진을 했고 이만갑 선생이 많이 도왔고, 이해영 선생이 그 당시만 해도 실무 일을 하다시피 했지. 나이가 어리니까. 그래서 프로포절 같은 것을 사회학 쪽에서는 이해영 선생이 쓰시고 고황경 선생이 대표로 해서 제출하고 했는데, 조순 씨가 이해영 선생하고 친하고 하니까, (조순 씨가) 경제계획 쪽을 맡았는데, 관여했는데, 그 양반을 설득해서 그 양반이 가지고 올라가서 설득을 했다고.[95]

5·16쿠데타 직후 한국 지식인 사회에는 쿠데타를 긍정적으로 해석하는 시선이 있었다. 그들은 이승만 정부와 같이 부패한 권위주의 정부나 장면 정부 같이 비능률적인 민주정치 구조 아래서는 근대화 과정을 단축하기 힘들다고 판단했다. 역사적 정체로 인한 봉건 잔재, 식민지

---

94 이해영의 사회 활동에 대해서는 김인수, 〈농석 이해영의 사회학〉, 33쪽을 참조했음.
95 김인수, 〈권태환 교수 인터뷰〉, 《서울대학교 사회발전연구소 50년사: 1965~2015》, 한울, 2015, 267쪽.

잔재, 해방 이후의 부패구조의 존재, 건전한 중간계급의 부재 등으로 정치적 혼란과 빈곤이 악순환되는 한국 사회의 후진성을 극복하기 위해서는 잠정적으로나마 독재적인 수단이 불가피하다고 보았다.[96]

이해영도 암암리에 그런 관점을 공유하면서 인발연을 중심으로 근대화 정책 입안에 도움이 되는 사회학적 연구를 진행했다. 그러나 그는 결코 정치 일선에 나서지 않고 학계에 머물렀다. 1966년에는 한국사회학회 8대 회장으로 활동했다. 1968~1970년 사이에는 서울대학교 교무처장을 맡았다. 이 기간에 그는 관악 캠퍼스로 이전할 '서울대학교 종합화 10개년 계획'의 실무를 맡았고 1974~1975년에는 서울대학교 문리과대학 마지막 학장직을 수행했다. 1975년에 서울대학교가 관악 캠퍼스로 이전할 때는 사회학과가 포함된 사회과학대학 창설에 결정적인 역할을 담당했다.[97] "그가 보직을 맡았을 때는 뛰어난 행정 능력, 사려깊음, 공정성, 정직성으로 일을 처리해서 명성이 자자했다."[98]

1976년에는 서울대학교 '사회과학연구소'를 설립하고 초대 소장에 취임하여 학문분과 간 장벽을 낮추고 사회과학 내부의 학제 간 연구를 추진했다.[99] 그는 이미 1970년대 말에 사회복지 문제에 관심을 기울여

---

96 홍정완, 《전후 한국의 사회과학 연구와 근대화 담론의 형성》, 연세대학교 사학과 박사학위 논문, 2017, vii쪽.

97 이 과정에서 이해영의 기여에 대해서는 서울대학교 60년사 편찬위원회 편, 《서울대학교 60년사》, 서울대학교, 2006, 438~441쪽을 볼 것.

98 Tai-Hwan Kwon, "In Memory of Professor Hae-Young, Lee I", P. X.

99 서울대학교 사회과학 분야를 대표하는 연구소인 사회과학연구소의 주요 설립 목적은 "한국 사회의 근대화 과정을 대학 사회의 사회과학 연구와 유기적으로 연계시킴

경제학자로서 훗날 국무총리를 역임한 한승수와 공동 연구를 수행하기도 했다.[100] 이해영의 활동은 개인적 활동보다는 그가 중심이 되어 형성한 학계 연결망을 통해 큰 힘을 발휘했다.

2. 이해영의 학계 연결망

이해영은 한국 사회학계 초창기에 여러 방면으로 '연구기획자' 역할을 담당했다. 먼저 1955년 미국 연수 이후 한국 사회학계와 미국 사회학계의 연결 고리 역할을 수행했다. 미국 재단의 연구비 지원을 받아 한국 사회에 대한 조사 연구를 수행함과 동시에 미국 사회학의 연구방법을 한국의 후학들에게 알리고 미국 유학을 격려하고 주선함으로써 한

으로써 정책과학의 개발을 도모하는 데" 있었다. 사회과학연구소는 1997년 "학문 간의 유기적 연계에 기초한 학제적 연구의 심화"를 목표로 삼는 사회과학연구원으로 개편되었다.

100　이해영은 사회과학연구소 프로젝트로 문교부의 지원을 받아 경제학자 한승수와 영국 사회복지의 이념과 제도를 연구했다. 연구의 결과물은 그의 사후 서울대학교 '사회과학연구총서' 제1권으로 출간되었다. 이해영·한승수 공저, 《영국의 사회복지: 복지국가의 이념과 제도화》, 서울대학교출판부, 1980. 이해영은 이 책의 2절 1장 '베버리지 보고서'와 2장 '영국 사회정책의 회고' 부분을 작성했다. 이홍구는 책의 서문에서 이해영을 "한국에서의 복지 연구의 선구자이신 농석 이해영 교수"라고 썼다. 이해영이 쓴 부분은 책으로 나오기 전에 《사회과학과 정책연구》 1권, 1호, 1979에 〈영국 사회정책 서론〉이란 제목으로 실렸다.

국 사회학과 미국 사회학 사이에 교량 역할을 했다. 이해영은 펜실베이니아대학의 빈센트 휘트니, 캐나다 브리티시컬럼비아대학의 장윤식, 캘리포니아주립대학의 유의영, 아이오와대학의 김재온, 하와이대학의 구해근 등을 통해 미국 사회학계와 한국 사회학계를 이으면서 한국 사회학계에 미국 사회학을 전달하고 미국 사회학계에 한국 사회의 연구 결과를 알리는 통로 역할을 했다.[101]

이해영은 학계와 정부 간 교량 역할도 했다. 정책사회학자로서 이해영은 1965년 이후 인발연 활동을 통해서 정부가 주도하는 경제개발 5개년 계획의 수립에 필요한 인구자료를 확보하고 이를 분석하여 정책 결정자들이 활용할 수 있도록 했다. 1960년대 초만 해도 학계와 정부 부처의 공무원들 사이에 교류와 소통이 거의 없었기 때문에 학계의 연구 결과가 정책 결정에 합리적으로 활용되지 못하는 상황이었다. 이해영은 학계와 정부의 정책입안자 사이에 교량 역할을 해줄 전문가를 양성하고 정부의 통계자료 수집에 관여하면서 수집된 자료를 공유하는 체계를 만들기 위해 노력했다.[102]

또한 연구기획자 이해영은 한국 사회학계의 인적 네트워크 형성에 크게 기여했다. 열정적이면서도 꼼꼼한 성격의 이해영은 위로는 이상

---

101 이해영의 2주기를 맞이하여 출간된 추모논문집도 영문 저서였다. Yunshik Chang, Tai-Hwan Kwon and Peter Donaldson eds., *Society in Transition with Special Reference to Korea*(Seoul: Seoul National University Press, 1982).

102 보기를 들자면 당시 경제기획원 사무관이었던 최인현은 인발연에 관여하면서 정부의 통계자료 수집과 정책 결정 과정에 기여했다.

백과 최문환 두 은사를 잘 받들었고 아래로는 엄격하면서도 자상하게 제자들을 돌보았다.[103] 이해영은 1965년 인발연을 설립하여 2차에 걸친 출산력 연구를 실행하면서 후학들을 양성하는 일에 정성을 쏟았다. 당시 인발연은 서울대학교에서 대학원생들에게 장학금을 줄 수 있는 거의 유일한 기관이었다. 이 연구소의 조교 수당이 상당한 금액이어서 가난하지만 학문적 능력이 있는 대학원생들이 연구소에서 조교 일을 하면서 연구방법을 배우고 학비와 생활비를 조달할 수 있었다.[104] 김일철은 이해영의 제자 양성에 대한 헌신을 다음과 같이 증언했다.

그리고 이해영 교수가 인재 양성을 아주 철저하게 했어. 아주 훌륭한 교육자예요. 자기 스칼라십을 가지고 좋은 학생들 오게 해서 장학금을 주고. 어디 앉아서 공부할 곳도 없는 시절에 스페이스를 줘서 공부하게 하고 연구소와 인연을 맺게 하고, 석사 과정까지 늘 장학금을 줬으니까. …… 그래서 좋은 사람들이 많았어요. 그리고 이해영 교수가 관리를 잘

103　이해영의 제자 권태환의 증언에 따르면 "이해영 선생은 제자들을 매우 아끼고 사랑하는 분으로 알려져 있다. 그러나 그는 제자들 앞에서는 늘 근엄하였고, 따뜻한 말 한마디 하는 법이 없었다. 칭찬을 하기보다는 야단을 치는 것이 그의 특기에 속한다." 권태환, 〈1964~65년의 이야기〉, 《벗으로 스승으로》, 문화과학사, 2005, 85쪽. 이해영은 후배나 제자들에게 매우 엄격했는데 고영복, 김채윤을 비롯해 후배 교수들도 모두 야단을 맞은 적이 있고 제자들 가운데는 뺨을 맞은 사람도 많다고 한다. 이해영은 쓸 만하지 않은 사람에게는 점잖게 대했지만 장래성이 있는 제자들에게는 훈계를 많이 했다고 한다. 권태환은 "그래서 야단치는 게 오히려 그 양반에게는 사랑한다는 표시였다"고 증언했다. 김인수, 〈권태환 교수 인터뷰〉, 276쪽.

104　김인수, 〈권태환 교수 인터뷰〉, 278쪽.

해서. 공부 안 하면 야단도 치고. (웃음) 일도 시키고, 관리를 잘했어요. 세미나 같은 것, 선후배들 모아서 하고. 외국에 연구소나 교수들하고 연락해서 가고 오고, 외국 사람들이 많이 오고 또 가기도 하고. …… 이해영 교수가 또 잘한 것이 PC(미국인구협회)에서 장학금 받게끔 알선을 해줬어요. 그 추천서가 이해영 교수라고 하면 다 통과야.[105]

이해영의 제자 양성 프로그램은 한국 사회학의 역사에서 중요한 의미를 갖는다. 이상백이 서울대학교 사회학과를 창설하면서 과학주의 조사방법을 강조하는 쪽으로 학문의 방향을 잡았다면 이만갑과 이해영은 1955년 미국 연수를 통해 과학주의 사회학을 한국에 도입하여 적용한 초창기 사회학자들이다.

그런데 사회학 학문공동체의 구성을 위해서는 학문의 내용만이 아니라 그런 학문을 계속해 나갈 후속 세대 학자들을 양성하는 일이 중요했다. 이만갑은 사회조사방법론을 전파하는 데 크게 기여했지만 후학 양성이라는 측면에서 보면 이해영이 이만갑보다 훨씬 더 중요한 역할을 했다. 이만갑이 외국의 연구비 지원을 받아 개인적인 연구에 주력한 반면에 이해영은 연구소를 설립하고 외국 기관에서 받은 지원금과 미국 학계와의 인맥을 활용해 학문 후속 세대를 양성하는 일에 각별한 정성을 쏟았다.[106] 이만갑은 이해영보다 연상이고 사회적으로 알려지고 학

---

105 김인수, 〈권태환 교수 인터뷰〉, 311~313쪽.
106 인발연을 거점으로 많은 학생들이 이해영의 지도와 추천으로 미국으로 유학을 떠났다. 김인수, 〈권태환 교수 인터뷰〉, 307쪽과 422쪽.

술원 회원으로도 오래 활동했지만 후속 세대 학자 양성이라는 측면에서 보면 이해영의 학맥이 훨씬 더 광범위하다. 김일철은 김인수와의 인터뷰에서 이만갑과 이해영의 리더십 스타일을 다음과 같이 비교했다.

> **김인수:** 그게 이만갑 선생님과 이해영 선생님의 성향의 차이인가요, 아니면 교육을 받으신 배경에서의 차이일까요?
>
> **김일철:** 스타일의 차이도 있고. 펀딩하는 기관에서 요구의 차이도 있을 거고. 이만갑 선생이 받은 돈은 리서치하는 데서 받은 돈이고. 이해영 선생 것은 인스티튜트 빌딩institute building이라고 그럴까? 기구를 만들고 육성하고 해서 자율적인 연구기관을 강화하는 그런 돈. 펀딩도 달랐고 리더십 스타일도 달랐고.
>
> **김인수:** (리더십은) 어떻게 달랐나요?
>
> **김일철:** (웃음) 아주 달랐지. 이해영 선생은 순수하다고 할까, 아주 좋은 인재를 키워내야 한다, 프로세스가 중요하다. 돈이 중요한 것이 아니라, 장학금을 주면 받은 사람이 공부를 잘하고 있는지 와서 대담도 좀 하고. …… 이만갑 선생은 개인이 하는 일이니까, 연구소 명의가 아니라. 상당히 다르죠. 이만갑 교수는 뭐랄까, 좀 이기적이라고 할까. 이해영 선생은 기관을 중시했어. 학생들 키우고. 펀딩을 자꾸 가져와서 만들고 키우고.[107]

후학 양성을 위해 노력한 결과 이해영은 다음 세대에 활동한 뛰어난

---

107 김인수, 〈김일철 교수 인터뷰〉, 317~318쪽.

학자들을 여러 명 배출했다. 아마도 이해영은 한국 사회학의 초창기에 가장 많은 제자를 둔 학자라고 할 수 있을 것이다. 이에 대한 권태환의 증언은 다음과 같다.

> 그분은 어느 한 분야를 정해서 몰입했다기보다는 초기 개척자들이 그랬듯이 넓게, 그리고 적재적소에 사람들을 충원해 넣은 거야. 나도 인구와 도시 쪽에 집중하게 하고, 한상복 선생은 인류학 쪽을 개척하게 하고. 이런 식으로 기획자의 역할을 많이 했어. 그 능력이 탁월하셔. 오갑환 선생도 이 양반이 문화적인 것을 해오라고 하셨는데 일찍 돌아가셨지. 문화인류학도 하셨으니까. 그쪽도 관심이 있으시고, 문화인류학, 인구학, 가족 그런 곳에 관심을 많이 가지셨으니까. 그쪽에 사람들을 집중적으로 키웠다고 볼 수 있지. 그분은 자기가 학자로서 대단한 연구업적을 낸다기보다 많은 학자들을 뒤에서 서포트하고 지원하는 역할을 하신 것이고. 그 양반을 통해서 초기에 리서치 펀드가 많이 들어왔고. 이상하게도 그분이 이야기하면 다들 줘, 돈을. 외국 사람들이. 아무래도 믿음이 가는 모양이야.[108]

이해영은 인구학과 사회조사, 가족사회학과 인류학 분야의 후속 세대 양성에 깊은 관심을 표명하면서 미국 유학을 권장하고 주선하는 데 헌신적이었다. 이해영의 학맥은 인구학 분야에서 권태환, 박상태, 도홍

---

108 김인수, 〈권태환 교수 인터뷰〉, 280쪽.

렬, 김두섭, 김익기, 최진호, 전광희, 박경숙 등으로 이어지고, 문화인류학 분야에서는 강신표, 한상복, 이문웅으로 연결되었다. 사회학과 출신으로 인류학을 개척한 한상복의 증언은 다음과 같다.

나는 산간촌락 조사를 이해영 선생님 연구실에 있으면서 시작을 했다고요. 사회학과 학부를 다닐 때. 대개 인제 이해영 선생님 밑에서 인류학 책을 내가 다 봤지. 처음 미국 가서서 관심을 가지고 다 사 오신 책. 거기 있는 인류학 책은 내가 다 보고. 중국 촌락, 일본 촌락, 이런 것 인류학자들이 학위 논문을 쓴 것. 레드필드Redfield 조사, 이런 걸 다 보고 나도 고립사회를 좀 보겠다, 인류학적으로. 그래서······[109]

사회조사는 김경동, 석현호, 홍두승 등에 의해 계승되었다. 미국과 캐나다에서 사회학 교수를 역임한 김재온, 장윤식, 유의영, 신의항, 구해근 등도 이해영의 학맥에 속한다. 이들은 모두 이해영의 지도와 추천으로 미국에 유학한 사람들이다.[110] 다시 한상복의 증언을 들어본다.

---

109 김인수, 〈한상복 교수 인터뷰〉, 《서울대학교 사회발전연구소 50년사: 1965~2015》, 한울, 2015, 296쪽.

110 이해영은 1962년 펜실베이니아대학에서 빈센트 휘트니와 인연을 맺은 뒤 제자들을 그 학교에 유학보냈다. 펜실베이니아대학에서 박사학위를 받은 사회학자로는 유의영, 박상태, 석현호 등이 있다. Sang-Tae Park, *Urbanization and Fertility in Korea, 1960-1970*, Ph.D. Dissertation, University of Pennsylvania, 1978; Hyun-Ho Seok, *Internal Migration and Socio-economic Modernization in Korea, 1910~70*, Ph.D. Dissertation, University of Pennsylvania, 1980.

네, 그렇죠. 그리고 박상태, 신의항, 구해근, 이들은 대게 유펜U-Pen에 가서 다들 공부했어요. 이해영 선생님이 1년 정도 다녀오셨고 그때 인연으로 휘트니 교수가 받고, 브라운에는 최진호, 특히 골드스타인의 지도를 받았고……[111]

석현호는 이해영의 학문적 지도를 다음과 같이 회상했다.

서울대학교 사회학과 대학원 시절, 당시 스승인 고故 이해영 교수께서 인구 및 발전문제연구소(현 사회발전연구소) 소장을 맡고 계셔서 소장보로 일했습니다. 소장보를 하면서 사회조사를 도와주는 일과 통계자료를 수집하는 일을 많이 하였습니다. 이때 사회과학 자료의 중요성에 처음으로 눈을 떴죠. 그러다 1974년 미국으로 유학을 떠날 때 이해영 교수님께서 '쉬운 공부만 하지 말고 제대로 공부하고 와라'라고 말씀하신 것을 잊지 않고, 유학 중에 이론 공부에 열중하였습니다.[112]

이해영의 제자 가운데 학번이 제일 빠른 1953년 학번 장윤식은 1967년 프린스턴대학에서 한국의 인구 문제에 대한 논문으로 박사학위를

---

111 김인수, 〈한상복 교수 인터뷰〉, 307쪽; Jin-Ho Choi, *Determinants and Consequences of Urban to Rural Migration in Korea*, Ph.D. Dissertation, Brown University, 1980.

112 신혜선, 〈인터뷰: KOSSDA 역사를 써온 석현호 한국사회과학자료원 전 이사장〉, SNUAC News, 6호, 2015.

4부

이해영과 아카데믹 사회학계의 형성

받고 캐나다의 브리티시컬럼비아대학UBC 교수로 재직하면서 이해영이 설립한 인발연을 측면에서 도왔다.[113] 1956년 학번 유의영은 펜실베이니아대학에서 박사학위를 받고 캘리포니아대학에서 교수로 재직하면서 이해영을 도왔다. 1960년 학번의 신의항은 영문 연구계획서를 잘 써서 인발연이 미국인구협회로부터 10년간 연구 지원을 받는 데 기여했다.[114]

록펠러재단의 지원을 받아 양적 조사 연구를 수행하고 사회학과 학생들에게 통계학 교육을 강화하여 윌리엄 오그번William Ogburn, 하워드 오덤Howard Odum, 존 길린John Gilin, 프랭크 핸킨스Frank Hankins 등 미국 사회학계의 수량적 조사 연구자들의 연결망을 조직한 컬럼비아대학의 기딩스처럼 이해영은 한국 사회학계에 가치중립적이고 수량적 분석을 강조하는 전문주의 사회학자들의 연결망을 형성하여 한국 사회학계에 과학주의 주류 사회학의 정초를 마련했다.[115] 인발연의 조교 출신, 연구원이나 연구위원, 연구소장 출신의 사회학자들은 명확하고 의도적인 방식은 아니지만 암암리에 인발연에서 겪은 공동의 경험을 바탕으로 느슨한 협력 네트워크를 형성했다.

인발연의 조교를 거친 사회학자로는 강신표, 김진균, 이동원, 권태

---

113 Yun-shik Chang, *Population in Early Modernization*, Ph.D. Dissertation, Princeton University, 1967.

114 김인수, 《서울대학교 사회발전연구소 50년사: 1965~2015》, 한울, 2015, 283쪽.

115 미국 사회학에서 양적 분석방법의 역사에 대해서는 이기홍, 〈양적 방법은 미국 사회학을 어떻게 지배하게 되었나?〉, 《사회와 이론》 32집, 2018년 5월, 7~60쪽.

환, 석현호, 김동식, 김성국, 양종회, 박상태, 양춘, 최순, 심영희, 임현진, 전태국, 김두섭, 김익기, 김영기, 도흥렬, 전광희, 이동인, 박재흥, 배규환, 이은진, 김종덕, 이상철, 조병희, 조병구, 최진호, 최태룡, 남춘호, 김병관, 김병조, 김우식, 김필동, 은기수, 설동훈, 이재열, 이재혁, 이정옥, 장상수, 장세훈, 한신갑, 배은경, 한준, 한영혜, 김수정, 이명진, 박경숙, 강정한, 임동균 등이 있다.[116] 인발연 출신 사회학자들의 대다수는 미국 유학 이후 서울대, 고려대, 연세대, 성균관대, 서강대, 한양대, 국민대, 동국대를 비롯하여 전국 여러 대학의 사회학과 교수로 자리잡고 자신들이 배운 조사방법과 통계분석 방법을 중심으로 하는 주류 사회학의 패러다임을 한국 사회학계의 규범으로 정립하는 데 기여했다. 이들이 학생들을 가르치면서 학계에서 중요한 역할을 하게 됨에 따라 사회학과에서 새로운 교수를 충원할 때도 그들이 공유하는 과학주의 사회학 패러다임 안에서 학문 활동을 하는 사람을 선호하게 되었다. 한국 사회학 주류의 형성과 강화는 이렇게 이루어졌다.

과학주의 사회학 패러다임은 1980년대 들어 비판사회학의 도전을 받기도 했지만 여전히 한국 사회학계의 주류 패러다임 지위를 점하고 있다. 그에 따라 역사사회학적 접근, 이론적 접근, 비판적 접근, 질적 방법론 등은 비주류로 취급되고 있다.[117] 그렇다면 한국 주류 사회학의

---

116 위의 명단은 임의로 선정한 것이고 인구연구소에서 인발연을 거쳐 사회발전연구소의 전체 조교 명단은 소장, 연구원 명단과 함께 김인수, 《서울대학교 사회발전연구소 50년사: 1965~2015》, 한울, 2015, 454~455쪽에 정리되어 있다.

117 2000년대에 들어서 사회학계의 규모가 커지고 구성원들이 다양화되어 문화사회

네트워크를 형성한 이해영의 리더십은 어떻게 만들어진 것일까?

3. 이해영 '리더십'의 출처

이해영은 1966년 충남, 전남, 충북, 경남의 네 개 농촌마을 현지 조사 결과를 정리한 글에서 지도자의 중요성에 대해 다음과 같이 언급한 바 있다. 농촌사회의 발전에는 여러 가지 요인이 작용하지만 "한 마을이 진실한 지도자를 가질 수 있느냐 없느냐는 그 마을 발전의 관건이 된다."[118]

농촌사회만이 아니라 학계의 발전에도 지도자의 역할이 중요하다. 이해영은 1960년대와 1970년대에 한국 사회학계의 발전에 기여한 지도자였다. 그는 학자이자 교수로서 동료 교수와 학생들로부터 존경을 받았다. "이해영 교수는 우리 학문공동체에서 권위와 비전과 추진력을 갖춘 뛰어난 리더였다. 그는 학자이자 스승으로서 진정한 의미에서 존경을 받았다. 그는 무엇보다 원칙을 지키는 자비로운 사람이었다."[119]

학, 이론사회학, 여성학 등을 전공하는 새로운 세대의 활동이 점차 활발해지면서 한국 사회학계는 여러 패러다임이 공존하는 상황으로 가고 있다.

118 이해영, 〈한국 농촌의 전통과 변화〉, 고려대학교 아세아문제연구원 한국연구실 편,《한국의 전통과 변천》, 고려대학교출판부, 1973, 110쪽.

119 Tai-Hwan Kwon, "In Memory of Professor Hae-Young Lee Ⅰ", Yunshik Chang, Tai-Hwan Kwon and Peter Donaldson ed., *Society in Transition with Special Reference*

그는 '진정한 신사'였으며 인발연을 거점으로 뛰어난 '지도력'을 발휘했다.[120] 서울대 사회학과 교수로 정년퇴임한 한상진은 이상백 이후 이해영이 서울대 사회학과의 중심 인물이었음을 다음과 같이 증언했다.

서울대학교 사회학과의 계보가 복잡합니다. 하지만 크게 보면 문리대 시절 만들어진 '인구 및 발전문제연구소'가 오랫동안 주류였다고 할 수 있습니다. 그 한복판에 연구소를 창설해 이끌어 가신 이해영 선생님이 계셨고요. 이 선생님은 가문이나 인품에서 사회학과는 물론이고 서울대학교 전체에 영향력이 매우 컸던 분이었습니다. 위로 이만갑 선생님이 계셨지만, (그분은) 자유로운 분이었습니다. 그에 비해 이해영 선생님은 영향력을 확보하고 행사하셨던 분이었습니다.[121]

그렇다면 이해영의 지도력과 영향력은 어떻게 만들어진 것인가? 누구나 이해영 하면 왕족이라는 말을 한다.[122] 이해영은 왕족 명문가 출생이라는 배경 위에 경기고등학교와 경성제국대학 예과를 거쳐 서울대학

---

to Korea(Seoul: Seoul National University Press, 1982), p. ix.

120 Yunshik Chang and Peter Donaldson, "In Memory of Professor Hae-Young Lee Ⅱ", Yunshik Chang, Tai-Hwan Kwon and Peter Donaldson ed., *Society in Transition with Special Reference to Korea*, p. xi.

121 한상진 외, 《한상진과 중민이론》, 새물결, 2018, 72쪽.

122 이상백이 록펠러재단에 쓴 이해영 추천서에도 "이전 왕가former royal household 와 관련된 훌륭한 집안 출신으로 유쾌한 성격에 세련된 예절을 갖추었다"라는 구절이 나온다. 〈이해영 록펠러재단자료〉.

교를 졸업한 엘리트 학벌, 그리고 1950년대 중반 남보다 앞서 미국에 유학한 경험을 배경으로 일종의 '카리스마'를 가지고 학계의 지도자로 활동할 수 있었다.

이해영은 나이 스무 살이 될 때까지 돈을 만져본 적이 한 번도 없다고 한다. 늘 하인이 따라다니면서 수발을 들었기 때문이다. 서울 토박이 양반들의 주요 거주지였던 가회동에서 대대로 살아 온 이해영의 가문은 견지동 조계사에서 종로 네거리 신신백화점 있던 자리에 이르는 토지를 소유한 대부호였다. 그런데 어찌 된 이유에서인지 이해영은 그 땅을 상속받지 못했다. 그래서 이해영은 "그 가운데 한 이백 평만 남겼어도 이런 노름(교수 노릇) 안 해도 될 것이라는 농담 비슷한 이야기를 하곤 했다"고 한다.[123] 출신 배경과 더불어 이런 농담이 그의 아우라를 형성했을 것이다. 권태환은 이해영의 왕족 배경과 관련하여 다음과 같은 증언을 남겼다.

이해영 선생은 원래 독특한 성격을 가지고 계셔. 이 양반이 걷는 데 발소리가 안나. 왕족으로 훈련받아서 그런지. 왕 서열 몇 째다, 그렇게 말할 정도였으니까. …… 이상하게 미국 사람들이, 학자들이 (이해영 선생을) 매우 좋아해. 왕족이라 그런가, 왕족이라 그런지 뭔가 냄새를 풍기나 보다, (웃음) 그랬지.[124]

---

123 최명, 《술의 노래—나의 술벗 이야기》, 선, 2014, 18쪽.

124 김인수, 〈권태환 교수 인터뷰〉, 《서울대학교 사회발전연구소 50년사, 1965~2015》, 한울아카데미, 2015, 271쪽과 277쪽. 최재석은 이해영의 집을 방문했을

이해영은 근엄한 표정에 세련된 분위기의 양복을 입었고 술은 안 했지만 커피와 담배를 누구 못지않게 즐겼다. 바둑을 잘 두고 좋아했는데 아마추어 5단 정도의 실력이었다고 한다.[125] 많은 사람들이 그가 일찍 세상을 뜬 이유 중 하나로 밀폐된 공간에서 줄담배를 피우면서 바둑에 몰두했던 취미를 들기도 한다.[126]

제자들 중 여럿이 그의 지도력에 대해 언급하면서 그가 남달랐다고 증언했다. 그의 어린 시절 가정교육에 관한 기록은 없지만 많은 사람들이 그의 인간됨에 대해 이야기한 것들을 종합해보면 학계의 지도자로서 존경받을 만한 점이 있었던 것으로 보인다. 권태환, 김채윤, 한상복의 증언을 차례로 들어보면 다음과 같다.

언제 학생들에게 제일 모질게 하실 때였는데, 데모하던 학생들을 지붕 위까지 따라 올라가셔서 야단을 치고, 때려 가지고 훈계하시고 하셨는데, 학생들이 졸업하고 나면 나중에 꼭 찾아오는 사람은 이해영 선생님뿐이었지. 어지간한 사람은 뺨 맞고 다 그랬으니까.[127]

때 본 오래된 은주전자 등의 집기를 거론하면서 무언가 특별한 분위기가 있었다는 기록을 남겼다. 최재석, 《역경의 행운》, 다므기, 2011.

125 최명, 《술의 노래—나의 술벗 이야기》, 17쪽.

126 이해영은 1979년 11월 17일 저녁 심근경색으로 갑자기 별세했다. 그때 대학원생이었던 나는 안계춘 교수로부터 이해영의 바둑과 담배에 대한 이야기를 처음 들었다.

127 김인수, 〈권태환 교수 인터뷰〉, 《서울대학교 사회발전연구소 50년사: 1965~2015》, 한울, 2015, 276쪽.

선생님은 학생과 후배에게는 엄하고 무서운 교수로, 그리고 동료와 선배에게는 두려운 분으로 통하였다. 그릇된 후학에게는 옆에서 듣는 이조차 민망하리만큼 호된 꾸중을 하였고 동료와 선배에게는 직언을 주저하지 않았다. 그러나 그러한 꾸중 뒤에는 깊은 정이 스며 있었고 직언의 이면에는 간곡한 책선責善의 뜻이 함축되어 있었다.[128]

그러니까 이해영 선생님이 많이 베푸시고 하시면서도 많이 무서우시거든. 이만갑 선생님하고는 달라요, 퍼스낼리티가. 이만갑 선생님이 선배이시고 해도 이만갑 선생님도 그렇고 심지어는 이상백 선생님도 (이해영 선생님을) 어려워하셨다고. 이상백 선생님이 '해영이가 뭐라고 안 그럴까.'(웃음) 늘 자기 제자인데, 늘 그렇게 어려워했다고.[129]

이만갑도 이해영이 "제자들에 대해서도 엄격하면서도 따뜻한 배려를 소홀히 하지 않은 것으로 알고 있습니다"라고 썼다.[130]

서울대 사회학과 출신으로 이화여대 교수를 지낸 이동원은 1965년 방송국 피디로 일한 지 한 달 만에 이해영의 부탁을 받고 직장에 사표를 내고 나와 인발연의 이천 조사 연구를 도왔다. 그의 증언이다.

---

128 김채윤, 〈고 이해영 교수를 추도함〉, 《한국사회학》 13집, 1979, 9쪽.
129 김인수, 〈한상복 교수 인터뷰〉, 《서울대학교 사회발전연구소 50년사: 1965~2015》, 한울, 2015, 295쪽.
130 이만갑, 〈조―이해영 선생〉. 《학문의 여적》, 다락원, 1980, 255쪽.

오죽하면 제가 KBS 라디오 피디로 있는데, 이해영 선생님이 오셔서 '내가 이런 연구를 좀 하려고 하는데, 자네 좀 와주게' 하는데, 두말없이 그건 무조건 예스를 해야 하는 거죠. 지금 생각하면 얼마나 황당한 일인지. (웃음)[131]

이동원은 방송국 상관에게 자신의 퇴직 의사를 밝히면서 "다른 선생님이 오라고 하면 모르지만 그 선생님이 오라고 하시는데, 거절을 할 수가 없습니다. 다른 생각을 할 수가 없습니다"라고 말했다고 한다.[132] 1970년에 이동원이 이화여대 사회학과 전임 자리에 지원했을 때 서울대학교 교무처장이었던 이해영은 이화여대 교무처장에게 이동원의 취직을 간곡히 부탁했고 결국 이동원은 이화여대 전임이 되었다.[133] 훗날 이동원은 이해영의 인품에 대해 이렇게 평가했다.

이해영 선생을 난 알아요. 가부장적인 것. 그분이 내면적으로 따뜻하고 사람들에게 잘하지만 왕족이잖아. 서열에 몇 번째 가고. 그건 절대 안 변해. …… 이해영 선생님이 가부장적이고 한데, 그래도 외면받지 않고 한 것은 그분이 정말 내면적으로 따뜻한 사람이에요.[134]

---

131 김인수, 〈이동원 교수 인터뷰〉, 《서울대학교 사회발전연구소 50년사: 1965~2015》, 한울, 2015, 370쪽.

132 김인수, 〈이동원 교수 인터뷰〉, 393쪽.

133 김인수, 〈이동원 교수 인터뷰〉, 371쪽.

134 김인수, 〈이동원 교수 인터뷰〉, 370쪽. 이해영은 교무처장과 문리대학장 시절 개인적으로 친한 교수들에게는 일부러 연구비를 지급하지 않았고 사회과학연구소 초

김채윤은 이해영의 인품에 대해 이렇게 썼다.

청초하고 단아한 성품, 성실하고 겸손한 학문적 자세, 준엄하고 강직한
교육자적 태도 등, 오늘날 우리 학계에서 찾아보기 힘들게 된 제 속성을
선생님만은 끝까지 지니셨다.[135]

이해영의 성품에 대해 여러 사람들이 남긴 평을 모아 보면 따뜻하다,
꼼꼼하다, 열정적이다, 꼿꼿하다, 공사 구분이 확실하다, 솔직하다, 겸
허하다 등의 표현이 나온다. 이해영의 이런 인품이 많은 사람들이 그의
주변에 모이도록 만든 듯하다.

그러나 이해영의 지도력 형성에는 그의 인성보다 더 중요한 실질적
요인이 작용했다. 먼저 그가 서울대 사회학과 졸업생으로는 처음으로
모교 사회학과 교수로 임용되었다는 점이다. 한국인들이 유난히 밝히
는 선후배 의식은 이후 그가 선배로서 후배를 지도하는 위치에 서게 했
다. 그보다 더 중요할 수 있는 또 하나의 요인으로 그가 인발연을 만들
고 외국의 연구비를 많이 받아왔다는 점이다. 이해영은 1955~1956년
록펠러재단의 지원으로 노스캐롤라이나대학에 다녀오고 1962~1963
년 석사 과정을 밟던 펜실베이니아대학 인구연구소의 빈센트 휘트니의
신임을 얻음으로써 미국인구협회나 아시아재단을 비롯한 여러 기관으

대 소장 시절 부총장이었던 고병익과 의견 차이가 생겼을 때 사표를 제출했을 정
도로 꼿꼿하고 깐깐했다. 최명, 《술의 노래─나의 술벗 이야기》, 선, 2014, 18쪽.

135 김채윤, 〈고 이해영 교수를 추도함〉, 《한국사회학》 13집, 1979, 9쪽.

로부터 수차례 거액의 연구비를 받을 수 있었다. 이해영은 이 연구비로 연구만 한 것이 아니라 여러 제자를 양성하는 데 사용했다. 이에 대해 김일철은 이렇게 말했다.

그래서 참 연구비를 많이 받았어요. 규모가 큰 게 인발연처럼 포퓰레이션 카운실에서 받은 것. 이해영 교수가 이걸 받아서 연구비, 서베이하는 데에만 쓴 것이 아니라, 학생들 장학금, 세미나, 또 조사도 하고, 그런 도움을 받았기 때문에 가능했지. 연구만 하도록 했으면 이렇게는 안 되었어요. 인재를 못 키웠을 거야.[136]

그러니까 1960~1970년대에 학문적 능력이 뛰어난 학생들은 대부분 이해영의 격려와 지원을 받았다. 인발연의 장학생으로 조사 연구 실습을 하면서 대학원을 마치고 이해영의 추천서를 받아 외국 기관이나 대학에 장학금을 받고 유학을 갈 수 있었다. 물론 다녀와서는 이해영의 지원으로 한국의 대학이나 연구소에 취직도 할 수 있었다. 그렇게 해서 한국 사회학계에 이해영을 중심으로 한 학맥과 인맥이 형성되었다. 서울대 사회학과 출신이라는 연고와 인발연 출신이라는 연고가 합쳐져 여러 대학에 인발연 출신 학자들이 자리를 잡았다.

왕족 출신의 이해영은 인품도 훌륭했지만 외원 기관에서 받은 연구비를 인재 양성을 위해 적절하게 활용하고 대학에 자리가 나면 영향력

---

136 김인수, 〈김일철 교수 인터뷰〉, 《서울대학교 사회발전연구소 50년사: 1965~2015》, 317쪽.

을 행사하여 취직시켜 줄 수 있는 위치에 있었기 때문에 제자들은 그를 모시고 따를 수밖에 없었을 것이다. 이해영은 제자들을 야단을 치는 일이 많았고 특별히 기대하는 제자들의 경우에는 뺨을 때리기도 했다. 그럼에도 불구하고 그는 똑똑한 제자들을 학자로 키우기 위해 물심양면으로 지원했다.[137] 그랬기 때문에 제자들은 어떻게 보면 인격적인 '모욕'이라고도 볼 수 있는 이해영의 권위주의적 행위를 용납하고 그의 지도를 따랐을 것이다. 당시 대학의 분위기가 요즈음과는 판이해서 교수들의 권위가 매우 높았기 때문에 가능한 일이기도 했을 것이다.[138]

이해영은 제자뿐만 아니라 윗사람들과도 좋은 관계를 유지했다. 우선 사회학과를 창설한 이상백과 상대 학장을 거쳐 서울대 총장이 된 최문환 두 사람을 잘 모시면서 좋은 관계를 유지했다.[139] 그런 관계를 바탕으로 외국의 원조 기관이나 국내의 관료들과도 좋은 관계를 유지한 듯하다. 서울대 내에서는 경제학과의 조순, 정치학과의 이홍구 등 학

---

137 하와이대학 사회학과의 구해근 교수는 "이해영 교수가 없었더라면 학문의 길에 들어서지 못했을 것"이라고 말했다(2021년 1월 11일 인터뷰).

138 1965년에 쓴 글에서 이효재는 당시 대학의 분위기를 다음과 같이 묘사했다. "우리 대학 사회는 아직도 전근대적 정실주의, 파벌주의 및 권위주의로써 지배당함이 사실이다." 이효재, 〈한국 사회학의 과제—고영복 씨의 '한국 사회 구조분석'을 비판함〉, 《사상계》 1965년 8월호, 243쪽.

139 이만갑에 따르면 "이해영이 스승에 대하여 취하신 태도는 제가 아는 한 어떤 사람보다도 훌륭하셨다고 생각됩니다. 선생은 이상백 선생과 최문환 선생에 대해서 항상 지성으로 섬기셨고 그것은 그 두 분이 돌아가시고 여러 해가 지난 지금에 이르기까지도 조금도 변함이 없는 것이었습니다." 이만갑, 〈조—이해영 선생〉, 《학문의 여적》, 다락원, 1980, 254쪽.

문적으로나 사회적으로 영향력 있는 교수들과 밀접한 관계를 유지했다.[140]

　1920년대 미국사회과학협의회SSRC의 재정적 지원에 힘입어 시카고 대학 사회학과가 크게 발전하고 영향력을 얻게 되었듯이 1960년대 중반 미국인구협회PC의 재정적 지원으로 만들어진 인발연은 서울대학교 사회학과를 중심으로 한국 사회학이 발전하는 과정에서 크게 기여했다. 미국에서 과학적 방법을 주창한 사회학자들에 대한 막대한 재정 지원이 이들의 학문적 권위와 정당성을 강화하는 데 크게 기여했듯이 미국 재단들의 재정 지원은 한국 사회학의 '연구기획자'로 인발연을 창설한 이해영의 권위나 권위주의적 제자 양성에 중요한 자원으로 작용했을 것이다.[141]

140　조순, 〈선비의 청아한 여향을 남기고―고 이해영 교수를 곡함〉, 《한국일보》 1978년 11월 20일.

141　도로시 로스, 백창재·정병기 옮김, 《미국 사회과학의 기원 2》, 나남, 2008, 253쪽.

5.

이해영 사회학의
비판적 계승

1965년 이해영이 설립한 인발연은 50년의 세월을 거치면서 한국 사회학의 발전에 크게 기여했다. 2015년 인발연 50주년을 맞이하여 당시의 소장 장덕진은 연구소의 존재 의의를 다음과 같이 밝혔다.

1965년 고 이해영 교수의 헌신으로 문리과대학교 부설 인구연구소가 설립된 이래 1968년 인구 및 발전문제연구소, 1995년 현재의 사회과학대학 부설 사회발전연구소로 명칭을 변경하면서 우리 연구소는 격동하는 한국의 현대사와 함께 시대가 요청하는 과제들에 대해 엄밀한 학문적 분석과 정책적 대안을 부지런히 제시해왔다. 1960~70년대의 인구문제, 1980년대의 산업화와 민주화, 1990년대 정보사회로의 진입, 2000년대 이후 신 사회위험과 같은 주요한 과제들을 다루고 연구 성과의 국제화를 추구하면서 이제 사회발전연구소는 국내의 대표적인 싱크탱크 중 하나로 자리잡았다. 서울대학교 사회발전연구소 50년의 역사는 곧 한국 사회학의 역사라고 해도 과언이 아닐 것이다. 지난 50년간 사회발전연구소를 거쳐 갔고 연구소와 인연을 맺었던 분들이 한국의 사회학을 이끌어왔고, 미래의 한국 사회학을 이끌어갈 후학들이 지금 이 순간에도 사회발전연구소에서 연구에 매진하고 있다. 그런 의미에서 사회발전연구소는 서울대학교만의 자산이 아니라 한국 사회과학의 자산이고 나아가 한국 사회 전체의 자산이 되어야 할 것이다.[142]

위의 인용문에서 보듯 이해영이 만든 연구소는 한국의 많은 사회학자들 길러내는 인큐베이터의 역할을 수행했고 오늘날 한국을 대표하는 싱크탱크의 하나로 자리잡았다. 김일철은 "이 연구소가 아직도 연구소 기능을 하고 있고, 그 아이덴티티를 유지할 수 있고, 그런 것은 전부 이해영 교수 덕이에요"라고 말했다.[143]

이해영은 초창기 한국 사회학의 역사에서 이만갑과 함께 사회조사를 통한 자료의 축적과 분석을 주축으로 하는 과학적 사회학을 추구했다. 이런 전략은 "학문 안팎의 구조적 압력과 학문들 간의 경쟁적 관계 속에서 사회학과 인구학이라는 학문을 제도화하는 데 가장 유력한 수단이었다."[144] 사회조사는 외국 학술 원조기관으로부터 지원을 받는 데에도 유용한 도구가 되었다. 한국전쟁 이후 외원 기관들이 원조를 위

142　장덕진, 〈발간사〉, 김인수, 《서울대학교 사회발전연구소 50년사: 1965~2015》, 4쪽.
143　김인수, 〈김일철 교수 인터뷰〉, 311쪽.
144　김인수, 〈농석 이해영의 사회학〉, 54쪽.

한 정책을 수립할 때 현지 조사자료가 필요했기 때문이다.[145] 사회조사를 통한 양적 자료의 확보는 1960년대 이후 정부의 근대화 정책 수립의 기초자료로도 활용되었다. 사회조사는 사회학이 대학 내에서 하나의 분과학문으로 인정받고 국내외 연구비 지원기관의 지원을 받기 위한 적절한 도구가 되었던 것이다.

이해영의 인구학 연구는 1960년대 이후 경제성장 과정에서 인구증가를 억제하는 정책 형성에 기여했다. 출산력에 대한 광범위한 조사 연구는 가족계획을 실시하는 데 중요한 정책 참고자료가 되었다. 그러나 오늘날에 와서 1960년대와는 반대로 출산력의 감소가 문제시되고 있다. 후학들은 이해영이 시작한 인구학 연구를 중심으로 적절한 인구구조란 무엇이고 그것의 형성과 유지에 기여할 수 있는 사회학적 방법은 무엇인지를 탐구하는 작업을 계속해야 할 것이다.

인구학에서 통계적 분석은 기본 토대이다. 그러나 인구학은 객관적 자료의 분석에 그치지 않는다. 미국 사회학계에서 윌리엄 오그번이 미래의 사회학은 통계학이 될 것이라고 단언했을 때 허버트 블루머Hebert Blumer는 '개념 없는 과학science without concepts'의 한계를 지적했다. 출산력 문제야말로 수치로 환원될 수 없는 복합적인 현상이다. 권태환은 이미 오래전에 통계학적 인구학이 what과 how에만 관심을 기울이고 why에 대한 관심을 저버리고 있음을 비판하면서 인구현상에 대한 연구에서 사회문화적이고 사회심리학적인 설명과 해석이 필수적이라

---

145   고황경, 《한국 농촌가족의 연구》, 서울대학교출판부, 1963, 〈서문〉.

고 지적한 바 있다.[146]

이해영은 출산율을 낮추기 위한 방안을 마련하기 위해 출산력 연구를 했지만 오늘날의 문제는 출산력을 높이는 것이다. 이해영이 시작한 인구학 연구의 맥을 잇는 사회학자들은 한국의 인구현상을 개인, 가족, 세대, 계급, 종교 등의 영역에서 일어나는 사회변동과 관련시키면서 한국 사회를 적절히 설명할 수 있는 사회학적 개념들을 구성하고 그것을 통계적 자료로 입증하는 작업을 해야 한다.[147] 이해영의 후예들은 사회학적 개념들과 통계적 자료를 활용하여 출산율 저하를 설명하고 출산율을 높일 수 있는 실질적인 정책 방향을 제시해야 할 것이다.[148]

이해영은 사회학적 연구 결과를 바탕으로 정책 형성에 관여하는 정

---

146 권태환, 〈현대 인구학의 성격과 방법의 문제〉, 서울대학교 사회학연구회 편, 《한국 사회의 전통과 변화: 이만갑 교수 화갑기념논총》, 법문사, 1983, 395~414쪽.

147 장경섭은 한국 사회의 저출산, 높은 이혼율과 세계 최고의 자살률, 젊은 세대 비혼층의 증가 등의 사회현상을 설명하기 위해 '가족자유주의familial liberalism'라는 개념을 창안했다. "가족자유주의는 가족이 경제생산과 사회재생산을 포괄적으로 관장하며 소속 개인은 가족을 매개로 국가 및 시장경제와 관계를 맺는 사회체계"를 뜻한다. 장경섭, 〈가족자유주의와 한국사회: 사회재생산 위기와 미시정치경재학적 해석〉, 《사회와 이론》 통권 32집, 2018년 5월, 192쪽. 같은 주제의 논문을 모아 정리한 장경섭, 《내일의 종언?: 가족자유주의와 사회재생산 위기》, 집문당, 2018도 볼 것.

148 출산력 저하와 관련된 연구의 보기로 박경숙·김영혜, 〈한국 여성의 생애 유형: 저출산과 M자형 취업곡선에의 함의〉, 《한국 인구학》 26권 2호, 2003, 63~90쪽; Minja Kim and Choe Kyung Ae Park, "Fertility decline in South Korea", 《한국 인구학》 29권 2호, 2006, 1~26쪽; 김두섭, 〈IMF 외환위기와 사회경제적 차별 출산력의 변화〉, 《한국 인구학》 30권 1호, 2007, 67~95쪽 참조.

책사회학자였다. 그는 1970년대 말에 사회복지 문제에 관심을 기울이다가 세상을 떠났다. 사회복지는 한국 사회가 산업화를 거쳐 민주화를 달성한 이후 가장 중요한 사회적 과제로 부각되었다. 사회적 불평등과 사회 문제에 관심을 기울이는 사회학자들은 이해영의 문제의식을 이어 한국 사회의 불평등 해소와 사회복지의 증진을 위한 연구를 강화하고 실현 가능한 창조적 정책을 제시하는 정책사회학을 발전시켜야 한다. 한국의 사회학자들은 비판사회학과 공공사회학의 결합으로 사회적 여론을 형성하고 전문사회학과 정책사회학을 연결시켜 구체적인 정책을 제안하는 능력을 키워야 한다. 그럴 때 비로소 사회학은 상아탑 속의 순수 학문이면서 동시에 사회 개혁에 기여하는 유용한 학문이 될 수 있다.

이해영은 해방 이후 식민지 교육체계가 단절되고 새로운 고등교육 제도가 만들어지는 과정에서 사회학자로서의 정체성을 확립하고 한국 사회학의 기초를 쌓는 데 크게 기여했다. 그는 인구학자로 널리 알려졌지만 사회조사방법론, 문화인류학, 가족사회학 분야의 발전에도 큰 기여를 했다. 그는 각각의 관심 분야에서 많은 제자들을 키우고 정부의 합리적 정책 형성을 위해 실증적 자료를 축적했고 사회과학 내 여러 분과 학문 사이의 공동 연구를 기획했다. 이해영은 이상백과 최문환이 그러했듯 사회학과 인접 사회과학은 물론 인문학과의 대화를 강조했다. 사회사를 전공한 이상백은 여러 분야에 관심을 가진 박학다식한 인물로서 사회학과 다른 학문 분야 사이의 대화를 강조했고 최문환은 사회조사에는 "문화인류학, 사회심리학, 문화지리학, 경제학 등 인접 사회과학과의 연결이 필요하며 실증적 과학적 조사에 협동하여야 한다"고 생각했다.[149] 이해영은 이상백과 최문환의 가르침을 이어받아 사회학과 인접 사회과학 사이의 대화를 촉진하고 협동 연구를 기획했다. 오늘날 사회학이 자신의 연구 분야를 타 학문 분과에 "빼앗기고" 있다는 위기의식을 느끼고 있는데, 이러한 위기를 극복하기 위해 사회학은 다시 여타 사회과학들과 대화하고 소통하면서 사회과학의 기초학문으로서의 역할을 다할 수 있는 방법을 모색해야 할 것이다.

---

149 최문환, 〈사회학〉, 유네스코 한국위원회 편, 《유네스코 한국총람》, 삼협문화사, 1957, 175쪽.

5부
·

김경동과
아카데믹 사회학의 주류화

1.

아카데믹 사회학의 대표,
김경동

1. 한국 사회학의 주류 학맥

어느 학계에나 대내외적으로 그 학계를 대표하며 이끄는 지도적 인물이 있게 마련이다. 한국 사회학계의 주류 학맥은 아마도 이상백에서 이만갑과 이해영을 거쳐 김경동으로 이어졌다고 봐야 할 것이다.[1] 이상백–이만갑·이해영–김경동 네 사람은 모두 서울대학교 교수로 재직하면서 뛰어난 제자들을 양성했고 학계는 물론 사회적으로도 널리 알려진 인물들이다.

이상백과 이해영이 일찍 세상을 떠난 후 오랫동안 강단을 지키며 제자를 양성했던 이만갑처럼 김경동도 끝까지 강단을 지켰다. 해직 교수

---

1 2015년 9월 1일과 2016년 6월 9일 두 번에 걸쳐 인터뷰에 응해주시고 이 글의 초고를 읽고 논평해주신 김경동 교수께 감사드린다.

가 되어 한때 강단을 떠나야 했던 한완상과 김진균 등 동료교수들과 달리 김경동은 계속 학계에 머무르면서 연구와 강의 그리고 나름의 사회활동을 계속했다. 김경동은 이상백과 이만갑에 이어 대한민국학술원 회원이 됨으로써 '아카데믹 사회학' 또는 '강단사회학'을 대표하는 공인된 학자가 되었다.[2]

　제도권 사회학을 대표하는 강단사회학자 김경동은 당연히 1970년대 이후 등장한 비판사회학자들의 지나친 현실참여를 부정적으로 평가

2　아카데믹 사회학이란 아카데미즘을 내세워 현실에 대한 비판적 관여와 지배체제의 정당성에 대한 문제 제기를 자제하는 대학 내의 학문 활동을 뜻한다. 아카데믹 사회학과 강단사회학은 서로 바꿔서 쓸 수 있는 용어이며 주류 사회학mainstream sociology, 전문사회학professional sociology, 제도권 사회학Establishment sociology, 엘리트 사회학elite sociology, 표준사회학standard sociology, 통상적 사회학conventional sociology, 정통사회학orthodox sociology 등과 중복되는 영역을 가지고 있다. 미국 사회학의 역사에서 주류 사회학이라는 용어가 쓰이는 방식에 대한 논의로 Craig Calhoun and Jonathan VanAntwerpen, "Orthodoxy, Heterodoxy, and Hierarchy: 'Mainstream' Sociology and Its Challengers", Craig Calhoun ed., *Sociology in America: A History*(Chicago: University of Chicago Press, 2007), pp. 367~410 참조. Stephen Turner, "The Origins of 'Mainstream Sociology' and Other Issues in the History of American Sociology", *Social Epistemology*, Vol. 8, No. 1, 1994, pp. 41~67도 참조할 것. 한국 학계에서 사회적 공인의 증명은 대한민국학술원 회원 피선이다. 김경동은 2002년에 학술원 회원으로 선출되었다. 사회학자로서는 이상백이 학술원이 처음 만들어진 1954년 회원으로 선출되었고 1960년에는 고황경이 회원으로 선출되었다. 최문환은 1960년 사회학이 아니라 경제학으로 회원이 되었다. 1975년에는 이만갑, 1988년에는 홍승직, 1998년에는 임희섭이 김경동에 앞서 학술원 회원으로 선출되었다. 2012년에는 이만갑 타계 후 신용하가 회원으로 선출되었고 2015년에는 홍승직 타계 후 임현진이 그 자리를 이어받았다.

한다. 그는 이렇게 말했다. "이념이 지나치게 승한 상태는 학문의 발전 자체는 물론이고 사회학 발전에 대한 기여에서도 부정적인 영향을 남긴다. 지난 60년의 역사에서 한국 사회학이 이념적 편파성과 경직성에 휘말리지 않았다면 적어도 학문적인 성숙도는 지금에 비할 바가 아닐 정도로 가능했을지도 모른다."[3] 그런 입장에서 김경동은 "한국 사회학의 이념적 지향은 사회학의 발전을 위해서 자극제 정도의 수준에서 작동하는 것이 바람직하다"고 생각한다.[4]

한국의 아카데믹 사회학은 한국전쟁 후 미국의 주류 사회학을 수입해서 한국 현실에 적용하면서 나름대로 한국적인 사회학을 형성했다. 미국 연수에서 돌아온 이만갑에게 조사방법을 배운 김경동은 1961년 미국 미시간대학에 유학하여 통계학과 조사방법 과목을 들었다.[5] 석사학위를 마치고 1년 만에 귀국한 김경동은 1962년 11월 3일 한국사회학회에서 〈최근 사회조사방법의 문제점〉이라는 제목의 발표를 통해 당시 유행하고 있는 조사방법의 맹목적 수용과 적용을 반성하고 그 문제점을 지적하기도 했다.

당시 서울여대 사회학과에서 가르치던 김경동은 이상백의 연구비 지

---

3 김경동, 〈격변하는 시대에 한국 사회학의 역사적 사명을 묻는다—한국 사회학 50년의 회고〉, 《한국사회학》 제40집 4호, 2006, 5~6쪽.

4 김경동, 〈한국 사회학의 아이덴티티 문제〉, 《한국사회과학》 27권 1~2호, 2005, 161쪽.

5 김경동, 〈최근 사회조사방법의 문제〉, 《합동논문집》 1호, 계명대·서울여대·숭실대·대전대, 1964, 55쪽.

원으로 1964년 사회의 유교적 가치에 대한 연구보고서를 작성했다.[6] 김경동의 증언에 따르면 이상백은 《경국대전》과 향약鄕約에 나타나는 유교적 가치 분석보다는 태도 척도에 의한 유교적 가치관 측정에 더 큰 관심을 보였다고 한다. 김경동은 이를 두고 이상백이 "한국 사회의 특성을 새로운 방법으로 연구하는 일을 격려하려 했던 것"으로 이해하고 조사방법과 양적 자료를 활용하는 경험적 연구를 계속했다.[7] 이런 점에서 봤을 때 사회조사방법을 활용하는 경험적 연구를 '새로운' 사회학이자 '과학적' 사회학이라고 보는 사회학의 전통은 이상백에서 이만갑을 거쳐 김경동 세대에 이르러 주류 사회학으로 형성되었다고 말할 수 있다.[8]

사회조사와 통계분석에서 재능을 발휘하던 김경동은 1968년 서울대학교 사회학과 전임강사가 되었으나 1969년 다시 유학을 떠나 1972년 코넬대학에서 박사학위를 받고 노스캐롤라이나주립대학North Carolina State University의 조교수를 거쳐 부교수로 가르치다가 1977년에 서울대

---

6 김경동, 〈교과서 분석에 의한 한국 사회의 유교 가치관 연구〉, 이상백 박사 회갑기념논총 편집위원회 편,《이상백 박사 회갑기념논총》, 을유문화사, 1964, 333~368쪽과 그 후속편인 〈태도 척도에 의한 유교 가치관의 측정〉,《한국사회학》 제1권, 1964, 3~22쪽. 이 논문이 한국사회학회의 학회지《한국사회학》 창간호 권두논문으로 실렸다는 사실은 한국 아카데믹 사회학의 지향점을 보여준다.

7 김경동, 〈무심한 듯한 표정의 자상하신 스승님〉, 상백 이상백 평전출판위원회,《상백 이상백 평전》, 을유문화사, 1996, 347쪽.

8 김경동뿐만 아니라 한완상과 임희섭을 비롯하여 1950년 중반에서 1960년대에 서울대학교 사회학과를 다닌 사람들은 거의 모두 이만갑의 강의를 들으면서 조사방법론을 공부했다.

학교 사회학과 교수로 귀환했다.[9] 김경동의 다음과 같은 발언은 그가 이상백과 이만갑에 이어 한국의 강단사회학을 대표하는 사회학자임을 보여준다.

사회학 자체는 초기부터 사회주의 이념 성향에 반대하는 실증철학을 주창한 데서 시발했으며 우리 학계에 가장 큰 영향을 미치는 미국 중심의 사회학 또한 이념과는 거리가 먼 실증주의에 굳게 뿌리박고 있음에도 불구하고, 한국 사회학은 특이하게도 한국 사회의 좌파적 정치이념과 깊은 연관 속에서 변천과 반전을 거듭해왔다.[10]

김경동은 지난날을 회고하면서 1980년대 광주항쟁 이후 학생운동과 노동운동의 급진화 과정에 기여한 마르크스주의 비판사회학을 염두에 둔 듯 다음과 같이 쓰기도 했다.

이념으로 무장된 학문은 그 본질적 폐쇄성과 경직성으로 말미암아 종국

---

9 김경동이 석사학위는 고황경이 박사학위를 받은 미시건대학에서 했는데 박사학위는 이만갑이 방문교수로 가서 조사방법론과 농촌사회학을 배운 코넬대학에서 받았으며, 이해영이 인류학과 인구학을 공부한 노스캐롤라이나주에서 교수 생활을 했다는 점이 흥미롭다. 김경동의 학력과 경력에 대해서는 호산 김경동 교수 정년기념 논총 간행위원회 편, 《현대사회와 인간 (1): 성찰의 사회학》, 박영사, 2002, xi~xiv 쪽을 참조할 것.

10 김경동, 〈격변하는 시대에 한국 사회학의 역사적 사명을 묻는다―한국 사회학 50년의 회고〉, 《한국사회학》 제40집 4호, 2006, 5쪽.

에 가서는 학문 자체의 발전에 지장이 있으며, 사회의 발전에서도 이념에 맹목적인 정책은 한계를 넘지 못한다. 개방적이고 다원적인 특성을 자랑하는 사회학에서 특정 이념을 처음부터 배제하는 것은 문제가 있지만 특정 이념을 고집하는 것은 삼가는 것이 바람직하다. 사회를 비판적으로 바라볼 수 있는 안목을 기르는 데 하나의 자극제로서 이념적 상대성이 허용되어야 하지만 한 가지 이념이 좌우하는 학문은 장래가 없다.[11]

아카데믹 사회학은 이념적으로 중립 또는 다양성을 주장하면서 실증주의에 기초한 사회조사방법을 활용하는 경험적 연구의 축적을 강조한다. 1955년 사회학과에 입학한 김경동은 이만갑의 사회조사방법 강의를 들으면서 런드버그George A. Lundberg의 《사회 연구Social Research》(1942), 구드William J. Good와 하트Paul K. Hatt의 《사회조사 방법Methods in Social Research》(1952)이라는 조사방법 분야의 저서들을 알게 되었는데 특히 구드와 하트의 책은 "마치 경전처럼 들고 다니면서 참고했다"고 회고했다.[12] 김경동은 이만갑 교수의 화갑기념논문집에 실린 〈이만갑 교수의 학문 세계〉라는 글에서 학창시절을 회상하면서 이만갑이 "당시 거의 황무지였던 실증적 경험적 조사 연구 특히 서베

---

11 김경동, 〈격변하는 시대에 한국 사회학의 역사적 사명을 묻는다—한국 사회학 50 년의 회고〉, 11쪽.

12 김경동·이온죽·김여진 공저, 《사회조사연구방법—사회연구의 논리와 기법(개정 판)》, 박영사, 2009, iv쪽. 1986년에 처음 나온 이 책은 한 해도 거르지 않고 매년 재 판을 인쇄했다고 한다.

이 리서치survey research의 체계적인 접근을 우리 학계에 소개하는 일에 앞장섰을 뿐만 아니라 실지로 그 기법을 활용하여 자료를 모아 분석하는 작업에 착수한 것"이라고 평가했다.[13] 1986년에 이온죽과 함께 펴낸 조사방법론 책의 머리말에서 김경동은 자신이 이만갑을 이어 조사방법론 연구의 계승자임을 간접적으로나마 다음과 같이 밝혔다.

끝으로 이 책은 특별히 올해로 서울대학교에서 정년퇴임을 하신 이만갑 선생님께 삼가 바치고자 한다. 우리나라 사회조사 분야 개척자의 한 분이신 선생님께 제자로서, 후학으로서 각별한 은혜와 총애를 받은 바 있는 지은이들로서는 이 보잘것없는 작품으로나마 감사한 마음을 조금이라도 대신하고자 하는 것이다.[14]

2002년 김경동의 정년퇴임을 맞이하여 김성국은 김경동의 업적을 종합적으로 평가하고 기리는 논문에서 "김경동 교수는 명실상부하게 한국을 대표하는 세계적인 사회학자"라고 자리매김했다. 김성국은 그러한 평가의 근거를 다음과 같이 제시했다.

---

13 김경동, 〈이만갑 교수의 학문 세계〉, 서울대학교 사회학연구회 편, 《한국 사회의 전통과 변화—이만갑 교수 화갑기념논총》, 범문사, 1983, xix쪽.
14 김경동·이온죽·김여진, 《사회조사연구방법—사회연구의 논리와 기법(개정판)》, vi쪽. 김경동은 학창시절 이만갑이 학생들에게 "제자들이 선생을 밟고 일어나서 발전해야 한다"고 말한 것에 감동을 받고 가슴 깊이 새겼다고 증언했다(2016년 6월 9일 인터뷰).

여기서 '한국을 대표한다'는 규정은 연구 업적이 타의 추종을 불허할 만큼 양적으로나 질적으로 수월하다는 것이며 '세계적이다'라는 찬사는 국제학술지와 국제학술대회에 가장 많은 논문을 게재, 발표하였을 뿐만 아니라, 연구 내용이 '한국적 고유성과 세계적 보편성'을 융합하고 있다는 점에서 한국 사회학의 토착화와 세계화를 동시에 달성하고 있기 때문에 부여된다. 요컨대 김경동은 한국 사회학과 세계 사회학을 아우르는 사회학적 전통에 있어서 위대한 사회학자의 한 사람으로 분명히 기록되어야 할 것이다.[15]

김성국은 김경동의 사회학 연구에 대한 이 같은 일반적 평가와 더불어 김경동의 실질적 기여를 다음과 같이 구체화했다.

김경동의 연구 업적과 학문 세계를 조금이라도 관심을 기울여 본 사회학자라면 그가 현대 한국 사회학의 기틀을 잡고, 골격을 세웠다는 점을 인정하지 않을 수 없을 것이다. 연구저작은 물론이고, 사회학의 교육과 교재 개발, 국내외의 주요 학술대회 개최 및 한국사회학회의 활성화, 각종 정책 수립에 대한 지적 참여와 개입을 통하여 바깥으로는 사회학의 위상을 제고하고, 안으로는 사회학의 내실을 다지는 기여를 하였다.[16]

15　김성국, 〈김경동의 사회학〉, 호산浩山 김경동 교수 정년기념논총 간행위원회 엮음, 《현대사회와 인간 (1): 성찰의 사회학》, 박영사, 2002, 391~392쪽.

16　김성국, 〈김경동의 사회학〉, 392쪽.

김성국의 평가대로 김경동은 지금까지 한국의 사회학자 가운데 여러 분야에서 가장 방대한 연구업적을 기록한 학자이다. 사회발전론과 사회변동론에 대한 그의 기본 관심은 노사관계, 사회계층, 지역개발, 교육 문제, 대중문화, 언론 문제, 인구 문제, 환경 문제, 과학기술, 정보사회, 미래사회, 자원봉사, 종교 문제 등 사회학의 여러 분야로 확대되었다. 그는 한국 사회의 급속한 변동 과정에서 새롭게 발생하는 갖가지 문제들을 사회학적 분석으로 거의 일일이 대응했다. 김성국은 김경동의 그런 학문적 작업을 두고 "시대의 흐름과 요구에 민감하게 대처하면서도 상품의 브랜드를 끝까지 고수하는 유연 전문화flexible specialization의 다품종 소량생산"이라고 평가했다.[17] 김경동의 수제자 가운데 한 사람인 배규한도 2002년 김경동의 학문적 업적을 이렇게 요약했다.

개인적 인연뿐만 아니라 사회학자라는 공식적인 입장에서 보더라도 김경동 교수님의 폭넓은 활동과 방대한 업적은 제자에게 존경과 경외의 대상이다. 선생님은 1978년에 개론서《현대의 사회학》을 출간하셨는데, 이 책은 개정을 거듭하여 지금까지도 가장 널리 사용되는 교재 중의 하나이다. 이후에도 지금까지 사회학 이론과 방법론, 사회변동, 발전과 근대화, 노사관계, 교육제도, 직업 및 계층 등의 분야에서 국문 학술 연구 서적 14권, 영문 연구 서적 2권, 논설 및 수상집 5권, 시집 2권을 출간하

---

17   김성국, 〈김경동의 사회학〉, 391쪽.

였으며, 번역서나 공동 저서 및 편저서는 수십 권을 펴내셨다. 그 외에도 수십 편의 연구보고서와 수백 편의 논문을 발표하셨다. 김경동 교수님은 수량적으로는 물론 질적으로도 거의 타의 추종을 불허하는 저술 및 연구 활동을 통해 국내외에서 활발하게 전개해온 석학으로서, 1993년에는 (《중앙일보》에서 수여하는) 중앙문화대상 학술대상, 1994년에는 (전경련에서 수여하는) 자유경제출판상, 2001년에는 (성곡재단에서 수여하는) 성곡학술문화상을 수상하기도 했다.[18]

김경동은 2013년에는 대한화학회에서 수여하는 탄소문화상 대상을 수상했는데 《연합뉴스》는 2013년 11월 28일 "2013년 탄소문화상 대상 김경동 카이스트 경영대학 초빙교수"라는 제목하에 "김 교수는 사람 중심의 사회학을 연구해 과학적 합리성을 보편적으로 적용하고, 국민이 과학기술을 이해하는 데 기여했다. 사람 중심의 인간주의 사회학을 주창하여 삶의 심미적 차원을 고양시키고 부드럽고 아름다운 삶이 가능한 사회를 위해 연구했다"고 보도했다.

서울대학교 사회학과 교수로 재직하다가 김영삼 정부 시절 청와대 수석비서관을 역임한 이각범도 김경동의 학문적 업적을 이렇게 정리했다.

호산浩山 김경동 선생님은 사회학자로서 급변하는 우리나라의 사회적 변화에 대한 분석과 그 현실적 대안을 만들기 위하여 분주하게 학문의

---

18 배규한, 〈김경동과 미래 사회학〉, 김경동, 《미래를 생각하는 사회학》, 나남, 2002, 269~270쪽.

외길을 걸어오셨다. 선생님의 엄청난 다작多作은 사회이론에서부터 사회조사방법까지 방법론의 다양한 제시를 하였을 뿐만 아니라, 사회변동론에서 시작하여 사회구조분석에까지 동태적 관찰과 정태적 고찰을 아우른다. 또한 선생님은 우리 사회의 교육문제, 과학기술개발, 문화에 대한 이해, 스포츠, 민족갈등, 복지에 대한 문제 등 다양한 문제와 과제에 대한 연구 업적을 내셨다. 선생님의 50권에 이르는 방대한 저서에 이르러 일일이 그 제목을 열거할 수는 없다. 다만 '한恨' '부드러움' '기氣' 등 보통의 사회학 연구에서 접할 수 없는 제목을 접하면서 인간주의 사회학을 강조하는 선생님의 학문적 특징과 폭을 읽을 수 있다. 선생님은 다양한 연구와 그 구체적이고 세밀한 실천의 업적을 쌓으셨으나 우리 사회 변화의 분기점마다 이에 적절한 학문적 참여를 주도하셨다는 점을 특히 언급하지 않을 수 없다. 산업사회와 노사관계에 대한 저작, 그리고 최근의 정보사회론에서 시대의 변화를 읽는 선생님의 예리한 통찰을 보게 된다. 이러한 맥락에서 선생님은 정년을 불과 몇 년 앞두고 한국정보사회학회를 조직하셔서 정보사회를 이해하고, 그 변화의 방향을 밝히고자 하는 학문 연구의 구심점을 마련하셨다.[19]

김성국, 배규한, 이각범 등 서울대 사회학과 출신뿐만 아니라 고려대 사회학과 출신으로 동아대 사회학과 교수를 하다가 청와대 보좌관과 국회의원을 거쳐 부산시장으로 활동하고 있는 박형준도 김경동에 대해

---

19 이각범, 〈머리말〉, 김경동 외, 《사이버 시대의 사회학》, 집문당, 2002, 3쪽.

이렇게 썼다. "(김경동 교수는) 수많은 저작을 통해 거시사회학과 미시사회학, 주류 사회학과 비판사회학, 강단사회학과 재야사회학을 넘나드는 통찰력(으로) 한국 사회에 대한 '진단과학'으로서의 사회학의 위상을 확립했다. (그 과정에서) '사회과학의 인간화'와 '인간학적 사회학'을 주장했다."[20]

김경동과 함께 미래학회를 이끌었고 연세대 신방과 교수를 역임한 울산대 석좌교수 최정호는 김경동에 대해 이렇게 썼다.

일찍이 현대 사회학의 메인 스트림이라 할 전후의 표준 사회학을 철저히 공부함으로써 훌륭한 방법론적 기초를 다져둔 김 박사는 …… 한국사회학을 그 프론티어에서 한 세대 이상 이끌어온 대 석학이다. …… 농경사회에서 산업사회로, 산업사회에서 다시 정보사회로, 이 나라가 우리들의 당대에 숨 가쁜 사회변동의 격랑기를 겪어오는 고비 고비마다 '그때 그곳'에서 제기된 모든 중요한 문제에 대해 김 박사는 사회학도로서의 관심을 기울여 취재하고, 조사하고, 연구하고, 이론화하고 그를 통해 학문적으로 발언해 왔다.[21]

위와 같은 여러 사람들의 평가를 고려할 때 김경동을 한국의 주류 아

---

20 김경동·박형준, 〈한국지성과의 대담 (3): 인간주의 사회학의 개척자 김경동 교수, 절름발이 정치가 사회발전 발목 잡아〉, 《월간중앙》 2003년 12월호, 54쪽.
21 최정호, 〈한국의 르네상스인이자 휴머니스트〉, 김경동, 《미래를 생각하는 사회학》, 나남, 2002, 11쪽.

카데믹 사회학의 대표자로 보는 데 무리가 없을 것이다.

2. 한국 사회학계의 김경동 '파워'

한 학자가 학계에서 행사하는 권력은 그의 학문적 업적과 지적 능력에만 달려 있는 것이 아니다. 피에르 부르디외가 프랑스 대학교수들로 이루어진 학술장을 분석하면서 말했듯이 "학술장에서 일어나는 일들을 이해하려면 학술장을 지배–피지배 관계가 존재하는 권력장으로 보아야 한다. 그렇게 하지 않으면 학술장에서 일어나는 수많은 일들을 이해할 수 없다."[22] 김경동도 "학문 세계에도 반드시 정치적 행위가 일어난다. 의사결정과 관련한 권력과 권위의 구조가 존재하며 이를 주로 장악하고 결정행사에 주로 참여하는 집단이 생성한다"고 쓴 적이 있다.[23]

---

22 Pierre Bourdieu, "Les Professeurs de l'Université de Paris à la veille de mai 1968", C. Charle et R. Ferré éd., *Le personnel de l'enseignement supérieur en France aux XIXe et XXe siècle*(Paris: Edition du CNRS, 1985), p. 177. 부르디외는 '장champ'을 '위치들 간의 객관적 관계망'이라고 정의하고 그 안에서 벌어지는 권력구조를 보존하거나 변형시키기 위한 투쟁을 분석 대상으로 삼는다. 학문적 권위와 그에 따른 보상은 장 내에서 이룩한 승리의 결과물이다. 부르디외의 장 이론과 그 활용에 대해서는 이상길, 〈장 이론의 재구성〉과 〈장 이론의 비판적 활용〉, 《아틀라스의 발: 포스트 식민 상황에서 부르디외 읽기》, 문학과지성사, 2018, 191~294쪽 참조.

23 김경동, 〈한국화 담론의 학문적 의의와 과제〉, 김현구 편, 《한국 행정학의 한국화론 —보편과 특수의 조화》, 법문사, 2013, 45쪽.

학술장에서 한 사람의 학자가 보유한 권력의 크기는 학문적 능력뿐만 아니라 학계의 위계질서에서 그가 차지하는 위치에 따라 달라진다. 거기에는 가족적 배경, 출신 지역, 출신 학교 등 개인적 요소가 암암리에 작동한다. 학술장의 권력자는 대학이나 연구소의 인사 충원에 자기 사람을 심을 수 있는 힘, 연구비를 수주하고 연구비 배분에 관여할 수 있는 힘, 학술지 편집이나 단행본 출판에 영향을 미칠 수 있는 힘, 언론 매체를 활용할 수 있는 힘, 정치권이나 기업과 네트워크를 형성하는 힘을 활용하여 학계의 질서를 형성하고 유지한다.

학계의 자율성이 낮을수록 학자의 학문적 능력보다는 학문 외적 능력이 위계질서의 형성에 작용한다. 한국 사회에서 한 사회학자의 영향력은 그가 속한 대학의 명성에 따른 사회적 지위와 개인적 능력을 결합하여 언론이나 정치 활동을 통해 얻은 인지도와 사회자본에 의존한다.[24] 사회적 '야망'이 있는 학자는 일정한 나이에 이르면 학교 내의 보직, 학회의 임원, 정부, 정당, 기업의 각종 위원회와 자문기구 참여, 신문 칼럼 기고와 방송 활동 등을 통해 사회자본을 축적하고 이를 바탕으로 학계에서 점차 지배적 지위를 차지한다.

김경동은 1970년대 말에서 2000년대 초에 이르기까지 한국 사회학계에서 가장 영향력 있는 학자였다. 그가 사회학계에서 행사한 영향력은 그가 사회학 분야에서 이룩한 타의 추종을 불허하는 저술 작업뿐만

---

24 김경만, 〈세계 수준의 한국 사회학을 위하여〉, 《한국사회학》 제35집 2호, 2001, 1~28쪽; 선내규, 〈한국 사회학 장의 낮은 자율성과 한국 사회학자들의 역할 정체성 혼란〉, 《사회학 연구》 18집 2호, 서강대학교 사회과학연구소, 2010, 172쪽.

아니라 한국 사회학계와 한국 사회에서 차지하는 위치에서 나온 것이기도 하다. 그는 사회학계의 연구문화 형성과 연구 결과 평가 등 학술적 활동은 말할 것도 없고 1980년대 이후 전국 여러 대학에 새로 설립된 사회학과 교수의 충원 문제, 교육부나 여러 장학재단의 해외유학 장학생 선발, 교수들의 연구 프로젝트 심사, 언론을 통해 여론을 형성하는 기능 등 여러 면에서 한국 사회학계의 실질적 지도자 역할을 했다.

당시 그의 영향력이 어느 정도였는지를 보여주는 두 개의 보기가 있다. 먼저 강신표의 경험이다. 그는 1982년 한국사회학회에서 〈인류학적으로 본 한국 사회학의 오늘: 김경동과 한완상의 사회학〉이라는 제목의 발표에서 김경동에게 "문화제국주의 시대의 매판 사회학자"라는 딱지를 붙였다.[25] 이후 강신표는 "자주 주어지던 발표, 토론, 사회자의 역할을 할 기회가 없어졌고 자신의 논문 일부가 사전 허락도 없이 난도질당하고 삭제되는 경험을 했다"고 증언했다.[26] 강신표가 김경동의 학문을 매섭게 비판하자 '김경동 충성파'가 집단적으로 강신표의 비판 행동을 막으려 했다는 것이다. 이는 누군가가 주류 사회학계의 권력구조에 도전하면 사회학계에서 활동하기 힘든 상황이었음을 보여준다.[27]

---

25 강신표, 《한국 사회학의 반성》, 현암사, 1984, 9~23쪽.
26 강신표, 〈한국 이론사회학회의 방향에 대한 작은 제안〉, 《사회와 이론》 6호, 2005, 254~257쪽.
27 강신표는 김경동이 자신의 저서 《현대 사회학의 쟁점》(1983)에 실린 〈한국 사회학의 사회학〉 등의 글에서 '한국 사회학=김경동의 사회학'이라고 주장한 것을 아무도 비판하지 못한 이유를 김경동이 학계에서 행사하는 '권력' 때문이라고 해석했다. 강신표, 〈한국 이론사회학회의 방향에 대한 작은 제안〉, 243~272쪽.

강신표는 훗날 이 사건을 다음과 같이 해석했다. "학계의 정상인 서울대 교수라는 직위에서 '수입 사회학 이론'의 유행을 선도한 김경동은 학계에서 (강신표) 자신보다 '높은 등급'에 속하고, 따라서 그(김경동)가 배출한 많은 제자들은 조선 시대부터 뿌리 깊게 내려온 자기 선생에 대한 맹목적인 충성심을 발휘해 김경동보다 낮은 등급인 자신을 배척했다."[28]

사회학계에서 김경동의 영향력을 보여주는 또 하나의 보기로는 성균관대 출신으로 고려대에서 석사학위를 받고 위스콘신대학에서 인구학으로 박사학위를 받은 강남대 교수 이성용의 경험이다. 그는 김경동과 이온죽이 함께 쓴 《사회조사연구방법》에서 '확률표집probability sampling'에 대한 이해가 불분명하게 되어 있다고 비판했다.[29] 이성용은 그럼에도 불구하고 김경동과 이온죽의 《사회조사연구방법》이 사회학계의 조사방법론 분야의 교재 시장을 과점하는 이유는 책의 내용보다도 저자들이 소속된 '서울대학교'라는 학교의 이름값 때문일 가능성이 있다고 지적했다.

이성용에 따르면 우리 사회는 학자들이 "자신의 상품을 과대 포장할 수 있도록 '간판'에 정당성을 부여해주고 있다. 이 간판의 정당성은 우리 사회의 피라미드 구조에 의해 합리화되고, 교육제도에 의해서 강화

---

28 강신표, 〈한국 이론사회학회의 방향에 대한 작은 제안〉, 257~259쪽.
29 이성용, 〈역자 후기: 한국 사회과학자의 존재 이유〉, 하워드 베커, 이성용·이철우 옮김, 《사회과학자의 글쓰기》, 일신사, 1999, 259~310쪽.

되어왔다."[30] 그 피라미드의 정점에는 일류대학 교수들이 있고 중간층에는 그들의 제자인 비일류대 교수들이 있으며 바닥에는 시간강사들이 있다. 출판사들은 일류대학 교수라는 간판을 선호한다. 일류대학 교수들과 학연으로 연결된 비일류대학 교수와 시간강사들도 책의 내용과 상관없이 일류대학 교수가 쓴 조사방법론 책을 교재로 선택하기 때문이다. 그 결과 "조사방법론의 기본전제에 해당하는 확률표집을 제대로 설명하지 못하고 있는" 사회조사방법론 교재가 계속해서 사회학계의 대표적인 교재로 군림하고 있다는 것이다.[31] 이 비판 이후 이성용은 다른 원로 교수로부터 꾸지람을 들었고 몇 년 동안 시간강사 자리도 얻을 수 없었다고 한다.

　김경동은 1980년대의 억압적이고 권위주의적인 정권에 직접 참여하지는 않았으나 정부의 여러 기구에 자문위원 등의 자격으로 참여하여 의견을 개진했고, 전경련, 한국생산성본부 등 경제단체들과도 밀접한 관계를 맺고 있었으며, 주류 언론과도 우호적인 관계를 유지했다. 김경동은 한국 사회를 이끄는 주류 보수세력들과 부드러운 관계를 유지하면서 한국 사회학계에서 영향력을 행사할 수 있었던 것으로 보인다.

　서울대학교 출신으로 미국에 유학하여 박사학위를 받고 그곳에서 교수 생활을 하다가 귀국하여 서울대학교 교수가 되고 중요한 저서를 발

30　이성용, 〈역자 후기: 한국 사회과학자의 존재 이유〉, 291쪽.

31　이성용, 〈역자 후기: 한국 사회과학자의 존재 이유〉, 294쪽. 김경동은 이성용의 비판을 모르고 있었으며 만약 오류가 있다면 자신의 책을 절판해야 할 것이라고 말했다(2016년 6월 9일 인터뷰).

표하고 주요 일간지에 칼럼을 쓰고 다양한 연구비를 받아 연구 프로젝트를 수행하면서 만들어진 그의 사회적 지위와 영향력은 한국 사회학계의 성격과 방향을 규정하는 데 일정한 방식으로 작용했을 것이다. 그의 다양하고 풍부한 학문적 업적과 사회적 활동을 통해 얻은 명성과 영향력은 다시 사회학계 안에서 영향력을 행사하는 자원이 되었을 것이다.

앞으로 김경동을 비롯하여 한국 사회학계에서 '파워'를 행사한 주류 사회학자들이 누구이고 그들의 권력 행사가 어떻게 이루어졌는가를 밝힌다면 한국 사회학계라는 '학술장의 논리'를 이해하는 데 큰 도움이 될 것이다.[32]

---

32 한국의 학계에서 영향력을 행사하기 위한 지적 권위는 학문적 업적의 내용과 수준 못지않게 젠더, 출신 지역, 출신 가문, 출신 고교, 출신 대학, 유학한 국가와 박사학위를 받은 대학의 명성과 영향력으로부터 나온다. 물론 거기에는 해당 학자의 개인적 성격, 지배 의지, 행위 전략도 작용할 터이지만 서울이나 대구 또는 부산 출신으로 서울의 일류고나 지방 명문고를 졸업하고 서울대학교 학부를 졸업한 다음 미국에 유학하여 하버드, 스탠퍼드, MIT, 컬럼비아, 시카고, 버클리대학 등에서 박사학위를 받고 귀국하여 서울대학교 교수가 되면 한국 학계에서 자연스럽게 지도적인 위치에 도달할 수 있다. 이런 사람들을 흔히 농담 삼아 '성골聖骨'이라고 불렀고 거기에 약간 못 미치는 상징자본을 소유한 사람을 '진골眞骨', 그 밖의 사람을 '육두품六頭品'이라고 불렀는데 성골과 진골이 적자適者라면 육두품은 서자庶子라고 볼 수 있다. 농담의 차원을 넘어서 이에 대한 진지한 사회학적 연구가 필요하다. '서울대 학부 졸업-미국 박사'들이 한국 학계를 지배하는 현상을 '아카데믹 특수주의의 비루함'이라고 표현한 김종영, 《지배받는 지배자: 미국 유학과 한국 엘리트의 탄생》, 돌베개, 2015, 153~157쪽 참조.

2.

김경동 사회학의
내부 구성

1. 김경동의 사회학 이론과 방법론 논의

김경동에 따르면 사회학의 첫 번째 과제는 "학문으로서의 사회학"을 발전시키는 일이고 두 번째 과제는 "사회에 대한 사회학의 책임"을 다하는 것이다.[33] 이 두 개의 과제 가운데 김경동은 첫 번째 과제의 수행에서 뛰어난 업적을 남겼다.[34] 그는 미국 사회학 이론을 소개하면서도 한

---

33 김경동, 《사회학의 이론과 방법론》, 박영사, 1989, 5~6쪽.

34 김경동이 1964년 1월 학자 생활 최초로 출간한 논문의 제목은 〈최근 사회조사 방법의 문제점〉이었고 이어서 《한국사회학》 1호, 1964에 발표한 〈태도 척도에 의한 유교 가치관의 측정〉은 한국 사회학의 역사에서 최초로 태도 척도를 활용한 연구였다. 그러나 그는 이미 대학 4학년이던 1958년 제2회 한국사회학회 연구발표회에서 〈서울시 주부들의 결혼관〉이라는 논문을 발표하기도 했다. 최재석, 〈해방 30년의 사회학〉, 《한국사회학》 10집, 1976, 13쪽. 대학 졸업 직후인 1959년에도 사회조사

국적인 이론을 수립하려고 노력했으며 한국 사회에 대한 수많은 구체적인 경험 연구를 남겼다. 그런 점에서 김경동은 한국의 아카데믹 사회학을 대표하는 사회학자라고 볼 수 있다.

아카데믹 사회학의 기본은 사회학 이론과 연구방법론이다. 아카데믹 사회학의 연구는 이론적 관점에서 문제를 제기하고 경험적인 자료를 수집하고 분석하는 방식으로 진행되기 때문이다.[35] 김경동은 사회학 교육을 위해 사회학 이론과 방법론에 대한 두 권의 책을 썼다.《현대 사회학의 쟁점: 메타사회학적 접근》(1983)과 《사회학의 이론과 방법론》(1989)이 그것이다. 후자는 전자에 실렸던 서구 사회학의 이론과 방법론을 개관하는 다섯 편의 글을 추려내고 그 이전에 나온 《인간주의 사회학》(1978)에 실렸던 〈사회학의 예술성—인간주의 사회학의 방법론〉과 그 후에 쓴 〈사회학의 개방성과 다양성〉, 〈한국 사회학의 방법론의 탐색〉, 〈행위이론의 쟁점〉, 〈권위주의적 사회구조와 사회적 갈등〉, 〈감정의 사회학〉, 〈노자老子와 현대 사회학〉, 〈역경易經의 사회학적 도식〉 등을 추가함으로써 사회학 이론과 방법론에 대한 김경동의 폭넓은 사유를 보여준다.《현대 사회학의 쟁점》이 서구 사회학 이론과 방법론 소

연구 결과를 발표한 바 있다. 김경동, 〈농촌 청소년의 희망과 가치관에 관한 사회적 조사 연구〉, 《문리대학보》 7권 2호, 1959, 30~42쪽. 이 주제는 한완상이 미국 에모리대학에서 쓴 박사학위 논문의 주제와 일맥상통한다.

35 배규한에 따르면 "김경동 교수는 사회학 이론 및 방법론을 토대로 사회발전, 인간주의, 노사관계, 사회복지, 정보사회론 등의 주제에 역량을 집중함으로써, 이상적인 미래사회의 구조 틀을 모색하려는 노력을 계속해 왔다." 배규한, 〈김경동과 미래 사회학〉, 김경동, 《미래를 생각하는 사회학》, 나남, 2002, 287쪽.

개에 치우쳤다면 《사회학의 이론과 방법론》에는 서구 사회학 이론을 좀 더 파고들면서 동아시아적 사회이론을 모색하려는 김경동의 고유한 이론적 사유가 녹아 있다.[36]

김경동은 이론과 방법론에 대한 논의에 그치지 않고 사회조사방법론 저서도 출간했다. 우리나라 사회학계 최초의 조사방법론 책인 이만갑의 《사회조사방법론》(1963)에 이어 김경동은 1982년과 1983년에 경제학자 이승훈, 행정학자 김광웅 등과 함께 《사회과학 방법론》을 출간했고 1986년에는 이온죽과 함께 《사회조사연구방법: 사회연구의 논리와 기법》을 출간했다. 이온죽과 공저한 책은 우리나라 대학의 사회학과에서 필수과목으로 가르치는 사회조사방법론 과목의 기본도서가 되었다. 이 책의 2009년 개정판은 김경동, 이온죽, 김여진 세 사람의 이름으로 나왔다.

김경동은 사회학 개론, 사회학 이론, 사회조사방법론 등 사회학과에서 기본을 가르치는 과목의 저서를 출간했을 뿐만 아니라 1960년대

---

36 김경만은 김경동의 《현대 사회학의 쟁점》에 실린 글들이 "대부분 외국 학자가 이미 정리해놓은 이론을 '또다시' 정리하는 형식을 취하고 있다"고 비판했다. 김경만, 《글로벌 지식장과 상징폭력—한국 사회과학에 대한 비판적 성찰》, 문학동네, 2015, 23쪽. 그러나 김경만이 김경동의 저서 《사회학의 이론과 방법론》에 실린 글들을 포함시켰다면 평가가 달라졌을 것이다. 물론 김경만은 동양사상을 재해석하면서 한국적 사회학 이론을 구성하려는 김경동을 비롯한 동료 사회학자들의 노력을 실현 가능성이 없는 불모의 작업으로 본다. 그럼에도 불구하고 김경만을 포함해서 한국 사회학자 어느 누구도 아직까지 김경동의 저서들이 갖는 스케일을 능가하는 사회학 이론과 방법론 저서를 내놓지 못했다.

이후 한국인의 가치관과 사회의식에 대한 경험적 조사 연구를 계속했다.[37] 1992년에 펴낸《한국인의 가치관과 사회의식—변화의 경험적 추적》은 김경동이 1960년대 산업화 초기에 시작하여 1970년대 고도성장기와 1980년대 전환기를 거쳐 1990년대에 이르기까지 실시한 경험적 조사 연구의 결과를 집대성한 저서이다. 김경동은 이 책에서 근로자, 경영자, 관리자, 대학생 등의 경제발전관, 근로관, 직업관, 노사관계관, 계급관, 소외의식, 정치의식의 변화를 추적할 수 있는 경험적 조사 연구의 자료를 축적했다. 이 저서는 김경동의 말대로 자료집인 동시에 한국의 사회변동에 대한 경험 조사 연구서로 훗날 역사학자들의 연구자료가 될 것이다.

앞서 언급했듯이 김경동은 사회학의 여러 분야에서 시대에 앞서 선구적인 업적을 남겼는데 1969년에는 신흥 종교를 연구하기 위한 이론적 논의를 전개했고 1978년에 쓴《인간주의 사회학》에서 "사회학의 예술성"에 대해 논의했고, 같은 해《한국사회학》 12집에 〈복지사회의 사회학적 이론—자발적 복지사회의 이념과 실제〉라는 선구적인 글을 발표했으며, 1989년에는 한국사회회학회 회장 취임 연설이기도 한 〈감정의 사회학—서설적 고찰〉이라는 글을 발표함으로써 최근에 들어서야 한국 사회학계에서 논의되는 몇몇 쟁점들의 씨앗을 뿌려놓기도 했다.[38]

---

37 김경동은 사회학 개론이나 조사방법론뿐만 아니라 고등학교 교과서《사회·문화》, 법문사, 1996도 집필함으로써 고등학교에서 대학에 이르는 많은 학생들에게 사회학의 기본을 가르친 사회학 교육자 역할을 담당했다.

38 김경동, 〈신흥 종교에 대한 사회학적 접근: 한국 신흥 종교 연구를 위한 이론적 시

2. 김경동의 '인간주의 사회학'

김경동의 사회학을 한마디로 정의하자면 '인간주의 사회학'이라고 부를 수 있을 것이다.[39] 인간주의 사회학은 실증주의 사회학에는 실천적 관심이 없다는 비판에 대한 김경동 나름의 응답이다.[40] 김경동은 1977년 서울대 사회학과 교수로 귀환한 직후인 1978년에 펴낸 《현대의 사회학》이라는 사회학 개론서를 '인간주의'라는 관점에서 집필했고, 뒤이어 같은 해에 아예 《인간주의 사회학》이라는 제목의 저서를 펴냈다.

안〉, 《동산 신태식 박사 송수기념논총》, 계명대학교, 1969, 369~383쪽; 김경동, 《인간주의 사회학》, 민음사, 1978; 김경동, 〈복지사회의 사회학적 이론: 자발적 복지사회의 이념과 실제〉, 《한국사회학》 12집, 1978, 7~23쪽: 김경동, 〈감정의 사회학―서설적 고찰〉, 《한국사회학》 22집, 1989, 1~22쪽.

39 나는 김경동이 귀국한 직후인 1977년 가을 연세대학교 사회학과에서 주최한 초청 강연회에서 김경동 교수의 인간주의 사회학 강의를 처음 들었다. 이 강연은 〈인간주의 사회학이 왜 이 시대에 문제가 되는가?〉, 《연세사회학》 3호, 1978, 53~58쪽에 실려 있다. 1979년 그의 첫 영문 저서의 제목인 *Man and Society in Korea's Economic Growth: Sociological Studies*에도 '인간man'이 들어있다. 참고로 일본 사회학자의 비슷한 제목의 저서로 Fukuta Tadashi, *Man and Society in Japan*(Tokyo: The University of Tokyo Press, 1962)이 있다. 또한 2002년에 발간된 김경동 교수 정년기념논총 제목인 《현대 사회와 인간》에도 '인간'이 들어있다.

40 학술담당 기자 이한우의 평가에 따르면 "김경동은 스스로 실증주의 학풍에서 성장했으면서도 일찍이 그 한계에 주목하고 다양한 가능성을 모색한 점에서 독자성을 갖는다. 그러나 특별한 깊이를 보여주지 못했다는 점이 그의 한계로 지적된다." 이한우, 《한국의 학맥과 학풍》, 문예출판사, 1995, 194~195쪽.

이후 그가 쓴 모든 논문과 저서는 '인간주의'라는 관점에서 읽을 수 있다.

　그렇다면 김경동이 말하는 '인간주의'란 무엇인가? 김경동에 따르면 '인간주의'란 "사람을 귀히 여기고 사람답게 살 잠재력을 가진 존재로 인정"하는 입장이다. 그것은 '인간 중심적people-centered' 전망으로서 "사람에 대한 인간적인 동정심 같은 것을 그 밑바탕에 깔고 있다."[41] 다시 말해 인간주의적 전망은 "인간은 스스로가 인간의 문제를 해결할 능력과 책임이 있다는 가정 위에, 어떤 초자연적 신성神性의 존재가 개입하거나 불가변의 자연법칙이 작용함으로써 인간의 문제가 해결되기를 기다린다는 견해를 배격한다. 그뿐 아니라, 인간의 삶은 그 자체가 목적이요, 사람이 어떤 다른 목적을 위한 수단이나 단순한 대상물로 간주되어서는 안 되고, 인간 생명의 지고의 가치를 인정하기 때문에 모든 다른 형태의 존재와 엄격히 구별되어야 한다는 신념 위에 서 있다."[42] 일반적으로 인간주의적 전망을 가진 사회학자라면 해석학적 전통과 이해 사회학 또는 현상학적 사회학을 따르는 것이 보통이다. 이 경우 연구방법도 과학적 방법보다는 인문학적 방법과 질적 방법을 활용하는 것이 일반적이다. 김경동 스스로도 다음과 같은 입장을 밝혔다.

　(인간주의 사회학은) 그 방법론에 있어서도 인간현상을 마치 자연현상과 같은 차원에서 다루려는 자연과학주의적 실증주의 사회학을 꺼린다. 지

41　김경동, 《인간주의 사회학》, 민음사, 1978, 11쪽.
42　김경동, 《현대의 사회학》, 박영사, 1978, 43쪽.

나치게 기술적인 엄정성을 강조하다가 보면 단조롭고 불모해지기 쉬우므로 인간을 마치 동물이나 기계처럼 생각하게 되는 것을 혐기嫌忌한다. 좀 더 구체적으로 인간주의적인 성향을 띤 사회학자는 그 자신이 자기와 같은 사람을 연구하는 인간이라는 사실을 가장 유리하게 이용하려는 자세로 사회학에 임한다. 사회학자도 사람을 연구하는 사람이니까 물리학자나 화학자가 자기의 연구 대상인 자연현상에 접근할 때에 지니지 못하는 내면적인 이해에 입각한 지식을 얻을 길이 있다. 자기가 연구하는 대상을 향해 주관적으로 그의 '신발을 신어볼 수 있는' 감정이입empathy이 가능하고 그의 구실을 자기도 머릿속으로 해볼 수 있고, 그의 삶(사회생활을 포함하여)에 대한 주관적 이해에 도달할 수 있다고 믿는다. 이런 동정적 이해를 가지고 사회학은 물리학과 같은 정밀 정확한 공식주의적 접근으로는 달성하지 못하는 인간 이해를 이룩하여야 한다.[43]

김경동은 실질적으로 경험주의적 연구를 많이 실시했지만 자연과학적 경험주의에 입각한 실증주의 사회학과 해석학적 전통을 따르는 인문주의적 사회학을 두 개의 진영으로 갈라놓고 논쟁을 벌이는 것을 거부한다. 그가 볼 때 "실증주의 사회학과 인간주의 사회학을 두 개의 진영으로 갈라놓고 논쟁을 벌이는 것은 좁은 소견이다. 인구 문제, 생태학적 현상, 대규모의 공식적 조직체, 사회계층 문제 등은 객관적이고 수량적인 접근을 필요로 한다. 하지만 인간의 자아 문제, 사회화, 문화

---

43 김경동, 《현대의 사회학》, 44쪽.

현상 및 복잡 미묘한 사회 과정 등에 대한 연구에서는 인간주의적 접근이 필요하다."[44] 김경동은 사회학이 "실증주의와 인간주의 모두 인정하면서 인간의 자연계와 도덕 세계를 한곳에 모으고 과학과 인문예술의 두 세계를 이어주는 가교의 구실을 하는 '제3의 문화'로 발전할 것을 기대했다.[45]

김경동은 1960년대 초 첫 번째 유학시절 통계학 수업을 들을 때 "골수 실증주의 선생의 독서목록에 실려 있던 밀스C. Wright Mills의 《사회학적 상상력》을 읽으면서 인간주의 사회학에 대한 생각을 키워나갔다"고 한다.[46] 김성국은 김경동의 인간주의 사회학이 "1970년대 초부터 미국 사회학계에서 활발하게 거론된 인간주의 사회학의 영향을 한편으로 수용하면서, 다른 한편으로는 그 당시 한국 사회의 군화에 짓밟히는 그야말로 비인간적인 사회 현실을 목도하면서 '인간'이라는 다소 추상적이고 애매하기는 하지만, 어떤 강력한 상징적 메시지를 함유하는 개념

---

44 김경동, 《현대의 사회학》, 43~44쪽.

45 김경동, 《현대의 사회학》, 44쪽. 뒤에서 다시 논의하겠지만 실제 경험적 연구에서 김경동은 인간주의적인 방법을 발전시키지 못하고 실증주의적 양적 분석으로 일관했다.

46 2015년 9월 1일 인터뷰에서 김경동은 1960년대 초 자신의 유학시절 체험을 이야기했다. 본인은 원래 통계분석을 좋아하지 않았는데 일부러 고급 통계 과목을 택해서 들으면서 당시 한국 사회의 현실을 생각할 때 이런 고급 통계분석이 무슨 의미가 있는지 회의가 들었다고 한다. 귀국 직후인 1962년 11월 3일 한국사회학회에서 발표한 그의 첫 번째 논문은 사회조사방법의 "맹목적 수용"을 반성하고 "극도의 자연과학주의적 사회조사방법"의 문제점을 지적하고 있다. 김경동, 〈최근 사회조사방법의 문제〉, 《합동논문집》 1호, 계명대·서울여대·숭실대·대전대, 1964, 55쪽.

을 통하여 이론과 현실의 간격을 좁히려고 했던 것이 아닌가 싶다"고 해석했다.[47]

그런데 김경동의 인간주의는 가치이기도 하지만 인간의 창조적 행위 가능성을 인정하는 인간관이기도 하다.[48] 배규한에 따르면 김경동이 "그리고자 했던 바람직한 미래는 인간의 이상적 가치에 의해 창조되고, 인간의 자유와 자율에 따라 끊임없이 변하면서 환경에 적응해나가는 '유연하고 열린 사회'였다."[49]

김경동의 인간주의 사회학은 사회학계를 넘어 타 분야 사회과학자들에게도 널리 인정받았다. 1970년대 후반 널리 읽히던 학술 계간지 《현상과 인식》은 1978년 여름 '사회과학의 인간주의적 접근: 문제와 반성'이라는 특집을 마련했고 도시계획 분야의 전문가인 김형국은 김경동의 《인간주의 사회학》을 염두에 두고 〈지방개발의 인간주의적 접근〉이라는 논문을 발표하기도 했다.[50] 김형국은 사람을 통한, 사람에 의한,

---

47 김성국, 〈김경동의 사회학〉, 400쪽.

48 김성국, 〈김경동의 사회학〉, 401쪽. 인간주의를 어떻게 정의할 것이냐는 토론의 대상이 될 수 있다. 특히 인간사회의 현실을 넘어서는 초월적 세계와의 관계는 논란의 대상이 될 수 있다. 뒤르켐은 인간성을 감히 훼손할 수 없는 성스러운 영역에 속하는 것으로 보았고, 김우창도 인간이 약한 존재이기는 하지만 "모든 압력에 완전히 굴복하지 않고 스스로 긍정하고 스스로 부과한 원리에 따라 행동할 수 있다는 비극적이고 자랑스런 의식–제한된 인간의 현실을 높은 원리 속에 초월하려는 것이 휴머니즘의 핵심"이라고 보았다. 김우창, 《지상의 척도》, 민음사, 1993, 124쪽.

49 배규한, 〈김경동과 미래 사회학〉, 279쪽.

50 《현상과 인식》 제2권 제2호, 1978 특집에는 이문웅, 이종수, 조명한, 안병준 등의 글이 실려 있다.

사람을 위한 지역발전의 방향을 제시했다. "지역발전의 궁극적 대상도 사람이며, 지역발전의 원동력도 사람에 있다는 점에서 지역발전에서 사람의 역할은 주목의 대상"이 될 수밖에 없기 때문이다.[51] 앞서 언급한 바 있는 언론학자 최정호는 김경동의 인간주의 사회학에 대해 이렇게 썼다.

김경동의 사회학의 중심에는 언제나 모든 사색의 알파와 오메가로서 '인간'이 자리잡고 있었다. '인간주의'를 선언하고 나선 그의 학문 중반기의 역작《인간주의 사회학》은 인간이 소외되고 인간의 전체성을 상실해간 한국의 산업화 과정에서 탄생한 배경을 갖고 있지만, 그것은 그러나 21세기의 정보화 과정, 정보화 사회라는 새로운 문맥 속에서도 그 적실성이 재조명되리라고 나는 믿는다. 결국 김 박사는 오늘의 한국 사회가 낳은 전통적 의미에서의 휴머니스트라고 할 수 있다. 인간주의, 인도주의, 인문주의의 모든 의미에서 그는 휴머니스트이다. 그는 인간을 그 전체성에서 파악하려 하고 있고 스스로 전체적인 인간을 살고자 하는 듯싶다. 인간은 비단 이성적 존재일 뿐만 아니라 감성적 존재요 행위하는 존재이다. 김 박사의 이성은 학문을 하고, 김 박사의 감성은 시를 쓰고, 김 박사의 행위는 강의를 통해 표현된다. 그 점에서 김 박사는 이탈리아 르네상스 시대의 휴머니스트처럼 다재다능한 보편인으로서 현대

---

51 김형국, 〈지방개발의 인간주의적 접근〉,《국토계획》19권 1호, 대한국토계획학회, 1984, 122~132쪽. 김형국·권태준·강홍빈,《사람의 도시》, 심설당, 1985도 볼 것.

한국의 '르네상스인'이라 할 수 있다.[52]

3. 김경동의 '발전과 변동의 사회학'

김경동의 지적 관심은 1960년대 이후 한국 사회가 나아갈 바람직한 발전 방향을 설정하고 실행에 도움이 되며 그 과정에서 발생하는 여러 문제에 처방을 내릴 수 있는 사회학적 지식의 구성에 있었다. 이는 김경동뿐만 아니라 1930년대 중후반에 태어나 전쟁과 무질서, 빈곤과 무의미를 경험한 그 세대의 학자들이 공유하는 일반적 관심이었다.

김경동은 이 문제를 평생 자신의 학문 세계의 주제로 삼은 학자라는 점에서 다른 학자들과 구별된다. 그의 그런 사회학적 관심의 큰 줄기를 '사회변동론', '사회발전론', '근대화론' 등으로 부를 수 있을 것이다. 김경동 스스로도 이 세 가지 용어를 다 사용하지만 그 가운데 하나를 선택한다면 '사회발전론'을 택해야 할 것이다. 왜냐하면 김경동 자신이 2002년 정년을 맞이하여 자신의 "학문적 여정에서 하나의 획을 긋는 대미"로 펴낸 책이 《한국 사회발전론》이기 때문이다.[53] 사실 김경동은 1993년에 《한국 사회변동론》이라는 제목의 책을 펴내기도 했다. 이런 점에서 그의 사회학을 '발전과 변동의 사회학'이라고 부를 수 있을

52　최정호, 〈한국의 르네상스인이자 휴머니스트〉, 12~13쪽.
53　김경동, 《한국 사회발전론》, 집문당, 2002, 3쪽.

것이다.[54]

발전과 변동에 대한 그의 관심은 아주 오래된 것이다. 1960년대 미국에서 수입된 '근대화 이론'이 우리나라 사회과학계의 주요 관심 대상이었을 때 20대 후반의 약관이었던 1965년 김경동은 에버렛 헤이건의《사회변동 이론에 대하여—경제성장은 어떻게 시작되는가?》라는 제목의 영문 저서를《경제사회학》이라는 제목으로 번역 출판했다.[55] 그 직후인 1966년에는《한국사회학》2호에 〈발전사회학 서설〉이라는 논문을 발표했다.[56] 이어서 1973년에는 "Toward a Sociological Theory of

---

54　김경동은 한국 사회학의 분야별 연구사를 정리한 책에서 〈발전과 변동의 사회학〉이라는 제목의 논문을 집필하기도 했다. 이 논문에서 그는 한국 사회학자들이 사회변동론과 사회발전론 분야에서 쓴 논문과 저서를 총괄하여 정리하고 있다. 김경동은 이 분야에서 가장 많은 업적을 산출했다. 김경동, 〈발전과 변동의 사회학〉, 대한민국학술원,《한국의 학술 연구: 정치학·사회학》, 대한민국학술원, 2008, 710~775쪽.

55　에버렛 E. 헤이건, 김경동 옮김,《경제사회학》, 을유문화사, 1965. 원서는 Everette E. Hagan, *On the Theory of Social Change-How Economic Growth Begins*(MIT Press, 1963)이다. 무려 789쪽에 달하는 방대한 저서의 역자 서문에서 김경동은 당시의 지적 상황을 이렇게 파악했다. "요즈음 우리나라와 같이 발전하려는 사회에 있어서 학자들이나 정치인이나 또는 일반의 관심을 끄는 중요한 문제의 하나가 사회변동의 문제인 듯하다." 에버렛 E. 헤이건,《경제사회학》, 3쪽. 이 책에 대한 서평으로 이만갑,《《경제사회학》: 에버렛 E. 헤이건, 서평》,《논단論壇》1권 3호, 미국공보원, 1966년 1월, 158~160쪽 참조.

56　이 글은 이후 이루어진 김경동의 '발전사회학'의 주요 이론적 관점이 들어 있는 중요한 논문이다. 이 글에서 김경동은 발전의 목표와 도달방법은 보편적인 것이 아니라 발전을 추구하는 나라의 문화와 가치, 의도와 미래상 등에 의해 달라짐을 강조

Development: A Structural Perspective"라는 영문 논문을 *Rural Sociology* 에 발표했으며, 1979년에는 《발전의 사회학》과 영문 저서 *Man and Society in Korea's Economic Growth*를, 1980년에는 《현대 사회와 인간의 미래》를, 1983년에는 《경제성장과 사회변동》에 이어 《한국 사회 변동론》을 출간했고, 1985년에는 *Rethinking Development*라는 제목의 영문 저서를 출간했으며, 2000년에는 《선진 한국 과연 실패작인가?》를 펴냈고, 2002년에는 《한국 사회발전론》과 《미래를 생각하는 사회학》을 펴냈다.[57] 2017년에 출간된 김경동의 영문 저서 3부작 1권에도 '근대화 modernization'와 더불어 '발전development'이라는 용어가 포함되어 있는데 이 저서는 그의 '발전과 변동의 사회학'을 집대성하고 있다.[58] 그가 1960년대 이후 2000년대에 이르는 40년이 넘는 학자 세월 동안 펴낸 저서들을 보건대 '발전과 변동의 사회학'은 김경동 사회학의 기본 줄거리임을 확인할 수 있다.

김경동의 발전과 변동의 사회학은 미국 사회학자들의 사회변동론

한다. 이런 입장은 2017년 출간된 그의 영문 저서 3부작까지 이어진다.

57 김경동은 이만갑의 사회학적 관심이 1960년대 이후 근대화와 개발 등의 주제로 기울었다고 보았는데 그렇다면 김경동은 이만갑으로부터 사회조사방법만 계승한 것이 아니라 '발전과 변동의 사회학'이라는 연구 주제도 이어받은 것이다. 김경동, 〈이만갑 교수의 학문 세계〉, 서울대학교 사회학연구회 편, 《한국 사회의 전통과 변화—이만갑 교수 화갑기념논총》, 범문사, 1983, xx쪽. 그런 점에서 이상백, 이만갑, 김경동으로 이어지는 주류 학맥을 다시 한번 확인할 수 있다.

58 Kyong-Dong Kim, *Alternative Discourses on Modernization and Development: East Asian Perspective*(New York: Palgrave and Macmillan, 2017).

을 나름대로 변형시키고 자신의 인간주의적 관점을 가미하여 발전시킨 것이다. 그 첫 작품이 1979년에 출간된 《발전의 사회학》이다. 이 책은 1960년대 중반 이후 김경동이 15년간 발전이라는 주제에 천착하여 쓴 논문들을 하나로 모아놓은 저서이다. 이 책에 대한 서평에서 박재묵은 이렇게 썼다. 《발전의 사회학》은 "발전이론에 관한 최초의 단행본이라 는 점에서, 그리고 일관성 있게 인간주의적 입장을 견지하고 있다는 점 에서 높은 평가를 받을 수 있을 것이다. 특히 《발전의 사회학》에서 제 시된 '구조적 융통성 이론'은 김경동 교수가 평소에 주장하던 인간주 의적 전망이 구체적인 이론 구성에서 어떻게 나타나고 있는가를 보여 준다는 점에서 의의가 크다고 할 수 있다."[59] 그러나 박재묵은 김경동 의 인간주의적 발전론이 갖는 한계를 다음과 같이 지적하기도 했다.

발전이론이 이상과 현실 간의 거리를 단축코자 하는 인간의 노력에 관 한, 그리고 그것을 추진시키고자 하는 지적 활동이라면 이는 미래의 이 상을 제시하는 데 그치지 않고 현실에 대한 철저한 분석이 병행되어야 할 것이다. 현실의 분석을 통해서만 이상이 구체화 될 뿐만 아니라 효과 적인 전략도 마련될 수 있기 때문이다. 저자가 주장하듯이 '이상과 현실 의 변증법적 역학을 이해하지 않으려는 이론은 그 값어치가 적기 때문 이다.' 인간주의적 발전이론은 인간에 대한 낙관론적 믿음을 강조함으

---

59 박재묵, 〈서평: 인간주의적 발전이론에 있어서 이상과 현실—김경동의 《발전의 사 회학》(문학과지성사)〉, 《한국사회학연구》 제3집, 서울대학교사회학연구회, 1979, 245쪽.

로써 현실에 대한 분석을 소홀히 하고 있다. 이러한 일종의 회피적 낙관론을 극복하기 위해서는 현실 속에서 비인간적 구조에 대항하여 투쟁하는 인간 본래의 생산적 창조적 본성을 부각시켜야 할 것이다. 인간주의는 이러한 인간을 부각시킬 때 역사 속에서의 참모습을 회복하게 될 것이고 인간주의를 더욱 인간주의적으로 변모시킬 수 있을 것이다.[60]

이시재도 김경동의 '구조적 융통성' 이론이 "자본제 시민사회의 존립기제에 대한 인식을 결하고" 있기 때문에 삶의 질과 기회를 향상시킬 구체적 전략이 부재하다는 점을 비판했다.[61] 이시재가 볼 때 김경동의 사회발전론은 한 사회에서 어떤 가치가 추구되고 실현되는 것을 제약하는 구조적 조건에 대한 인식이 부족하기 때문에 "발전론으로서의 적합성은 매우 약하다"고 평가했다.[62]

박재묵은 김경동의 사회발전 일반 이론을 한국 사회의 발전이론으로 발전시키기 위해 한국 사회의 역사적 변동 과정에 대한 역사적 접근과 세계체제론적 접근에서 한국 사회를 구체적으로 연구할 것을 제안했다. 그러나 김경동은 이후에 한국 사회의 역사변동에 대한 역사사회학 또는 사회사 연구의 성과를 포괄하는 종합적 시도를 보여주지 못

---

60 박재묵, 〈서평: 인간주의적 발전이론에 있어서 이상과 현실—김경동의 《발전의 사회학》(문학과지성사)〉, 《한국사회학연구》 제3집, 1979년, 246쪽.

61 이시재, 〈한국 사회학의 발전변동론 연구〉, 《한국사회학》 19집, 1985년 여름호, 68쪽.

62 이시재, 〈한국 사회학의 발전변동론 연구〉, 68쪽.

했다.[63]

이런 비판과 제안에도 불구하고 김경동은 문화적 차원을 강조하는 자기 나름의 사회발전론을 계속 다듬어나갔다. 그는 김성국과 나눈 대담에서 이렇게 말했다. "지금도 나는 근대화modernization를 얘기하고 있어요. 나는 근대화는 아직도 죽은 말dead horses이 아니라고 생각해요. 지금도 살아있어요. 그리고 근대화는 문화적 대응cultural response이죠. 내가 영어책 하나를 준비하고 있는데, 부제를 '다른 편에서의 조망 a view from the other side'이라고 할 예정이에요. 너희들(서구식)의 근대화가 아니라, 우리들의 근대화는 아직도 끝이 아니다. 그것은 문화적 현상으로 보아야 한다. 난 일관되게 근대화를 주장하고, 발전론도 이런 측면에서 접근하고 있어요."[64]

김경동은 학자 생활 초기였던 1960년대 말부터 줄곧 사회발전이 경제성장으로 환원될 수 없다는 점을 강조했다. 그는 근대화의 최종 목표는 사회발전이고 경제발전은 그것을 이루기 위한 수단이라고 생각했다.

경제개발을 발전과 동의어로 사용하면 안 된다는 것이 내 지론입니다.

---

63 김경동은 2016년 6월 9일 인터뷰에서 자신은 원래 역사에 큰 관심이 없어서 대학 재학 시절에도 유홍렬이 담당한 동양사와 이병도가 가르친 국사 두 과목 모두에서 학점이 좋지 않았다고 말했다. 아편전쟁에 대한 동양사 기말 보고서에 사건의 전개보다는 아편전쟁의 사회적 의미에 대해 썼더니 낮은 학점이 나왔다고 말했다. 김경동은 이를 두고 자신이 대학생 시절부터 역사적 관점보다는 사회학적 문제의식을 가지고 있었다고 해석했다.

64 김성국, 〈김경동의 사회학〉, 397쪽.

사회발전은 경제개발을 수단으로 한 목표 가치이지, 경제발전의 하위 수단이 아닙니다. 1960년대 말부터 내가 주장했던 것이지요. 발전은 구성원들의 삶의 질, 그리고 인간적 품격과 정신적 가치, 문화 등을 포괄하는 개념입니다. …… 경제 제일주의에 매몰된 나머지 인간이 빠지고 문화가 빠지고 교양이 빠진 개발이 된 것이지요. 이것은 온전한 의미에서 발전이 아닙니다.[65]

김경동은 사회변동 과정에서 가치관, 태도, 사회의식 등 문화적 차원의 중요성을 강조했다. 바람직한 사회변동의 목표 설정에도 문화적 차원을 강조했다. 박재묵과 이시재의 비판적 평가와 달리 김성국은 김경동의 문화적 차원에 대한 강조를 긍정적으로 평가했다. "김경동은 사회발전에 있어서 '문화'의 핵심적 역할과 위상을 어느 누구보다도 줄기차게 강조해왔다. 맑시스트적 저발전低發展론의 근간을 이루는 정치경제학적 구조결정론 대신에 그는 교육, 가치, 의식, 전통 등 문화주의적 재구성 내지 재형성에 주목한다. …… 문화에 대한 김경동의 거의 집착에 가까운 애정은 '한국적인' 혹은 '동양적인' 사회발전의 모델을 구축해 보고자 하는 그의 청년기적 야심과 함께 시작된 것이다. 이제 그는 문화의 중요성을 세계사적 차원에서, 그리고 시대사적 맥락에서 '문명'의 문제로 확대하여 논구한다."[66]

---

65 김경동·박형준, 〈한국지성과의 대담 (3): 인간주의 사회학의 개척자 김경동 교수, 절름발이 정치가 사회발전 발목 잡아〉, 56쪽.
66 김성국, 〈김경동의 사회학〉, 402쪽.

사회변동의 문화적 차원을 강조하는 김경동은 바람직한 사회를 '선진문화사회advanced cultured society'로 설정하고 그런 사회에 도달하기 위해서는 '문화로 다듬은 발전cultured development'이 필요하다고 주장한다.[67] 문화적 교양과 안목을 가지고 인간성을 상승시키는 발전, 그래서 모두가 교양과 안목을 가진 시민이 되는 사회, 그것이 김경동이 추구하는 사회발전의 방향이다. 김경동은 권위주의 체제하의 한국 사회에서 '정치적 선택성political selectivity'의 원리가 압도적 힘을 행사했지만 사회발전은 '문화적 선택성cultural selectivity'에 의해 구조적으로 제약·보완·수정된다는 점을 일깨우려고 했다.

　　김경동은 정년 이후 지난날의 연구를 되돌아보면서 선진 한국을 이루기 위해서는 경제의 성장, 정치의 선진화, 복지의 선진화, 사회적 공정성 성취, 사회적 안전망 구축이 필요하지만 이 모든 것은 궁극적으로 도덕의 선진화로 이어져야 한다고 말했다.

　　기초생활에서의 의식과 행동이 최소한의 규칙을 지키고 사회질서에 지장을 주지 않으며 인간 상호 간에 존중하고 대우하며, 이익이 다른 사람이나 집단에 대해 너그러움을 갖도록 하는 것이 중요합니다. 도덕적 선진화가 이루어지면 눈살을 찌푸리게 하는 저질의 인간이 극소화됩니다. 그러면 평화로워지지요. 함부로 감정으로 날뛰는 것이 아니라 합리적 제도를 가지고 문제를 다루는 데 익숙해져야 합니다. 거칠고 제멋대로 생각하

67　김경동, 《한국 사회발전론》, 집문당, 2002에 실린 '선진문화사회론'과 '문화로 다듬은 발전'을 볼 것.

고 퇴폐적인 데 탐닉하는 정신생활이 지배해서는 선진화할 수 없지요.[68]

4. 김경동의 엘리트주의적 사회조화론

김경동은 '문화로 다듬은 발전'을 이루기 위해 '구조적 유연성의 원리 the principle of flexibility'가 필요하다고 보았다. 구조적 유연성이란 "삶의 가치를 중심으로 하는 발전의 핵심가치를 드높이고 실현하는 데 긴요한 자원의 증대와 자발적 동원을 장려해주는 구조적 조건"이다.[69] 구조적 유연성이 높아야 사회적 갈등이 경직되거나 폭력으로 치닫지 않는다. 구조적 유인성이 있어야 급진적 사회주의 혁명이 아니라 민주적인 절차를 따르는 점진적인 개혁이 가능하다. 구조적 유연성을 증대시키기 위해서는 사회의 자발적 부분voluntary sector을 키우고 그 기능을 장려하며 그 부문이 지니고 있는 자원 동원의 잠재력을 충분히 발휘할 수 있도록 권장해야 한다. 김경동은 유연성을 발휘하는 '중용의 원리'를 내세워 "불필요한 충돌과 갈등"을 피하고 "타율적인 강제나 어떤 무리나 편파나 과도함이나 부족함이 없고 가장 인간적인 것을 선택해

---

68   김경동·박형준, 〈한국 지성과의 대담 (3): 인간주의 사회학의 개척자 김경동 교수, 절름발이 정치가 사회발전 발목 잡아〉, 60~62쪽.

69   김경동, 《사회학의 이론과 방법론》, 박영사, 1989, 341쪽.

야 한다"고 주장했다.[70]

김경동은 늘 경직된 태도를 경계하고 유연한 태도를 지향했다. 그는 유연성의 원리에 따라 '유연하게 열린 사회'를 지향하며 변화하는 상황에 유연하게 대처할 것을 주장했다.[71] 그는 언제나 양극단을 피하고 조화와 중용을 추구했다. 김경동의 이 같은 사고의 성향은 두 개의 대립되는 입장이 부딪칠 때 양비론이나 양시론의 입장을 취하게 만들었다. 그런 김경동의 입장에 대해 송호근은 서울대 사회학과 조교시절 "선생님의 사회학은 깃발 없는 기수입니다"라는 조크를 던지기도 했다.[72]

김경동의 학자 경력에서 가장 중요한 사건 가운데 하나는 1982년에 김경동의 사회학에 대한 강신표의 비판일 것이다. 강신표는 당시 김경동의 사회학을 '문화제국주의 시대의 매판 사회학'이라고 혹평했다. 김경동은 강신표의 비판에 대해 직접적인 대응은 하지 않았다.[73] 하지만 이후 김경동의 논저에는 한국과 동아시아 사회의 전통사상을 사회

---

70 김경동, 《사회학의 이론과 방법론》, 494~495쪽.

71 김경동은 필자와의 인터뷰에서 자신은 성격적으로 갈등하는 것, 경쟁하는 것, 극단적인 것을 별로 좋아하지 않았으며 마르크스주의 이론에 대해서도 큰 매력을 발견하지 못했다고 말했다. 2016년 6월 9일, 김경동 인터뷰 자료.

72 김성국, 〈김경동의 사회학〉, 401쪽. 〈깃발 없는 기수〉는 선우휘의 소설 제목이다.

73 김경동은 2016년 6월 9일 인터뷰에서 갈등을 싫어하는 자신의 성격도 작용해서 1982년 한국사회학회에서 강신표가 '학문적 근거' 없이 행한 '인신공격'에 가까운 비판도 그저 웃어넘겼다고 말했다.

학적으로 재해석한 개념들이 등장한다.[74] 《역경》의 음양과 중용 등의 개념을 활용하면서 조화 지향적 갈등론을 전개했다. 그런 개념화 작업을 바탕으로 "우리가 모색할 것은 건설적인 갈등을 일으키고, 그것을 적극적인 방향으로 규제 해결해 나가는 길이다"라고 썼다.[75] 그런데 이런 김경동의 갈등관은 한국 사회학의 역사에서 주류를 형성한 이만갑의 다음과 같은 갈등관과 동일선상에 있다.

계층 간의 갈등은 어느 사회에나 있는 것이고 또 갈등 자체는 언제나 사회에 나쁜 영향만 주는 것은 아니다. 갈등이 있고 불만을 표시했을 때 상대방은 그 도전이나 비판에 대해서 자기를 수호하고 자기의 정당성을 주장하기 위해 보다 정의에 입각한 책임 있는 행동을 취하게 된다. 또한 도전을 하거나 항의를 하는 측으로서도 자기의 행동의 정당성을 제쳐놓고 일방적으로 상대방을 비판할 수가 없기 때문에 책임성이 있고 신중해지기가 쉽다. 그러므로 정도가 지나치지 않으면 갈등은 오히려 피차를 튼튼하게 하고 전체를 발전시키는 데 기능적인 작용을 할 수 있는 것이다. …… 그러나 갈등이 지나치게 첨예화되면 한 편이 다른 편을 말살

---

74 강신표는 자신의 비판이 결과적으로 김경동의 사회학 연구에 영향을 끼쳤다고 생각한다. 그리고 김경동에 대한 지나친 비판에 대해서는 사과했다. "내가 김경동 교수에게 한 비판은 나름대로 그의 연구 방향에 변화를 가져왔겠지만 동시에 그의 '가슴에 멍'든 상처를 입힌 것은 내가 사과해야 한다. …… 아무튼 '결자해지' 해야 하니 이제 인생 70에 그에게 용서를 빈다." 강신표, 〈한국 이론사회학회의 방향에 대한 작은 제안〉, 260쪽.

75 김경동, 《사회학의 이론과 방법론》, 박영사, 1989, 340쪽.

하는 투쟁으로 번져서 엄청난 혼란과 상처를 가져올 뿐 아니라 쌍방을 모두 말살하는 결과를 가져올 위험성마저 없지 않을 것이다.[76]

이런 입장에서 김경동은 체제 비판적 '노동운동'을 연구하기보다는 체제 내의 '노사관계'를 연구했다. 1980년대 들어 한국의 진보적 사회학을 표방하는 젊은 학자들은 마르크스주의 입장에 서서 노동운동을 활성화하기 위한 계급론과 변혁론 연구에 몰두하고 있었다. 이런 상황에서 김경동은《노사관계의 사회학》을 펴내면서 서문에서 다음과 같이 집필 이유를 밝혔다.

이념적으로 마르크스주의적 지향을 극복하려는 것이고, 이론과 방법론에서 정치경제학을 수용하면서도 사회학적인 안목을 부각시키려는 것(이다). 노사관계를 근본적으로 갈등적인 관계로 규정은 하지만, 협동과 통합에로의 길을 모색하는 데 궁극의 목표를 두고자 했다. …… 적어도 학문적으로는 지금 유행하다시피 하는 연구들에 대한 균형잡이 구실을 하게 되기를 희망한다. 이것이 작은 발판이 되어 미묘하고 심각한 노사관계의 전개가 건설적인 방향으로 이루어지도록 우리 학계가 긍정적인 기여를 하게 되기를 염원해 본다.[77]

---

76 이만갑,《한국 사회―그 갈등과 대응》, 다락원, 1980, 15쪽과 31쪽. 이만갑은 갈등의 창조적 순기능을 이론화한 루이스 코저의 생각을 활용하고 있다.
77 김경동,《노사관계의 사회학》, 경문사, 1988, iv~v쪽.

결과적으로 김경동의 사회변동론에는 사회갈등과 사회운동이 차지하는 부분이 충분히 다루어지지 않는다. 김경동은 사회변동이 사회적 갈등이나 대립을 통해 이루어지는 측면보다는 위로부터의 합리적 계획, 정책, 동원을 통해 이루어지는 부분을 더 중시하는 엘리트주의적 경향을 보였다. 이 지점이 바로 김경동의 사회학이 한완상의 민중사회학과 결정적으로 갈라지는 지점이다.

김경동이 2002년 정년을 맞아 펴낸《한국 사회발전론》에는 사회발전을 이끌어갈 일곱 범주의 '주체'들이 제시되어 있다. 각각의 행위 주체들은 '발전'이라는 주어진 목표를 실현하기 위해 갈등을 피하고 각자 맡은 일을 충실히 하는 주체로 제시된다. 김경동에 따르면 한국 사회의 발전이 이루어지기 위해서는 정치인은 자기 혁신을 이루어야 하고, 관료집단은 거듭나야 하며, 기업인은 기업인다워야 하고, 근로자는 주인의식을 가져야 하며, 지식인은 각성해야 하고, 여성들은 능력을 개발하고 올바른 가정교육을 해야 하며, 교육자는 자질을 향상시켜야 한다. 각자 자기가 맡은 역할을 충실히 하면 사회적인 조화가 이루어지고 발전이라는 목표를 달성할 수 있다는 주장이다.

이런 관점은 기능주의적 갈등론이 아닌 보수적 기능주의론에 가깝다.[78] 발전의 목표나 발전의 과정에 대해 이견을 갖는 주체들 사이의 갈등 발생 가능성이 사전에 배제되어 있다. 김경동은 노동자들이 불만을

---

78 김경동의 기능주의적 관점에 대해서는 정수복, 〈서평: 성숙한 사회를 바라보는 사회학자의 눈:《사회적 가치: 문명론적 성찰과 비전》, 김경동, 2019, 푸른사상〉,《한국사회학》 54권 3호, 189~213쪽 참조.

가지고 노동운동에 참여하기보다는 "근로자도 이제는 주인의식을 가지고 기업과 국민경제의 성장과 발전에 동참하려는 헌신 몰입의 자세를 갖추어야 한다"고 주장했다.[79] 김경동의 발전과 변동의 사회학은 정치인, 관료, 기업가가 앞장서고 근로자와 지식인, 여성, 교육자 등이 각자 자기에게 주어진 역할을 충실히 수행하면 된다는 엘리트주의적 '사회조화론'의 입장에 서 있다.[80] 김성국과의 대담에서 털어놓은 다음 발언은 그의 엘리트주의적 조화론을 분명하게 보여준다.

> 나는 엘리트가 사회를 운영하는 체제가 건전하다고 보아요. 포퓰리즘은 안 됩니다. 공개적으로는 이런 말을 안 하려고 했는데, 어느 순간에 가서는 말해야죠. …… 건전한 엘리트가 이끄는 공정한 사회가 우리의 목표가 되기를 바랍니다.[81]

김경동은 건전한 엘리트가 지배하는 체제에서 "무엇보다도 중요한 원칙 한 가지는 사회 구성원들 모두가 어떤 계층이나 집단이나 공동체에 속하든 간에 과거에는 자신의 권리를 찾는 데 지나치게 집착했던 점

---

79 김경동, 《한국 사회발전론》, 집문당, 2002, 514쪽.
80 김경동은 모든 사람을 위한 삶의 질적 향상과 삶의 기회 증대를 위한 발전을 위해서는 구조적 유연성이 필요한데 그 구조적 유연성을 키우는 일은 "엘리트나 소수 권력층의 손에 크게 달려 있다"고 보았다. 김경동, 《사회학의 이론과 방법론》, 박영사, 1989, 343쪽. 한국의 기업엘리트에 대한 연구로 김경동 외, 《기업엘리트의 21세기 경제사회 비전》, 문학과지성사, 1999도 볼 것.
81 김성국, 〈김경동의 사회학〉, 405쪽.

을 반성하고, 이제부터는 각자가 자신의 책임이 무엇이며 그 책임을 어떻게 하면 다할 수 있을지를 항상 생각하면서 사회의 진정한 발전에 동참하겠다는 각오를 해야 한다"고 주장했다.[82]

5. 김경동의 '문화적으로 독립적인 사회학'

서양 사회학을 수용하는 단계를 넘어 그것을 우리 것으로 만들어야 한다는 토착화 논의에 대해 김경동은 1980년대 초 이렇게 밝힌 바 있다.

> 좋건 싫건, 현대 학문의 전개사는 서양이 주도해 왔기 때문에, 우리가 토착화를 겨냥할 때 현 시점에서 우선되어야 하는 과제는 서양 것을 수용한 바탕 위에 우리의 것이 이해되고 가미되는 한계를 벗어나기 어렵게 되어 있다. 물론 이제부터는 그렇게 쌓은 우리의 학문 전통을 바탕 삼아 외래의 것이 뿌리내리는 단계로의 질적 전환이 이루어져야 하고, 그런 준비가 되고 있는 줄 안다. 학문의 성격을 논할 때 흔히 특수성과 보편성이 도마에 오르곤 한다. 토착화란 어디까지나 이 둘의 변증법적 조화를 뜻하는 것이지, 그 어느 하나로 기우는 것을 일컫지 않는다. 참다운 특수성이란 남이 도저히 알아차릴 수 없는 것을 남이 알아들을 수 없는 말로

---

82 김경동, 《한국 사회발전론》, 집문당, 2002, 515~516쪽.

묘사하는 일이 아니라, 남들이 이해하기 어려운 우리의 것을 누구나 파악할 수 있는 보편적인 말로 표현할 때 빛이 날 것이다.[83]

인용문 마지막 문장에서 말했듯이 김경동은 한국적 전통과 한국적 상황에서 나온 한국적 사회학을 우리끼리만 소통하는 것이 아니라 영어로 표현하고 발표하여 외국 학자들에게 이해시키고 인정받는 일을 중요하게 생각했다. 김경동은 고등학생 시절부터 영어에 뛰어난 재능을 보였는데 그런 어학 능력은 사회학자가 된 후 미국을 포함하여 외국 사회학자들과 활발하게 교류하는 데 큰 도움이 되었다.[84]

국제학회에서 점차 한국 사회학을 대표하게 된 김경동은 1980년대 이후 줄곧 한국 사회학의 아이덴티티 문제를 의식하면서 한국이 경험한 사회변동의 특징을 한국적인 개념과 이론으로 포착하고 설명하려는 시도를 계속했다.[85] 한국적 사회학 구성을 위한 그의 노력은 두 가지 방향으로 진행되었다. 하나는 정情, 한恨, 기氣, 눈치, 체면, 명분, 연고 등 한국의 고유한 개념들을 사회학적 개념으로 다듬는 일이고 다른 하나는《역경》등 동양 고전에 나오는 음양 변증법을 활용하여 노사관계를

---

83 김경동,《현대 사회학의 쟁점—메타사회학적 접근》, 법문사, 1983, 1쪽.
84 그는 대구 계성고등학교 시절 고등학생 영어 스피치대회에 나가 입상한 경력을 가지고 있다. 그때 그는 학교 측의 배려로 미군들에게 직접 영어 스피치 교육을 받기도 했다. 김경동은 1990년대에 한국에 초청된 다니엘 벨, 랠프 다렌도르프 등 세계적인 사회학자들과 텔레비전 방송의 대담을 진행하기도 했다.
85 김경동,〈한국 사회학의 아이덴티티 문제〉,《한국사회과학》27권 1–2호, 2005, 145~165쪽.

포함하는 사회갈등과 사회변동 이론을 정립하는 것이다.[86]

김경동은 그런 자신의 연구 결과를 바탕으로 1996년 세계사회학회 ISA와 한국사회학회KSA가 공동으로 주최하고 당시 세계사회학회 회장이던 이매뉴얼 월러스틴을 비롯하여 일본, 중국, 타이완, 홍콩의 사회학자들이 참석한 '동아시아 사회학의 미래The Future of Sociology in East Asia' 심포지엄에서 〈문화적으로 독립적인 사회과학을 향하여Toward Culturally Independent Social Science: The Issue of Indigenizatoin in East Asia〉라는 제목의 논문을 발표했다.[87]

김경동은 2002년 서울대 사회학과 은퇴기념 고별 강연문 〈학문의 정치적 종속과 문화적 독립: 한국 사회과학의 자주적 발전을 위한 성찰〉에서도 토착화 문제를 다루었다. 그는 "비서구권에서 근대화는 불가피

---

86 김경동은 "외국의 어떤 이론들을 가져와도 잘 설명이 되지 않는 부분들"을 한, 기, 눈치, 체면 등의 개념을 이용하면 잘 설명할 수 있다면서 "우리 사회를 설명하는 우리 나름의 이론을 개발하려는 노력을 끊임없이 경주해야 한다"고 말하기도 했다. 김경동·박형준, 〈한국 지성과의 대담 (3): 인간주의 사회학의 개척자 김경동 교수, 절름발이 정치가 사회발전 발목 잡아〉, 69쪽. 김경동 이전에 《역경易經》을 기본 삼아 한국적인 사회학 이론 구성을 시도한 정창수, 〈주역의 사회학적 해석〉, 《한국사회학》 14권 1호, 1980, 9~30쪽과 김경동 이후 페미니즘의 시각에서 음양론을 재평가하고 있는 김혜숙, 《新음양론: 동아시아 문화논리의 해체와 재건》, 이화여자대학교출판부, 2014을 참조할 것.

87 Kyong-Dong Kim, "Toward Culturally Independent Social Science: The Issue of Indigenizatoin in East Asia", Su-Hoon Lee ed., *Sociology in East Asia and Its Struggle for Creativity: Proceedings of ISA Regional Conference for Eastern Asia*(Korea, Montreal: ISA, 1996), pp. 63~72.

하게 서구적 요소를 수용하는 과정을 포함하지만 이미 근대화 자체는 하나의 문화적 반응으로서 '적응적 변동'을 동반한다"면서 "처음에는 그대로 도입하는 데 집중할 수밖에 없으므로 토착화 자체가 아직은 모 방에 불과하지만, 시간이 흘러 학문 후속 세대의 저변이 넓어지고 학문 역량이 성장함에 따라 발전을 기하려는 움직임이 나타난다"고 주장했 다.[88] 그의 한국 사회발전론과 동아시아 발전사회학은 서구 학문의 모 방에서 벗어나 주체적 학문으로 나아가려는 지적 추구였다. 정년퇴임 후 2005년에 발표한 글에서 김경동은 자신의 입장을 더욱 분명하게 표 현했다.

그러므로 우리의 사회학이 한국 사회에 유관 적합한 학문으로 자리잡기 위해서는 미국 중심의 사회학의 테두리를 과감하게 벗어나서 우리의 문 제를 우리의 눈으로 바라보는 통찰을 가능하게 하는 종류의 사회학을 적극적으로 구성하려는 노력이 있어야 할 것이다. 이는 현재와 같이 학 문의 제도적 권력이 미국 중심의 세계 사회학계에 집중되어 있고 그 중 심에서 주변의 사회학까지도 평가하며 주도하려는 제도적 틀이 존속하 는 한 용이한 과업이라고 보기는 어렵다. …… 이를 극복하는 한 가지 길 은 바로 우리 학문의 문화적 독립을 확보하는 방법이 된다는 역설에서 찾아야 한다. 바꾸어 말하면 미국 사회학을 닮으려고 하면 할수록 우리 는 지속적으로 종속적 지위에서 벗어나기 힘들고 오히려 종속은 더욱

---

88 김형찬, 〈서울대 김경동 교수, '한국 사회학 독립역량 갖췄다'〉, 《동아일보》 2002년 3월 21일.

심화될 소지가 큰 반면에, 문화적으로 우리의 독자성을 확보하는 길을 택하면 적어도 그러한 종속의 위상을 계속 유지할 필요가 없어진다는 이점이 있다는 말이다.[89]

미국을 중심으로 한 서구 사회학을 한국 문화에 맞게 토착화시키려는 김경동의 학문적 노력은 어떻게 보면 1980년대 초 "김경동의 사회학은 문화제국주의 시대의 매판 사회학"이라는 강신표의 비판에 우회적으로 답하는 작업이기도 했다. 김경동은 "1980년대 초의 격정적인 시대적 분위기를 반영하는 강신표의 고강도 비판에 대하여 "학자는 이론과 객관적 자료를 가지고 비판해야 한다"면서 자신의 지금까지의 학문 세계에 대한 떳떳한 신념을 감추지 않았다."[90] 김경동은 정년을 앞두고 우리 문화 풍토에서 나온 개념 구성에 대한 자신의 관심이 강신표의 비판 이전인 1970년대 미국 체류시절부터 마음에 품고 있었던 것임을 다음과 같이 밝히기도 했다.

처음 유교 공부를 시작할 때는 학문을 토착화하겠다는 그런 의식은 없었어요. …… 그 생각의 핵심은 우리 사회는 우리 식으로 연구해야 한다는 것이었죠. 우리 식이 뭐냐? 그걸 조금 더 의식적으로 느낀 것은 외국에서 살면서였어요. 유교, 불교, 도교 …… 왜 이런 것을 잊고 있었는가라

---

89 김경동, 〈한국 사회학의 아이덴티티〉, 《한국사회과학》 27권 1–2호, 2005, 161쪽.
90 김성국, 〈김경동의 사회학〉, 392~393쪽.

는 생각이 들었죠. 이걸 깨달은 게 1970년대 미국에 있으면서였고요.[91]

강신표는 음양을 '대대적 인지구조'로 해석하지만 김경동은 음양의 관계를 '변동의 원리'로 파악한다.[92] 세상만사의 생성 변화를 음과 양의 다양한 관계로 해석하고 예측할 수 있다고 본다. 김경동의 이런 생각들은 강신표의 비판에 대해 오랜 세월을 두고 응답한 것이라고 볼 수 있다. 이 같은 김경동의 지속적인 노력 때문인지 드디어 2005년 강신표는 김경동의 '문화적으로 독립적인 사회학'을 인정하면서 다음과 같이 썼다.

후배 사회학자들이 김경동의 '동양철학'에 기초한 사회학 논의들을 왜 읽으려고 하지 않는지 알 수 없다. 언젠가 먼 훗날에 그의 노력이 제대로 평가될 날이 오리라 기대한다. 강신표의 비판에 따라 그의 연구방법에 많은 수정이 있었던 것만으로도 나는 그에게 감사한 마음을 전하고 싶다.[93]

김경동은 《한국 사회변동론》에서 자신이 추구하는 '문화적으로 독립

---

91 김성국, 〈김경동의 사회학〉, 394쪽.
92 대대적 인지구조에 대해서는 강신표, 《우리 사회에 대한 성찰적 민족지》, 세창출판사, 2014, 55~98쪽 참조.
93 강신표, 〈한국 이론사회학회의 방향에 대한 작은 제안〉, 《사회와 이론》 6호, 2005, 260쪽.

적인 한국 사회학'의 기본 얼개를 다음과 같이 제시했다.

　　사회조직의 원리라는 그물을 던져서 건져 내었다고 했을 때 잡히는 한
국 사회의 특성을 살펴보기 위해서 《역경》의 인식구조를 일차적으로 원
용하면서 이로부터 도출해 낼 수 있는 몇 가지 파생적 특성도 아울러 언
급하고자 한다. …… 여기서 우리가 문제를 파악하는 하나의 인식 틀로
서 바로 전통적인 요소라고 할 수 있는 음양적인 이분 구조의 유용성에
관하여 생각하는 일부터 시작해 보기로 한다. 지금까지의 이분 구조적
전통문화 인식이 그 나름의 장점을 지니고 있음에도 불구하고, 그 자체
가 지니는 분석적 힘을 충분히 활용해 오지 못한 것은 그것에 함축되어
있는 역동적인 원리를 사회변동의 역학에다 적용하는 작업을 아직 시도
하지 않았기 때문인 것 같다. 대대的對待的 관계의 환류 작용이 갖는 조
정기능을 소로킨Pitrim A. Sorokin의 순환론적·변증법적 사회변동이론에
서 제시하는 한계이론과 결부시킬 때 현실성 있는 설명을 가능케 한다.
그것은 바로 태극의 원리로 단순화될 수 있는 것이기도 하다.[94]

　　김경동은 역경의 원리를 노사관계에 적용하면서 동아시아적 갈등론
을 "변증법적 신문명론"으로 발전시키기도 했다.[95] 그가 제시하는 음양
변증법적 접근은 양과 음의 관계를 서로 경쟁하면서도 서로를 살리고

94　김경동, 《한국 사회변동론》, 나남, 1993, 136쪽과 156~157쪽.
95　김경동, 〈변증법적 신문명론〉, 《철학과 현실》 1995년 여름호, 44~58쪽: 김경동,
　　《선진한국, 과연 실패작인가? 김경동의 문명론적 성찰》, 삼성경제연구소, 2000.

발전시키는 요소로 파악한다. 노사관계는 음과 양의 관계처럼 둘이면서 하나요, 하나이면서 둘이라는 것이다.

음양 대대적 변증법의 논리를 따르면 '노'와 '사'는 서로 이해 관심이 다른 상대이기는 하지만 동시에 그들은 서로를 필요로 하고 서로가 없으면 각자 존재 이유가 없는 관계에 있다. 그뿐만 아니라, 생각해 보면 이들은 또한 호혜적이고 보완적인 관계에 있다. 이 점을 우리는 지금까지의 어느 이론에서도 찾아보지 못했다.[96]

그렇다면 음양 변증법의 논리를 자기 나름대로 활용하는 김경동의 "문화적으로 독립적인 사회학" 만들기를 어떻게 평가할 것인가? 후학들의 평가는 대체로 부정적이다. 먼저 김필동의 평가는 이렇다.

김경동의 작업은 서양 사회학 이론과 동양사상의 접목을 시도하면서 이를 '일반이론'의 수준에까지 고양시키려는 문제의식을 갖고 있어 주목을 받아 왔다. …… 동양사상으로부터 사회학적 요소를 개념적으로 추출해내는 과정(아직은 대부분 '이론적 재구성'의 단계에는 미치지 못한 것으로 보인다)이 고전에 대한 철저한 이해를 바탕으로 한 것인가에 대한 의문과 함께 이를 현실에 적용할 때 해석하는 작업에도 진정한 '설명'이라기보다는 아직은 소박한 '유추'의 수준에 머물러 있기 때문이다.[97]

---

96 김경동, 《미래를 생각하는 사회학》, 나남, 2002, 261쪽.
97 김필동, 〈한국 사회 이론의 과제와 전략: '토착화론'을 넘어서〉, 《한국사회학》 제36

김경만은 김필동의 비판에서 한걸음 더 나아가 김경동이 "유교 전통을 사용해서 한국적 이론을 만들었다고 주장했지만 그가 애초부터 이론이 무엇인지를 이해하지 못했다"고 본다.[98] 그는 '기氣'나 '한恨' 등의 개념을 사용하여 한국 사회를 설명하려는 김경동의 시도가 개념들의 연결망을 구성하지 못하고 있기 때문에 이론적 설명이 되지 못하고 동어 반복적이며 '뻔한 얘기'에 불과하다고 비판했다.

그러나 부정적인 평가만 있는 것은 아니다. 긍정적인 평가도 있다. 김성국에 따르면 김경동의 동양사상에 대한 사회학적 관심은 주역과 도가사상을 거치면서 그의 독특한 문화주의와 신문명론으로 개화되었다.[99] "그리하여 김경동은 마침내《역경》을 통해 한국 사회의 특성을 구명할 수 있는 한국적 동양적 혹은 토착적 논리를 발견한다. …… 김경동의 음양 변증법과 신문명론이야말로 동양주의와 서구적 세계관이 서로 융합할 수 있는 가능성을 선구자적으로 개척하고 있다."[100] 배규한도 "김경동 교수는 미래를 설계하고 이를 성취해나가는 방법을 모색함에 있어서 동양의 문화적 특성이나 한국 고유의 가치에 바탕을 두려고 했다"면서 김경동의 문화적으로 독립적인 사회학 구성 작업을 긍정적으

집 2호, 32~33쪽.

98 김경만,《글로벌 지식장과 상징폭력─한국 사회과학에 대한 비판적 성찰》, 문학동네, 2015, 40쪽과 44쪽.

99 동서양 이론의 잡종화를 시도하고 있는 김성국은 "동아시아적 차원을 강조하는 김경동으로부터 큰 시사를 받았다"고 인정했다. 김성국,《잡종 사회와 그 친구들: 아나키스트 자유주의 문명전환론》, 이학사, 2015, 448쪽.

100 김성국,《잡종 사회와 그 친구들: 아나키스트 자유주의 문명전환론》, 407쪽.

로 보았다.[101]

　김경동은 은퇴 후에도 한국적 또는 동아시아 사상을 바탕으로 삼는 사회학적 관점을 만들려고 노력하고 있다. 우리 것을 찾아 자주적이고 독자적이고 토착적인 이론을 만들고 그것을 젊은 세대에게 물려주면 그것이 우리 사회 전체를 바꾸는 데 기초가 될 것이라고 생각한다. 김경동은 그런 관점에서 2017년 자신의 학문을 종합하는 작업을 계속하여 세계 학계를 향해 3권의 영문 저서로 출간했다.[102] 김경동의 영문 저서 3부작의 출간은 국내외에서 이루어진 그의 학문 경력의 화려한 정점으로 기록될 것이다.[103]

101　배규한, 〈김경동과 미래 사회학〉, 김경동. 《미래를 생각하는 사회학》, 나남, 2002, 279쪽.

102　Kyong-Dong Kim, *Alternative Discourses on Modernization and Development: East Asian Perspective*(New York: Palgrave and Macmillan, 2017); *Korean Modernization with Uneven Development: Alternative Sociological Accounts*(New York: Palgrave and Macmillan, 2017); *Confucianism and Modernization in East Asia: Critical Reflections*(New York: Palgrave and Macmillan, 2017). 이 영문 저서가 발간되기 전에 초고를 읽게 해주신 김경동 교수께 감사드린다.

103　김경동의 3부작 영문 저서의 출발점을 그가 대학교 4학년 시절인 1958년에 이미 영어 논문에서 찾아볼 수 있다. Kyong-Dong Kim, "A Tentative Discussion on the Value Concept in Sociology", 《문리대학보》 6권 2호, 1958, 69~77쪽.

3.

김경동의
삶과 글쓰기

1. 김경동의 전기적 삶

김경동은 1936년 안동에서 교회 장로 김영학과 권사 윤위숙의 3남 중 3남으로 태어났다. 안동초등학교를 졸업하고 안동사범학교 병설 중학교를 다니다가 대구의 기독교계 학교인 계성중학교로 전학한 후 계성고등학교를 졸업하고 1955년 서울대학교 사회학과에 입학하여 1959년에 졸업하고 1961년에 서울여대에서 강의를 시작했다. 1962년에는 미국의 미시간대학에서 사회학 석사학위를 받고 귀국하여 다시 서울여대에서 가르치다가 1968년 서울대학교 전임강사로 발령받았다. 하지만 1969년 다시 유학의 길에 올라 1972년 코넬대학에서 박사학위를 받고 1977년까지 미국의 노스캐롤라이나주립대학에서 가르치다가 귀국

하여 2002년까지 서울대학교 사회학과 교수로 재직하다 은퇴했다.[104]

고교시절 김경동은 문학을 통해 사회 개혁을 할 수 있다고 생각했던 문학청년이었다. 대학에 진학하여 문학을 전공하려는 생각도 했다. 그러다가 스승과 상의하면서 "순수 문학으로 곧바로 들어가기보다는 사회를 한층 더 폭넓고 깊이 있게 이해하는 데 도움이 될 것으로" 생각하여 사회학을 공부하기로 결정했다. 그러나 "그와 같은 기대가 허무하게 꺾이는 데에는 그다지 긴 시간을 요하지 않았다. …… 당시의 사회학이란 우리의 고등학교 은사나 선배들이 익숙해 있던 성질의 학문이 아닌 전혀 다른 모습을 띠고 우리나라에 전파되고 있었던 것이다. 그 새로운 사회학은 사회개혁의 꿈을 기르던 문학소년의 길잡이가 될 그런 것이 아니었다. 오늘날 우리가 자주 도마 위에 올려놓고 난도질하곤 하는 실증주의 경험사회학과 구조기능주의 이론이 바로 그것이다."[105] 이후 그는 실망과 좌절 속에서 실존철학에 심취하기도 했다. 1962년 미시간대학에서 사회학으로 석사학위를 마치고 난 다음에 신학이나 연극 또는 문학을 전공할 생각까지 하면서 크게 방황한 적이 있다. 그는 그 고비를 넘겼던 과정을 다음과 같이 회상했다.

그때마다 곁길로 퉁겨나가려는 자신을 달래며 사회학에 머물러 있게 된

---

104 김경동의 학력과 경력에 대해서는 호산 김경동교수 정년기념논총 간행위원회 편, 《현대 사회와 인간 (1): 성찰의 사회학》, 박영사, 2002, xi~xiv쪽에 실린 〈호산 김경동 교수 연보〉를 참조할 것.

105 김경동, 《사회학의 이론과 방법론》, 박영사, 1989, 4쪽.

것은 사회학이라는 학문이 지닌 다양한 가능성과 자아 성찰적 개방성의 매력이 언제나 끌어당긴 때문이었다 해도 지나친 말이 아닐 것이다. 사회학이 만일 어떤 한 가지 조류에 붙박여 폐쇄되고 획일적인 학문이었다면, 모르긴 해도 숨 막히는 갑갑함을 견디지 못해 훌쩍 뛰쳐나오고 말았으리라. 게다가 60년대의 격랑기를 거치면서 사회학은 깊은 자아 성찰의 과정을 밟고 스스로 변모하는 유연성을 보였다. 실증주의와 기능주의의 아성에 도전하는 인간주의적이고 비판적인 신선한 전망들로 주목을 끌고도 남음이 있었다.[106]

한 학자의 학문적 입장은 그의 삶과 밀접하게 관련되어 있다. 김경동도 오래전에 이렇게 쓴 바 있다. "하기야 인간주의 사회학에 특별한 관심을 갖게 된 데에는 나 개인의 성향이나 자란 배경이나 살아온 인생역정이 한몫했다는 것을 구태여 숨기고 싶지는 않다."[107] 그러나 김경동은 자신의 개인사를 좀처럼 밝히지 않는다.[108] 그는 은퇴 후 다른 친구

---

106 김경동, 《사회학의 이론과 방법론》, 박영사, 1989, 4~5쪽. 인용문에서 60년대의 격랑기란 미국의 인권, 반전, 반문화 운동을 가리킨다.

107 김경동, 《인간주의 사회학》, 민음사, 1978, 5쪽.

108 김경동의 부친은 안동에서 교회 장로였고, 그의 네 살 위 형인 김재은은 이화여대 교육심리학과 교수로서 많은 저작을 남겼다. 그의 집안 분위기가 학문을 장려하는 분위기였던 것 같은데 가정 교육에 대한 김경동의 언급은 찾아볼 수 없다. 김경동은 학교 교육을 통해 받은 영향에 대해서는 이렇게 썼다. "저는 사실 저에게 결정적으로 영향을 준 사부님을 기억하기 어렵습니다. 저 나름대로 책을 통해 또 여러 선생님들을 통해 제 자신을 스스로 형성해 갔다고나 할까요. 다만 제 사유의 틀을 만드는 데 가장 중요했던 기간은 대구 계성중·고등학교 시절이었습니다. 아주 감

들이 보내오는 회고록이나 자서전을 받아보면서 정작 자신은 자전적 글을 쓰지 않는 이유를 다음과 같이 밝혔다.

내 일이라고 털어놓았는데 그 얘기 속에 등장하는 다른 인물의 허물, 잘못, 약점, 부도덕성 등등이 만천하에 드러날 때가 없으란 법이 없다. 나와 관계있는 타인의 역사도 일부는 나의 역사이니까 이를 서술하는 과정에는 내가 그들에게 저지른 못된 일, 나로 인해 그들이 받은 고통, 내가 한 일 때문에 그들이 받은 상처, 나와 관계있는 이들이 나의 행동으로 말미암아 난처해진 상황 같은 것을 모두 제외해버리면 얘기가 왜곡되고 재미가 없어질 개연성도 무시할 수 없다. …… 솔직히 나라고 할 말이 없을 리 없고 남기고 싶은 이야깃거리도 굳이 생각해 내려면 건질 만한 게 있을 것이다. 다만 나의 삶 자체가 그다지 남기고 싶거나 들려주면 도움이 되리라 내세울 만한 건더기가 없다는 것일 따름이다. 아무리 그렇다 해도 내 생애에는 기억에 남는 일도 전혀 없었고 꽤나 충격이 컸던 굴곡을 한 번도 겪지 않았다고 하면 생판 거짓말일 게다. 오히려 다른 사람들이 겪지 않아도 좋을 일들을 더 많이 경험했으면 했지 덜하지는 않았다고 해야 할 것이다. 그저 그런 이야기는 남기고 싶은 범주에 속하지 않는다는 말이다. 밝히고 나면 부끄럽기나 했지 자랑할 만한 것이 못되기 때

수성이 예민했던 사춘기에 미션스쿨인 계성의 자유로운 분위기와 지적 자극을 끊임없이 주려는 선생님들이 있었던 것이 참 행운이었지요." 김경동·박형준, 〈한국 지성과의 대담 (3): 인간주의 사회학의 개척자 김경동 교수, 절름발이 정치가 사회 발전 발목 잡아〉, 65쪽.

문이다. 역사상 유명 인사들이 남긴 글 중에는 스스로의 부끄러운 모습까지도 적나라하게 드러내는 용기를 보여주는 참회의 기록이 없는 것은 아니지만 회고성 글은 어차피 자기 합리화나 자랑이 앞선다고 하는 게 맞을성싶다. 나로서는 그런 용기도 없고 자랑할 만한 것도 별로 없어서 못할 뿐이다. 더구나 남겼으면 좋겠다는 생각이 드는 중요한 사례들을 지적하다가는 다른 사람들에게 피해가 돌아갈 소지가 큰 얘기가 더 많을 수 있는데 나의 진정성과 솔직함을 고수하기 위해 남에게 해를 끼친다면 그들의 얼굴을 볼 수 없을 터이고 남의 험담을 해야만 사회에 득 되는 상황이라면 차라리 하지 않음만 못하다. 무덤까지 품고 가라는 말이 왜 나왔겠는가?[109]

김경동은 동기생인 한완상처럼 민주화운동에 적극적으로 참여한 적이 없다. 현실 정치에 참여하라는 보수 정당의 유혹이 있었지만 정부의 요직이나 국회의원이 되어 정치로 나간 적도 없다.[110] 유신체제하에서 시민사회가 억압받고 있던 1978년, 때 이르게 자발적 복지사회에 대한 논문을 발표한 바 있는 김경동은 다소 늦은 감이 없지 않지만 은퇴를 전후하여 학문 활동과 더불어 시민사회 활동을 시작했다. 1990년대 중

---

109 김경동, 〈'남기고 싶은 이야기' 유감〉, 남풍회 숙맥 동인 엮음, 《저녁놀, 느린 걸음》, 푸른사상, 2009, 255~256쪽.

110 김경동은 1960년대 중반 하와이대학에서 1년 동안 연구원으로 지냈는데 당시 그곳에 유학하고 있던 10여 명이 그 후 거의 모두 정계에 진출했으나 어느 누구도 이렇다 할 업적을 남기지 못했다면서 자신은 끝까지 학계를 지킨 것에 자부심을 느낀다고 말했다(2016년 6월 9일 인터뷰).

반부터 '성숙한 문화 가꾸기 시민모임' 등에 참여했고 2000년대에 들어서는 '시민사회포럼' 등에 참여하면서 자원봉사 활동을 학문적으로 뒷받침하는 작업을 하기도 했다. 2007년에 펴낸《급변하는 시대의 시민사회와 자원봉사》와 2012년에 출간한《자발적 복지사회—미래 지향적 자원봉사와 나눔의 사회학》이 그 결과물이다.[111] 젊은 시절 기독교인이었던 김경동은 목사를 대상으로 하는 실천신학대학원에서 강의하면서 오래전에 가졌던 기독교의 사회적 실천에 대한 관심을 2010년 출간한《기독교 공동체 운동의 사회학》이라는 저서에 정리하기도 했다. 그는 은퇴 후에도 학자로서의 정체성을 잃지 않고 학문적 연구를 계속하고 있다.

---

111 신용하는《자발적 복지사회》에 대한 서평에서 이렇게 썼다. "김경동 교수의 이번 저서는 사회학의 대가만이 쓸 수 있는 창의에 충만한 책이며, 사회학도들과 자원봉사 활동에 관심 있는 모든 분들이 교과서처럼 음미해야 할 주옥 같은 노작이라고 평자는 생각한다." 신용하, 〈서평: 김경동의《자발적 복지사회》〉,《한국사회학》 46집 4호, 2012, 301쪽. 신용하는 "우리 학생들은 한완상의 이름을 보고 서울대학교 사회학과에 입학했다가 졸업할 때는 김경동의 사회학을 배우고 나간다"라는 농담을 남기기도 했다. 김경동, 〈한국 사회학의 전환기, 55학번의 위상〉, 서울대학과 사회학과 60년 편집위원회 편,《다시 출발선에 서서: 동문들이 쓰는 사회학과 60년》, 선인, 2006, 148쪽.

2. 김경동의 문학적 글쓰기

김경동은 사회학 저서 외에 시집도 두 권 출간했다.[112] 김경동은 자신이 시를 쓰는 이유를 "딱딱한 이론으로 접근하는 것보다 감성을 지닌 언어로 접근하는 것이 사람들의 공감을 더 얻을 수 있고, 서로 부드럽게 접근할 수 있게 해주기 때문"이라고 밝혔다.[113] 고교시절부터 다재다능했던 김경동은 감흥을 불러일으키는 풍경 데생 작업에서도 개성을 발휘했다.[114] 그는 1987년에 《너무 순한 아이》라는 시집을 펴낸 바 있는데 2000년에 출간한 '김경동 사회비평시집'이라는 부제가 달린 두 번째 시집 《시니시즘을 위하여》의 머리말은 이렇게 시작한다.[115]

나는 감히 시인으로 자처하지 않는다.

시 쓰기를 전업으로 하지 않기 때문이다.

그러나 나는 시를 계속 쓴다.

시를 좋아하기 때문이다.

---

112 김경동, 《너무 순한 아이: 김경동 시 모음》, 민음사, 1987; 김경동, 《시니시즘을 위하여: 김경동 사회비평시집》, 민음사, 2000.

113 김경동·박형준, 〈한국 지성과의 대담 (3): 인간주의 사회학의 개척자 김경동 교수, 절름발이 정치가 사회발전 발목 잡아〉, 64쪽.

114 김경동의 데생 작품들은 그의 시집에 수록되어 있다. 김경동, 《시니시즘을 위하여》, 2, 22, 72~73, 110, 152쪽에 수록되어 있다.

115 김경동, 《시니시즘을 위하여》, 5~6쪽.

......

내게 시는 문학이기도 하고 사회학이기도 하다.

그 둘이 만날 수 있다면 그 또한 즐거운 일이 아니랴

......

세상은 날이 갈수록 좋아져야 한다고들 믿고 있는데

우리의 눈이 높아진 탓인가 좋아지기는커녕 오히려

더 험악해지는 세태를

학문의 분석안으로 밝히는 일도 필요하지만,

시인의 눈으로 바라보고

시로써 사람들의 가슴을 울릴 수만 있다면

이 또한 값진 일이라 여겨

......

이 시집의 맨 마지막에는 냉소적 시선으로 한국 사회의 세태를 풍자하는 〈시니시즘을 위하여〉라는 시가 실려 있다.[116]

시니시즘을 위하여

바른 말을 해도 믿지 않는 세상이 있습니다

거짓을 함부로 쏟아 놓아도 온 세상이 믿어버리는 시대가 있습니다

116　김경동, 《시니시즘을 위하여》, 168~169쪽.

마흔이 넘으면 얼굴을 책임져야 한다는데

말간 얼굴은 이제 희귀종으로 멸종의 위기를 맞았습니다

일그러진 얼굴 험상궂은 얼굴 사악한 얼굴 얌채 같은 얼굴

아양 떠는 얼굴 오만한 얼굴 만사가 같잖다는 얼굴 웃음도 온전찮은 얼굴

책임질 만한 얼굴은 이제 보기 힘들어졌습니다

물구나무서기를 해야

바로 서 있는 세상

삐뚤어진 자세로 봐야

바로 보이는 세상

세상이 싫다고 아우성쳐 본대야

바로 곁에서도 본 척 만 척 하는 세상

그럴 바에야

차라리

허허

헛웃음이나 흘리며

살지요

아니지요

오히려

차가운 냉소冷笑가

더 잘 어울릴 거예요

이 시집의 발문에서 국문학자 김용직은 이렇게 썼다. "김경동 교수
와 나는 오랫동안 봉건 유학儒學을 생활의 표준으로 삼은 가정에서 자

랐다. 우리 지방에서는 일상생활에서 말이 지나치게 다듬어지는 일, 예 각적으로 쓰이는 일을 경계한다. 《논어》에 나오는 '말을 지나치게 꾸미 고 얼굴빛을 자주 바꾸는 일은 어질지 못한 것이니라'가 이 경우의 한 벼리를 이룬다. 그리고 일상생활에서 김경동 교수는 이런 행동 원칙에 매우 충실한 편이다. 그러나 그의 작품(시)에 쓰인 언어는 이와 사뭇 다 르다. …… 김경동 교수는 그의 전공에 관계되는 담론에서는 풍자나 비 판 등 예각적 언설을 삼가는 편이다. 그러나 시의 경우에는 그 사정이 다르다. 이 경우에 그는 쌓이고 쌓인 비판의식을 집약해서 터뜨리고 그 것으로 그의 시가 이루어진다."[117] 그렇다면 김경동이 세상을 바라보는 방식은 사회학 저서나 논문이 아니라 시 속에 더 분명하게 표현되고 있 는지도 모르겠다.

인간주의 사회학을 제창한 김경동은 주로 양적 방법을 사용하여 한 국인의 의식과 가치관에 대한 여러 조사 연구를 실시했지만 인문주의 적 사회학의 질적 방법도 거부하지 않았다. 사실 그의 인간주의 사회학 은 과학으로서의 사회학보다는 인문학적 사회학에 더 어울리는 것이었 다.[118] 그 스스로 이렇게 쓰지 않았던가?

---

117 김용직, 〈발문: 이색스러움, 그 겉보기와 속내―김경동의 사회비평 시집에 부쳐〉, 김경동, 《시니시즘을 위하여》, 11쪽과 15쪽.

118 김경동이 《인간주의 사회학》에서 주장한 '사회학의 예술성'을 수용하여 문학·예 술과 대화하는 사회학을 발전시키고 있는 정수복, 《응답하는 사회학―인문학적 사회학의 귀환》, 문학과지성사, 2015 참조.

인문주의적인 사회학자들은 지나치게 자연과학주의적인 사회학의 불모
성을 꺼리는 나머지 인간조건에 유관한 사회학이 되기를 주장한다. 사
회학이 진정 뜻있는 학문이 되자면, 산문적인 무의미함을 탈피하여 예
리하고 극적이고 활력 있는 학문으로 탈바꿈할 것을 요구한다. 그러자
면 인간의 주관적 세계에 대한 예리한 통찰과 상상력을 발휘하여야 한
다. 그래서 관찰의 방법도, 또 관찰된 사회현상의 표현법도 생각 있는 것
이 되기를 요구한다. 이 경지에 다다르면 사회학은 예술의 차원에서 근
본적으로 떨어질 수 없다. 어쨌든 궁극적으로, 사회과학이나 인문학이
나 예술이나 모두 우리가 사는 경험세계에 관하여 의사를 전달함으로써
그 세계에 대한 우리의 경험의 폭을 넓히고 이해도를 증진시킨다는 점
에서 또한 나아가서는 그 세계를 보다 슬기롭게 엮어보려는 능력을 길
러준다는 뜻에서 같은 목표를 향한 인간의 노력이라는 것은 의심할 여
지가 없다. 사회학자도 자신의 연구 주제를 완벽히 이해하자면, 그에 대
한 구체적인 경험과 충분한 지식을 필요로 하고, 이를 위해서는 인문학
과 예술의 도움을 입어야 한다. 그래서 코저Lewis Coser는 우리들더러 맑
스나 베버의 저서도 읽어야 하지만 발자크와 프루스트의 작품도 읽을
필요가 있다고 한다. 문학의 이해를 통해 우리의 사회학적 이해도 계발
될 수 있기 때문이다. 사실 문학뿐만 아니라 예술의 산물은 인간 행동을
연구하기 위한 사회학적 분석의 대상 자료가 될 수 있고, 또 문학도 사회
학 이론의 도움을 얻을 수도 있다.[119]

---

119 김경동, 《현대의 사회학》, 박영사, 1982, 49쪽.

그러나 김경동은 과감하게 인문학적 사회학으로 나아가지 못했다. 그의 인문학적 성향은 주류 사회학의 과학 지향성에 눌려 의식 한 구석에 남아 있다가 시, 소설, 수필 쓰기로 나타났다. 사실 김경동은 "중고등학교 시절부터 소설, 수필, 시 등을 열심히 쓰는 문학소년이었다. 장래 희망도 톨스토이나 도스토옙스키와 같은 작가가 되는 것이 꿈이었다. 그리고 외국어를 잘한다는 평을 듣고 있던 터라 대학에는 영문학과나 불문학과로 진학할 요량이었다."[120] 그러나 작가가 되기 전에 사회를 알아야 한다는 고교시절 은사였던 차기벽 선생의 권고에 따라 사회학과에 입학했던 것이다.[121]

그는 1978년 출간한 《인간주의 사회학》에 실린 〈사회학의 예술성〉이라는 글에서 사회학자들의 글쓰기에 대해 다음과 같이 이야기한 바 있다.

문제는 과학적 사회학이 추구하고 처방하는 중립적인 언어의 사용을 고집하는 자세 그 자체는 이미 다른 어떤 가능성도 막아버리는 하나의 '빠르띠쟝'의 열정을 띤다는 데 있다. 결국 사회학이 그러한 좁고 경직된 시야에서 벗어나 보다 인간적인 삶의 폭과 깊이와 높이의 극적 현실을

---

120 김경동, 〈우리는 진짜 멋진 교육을 받았지〉, 남풍회 숙맥 동인 엮음, 《저녁놀, 느린 걸음》, 푸른사상, 2009, 263쪽.

121 정치학자 차기벽은 대한민국학술원 회원이다. 김경동은 스스로 대한민국학술원 회원이 된 후 그에 앞서 학술원 회원이 된 대학시절 은사인 이만갑과 고교시절 은사인 차기벽 두 분을 모시는 영예를 누렸다.

제대로 서술하는 학문으로 자라고자 한다면 언어의 다원성多元性을 인정하지 않을 수 없다는 결론을 얻게 된다. …… 그렇다고 해서 사회학의 시적 은유가 과학성이 요구하는 요소들을 완전히 짓밟는 일이 일어나지도 않으며, 일어나서도 안 될 것이다.[122]

2002년 은퇴를 앞두고 이미 20여 권의 저서와 300여 편의 논문을 발표한 김경동은 김성국과의 대담에서 자신의 글쓰기 계획을 다음과 같이 밝히기도 했다.

솔직히 말해서 내가 글을 이렇게 많이 썼어도 이 논문들을 읽은 사람이 몇 명이나 되겠어요. 그런데 소설은 많이 읽겠죠. 잘 쓸 자신은 없지만, 웬만큼만 쓰면 사람들이 호기심으로라도 읽겠지요. 그러면 난 거기에 사회학의 메시지를 담을 거예요. 앞으로 우리나라가 어떤 사회가 되어야 하는가를.[123]

김경동은 은퇴 후 네 편의 소설을 발표했는데 그 가운데 2005년 《문학사상》에 발표한 〈광기狂氣의 색조色調〉라는 중편소설에는 한국 사회학계의 주요 인물을 암시하는 주인공들이 등장하기도 한다.[124] 김경동

---

122 김경동, 《인간주의 사회학》, 민음사, 1978, 109쪽.

123 김성국, 《잡종 사회와 그 친구들: 아나키스트 자유주의 문명전환론》, 413쪽.

124 김경동, 〈광기의 색조〉, 《문학사상》 2005년 9월호, 104~158쪽; 〈슬픈 코메디〉, 《문예중앙》 2006년 겨울호, 129~152쪽: 김경동, 〈유산과 상속의 이름〉, 《문학저

은 사회학 논문으로 다 말할 수 없는 속내와 감정을 시와 소설을 통해 표현했다. 그러나 이후 김경동은 더이상 소설은 발표하지 않고 자전적 회고나 사회학적 산문을 발표하고 있다.[125]

널》 2007년 2월호, 74~140쪽; 김경동, 〈물고기가 사라진 텅 빈 어항〉, 《계성문학》 23집, 2007, 228~254쪽.

125 김경동, 〈'남기고 싶은 이야기' 유감〉, 남풍회 숙맥 동인 엮음, 《저녁놀, 느린 걸음》, 푸른사상, 2009, 252~258쪽; 김경동, 〈우리는 진짜 멋진 교육을 받았지〉, 《인간주의 사회학》, 259~266쪽; 김경동, 〈오늘 뭐해? 그냥 밥이나 같이 먹자/우리가 남이가?〉, 정진홍 외, 《길 위에서의 기다림》, 푸른사상, 2014, 116~141쪽. 김경동은 시를 쓰거나 소설을 쓰거나 산문을 쓸 때도 스스로를 문학인이라고 생각한 적은 없으며 늘 사회학자라는 정체성을 유지했다고 밝혔다(2016년 6월 9일 인터뷰). 이와 달리 정수복은 사회학자/작가라는 이중의 정체성을 내세운다. 정수복, 《응답하는 사회학—인문학적 사회학의 귀환》, 문학과지성사, 2015.

4.

김경동 사회학의
기여와 한계

김경동을 학문적 관심의 범위와 저술의 분량에 있어서 가히 한국 사회학을 대표하는 사회학자라고 불러도 손색이 없을 것이다. 더욱이 그는 외국의 저명한 학자들을 초청하여 국제학술회의를 조직하고 한국 사회의 근대화와 발전에 대한 영문 저서를 통해 한국 사회학을 세계 학계에 알리는 일에서도 타의 추종을 불허했다. 1960년대와 1970년대 두 번에 걸쳐 미국에 유학한 김경동은 한국 사회학자로서는 미국 사회학의 이론과 방법론 그리고 발전사회학과 사회변동론을 비롯하여 사회학의 여러 분야를 광범위하게 소개했고 그런 이론적·방법론적 자원을 활용하여 한국 사회에 대한 구체적인 경험 연구도 풍부하게 축적했다. 그는 이론과 방법을 포함하여 사회학의 여러 분야에서 단행본을 집필했고 복지사회와 자원봉사의 사회학, 예술로서의 사회학, 감정사회학 등의 분야에서 시대에 앞선 연구 과제를 제시하기도 했다.

　그가 1978년에 출간한 《현대의 사회학》은 지금까지 한국의 사회학자가 쓴 개론서 가운데 인간주의라는 일관된 관점을 유지하면서 한국적인 사례가 가미된 가장 종합적인 사회학 개론서이다. 이 책은 판과 쇄를 거듭하며 사회학도만이 아니라 사회학 분야 밖의 다른 독자들에게도 널리 읽혔다.[126] 1977년 미국에서 귀국한 직후인 1978년에 출간한 《인간주의 사회학》은 김경동 사회학의 기본적 지향성을 담고 있다. 이후 김경동의 사회학 저술은 거의 모두 인간주의적 전망에서 이루어진 것이라고 볼 수 있다. 김경동은 학술 서적뿐만 아니라 일반 독자를 염두에 두고 펴낸 교양 서적에서도 인간주의 사회학의 입장을 다음과 같이 고수했다.

(이 책에 실린 글들은) 한 사회학도가 우리의 사회적인 삶의 실존적 성격을 파헤치고 이를 인간주의적으로 극복하고자 하는 소망으로 연결지우는 글들이다. 이 사회적 실존을 나는 '인간과 사회의 변증법적 관계'라는 눈으로 포착한 것이다.[127]

그러나 김경동은 인간주의적 관점에 토대를 둔 연구방법론을 발전시키지는 못했다. 이론은 인간주의 사회학이었으나 방법은 설문조사와

---

126 1978년에 처음 나온 《현대의 사회학》은 1985년과 1997년 두 번에 걸쳐 확대, 개정되었다.

127 김경동, 《인간과 사회의 변증법》, 조선일보사, 1988, 9쪽. 이 책에는 "인간주의의 등불을 밝히자," "전문지식의 인간화," "사회적 실존과 예술의 인간화" 등에서 보듯이 '인간주의'와 '인간화'라는 말이 자주 등장한다.

양적 자료의 통계분석 등 과학적 사회학의 조사방법을 사용했다.

다양한 조사 연구를 통해 한국인의 사회의식을 지속적으로 연구해서 1992년 《한국인의 가치관과 사회의식》으로 집대성하기도 했다. 그러나 과연 그런 조사방법이 그의 인간주의적 전망과 잘 어울리는 연구방법이었는지는 의문이다. 설문조사는 이미 짜인 질문에 답하는 방식으로 진행되는데 그런 방법론을 통해 인간의 주체성이 제대로 드러날수는 없기 때문이다. 특히 1987년 민주화 이전 자기 생각을 드러내기를 꺼리는 한국의 권위주의 상황에서 익명의 응답자들이 설문에 답하는 방식으로는 주체성을 가진 사회적 행위자들의 가치관과 사회의식을 제대로 포착하기가 어려웠을 것이다. 이런 점에서 그가 주장한 인간주의 사회학의 이론과 구체적 연구방법 사이에는 괴리가 있었다고 평가할 수 있다.[128]

김경동의 사회학이 갖는 또 하나의 문제점은 그의 사회학적 분석에 한국 근현대사에 대한 역사의식과 역사적 관점이 빠져 있다는 점이다.[129] 이 때문에 기존 체제에 대한 비판적 인식이 결여되고 엘리트주의

---

128 김경동은 1960년대 말 미국 유학시절 밀스의 《사회학적 상상력》을 읽으면서 상당한 '지적 충격'을 받았으며 경험주의의 한계를 깨닫게 되었다고 말했다. 김경동·박형준, 〈한국 지성과의 대담 (3): 인간주의 사회학의 개척자 김경동 교수, 절름발이 정치가 사회발전 발목 잡아〉, 64쪽. "그러면서 질적 사회학에 관심을 갖게 되었다"고 했지만 이후 자신이 주장한 인간주의 사회학을 뒷받침하는 질적 연구방법을 개발하지 못했다. 만약 그가 시와 소설을 쓰는 문학적 감수성과 표현 능력을 질적 연구방법과 결합시켰더라면 그의 사회학은 훨씬 풍부해졌을 것이다.

129 김경동은 역사학과 사회학을 통합하려는 역사사회학적 관점을 취하지 않고 둘 사

적 관점을 취하게 되며 결국 보수적 사회학으로 기울어지기 쉽다는 지적도 있다.

그러나 합리적 자유주의자인 김경동이 내놓고 권위주의 정권을 옹호한 적은 없다.[130] 대학 울타리 안에서 아카데미즘을 지향한 김경동은 중도 지향의 합리적 보수주의자에 가까웠다. 김경동은 가까운 지인들로부터 부드럽고 조화를 추구하고 중용의 미덕을 지키는 학자라는 평을 받는 편이다. 1980년대 이후 젊은 세대 사회학자들이 계급론에 입각해 노동운동을 연구할 때 김경동은 노사관계를 다루면서 조화론적 입장을 폈다. 덕분에 정치 양극화의 시기에 그의 사회학은 "깃발 없는 기수"라거나 "찍어 먹을 소금이 없는 감자"라는 평을 듣기도 했다. 김경동의 인간주의 사회학에 대해 김필동은 당시 학생들을 대표하여 이렇게 썼다.

우리는 당시 선생님이 주장하시던 '인간주의 사회학'에 대해서는 공

이의 관계를 협동적 분업의 관계로 본다. 김경동은 역사학은 과거를 재구성하고 사회학은 현재의 사회를 관찰하여 기록함으로써 미래의 역사 연구를 위한 자료를 집대성하는 역할을 해야 한다면서 이렇게 썼다. "미래지향적 역사의식을 가지고 지금 이 시점의 한국 사회를 올바로 있는 그대로 기록해 두는 일 자체가 충분한 가치가 있다." 김경동, 《사회학의 이론과 방법론》, 박영사, 1989, 6~7쪽.

130 김경동은 2016년 6월 9일 인터뷰에서 정치권과 정부로부터 여러 가지 '유혹'이 있었지만 넘어가지 않고 끝까지 학자로서의 자리를 지켰다고 말했다. 그러나 서울시나 행정부의 자문위원으로서 전문지식을 공적으로 활용하는 일에는 참여했다고 밝혔다.

감과 불만이 교차했던 것으로 기억한다. 인간주의 사회학이 기존 사회학을 비판하고 인간 중심의 관점과 소외 받는 사람들의 불행에의 연좌를 강조했지만, 그 정도로는 당시의 엄혹한 유신체제하에서 이를 극복할 만한 힘은 보여주지 못한다고 여겼기 때문이다.[131]

극심한 사회적 갈등과 대립의 상황에서 어느 한 편의 입장을 분명히 취하지 않는 김경동의 태도를 극단을 피하고 조화를 추구하는 중용이라고 부를 수 있을지는 보는 사람에 따라 다를 것이다. 한완상은 '인간주의 사회학'의 입장을 취한다면서 엄혹했던 권위주의 시절 신중하게만 행동하며 비판적 입장을 취하지 않은 김경동의 저서를 염두에 둔 듯 이렇게 쓰기도 했다.

구조적 해방도 혁명도 개혁도 안정도 모든 것이 사람이 존엄한 존재로 살도록 도와주는 환경 창조에 있는 것이다. 이럴 때 사회 의사Social Doctor가 되고자 했던 그 꿈은 결국 사람을 사람답지 않게 구겨버리는, 즉 비인간화시키는 구조의 제거에 힘쓸 때 조금씩 이뤄진다는 것을 다시 한번 확인하게 된다. 모든 학문은 그 자체가 목적일 수 없다. 우리는 구체적인 역사적 조건 속에서 무엇을 위한, 누구를 위한 학문인가를 끊임없이 물어야 할 것이다. 그리고 그것은 바로 인간화를 위한 학문이라고 다짐할 때 값진 학문과 삶이 함께 이뤄지는 것이 아니겠는가. 구조적

---

131 김필동, 〈75학번의 수업시대〉, 서울대학교 사회학과 60년 편집위원회, 《다시 출발선에 서서: 동문들이 쓰는 사회학과 60년》, 선인, 2006, 296쪽.

해방도 따지고 보면 이 인간화의 한 핵심적 과정이라 하겠다.[132]

한완상의 위와 같은 입장을 염두에 둔 듯 김경동은 다음과 같이 자신의 생각을 밝혔다.

사회학의 문제의식과 비판적 성찰의 날카로움은 급진성을 드러내는 게 틀림없다. 그러나 그것이 곧 특정 형식의 사회운동을 정당화하는 근거가 될 수는 없다. 어떤 이가 사회학을 바탕 삼아 특정 이념을 제창하고 이를 실현하기 위한 구체적 정치운동들을 추진한다고 해서 그것이 사회학의 본성 때문이라고 하는 것은 학문을 옳게 이해하지 못한 소치이다. …… 사상운동을 펴는 일은 개인과 집단의 실천적 행위이고, 사회학이라는 학문의 본령이 아니다. 사회학자는 혁명가도 될 수 있지만, 혁명을 반대하는 운동가도 될 수 있고, 혁명과는 무관한 실천가의 모습을 띨 수도 있다.[133]

1980년대 초 강신표가 한완상의 사회학과 김경동의 사회학을 비교한 것처럼 김경동의 사회학을 이해하기 위해 한완상의 사회학과 비교하는 방법이 유용할 수 있다.[134]

---

132 한완상, 〈인간화와 해방을 위한 사회학—나의 사회학 순례〉, 《철학과 현실》 창간호, 1988, 286쪽.
133 김경동, 《사회학의 이론과 방법론》, 박영사, 1989, 7쪽.
134 김경동과 한완상을 비교하는 논의는 강신표가 시작했지만 김경동도 자신의 사회

한 사회학자의 이론적 입장은 사회구조와 그 속에서 살아가는 인간의 삶을 어떻게 보느냐에 달려 있다. 사회학적 인간관은 한 개인이 세상에 태어나 사회 속에서 살아가기 위해서는 사회의 가치와 규범을 배우고 익혀 남과 '정상적'으로 상호작용하면서 자신에게 주어진 역할을 잘 수행하는 인간으로 상정하고 있다. 그러나 인간은 주어진 상황을 비판하고 거부하면서 새로운 사회를 만들어나가기도 한다. 이론적 관점에 따라 개인이 구조와 제도에 의해 주조되는 정도를 어느 정도로 보고, 자기 내부의 해석과 성찰을 통해 자신의 주체성을 만들어가는 부분을 어느 정도로 보느냐가 달라진다.

과학적 사회학을 주장하는 사람에게 한 개인의 내부의 의식이나 심층적 의미 세계는 중요한 고려 대상이 아니다. 과학적 사회학에서는 외

학을 한완상의 사회학과 대비시켰다. "본과에 교수로 취임했던 한완상과 나는 여러 면에서 대조되는 동기생이 되었다. …… 한편으로는 순수학문에 치중하는 '아카데미즘 사회학'과 다른 한쪽에는 이념과 실천과 현실참여를 강조하는 '실천사회학'으로 갈리게 된 것이다. 말하자면 한완상은 후자의 대표 주자로 실제 현실참여의 길을 걸었고, 나는 전자를 고수하다가 정년을 맞이한 사례로 분류가 되는 셈이다." 김경동, 〈한국 사회학의 전환기, 55학번의 위상〉, 서울대학과 사회학과 60년 편집위원회 편, 《다시 출발선에 서서: 동문들이 쓰는 사회학과 60년》, 선인, 2006, 148쪽. 김동춘은 김경동이 "운동권 출세주의자들의 허상과 기회주의 지식인으로 알려진 인사들의 진면목을 폭로함으로써 그들이 민주화운동 경력을 내세우면서 저지르는 부도덕과 가치의 전도를 고발(했다). 그리고 체제영합적인 인사든 반체제 인사든 결국은 민중을 대상화하면서 그럴듯한 명분을 내세워 자신의 이익을 추구하는 것은 다를 바 없다는 씁쓸한 결론을 내렸다"고 썼다. 김동춘, 《사회학자, 시대에 응답하다》, 돌베개, 2017, 257~258쪽.

부로 나타난 관찰 가능한 행위만 중시한다. 개인들이 맺는 사회적 관계와 집합적 현상 속에 나타나는 인과관계와 일반법칙을 찾는 것이 과학적 사회학의 임무이다. 그러나 사회 구성원 개인의 내면과 의미 세계를 고려하는 인문학적 사회학의 입장에 서게 되면 행위자들 내면의 주관적 의미 구성과 상징적 상호작용, 그리고 제도, 가치, 규범, 사회적 관계를 변화시키려는 집합행동과 사회운동에 관심을 갖게 된다.

김경동의 인간주의 사회학과 한완상의 민중사회학은 둘 다 인간의 주관적 의미 구성 능력과 주관적 행위 능력을 인정한다. 그 점에서 두 사람의 이론적 입장에는 큰 차이가 없다. 1960년대에 미국에 유학했던 두 사람 모두 피터 버거의 '인도주의' 또는 '인간주의' 사회학과 밀스의 '사회학적 상상력'을 중요하게 생각했다. 두 사람의 차이는 그런 이론적 입장을 한국 사회의 현장에 어떻게 적용하느냐의 문제였다.

한완상이 권력, 부, 명예 등 사회적 희소 자원의 소유 여부를 두고 벌어지는 갈등적인 사회적 관계를 설정하고 그 세 가지 차원에서의 결핍으로 인해 억압받고 고통받고 무시당하는 사람들을 '민중'이라고 정의하고 그들이 주체가 되어 사회를 개혁하는 사회운동에 관심을 가졌다면, 김경동은 '인간'이라는 "다소 추상적이고 애매한" 개념을 내세우면서 경제성장 위주의 물질적 성장을 비판하고 유연성의 원리를 발휘하여 '문화로 다듬은 발전'이라는 발전 모델을 제시했다. 두 사람의 학문적 입장과 공과에 대해서는 보는 사람에 따라, 상황과 시대에 따라 평가가 달라질 것이다. 한완상의 사회학에 대해서는 '한국 사회학의 지성사' 3권에서 자세하게 다룰 것이다.

참고문헌

1부

□ 이상백의 저작 및 논설

이상백, 〈서얼 차대의 연원에 대한 일 문제〉, 《진단학보》 1호, 1934, 26~55쪽.

_____, 〈삼봉 인물고 1〉, 《진단학보》 2호, 1935, 1~45쪽.

_____, 〈삼봉 인물고 2〉, 《진단학보》 3호, 1935, 41~57쪽.

_____, 〈이조 건국의 연구 1〉, 《진단학보》 4호, 1936, 1~28쪽.

_____, 〈이조 건국의 연구 2〉, 《진단학보》 5호, 1937, 60~91쪽.

_____, 〈이조 건국의 연구 3〉, 《진단학보》 7호, 1937, 148~194쪽.

_____, 〈지나 사회의 특수성에 대하여: 서구 역사철학가의 일 반성〉, 《春秋》 3권 6호, 1942, 85~88, 90~96쪽.

_____, 〈효도에 대하여: 지나 사상의 사회학〉, 《春秋》 4권 8호, 1943, 100~102, 104~107쪽.

_____, 〈올림픽 제도와 조선 스포-쓰〉, 《조광》 12권 1호, 1946, 90~92쪽.

_____, 《한국문화사 연구논고》, 을유문화사, 1947.

_____, 〈학문의 권위를 위하여〉, 《학풍》 창간호, 1948, 2~3쪽.

_____, 〈학문과 정치〉, 《학풍》 1권 2호, 1948, 6~11쪽.

_____, 〈정치의 허구성에 대하여〉 2권 1호, 1949, 13~30쪽.

_____, 《이조 건국의 연구》, 을유문화사, 1949.

_____, 〈서얼금고시말고〉, 《동방학지》 1집, 1954년 3월, 1954, 159~330쪽.

_____, 〈학도 스포오츠와 체육교육: 학생경기의 원칙〉, 《새벽》 2권 3호, 1955년 5월, 58~61쪽.

_____, 〈중간계급의 성격: 미국 White Collar의 사회학〉, 《문리대학보》 3권 2호, 1955년 9월, 58~61쪽.

_____, 〈문화와 생활: 그 국민생활과의 관계〉, 《자유문학》 1권 2호, 1956, 36~44쪽.

_____, 《한글의 기원: 훈민정음 해설》, 통문관, 1957.

_____, 〈화이트 칼라의 세대: 현대사회의 주역자의 등장〉, 《신태양》 7권 10호, 1958, 36~39쪽.

_____, 〈원각사 시말고〉, 《향토 서울》 2호, 1958년 6월, 78~112쪽.

_____, 〈원각사와 장락원〉, 《향토 서울》 4호, 1958년 12월, 74~81쪽.

_____, 〈학자의 극락지〉, 《사상계》 6권 11호, 1958, 265~271쪽.

_____, 〈지나가는 길에 본 로마〉, 《사상계》 7권 10호, 1959, 217~221쪽.

_____, 〈사회과학의 통합을 위한 시론〉, 《사상계》 7권 11호, 1959, 192~199쪽.

_____, 《한국사 3: 근세 전기편》, 을유문화사, 1959.

_____, 《한국사 4: 근세 후기편》, 을유문화사, 1959.

_____, 〈자유와 이상에 대한 만상漫想〉, 박종홍 등 공저, 《인생의 좌표: 지성인의 수상선》, 동아출판사, 1961, 207~220쪽.

_____, 〈인간자원의 개발—고등학교 졸업생의 진학문제에 대한 수상〉, 《사상계》 9권 2호, 1961, 234~237쪽.

_____, 〈매스커뮤니케이션의 기능과 영향〉,《자유문학》7권 3호, 1962, 98~103쪽.

_____, 〈도파라 불리우던 인도네시아―인도네시아의 민족연구를 중심으로〉,《사상계》 10권 9호, 1962, 150~159쪽.

_____, 〈동학당과 대원군〉,《역사학보》17권 1호, 1962, 1~26쪽.

_____,《한국사―근세 전기편》(진단학회 편), 을유문화사, 1962.

_____,《한국사―근세 후기편》(진단학회 편), 을유문화사, 1964.

_____, 〈지하촌에 꿈틀대는 인간 산맥: 윤락여성 실태조사보고〉,《세대》13호, 1964, 220~236쪽.

_____, 〈사회학의 기원과 현황〉,《해군》133호, 1964.

_____, 〈사회정책의 문제점〉,《고시계》9권 2호, 1964, 150~155쪽.

_____, 〈농촌 가족제도와 농촌의 근대화〉,《지방행정》14권 3호, 1965, 29~36쪽.

_____, 〈소수서원〉,《신동아》17호, 1966년 1월.

_____, 〈스페인 별견瞥見: 톨레도의 감명〉,《신동아》21호, 1966년 5월, 218~225쪽.

_____, 〈한국인의 사고방식의 연구방법론〉,《한국사회학》2호, 1966, 9~20쪽.

이상백·김채윤,《한국사회계층연구: 사회계층의 예비적 조사》, 민조사, 1966.

이상백,《이상백저작집》1~3권, 을유문화사, 1978.

□ 이상백의 번역서

이상백·홍순창 공편역,《美蘇의 교육제도》, 을유문화사, 1947.

미헬스A. R. Michels, 이상백 역,《정치사회학》, 민중서관, 1956.

루쎅Godeph Rousseck and 와런Roland Warren, 이상백 역,《사회학개론》, 정음사, 1958.

□ 그 밖의 글

강신표, 〈상백 선생의 미완성 유교와 나의 학문의 길 그리고 올림픽운동〉, 상백 이상백 평전출판위원회 편, 《상백 이상백 평전》, 을유문화사, 1996, 335~343쪽.

_____, 《세계와 함께 나눈 한국문화: 산공山公 강신표 올림픽문화학술운동》, 국립민속미술관, 2010.

국사편찬위원회, 《실록 대한민국사 자료집—한국교육정책자료 1》, 국사편찬위원회, 2011.

김경동, 〈교과서 분석에 의한 한국사회의 유교 가치관 연구〉, 이상백 박사 회갑기념논총 편집위원회 편, 《이상백 박사 회갑기념논총》, 을유문화사, 1964, 338~368쪽.

_____, 〈무심한 듯한 표정의 자상하신 스승님〉, 상백 이상백 평전출판위원회 편, 《상백 이상백 평전》, 을유문화사, 1996, 344~347쪽.

_____, 〈상백 이상백 박사〉, 대한민국학술원 편, 《앞서 가신 회원들의 발자취》, 대한민국학술원, 2004, 330~333쪽.

_____, 〈한국 사회학의 전환기, 55학번의 위상〉 서울대학교 사회학과 60년 편집위원회 편, 《다시 출발선에 서서: 동문들이 쓰는 사회학과 60년》, 선인, 2006, 142~149쪽.

김기봉, 《히스토리아 쿠오바디스》, 서해문집, 2016.

김동선, 《미군정기 ‘서울신문’의 정치성향》, 선인, 2014.

김삼웅, 《몽양 여운형 평전》, 채륜, 2015.

김성은, 《한국 사회과학의 전문화와 대중화》, 서울대학교 대학원 사회학과 박사학위 논문, 2015.

김예림, 〈해방기 한치진의 빈곤론과 경제민주주의론〉, 《서강인문논총》 42집, 2015, 383~417쪽.

김용섭, 〈우리나라 근대 역사학의 발달, 1930년, 40년대의 실증주의 역사학〉, 《문학과 지성》 1972년 가을호, 16~40쪽.

김재원, 〈진단학회 50년—광복에서 오늘까지〉, 《진단학보》 57호, 1984.

_____, 《박물관과 한 평생》, 탐구당, 1992.

김진균, 《한국의 사회현실과 학문의 과제》, 문화과학사, 1997.

김채윤, 〈잊을 수 없는 사람: 사회학의 태두, 이상백〉, 《신아일보》, 1975년 5월 12~16일, 4쪽.

참고문헌

_____, 〈이상백과 최문환〉, 뿌리깊은나무 편, 《이 땅의 사람들 2》, 뿌리깊은나무, 1980, 166~177쪽.

_____, 〈종횡무진의 일생〉, 상백 이상백 평전출판위원회 편, 《상백 이상백 평전》, 을유문화사, 1996, 85~96쪽.

_____, 〈전쟁 경험과 부산에서의 입학〉, 서울대학교 사회학과 60년 편집위원회 편, 《다시 출발선에 서서: 동문들이 쓰는 사회학과 60년》, 선인, 2006, 94~105쪽.

김필동, 〈이상백의 사회사 연구〉, 한국사회사연구회 편, 《한국사회사 연구의 전통》, 문학과지성사, 1993, 83~128쪽.

_____, 〈이상백〉, 조동걸·한영우·박찬승 공편, 《한국의 역사가와 역사학》 하권, 창작과비평사, 1994, 292~303쪽.

_____, 〈이상백의 생애와 사회학 사상〉, 《한국사회학》 28집, 1994년 여름호, 1~36쪽.

_____, 〈이상백의 학창시절〉, 상백 이상백 평전간행위원회 편, 《상백 이상백 평전》, 을유문화사, 1996, 97~138쪽.

_____, 〈일제 말기 한 젊은 사회학자의 초상: 신진균론 (1)〉, 《한국사회학》 51집 1호, 2017, 437~489쪽.

_____, 〈강단 사회학자에서 맑스-레닌주의 이론가로: 신진균론 (2)〉, 《사회와 역사》 118집, 2018, 213~172쪽.

_____, 〈경성제국대학의 사회학 교육─제도와 사람들(1926~1945)〉, 《사회와 역사》 127호, 2020년 가을호, 7~75쪽.

김필동·최태관, 〈한국 사회학의 개척자 김현준의 재발견〉, 《사회와 역사》 122호, 2019년 여름호, 51~116쪽.

김학준, 《공삼 민병태 교수의 정치학: 해방 이후 한국에서 정치학이 소생-성장-발전한 과정의 맥락에서》, 서울대학교출판문화원, 2013.

민문홍, 〈실증철학 강의/콩트〉, 김진균 외, 《사회학의 명저 20》, 새길, 1994, 19~26쪽.

민병도, 〈상백 이상백 선생을 추모함〉, 상백 이상백 평전출판위원회 편, 《상백 이상백 평전》, 을유문화사, 1996, 358~360쪽.

박노영, 〈아카데미 사회학의 인식론에 대한 비판적 고찰─주체적인 사회학을 지향하여〉, 《한국사회학》 17집, 1983, 141~161쪽.

박명규, 〈한국 사회학의 전개와 분과학문으로서의 제도화〉, 이화여자대학교 한국문화
연구원 편, 《사회학 연구 50년》, 혜안, 2004, 35~91쪽.

_____, 〈한국 사회학 60년: 지성사적 성취와 학사적 과제〉, 한국학술협의회, 《지식의
지평》 4호, 아카넷, 2008, 172~187쪽.

박영신, 〈사회학적 연구의 사회학적 역사〉, 《현상과 인식》 31호, 1985, 9~28쪽.

_____, 《사회학 이론과 현실 인식》, 민영사, 1992.

_____, 〈우리 사회학의 어제와 오늘을 되새김: 학문 일반사의 한 보기로서〉, 《현상과
인식》 65호, 1995년 봄호, 121~139쪽.

방기중, 《한국 근현대사상사 연구—1930년대 1940년대 백남운의 학문과 정치경제 사
상》, 역사비평사, 1992.

배용광, 《사회학 산책》(1960), 형설출판사, 1997.

변시민, 《社會學》, 장왕사, 1952.

_____, 〈사회학과에 부임하기까지〉, 서울대학교 사회학과 60년 편집위원회, 《다시 출
발선에 서서: 동문들이 쓰는 사회학과 60년》, 선인, 2006, 24~35쪽.

_____, 〈회고〉, 한국사회학회 편, 《한국사회학회 50년사: 1957~2007》, 한학문화,
2007, 15~20쪽.

상백 이상백 평전출판위원회, 《상백 이상백 평전》, 을유문화사, 1996.

서울대학교 40년사 편찬위원회, 《서울대학교 40년사: 1946~1986》, 서울대학교출판부,
1986.

서울대학교 50년사 편찬위원회, 《서울대학교 50년사: 1946~1996》, 서울대학교출판부,
1996.

서울대학교 사회학과 60년 편집위원회, 《다시 출발선에 서서: 동문들이 쓰는 사회학과
60년》, 선인, 2006.

신용하, 〈한국 사회학의 반성과 방향〉, 《사회과학논문집》 제1집, 서울대학교, 1976,
43~60쪽.

_____, 〈이상백 선생과 한국 사회사 연구〉, 《東亞文化》 14집, 1978, 17~32쪽.

참고문헌

_____, 《3·1운동과 독립운동의 사회사》, 서울대학교출판부, 2001.

_____, 《사회학의 성립과 역사사회학―오귀스트 콩트의 사회학 창설》, 지식산업사, 2012.

안계춘, 〈우리나라 사회학의 선구자 하경덕〉, 《人文科學》 80집, 연세대학교, 1978, 187~208쪽.

원재연, 〈연세 사회학의 뿌리를 찾아서: 안당 하경덕 교수를 중심으로〉, 《연세대학교 사회학과 40년 1972~2012》, 연세대학교 사회학과, 2012, 21~29쪽.

_____, 〈안당룆嘗 하경덕: 격동기의 공공사회학자〉, 《한국사회학》 50권 2호, 2016, 67~93쪽.

이기홍, 〈사회과학에서 생산성 그리고 구상과 실행의 분리〉, 《경제와 사회》 77호, 2008, 10~32쪽.

이동진, 〈한국 사회학의 제도화와 배용광〉, 《동방학지》 168집, 2014, 241~278쪽.

_____, 〈식민지 시기 일본 유학생과 한국 사회학: 이상백, 김두헌, 신진균을 사례로〉, 《사회와 이론》 33집 2호, 2018, 281~321쪽.

이만갑, 〈弔―李相佰 박사〉, 《학문의 餘滴―한 사회학자의 단상》, 다락원, 1980〔1966〕, 249~251쪽.

_____, 〈해방 직후의 기억〉, 서울대학교 사회학과 60년 편집위원회, 《다시 출발선에 서서: 동문들이 쓰는 사회학과 60년》, 선인, 2006, 14~23쪽.

_____, 〈사회학과 더불어 60년〉, 한국사회학회, 《한국 사회학회 50년사, 1957~2007》, 한학문화, 2007, 5~14쪽.

이병도, 〈나의 회고록〉, 대한민국학술원 편, 《나의 걸어온 길―학술원 원로회원들의 회고록》, 대한민국학술원, 1983, 27~49쪽.

_____, 《수상 잡필: 두계 이병도 전집 15》, 한국학술정보, 2012.

이상백 박사 회갑기념논총 편집위원회, 《이상백 박사 회갑기념논총》, 을유문화사, 1964.

이성구·조동표, 〈체육인으로서의 이상백〉, 《상백 이상백 평전》, 1996, 195~332쪽.

이시다 다케시, 한영혜 옮김, 《일본의 사회과학》, 소화, 2003.

이은주, 〈일제강점기 개성상인 공성학의 간행사업 연구〉, 《어문학》 118권, 2012, 181~
212쪽.

이준식, 〈우리 사회학의 발견: 백남운의 사회 인식과 맑스주의〉, 《사회학연구》 6집,
1989, 310~340쪽.

_____, 〈백남운의 사회사 인식〉, 《한국 사회사 연구의 전통》, 문학과지성사, 1993,
11~52쪽.

_____, 〈일본 역사 사회학의 비판적 검토〉, 《사회와 역사》 53호, 1996, 123~151쪽.

이한우, 《우리의 학맥과 학풍: 한국학계의 실상》, 문예출판사, 1995.

이현희, 〈진단학회와 이상백〉, 상백 이상백 평전출판위원회, 《상백 이상백 평전》, 을유
문화사, 1996, 155~172쪽.

임형철, 《바롬 고황경: 그의 생애와 교육》, 삼형, 1988.

전경수, 《한국 인류학 백년》, 일지사, 1999.

_____, 《손진태의 문화인류학—제국과 식민지 사이에서》, 민속원, 2010.

정광훈, 〈1930~1940년대 한국 초창기 돈황학 연구—김구경, 한낙연, 이상백을 중심으
로〉, 《중앙아시아연구》 21권 1호, 2016, 49~67쪽.

정근식, 〈김현준, 근대사회학의 태두〉, 정근식 외, 《근현대의 형성과 지역 엘리트》, 새
길, 1995, 196~201쪽.

정근식 등, 《식민 권력과 근대 지식: 경성제국대학 연구》, 서울대학교출판문화원, 2011.

정병준, 〈식민지 관제 역사학과 근대학문으로서의 한국 역사학의 태동—진단학회를 중
심으로〉, 《사회와 역사》 110집, 2016, 105~162쪽.

정선이, 《경성제국대학연구》, 문음사, 2000.

정일준, 〈최문환과 한국 사회학의 문제틀: 민족주의와 자본주의를 넘어〉, 《한국사회학》
51집 1호, 2017, 399~435쪽.

정준영, 《경성제국대학과 식민지 헤게모니》, 서울대학교대학원 사회학과 박사학위 논
문, 2009.

정진숙, 〈상백 이상백과 을유문화사〉, 상백 이상백 평전출판위원회 편, 《상백 이상백 평
전》, 을유문화사, 1996, 390~392쪽.

주락원, 〈1948년 입학의 기억〉, 서울대학교 사회학과 60년 편집위원회 편, 《다시 출발선에 서서: 동문들이 쓰는 사회학과 60년》, 선인, 2006, 64~69쪽.

진단학회 편, 《진단학회 60년지: 1934~1994》, 진단학회, 1994.

천정환, 《시대의 말, 욕망의 문장》, 마음산책, 2014.

최문환, 〈고 이상백 박사를 추모한다〉, 《한국사회학》 2집, 1966, 4~6쪽.

최재석, 《한국 초기 사회학과 가족의 연구》, 일지사, 2002.

_____, 《역경의 행운》, 만권당[다므기], 2015[2011].

한국사회학회 편, 《한국사회학회 50년사: 1957~2007》, 한학문화, 2007.

한국전쟁 납북사건 자료원 편, 《한국전쟁 납북사건 자료집》 2권, 한국전쟁 납북사건 자료원, 2009.

한영혜, 〈한국 초기 사회학의 일본을 통한 이론 수용의 양상과 의미〉, 한일문화교류기금 심포지엄 발표문, 1992.

_____, 〈이상백과 근대 체육―식민지 시대 지식인의 자아실현과 민족 아이덴티티: 일본에서의 체육활동을 중심으로〉, 《한림 일본학 연구》 1집, 1996, 257~289쪽.

한완상, 《현대사회와 청년문화》, 법문사, 1973.

_____, 〈나의 스승 이상백 선생〉, 상백 이상백 평전출판위원회 편, 《상백 이상백 평전》, 을유문화사, 1996, 397~406쪽.

_____, 《다시 한국의 지식인에게》, 당대, 2000.

한완상·이기홍, 〈한국 사회학의 반성: 새로운 패0러다임의 성격〉, 《현상과 인식》 38호, 1987, 171~216쪽.

한치진기념사업회 편, 《한치진 박사 사진 자료집》, 한국알엠아이, 2013.

홍성태, 《김진균 평전: 민중을 위한 학문과 실천의 삶》, 진인진, 2014.

홍승기, 〈실증사학론〉, 노태돈 등 공저, 《현대 한국사학과 사관》, 일조각, 1991, 39~83쪽.

홍정완, 〈일제하 해방 후 한치진의 학문체계 정립과 '민주주의'론〉, 《역사문제연구》 24호, 2010, 157~202쪽.

홍지석, 〈해방공간 예술사회학의 이론과 실천: 1940~60년대 한상진의 미학·미술사론을 중심으로〉, 《미학·예술학 연구》 36권, 2012, 173~199쪽.

Baehr, Peter, *Founders, Classics, Canons: Modern Dispute Over the Origins and Appraisals of Sociology's Heritage*(New Brunswick: Transaction Press, 2002).

Besnard, Philippe, "La formation de l'équipe de L'Année sociologique", *Revue Française de Sociologie*, Vol. 20, No. 1, 1979, pp. 7~31.

Besnard, Philippe ed., "Sociologies Françaises au Tournant du Siècle: Les Concurrents du Groupe Durkheimien", *Revue Française de Sociologie*, Vol. 22, No. 3, 1981.

Clark, S. D., "How the Department of Sociology Came into Being", Rick Helmes-Hayes ed., *A Quarter Century of Sociology at the University of Toronto*(Toronto: Canadian Scholar's Press, 1988), pp. 1~10.

Cuin, Charles-Henry et François Gresle, *Histoire de la sociologie, 2. Depuis 1918*(Paris: La Découverte, 1992).

Har, Kyung Durk, *Social Laws: A Study of the Validity of Sociological Generalizations* (Chapel Hill: The University of North Carolina Press, 1930).

Platt, Jennifer, *History of ISA, 1948-1997*(International Sociological Association, 1998).

Watnick, Morris, "The Appeal of Communism to the People of Underdeveloped Areas", Reinhard Bendix and S. M. Lopset eds., *Class, Status and Power*(New York: The Free Press, 1968), pp. 428~436.

2부

□ 배용광의 논문과 저서

배용광, 〈조직의 문제〉,《국민대학보》1949년 12월 1일.

_____, 〈한국 사회학의 회고와 전망〉,《고대신문》18~19호,1950년 3월 18일.

_____, 〈지식인의 사회적 역할―지식사회학적 고찰〉,《학풍》13호, 1950, 50~61쪽.

_____,《사회학 강의안》, 신생문화사, 1957.

_____, 〈현대사회의 위기와 재건—만하임의 소론을 중심으로〉, 《경대학보》 2호, 1957.

_____, 〈우리나라 사회학의 앞날을 위하여〉, 《사회학보》 3집, 1960.

_____, 〈법학과 사회학〉, 《법정》 15호, 1960, 6~8쪽.

_____, 《사회학 강의안》, 형설출판사, 1961.

_____, 《사회학》, 형설출판사, 1962.

_____, 〈내일에 사는 습지 주민들: 대구시 신암동 5구의 빈민굴에 대한 실태 조사보고〉, 《세대》 14호, 1964, 236~251쪽.

_____, 〈산업사회학 연구에 있어서의 문제점—하나의 제언〉, 이상백 박사 회갑기념논총 편집위원회, 《이상백 박사 회갑기념논총》, 을유문화사, 1964, 113~138쪽: 배용광, 《사회학 산책》, 형설출판사, 1997, 71~93쪽에 재수록.

_____, 〈문화적 종합과 인간성의 문제: 한국 근대화의 기본방향〉, 《정경연구》 1권 10호, 1965, 86~95쪽.

_____, 〈농촌근대화를 저해하는 제 요인과 그 해결〉, 《지방행정》 137호, 1965, 20~28쪽.

_____, 〈한국사회의 階層攷: 현황과 과제〉, 《아세아연구》 8권 2호, 1965, 443~458쪽.

_____, 〈학문의 주체성〉, 《새교육》 19권 5호, 1967, 28~30쪽.

_____, 〈도시와 농촌의 균형적인 발전: 1970년대의 한국〉, 《지방행정》 16권, 1967, 18~25쪽.

_____, 〈지역사회 개발과 주민공동체〉, 《지방행정》 16권 9호, 1967, 10~18쪽.

_____, 〈현대 한국사회의 배경과 현실—사회변화론의 견지에서〉, 《동서문화》 3집, 계명대학교 동서문화연구소, 1969, 29~38쪽.

_____, 〈도시 주변 농촌의 사회적—문화적 의존관계〉, 《도시문제》 5권 3호, 1970, 21~29쪽.

_____, 〈도시화와 비행문제〉, 《복지연구》 5호, 1970, 2~14쪽.

_____, 〈부인노동의 기본 문제: 노동 보호와 균등 처우를 중심으로〉, 《여성문제연구》 1호, 효성여자대학교 한국여성문제연구소, 1971, 83~100쪽.

_____, 〈여자 노동력의 취업형태와 그 변화〉, 《여성문제연구》 2호, 효성여자대학교 한국여성문제연구소, 1972, 1~26쪽.

배용광, 《Vilfredo Pareto 사회학의 기초이론에 관한 연구》, 경북대학교 박사학위 논문, 1974.

_____, 〈근대화 이후의 휴머니즘〉, 《국민윤리연구》 2호, 1974, 177~188쪽.

_____, 《새마을사업단의 광역화에 관한 연구》(도정연구 및 평가보고서), 경상북도, 1974.

_____, 〈마을금고 운동이 지역사회 개발에 미친 효과〉, 《문리대학총》 3호, 경북대학교 문리과대학, 1975, 15~30쪽.

_____, 〈경쟁의 사회적 의의〉, 효강 최문환 선생 기념사업추진위원회 편, 《효강 최문환 박사 추념논문집》, 효강 최문환 선생 기념사업추진위원회, 1976, 249~268쪽.

_____, 〈농촌 여성의 생활의식—마을금고 회원에 대한 조사분석〉, 《여성문제연구》 5호, 1976, 1~21쪽.

_____, 〈농촌 여성, 생활의식이 바뀌어간다〉, 《여성동아》 114호, 1976년 4월, 129~133쪽.

배용광·김위석·강영호·박희, 〈'국민윤리' 교과 내용의 모형 설정에 관한 일 연구〉, 《문리학총》, 4호, 1977, 1~31쪽.

배용광·김태영, 〈나병에 관한 사회학적 연구〉, 《복지》 16호, 1973, 20~25쪽.

배용광·이성태, "An Overview of Cultural Ecology and Ecological Anthropology", 《문리학총》 4호, 1977, 33~55쪽.

배용광, 〈한국 노인의 생활실태 및 복지에 관한 연구〉(1978년도 문교부 학술연구보고서), 경북대학교 문리과대학, 1978.

_____, 〈종교의 본질 두 사회학자의 종교 본질관 (1): 뒤르켕〉, 《사회문화총》 창간호, 사회문화영남학회, 1978, 9~24쪽.

_____, 〈종교의 본질, 두 사회학자의 종교 본질관 (2): 짐멜〉, 《문리학총》 6호, 경북대학교 문리과대학, 1979, 1~14쪽.

_____, 《한국 노인의 생활 실태 및 복지에 관한 연구》, 경북대학교 문리과대학, 1979.

_____, 〈평화의 시대와 세계 평화의 문제〉, 《광장》 82호, 1980년 5월, 4~7쪽.

_____, 〈동서양 규범문화의 변화〉, 《정신문화》 13호, 1982, 155~160쪽.

배용광·변시민, 《한국사회의 규범문화》, 고려원, 1984.

배용광, 〈카리스마적 지배자의 유형〉, 《전석재 박사 고희기념논총》, 1985.

_____, 〈대학교육을 위하여 봉사〉, 1·20동지회 편, 《1·20학병사기 3: 시련과 극복》, 삼진출판사, 1987.

배용광 외 11인, 〈한국 사회학 어디로 가야 하나〉, 《한국사회학》 22집, 1988, 205~227쪽.

배용광, 〈회고사〉, 《우보 류시중 박사 정년기념논총》, 우보 류시중 박사 정년기념논총 간행위원회, 1991.

_____, 《사회학 산책》, 형설출판사, 1997.

_____, 〈賀詞〉, 《효종 한남제 교수 정년기념논문집》, 효종 한남제 교수 정년기념논문집 간행위원회, 2001, xii~xiii쪽.

_____, 〈경성대학 졸업 전후〉, 서울대학교사회학과 60년 편집위원회 편, 《다시 출발선에 서서: 동문들이 쓰는 사회학과 60년》, 선인, 2006, 36~45쪽.

_____, "The Role of Entrepreurship in the Modernization Process of Korea", Report: International Conference on the Problem of Modernization in Asia, Asiatic Research Center, Korea University, 1965, 754~764쪽: 《사회학 산책》, 형설출판사, 1994, 94~114쪽에 재수록.

□ 그 밖의 글

강명숙, 〈1945~1946년의 경성대학에 관한 시론적 연구〉, 《교육사학연구》 14호, 2004, 91~106쪽

경북대학교 사회학과 편, 《경북대학교 사회학과 50년》, 경북대학교 사회학과, 2004.

_____, 《우리의 기억, 시대의 기억: 경북대학교 사회학과 창설 60주년》, 노벨미디어, 2014.

경성제국대학 위생조사부, 박현숙 옮김, 《토막민의 생활과 위생: 1940년 경성의 풍경》, 민속원, 2010.

김건우, 《대한민국의 설계자들—학병세대와 대한민국 우익의 기원》, 느티나무책방,

2017.

김규원, 〈한국의 사회학과 지방 사회학의 자리매김을 위하 하나의 주장〉, 《우리 사회 연구》 1호, 1993, 7~20쪽.

김영미, 《그들의 새마을운동: 한 마을과 한 농촌지도자를 통해 본 새마을운동 이야기》, 푸른역사, 2009.

김창록, 〈오다카 토모오의 법사상─오다카 토모오와 식민지 조선〉, 《법사학연구》 46호, 2012, 433~458쪽.

김필동, 〈경성제국대학의 사회학 교육─제도와 사람들(1926~1945)〉, 《사회와 역사》 127호, 2020년 가을호, 7~75쪽.

박명규, 〈해방 이후 대학교육과 사회과학의 제도화〉, 국사편찬위원회 구술자료수집사업: 이만갑, 변시민, 배용광 구술자료, 2004.

오데아, 토마스, 권규식 옮김, 《종교사회학 입문》, 대한기독교서회, 1969.

이동진, 〈한국 사회학의 제도화와 배용광〉, 《동방학지》 168집, 2014, 241~278쪽.

이만갑, 〈해방 직후의 기억〉, 서울대학교사회학과 60년 편집위원회 편, 《다시 출발선에 서서: 동문들이 쓰는 사회학과 60년》, 선인, 2006, 14~23쪽.

이종일, 《다문화사회와 타자이해》, 교육과학사, 2014.

정일준, 〈최문환과 한국 사회학의 문제틀: 민족주의와 자본주의를 넘어〉, 《한국사회학》 51집 1호, 2017, 399~435쪽.

정종현, 《제국대학의 조센징들》, 휴머니스트, 2019.

청초 배용광 교수 화갑기념논총 간행위원회 편, 《靑樵 배용광 교수 화갑기념논총》, 경북대학교 사회학과, 1981.

한림대학교 사회조사연구소, 《춘천 리포트》, 나남, 1991.

한완상, 《지식인과 허위의식》, 현대사상사, 1977.

3부

□ 이만갑의 논문과 저서들

이만갑, 〈사회학과 정치학〉, 《학풍》 9호, 1950년 1월, 35~42쪽.

_____, 〈가족의 기원〉, 《학풍》 13호, 1950년 6월.

_____, 〈도시 학생의 직업관념: 사회학적 조사연구〉, 《사회과학》 1호, 한국사회과학연구회, 1957, 125~141쪽.

_____, 〈미국 사회학의 발전—사회조사방법을 중심으로〉, 《문리대학보》 6권 1호, 1958, 22~26쪽.

_____, 《한국 농촌의 사회구조: 경기도 6개 촌락의 사회학적 연구》, 한국연구도서관, 1960.

_____, 《사회조사방법론》, 민조사, 1963.

_____, 〈행위이론가, T. 파아슨즈〉, 김형석 편, 《오늘의 고전》, 삼중당, 1963, 219~239쪽.

_____, 〈역사학과 사회과학의 협조를 위하여〉, 이상백 박사 회갑기념논총 편집위원회 편, 《이상백 박사 회갑기념논총》, 을유문화사, 1964, 213~235쪽.

_____, 〈현대에 사는 전통사회〉, 김용구 편, 《전통과 현대성》, 춘추사, 1965, 18~28쪽.

_____, 〈정신적 국적 없는 한국인〉, 김용구 편, 《전통과 현대성》, 춘추사, 1965, 98~100쪽.

_____, 〈우리나라에 있어서의 지역사회 개발운동의 사회·문화적 측면〉, 서울대학교행정대학원, 1972.

_____, 〈한국의 사회학〉, 서울대학교 동아문화연구소 편, 《교양인을 위한 한국학》, 현암사, 1972, 507~536쪽.

이만갑·권태환·신용하, 《새로운 공업단지 형성이 농촌사회 구조에 미치는 영향에 관한 고찰》, 서울대학교 부설 인구 및 발전문제연구소, 1973.

이만갑, 〈과학적 사회조사의 문제점—여론조사를 중심으로〉, 효강 최문환 선생 기념사업추진위원회 편,《효강 최문환 박사 추모논문집》, 1977, 347~356쪽.

이만갑·빈센트 브란트,《한국의 지역사회 개발: 4개 새마을 부락의 사례연구》, 유네스코 한국위원회, 1979.

이만갑,《한국사회: 그 갈등과 대응》, 다락원, 1980.

_____,《학문의 여적: 한 사회학자의 단상》, 다락원, 1980.

_____,《한국 농촌주택에 관한 연구》, 서울대학교 새마을운동종합연구소, 1980.

_____, 〈농촌인구의 도시전출과 농촌발전〉,《제1회 한국학 국제학술회의 논문집》, 한국정신문화연구원, 1980, 1230~1245쪽.

_____, 〈대중사회〉, 이만갑 등,《상황 80: 흥사단 개척자강좌 대표선집》, 다락원, 1980, 141~149쪽.

_____,《한국 농촌사회연구》, 다락원, 1981.

_____,《공업발전과 한국농촌》, 서울대학교출판부, 1984.

_____,《의식론: 의식의 자연과학적 기초》, 학술원, 1986.

_____, 〈학술발표 리뷰: 제1회 환태평양시대의 한국학 국제학술회의〉,《정신문화연구》 48호(15권 3호), 1992, 185~188쪽.

_____, 홍영남·이훈, 〈좌담: 인간, 유전자, 문화〉,《과학사상》 11호, 1994년 겨울호, 27~47쪽.

_____, 〈일제하의 나의 인생〉,《사상》 25호, 1995, 57~66쪽.

_____, 〈자기와 자기의식〉,《학술원논문집(인문·사회과학편)》 34집, 1995b, 203~267쪽.

_____,《의식에 대한 사회학자의 도전: 자연과학적 전망》, 소화, 1996.

_____, 〈인간의식의 진화〉,《과학사상》 26호, 1998년 가을호, 124~146쪽.

_____, 〈사회학 이론 및 방법론〉,《학술총람 54집—정치학, 행정학, 사회학 (1945~1997)》, 대한민국학술원, 1999, 561~583쪽.

_____,《자기와 자기의식》, 소화, 2002.

_____, 〈사회학과 나〉,《한국 사회학회 후기 사회학대회 발표논문집》, 2003, 189~190쪽.

참고문헌

_____, 〈지배에 관한 연구〉, 《학술원논문집(인문·사회과학편)》 42집, 2003, 317~388쪽.

_____, 〈해방 직후의 기억〉, 서울대학교사회학과 60년 편집위원회), 《다시 출발선에 서서: 동문들이 쓰는 사회학과 60년》, 선인, 2006, 14~23쪽.

허버트 베린저, 김영화 책임 번역, 《전환의 도시 대구》, 양서원, 2012.

Lee, Man-Gap, "Rural People and Their Modernization", Report: International Conference on the Problem of Modernization in Asia, Asiatic Research Center, Korea University, 1965, 665~674쪽.

_____, Seminar on the Saemaul Movement, Institute of Saemaul Undong Studies, 1981.

_____, *Sociology and Social Change in Korea*(Seoul National University Press, 1982).

Lee, Man-Gap and Hebert Barringer, *A City in Transition*(Hollym, 1971).

□ 이만갑의 번역서

데이비스, 킹슬리, 이만갑·고영복 공역, 《사회학》, 을유문화사, 1964.

로스토우, W. W., 이만갑 역, 《소비에트 사회사》, 을유문화사, 1957.

리나우, 로버트, 이만갑 역, 《생활의 설계》, 을유문화사, 1957.

리스먼, 데이비드, 이만갑 외 역, 《고독한 군중》, 을유문화사, 1964.

티마셰프, 니콜라스, 이만갑 옮김, 《사회학이론》, 수도문화사, 1961.

□ 그 밖의 글

강대기·박대식, 〈도시와 농촌공동체의 변화〉, 한국사회학회 편, 《광복 50년 한국 사회와 사회학》, 한국사회학회, 1995, 95~143쪽.

고황경·이만갑·이효재·이해영, 《한국 농촌가족의 연구》, 서울대학교출판부, 1963.

구드, 윌리엄, 하트, 폴, 김해동 역, 《사회조사법》 상권, 장문사, 1959.

김경동, 〈이만갑 교수의 사회학의 세계〉, 서울대학교 사회학연구회 편, 《한국 사회의 전

통과 변화: 이만갑교수 화갑기념논총》, 법문사, 1983, xv~xxv쪽.

김경동·이온죽·김여진, 《사회조사연구방법—사회연구의 논리와 기법(개정판)》, 박영사, 2009.

김봉석, 〈이만갑의 사회학〉, 《한국사회학》 50집 2호, 2016, 41~66쪽.

김선주, 김범 역, 《조선의 변방과 민란, 1812년 홍경래 난》, 푸른역사, 2020.

김인수, 〈농석 이해영의 사회학—'한국조사사'의 측면에서〉, 《한국사회학》 50집 4호, 2016, 27~65쪽.

_____, 〈기독교와 사회조사—일제하 이훈구의 토지이용 조사의 정치적 의미〉, 김예림·김성연 편, 《한국의 근대성과 기독교의 문화정치》, 혜안, 2016, 295~135쪽.

_____, 〈한국의 초기 사회학과 '아연회의'(1965)—사회조사 지식의 의미를 중심으로〉, 《사이間SAI》 22호, 2017, 37~88쪽.

김종학, 《개화당의 기원과 비밀외교》, 일조각, 2017.

김준길, 〈한국 사회학의 개척자 이만갑 선생의 진단: 한국사회의 오늘과 내일〉, 《월간조선》 22권 11호, 2011년 11월호, 462~484쪽.

김채윤, 〈序—獻辭에 대신하여〉, 서울대학교사회학연구회, 《한국사회의 전통과 변화: 이만갑 교수 화갑기념논총》, 법문사, 1983, vii쪽.

김철규, 〈한국의 사회변동과 농촌사회학의 변화〉, 이화여자대학교 한국문화연구소 편, 《사회학연구 50년》, 혜안, 2004, 271~310쪽.

김필동, 〈일제 말기 한 젊은 사회학자의 초상: 신진균론 (1)〉, 《한국사회학》 51집 1호, 2017, 437~489쪽.

_____, 〈강단사회학자에서 맑스−레닌주의 이론가로: 신진균론 (2)〉, 《사회와 역사》 118집, 2018, 213~272쪽.

박명규, 〈한국 사회학의 전개와 분과학문으로서의 제도화〉, 이화여자대학교 한국문화연구원 편, 《사회학 연구 50년》, 혜안, 2004, 35~91쪽.

박영신, 《사회학 이론과 현실 인식》, 민영사, 1992.

박재묵·김필동, 〈한국 사회학의 한 단면: 비판적 고찰〉, 《한국사회학》 17집, 1983, 172~188쪽.

박지향·김철·김일영·이영훈 엮음,《해방전후사의 재인식》2권, 책세상, 2006.

서울대학교 사회학연구회 편,《한국사회의 전통과 변화: 이만갑 교수 화갑기념논총》, 법문사, 1983.

이남인,《통섭을 넘어서—학제적 연구와 교육의 활성화를 위한 철학적 성찰》, 서울대학교출판문화원, 2015.

이정식, 〈불과 얼음의 길: 한국을 대표하는 정치학계의 석학 이정식의 인문학적 자서전〉,《문학사상》547호, 2018년 5월호, 36~61쪽.

정선이,《경성제국대학 연구》, 문음사, 2000.

최재석, 〈해방 30년의 사회학〉,《한국사회학》10집, 1976, 7~46쪽.

티마셰프, 니콜라스·조지 테오도슨, 박재묵·이정옥 옮김,《사회학이론: 사회학 이론의 성격과 발전》, 풀빛, 1985.

Asiatic Research Center ed., *International Conference on the Problems of Modernization in Asia: Report*(Korea University Press, 1966).

Hwang, Kyung Moon, *Beyond Birth: Social Status in the Emergence of Modern Korea*(Cambridge, Massachusettes and London: Harvard University Asia Center, 2004).

Nichols, Lawrence, "Contemporary National Sociologies", *The American Sociologist*, Vol. 48, No.3~4, 2017, 267~268쪽.

Rockefeller Foundation, Folder 5652, Box 385, Series 613, FA 244, RG 10.1 Rochfeller Foundation records, Rockfeller Archive Center.

Tibbetts, Paul, "Sociology and Neuroscience", *The American Sociologist*, Vol. 47, No. 1, 2016, pp. 36~46.

4부

□ 이해영의 저서와 논문[*]

이해영, 〈사회학반 보고〉, 김재원 편, 《한국 서해 도서》, 을유문화사, 1957.

_____ · 안정모 공편, 《인류학개론》, 정연사, 1958.

_____, 〈인구론〉, 《사상계》 6권 6호, 1958년 6월호, 144~152, 210쪽.

_____, 《《근대 중국의 가족 혁명》, 마리온 레비: 서평〉, 《사상계》 6권 10호, 1958년 10월호, 236~238쪽.

_____, 〈인구: 그 격증의 의의〉, 《사상계》 7권 8호, 1959년 8월호, 174~182쪽.

_____, 《《인구문제》, 박규상: 서평〉, 《사상계》 7권 12호, 1959년 12월호, 410~411쪽.

_____, 〈말사스의 인구이론〉, 《國會報》 30호, 1960년 1월, 41~45쪽.

_____, 〈세계 인구의 전망〉, 《사상계》 8권 4호, 1960년 4월호, 111~117쪽.

_____ · 고황경·이효재·이만갑, 《한국 농촌가족의 연구》, 서울대학교출판부, 1963.

_____, 〈한국인의 출산율에 관한 3개의 사례조사〉, 《동아문화》 제1호, 1963, 93~183쪽.

_____, 〈레비의 중국사회관〉, 이상백 박사 회갑기념논총 편집위원회 편, 《이상백 박사 회갑기념논총》, 을유문화사, 1964, 585~608쪽.

_____, 〈사회변화의 현단계〉, 김용구 편, 《전통과 현대성》, 춘추사, 1965, 31~43쪽.

_____, 〈특수주의의 배격과 보편주의의 제도화〉, 《정경연구》 1권 10호, 1965, 96~106쪽.

_____ · 권태환·김진균, 〈한국 중간도시 이천읍에서의 가족의 크기에 대한 가치와 태도〉, 《한국사회학》 2호, 1966, 72~83쪽.

_____, 〈독서인-관리: 한국 지식인의 계보에 관한 시론〉, 석천 오종식 선생 회갑기념

---

[*] 편의상 이해영이 두 번째, 세 번째 저자로 이름이 나오는 경우도 맨 앞으로 처리했다.

문집편찬회 편,《사상과 사회》, 춘추사, 1967, 273~286쪽.

_____ · 권태환 · 김진균, 〈가족 가치 변용에 관한 일 고찰〉,《진단학보》 31호, 1967, 139~160쪽.

_____ · 권태환, 〈한국 가족형태의 한 연구: 이천읍의 경우〉,《동아문화》 8호, 1968, 6~39쪽.

_____,《실업교육과 직업》, 서울대학교 부설 인구 및 발전문제연구소, 1970.

_____, 〈한국가족계획사업의 회고와 전망〉,《한국가족계획평가》, 한국사회학회, 1972, 1~22쪽.

_____, 〈Levy의 일본사회관〉, 공삼 민병태 박사 화갑기념논총 편집위원회 편,《공삼 민병태 박사 화갑기념논총》, 1973, 389~412쪽.

_____, 〈한국 농촌의 전통과 변화〉, 고려대학교 아세아문제연구원 한국연구실 편,《한국의 전통과 변천》, 고려대학교출판부, 1973, 99~111쪽.

_____ · 권태환,《인구학입문》, 서울대학교보건대학원, 1973.

_____, 〈'수치의 문화'와 '죄의 문화'—한국 문화유형의 연구를 위한 서장〉,《동아문화》 13집, 1976, 1~30쪽.

_____, 〈경제발전과 인구정책〉, 이해영 등,《인구와 생활환경》, 서울대학교 사회과학대학 인구 및 발전문제연구소, 1977, 103~122쪽.

_____, 〈전통적 요인과 비전통적 요인—경제학과 다른 사회과학의 협동을 위해〉, 효강 최문환 선생 기념사업추진위원회 편,《효강 최문환 박사 추모논문집》, 효강 최문환 선생 기념사업추진위원회, 1977, 357~376쪽.

_____ · 권태환 공편,《한국 사회: 인구와 발전 1: 인구 · 발전》, 서울대학교출판부, 1978.

_____ · 권태환 공편,《한국 사회: 인구와 발전 2: 인력 · 자원》, 서울대학교출판부, 1978.

_____ · 권태환 공편,《한국 사회: 인구와 발전 3: 지역사회 · 구조와 가치》, 서울대학교출판부, 1978.

_____ · 권태환 공편,《한국 사회: 인구와 발전 4: 국민생활 · 정책적 의미》, 서울대학교

출판부, 1978.

_____·김경동·배무기, 《노동정책발전을 위한 직업윤리의 연구》, 문교부, 1979.

이해영, 〈영국 사회정책 서론〉, 《사회과학과 정책연구》 1권 1호, 서울대학교 사회과학 연구소, 1979, 1~35쪽.

_____, 〈취업 유형의 일고찰〉, 《사회과학과 정책연구》 1권 1호, 서울대학교 사회과학 연구소, 1979, 11~29쪽.

_____, 〈한국의 인구〉, 고려대학교인구교육위원회 편, 《인구문제》, 고려대학교출판부, 1980.

_____·한승수, 《영국의 사회복지: 복지국가의 이념과 제도화》, 서울대학교출판부, 1980.

Lee, Hae-Young, "Modernization of Korean Family Structure in an Urban Setting", Report: International Conference on the Problem of Modernization in Asia, Asiatic Research Center, Korea University, 1965, pp. 699~708.

_____, Tae Hwan Kwon and Chin Kyun Kim, "Family Size Value in Korean Middle Town, Ichon-Eup", *Journal of Marriage and the Family*, Vol. 30, No. 2, 1968, pp. 329~337.

_____, "Tradition and Change in Rural Korea", *Population and Development Studies Center Reprint Series*, No. 9, 1969, pp. 1~15.

_____, "Family Planning Status in a Korean Middle Town, Ichon-Eup", *Population and Development Studies Center Reprint Series*, No. 4, 1970, pp. 1~6.

_____, "Differential Fertility in a Korean Middle Town, Ichon-Eup", *Population Problems in the Pacific: New Dimensions in Pacific Demography*, 1971, pp. 87~95.

_____, "Household of Korea, 1960~1966", *Bulletin of the Population and Development Studies Center*, 1973, pp. 1~22.

_____, Yunshik Chang, *A Study of the Korean Population 1966*(Seoul National University Press, 1974).

_____·Kwon, Tai Hwan, Yunshik Chang, Eui-Young Yu, *The Population of Korea*(Seoul National University Press, 1975).

_____ ·Kap-Hwan Oh, "Urbanism in Korea: A New Way of Life?" in Yunshik Chang ed., *Korea, A Decade of Development*(Seoul National University Press, 1980), pp. 219~240.

_____, "Demographic Transition in Korea", *Bulletin of the Population and Development Studies Center*, Vol. 8 & 9, 1980, pp. 5~18.

□ 그 밖의 글

권태환, 〈현대 인구학의 성격과 방법의 문제〉, 서울대학교 사회학연구회 편, 《한국 사회의 전통과 변화: 이만갑 교수 화갑기념논총》, 법문사, 1983, 395~414쪽.

_____, 〈한국 사회학에 있어서의 도시연구〉, 《한국사회학》 18집, 1984, 3~26쪽.

김두섭, 〈IMF 외환위기와 사회경제적 차별 출산력의 변화〉, 《한국인구학》 30권 1호, 2007, 67~95쪽.

김인수, 《서울대학교 사회발전연구소 50년사, 1965~2015》, 한울아카데미, 2015.

_____, 〈농석 이해영의 사회학: '한국 조사사'의 측면에서〉, 《한국사회학》 50집 4호, 2016, 27~65쪽.

_____, 〈한국의 초기사회학과 '아연회의'(1965)—사회조사 지식의 의미를 중심으로〉, 《사이間SAI》 22호, 2017년 5월, 37~88쪽.

_____, 〈냉전과 지식정치: 박진환의 Farm Management Analysis(1966)의 성립 사정을 중심으로〉, 《동북아역사논총》 61호, 2018, 408~465쪽.

_____, 〈출산력 조사를 통해 본 일본의 인구정치: 1940~1950년대〉, 《사회와 역사》 118집, 2018, 177~212쪽.

김준길, 〈한국 사회학의 개척자 이만갑 선생의 진단: 한국사회의 오늘과 내일〉, 《월간조선》 22권 11호, 2011년 11월호, 462~484쪽.

김채윤, 〈고 이해영 교수를 추도함〉, 《한국사회학》 13집, 1979, 9~10쪽.

김필동, 〈경성제국대학의 사회학 교육—제도와 사람들(1926~1945)〉, 《사회와 역사》 127호, 2020년 가을호, 7~75쪽.

듀이, 존, 이해영 역, 《자유와 문화》, 을유문화사, 1955(1939).

데이비스, 킹슬리, 이만갑·고영복 공역, 《사회학》, 을유문화사, 1964.

레페토, 로버트, 《한국의 경제개발과 인구정책》, 한국개발연구원, 1982.

박경숙·김영혜, 〈한국 여성의 생애 유형: 저출산과 M자형 취업곡선에의 함의〉, 《한국
    인구학》 26권 2호, 2003, 63~90쪽.

버크, 피터, 박광식 옮김, 《지식의 사회사 2—백과전서에서 위키백과까지》, 민음사,
    2017.

서울대학교 사회과학연구소 편, 《한국사회의 변동과 발전: 농석 이해영 교수 추념논문
    집》, 범우사, 1985.

신혜선, 〈인터뷰: KOSSDA 역사를 써온 석현호 한국사회과학자료원 전 이사장〉,
    SNUAC News 6호, 2015.

월러스틴, 이매뉴얼, 이수훈 옮김, 《사회과학의 개방》, 당대, 1996.

유의영·석현호 공편, 《한국 정부통계자료의 현황과 문제점: 제1편》, 서울대학교 인구
    및 발전문제연구소, 1971.

장경섭, 《내일의 종언?: 가족자유주의와 사회재생산 위기》, 집문당, 2018.

_____, 〈가족자유주의와 한국 사회: 사회재생산 위기와 미시정치경제학적 해석〉, 《사
    회와 이론》 통권 32집, 2018년 5월, 189~218쪽.

장윤식·유의영·석현호 공편, 《한국 정부통계자료의 현황과 문제점: 제2편》, 서울대학
    교 인구 및 발전문제연구소, 1972.

이만갑, 〈조—이해영 선생〉, 《학문의 여적》, 다락원, 1980, 253~255쪽.

임성모, 〈냉전과 대중사회 담론의 외연: 미국 근대화론의 한/일 이식〉, 한림대학교 일본
    학연구소, 《한림 일본학 연구》 26집, 2015, 239~264쪽.

장윤식·유의영·석현호 공편, 《한국정부 통계자료의 현황과 문제점(제2편): 지방행정,
    문교, 노동, 보건사회통계, 가족계획 및 출산력조사자료》, 서울대학교 인구 및 발전
    문제연구소, 1972.

조은주, 《가족과 통치: 인구는 어떻게 정치의 문제가 되었나》, 창비, 2018.

차일드, 고든, 강기철 옮김, 《인류사의 전개》, 정음사, 1959.

최문환, 〈사회학〉, 유네스코 한국위원회 편, 《유네스코 한국총람》, 삼협문화사, 1957, 173~175쪽.

최재석, 〈해방 30년의 한국 사회학〉, 《한국사회학》 10집, 1976, 7~46쪽.

최진호, 〈한국 인구학 연구의 지평을 연 농석 이해영 교수〉, 《대학교육》 제115호, 2002.

코난트, 제이므스, 이해영 역, 《현대인과 현대과학》, 박문출판사, 1954.

토이바, 아이린, 이해영 옮김, 〈한국 인구의 과거와 미래〉, 《財政》, 1958년 4월호, 52~65쪽.

한국문화인류학회 엮음, 《문화인류학 반세기》, 소화, 2008.

한국인구학회 편, 《인구대사전》, 통계청, 2006.

한상진 외, 《한상진과 중민이론》, 새물결, 2018.

홍정완, 《전후 한국의 사회과학 연구와 근대화 담론의 형성》, 연세대학교 사학과 박사학위논문, 2017.

Burawoy, Michael, "For Public Sociology", *American Sociological Review*, Vol. 70, No. 1, 2005, 4~29쪽.

Chang, Yunshik, "Population in Early Modernization", Ph.D. Dissertation, Princeton University, 1967.

Chang, Yunshik, Tai-Hwan Kwon and Peter Donaldson ed., *Society in Transition with Special Reference to Korea*(Seoul: Seoul National University Press, 1982).

Choi, Jin-Ho, "Determinants and Consequences of Urban to Rural Migration in Korea", Ph.D. Dissertation, Brown University, 1980.

Converse, Jean, *Survey Research in the United States: Roots and Emergence, 1890~1960* (New York: Transaction Publishers, 2009).

Hodgson, Dennis, "Demography: 20th Century History of the Discipline", *International Encyclopedia of the Social and Behavioral Sciences*(Amsterdam: Pergamm, 2001), pp. 3493~3498.

Kennedy, Michael D. and Miguel A. Centeno, "Internationalism and Global Transformation in American Sociology", Craig Calhoun ed., *Sociology in America: A History*(Chicago: University of Chicago Press, 2007), pp. 666~712.

Lee, On-Jook, "A Study of Urban to Rural Migration in Korea", Ph. D. Dissertation, Duke University, 1979.

Gilman, Nils, *Mandarins of the Future: Modernization Theory in Cold War America*(Baltimore: The Johns Hopkins University Press, 2003).

Kim, Minja, Choe Kyung Ae Park, "Fertility decline in South Korea", 《한국인구학》 29권 2호, 2006, 1~26쪽.

Park, Sang-Tae, "Urbanization and Fertility in Korea, 1960~1970", Ph. D. Dissertation, University of Pennsylvania, 1978.

Parmar, Inderjeet, *Foundations of the American Century: The Ford, Carnegie, and Rockefeller Foundations in the Rise of American Power*(New York: Columbia University Press, 2012).

Seok, Hyun-Ho, "Internal Migration and Socio-economoc Modernization in Korea", 1910~70, Ph.D. Dissertation, University of Pennsylvania, 1980.

5부

□ 김경동의 저서 및 논문

김경동, 〈농촌 청소년의 희망과 가치관에 관한 사회적 조사연구〉, 《문리대학보》 7권 2호, 1959, 30~42쪽.

_____, 〈최근 사회조사방법의 문제〉, 《합동논문집》 1호, 계명대·서울여대·숭실대·대전대, 1964, 55~63쪽.

_____, 〈교과서 분석에 의한 한국사회의 유교 가치관 연구〉, 《이상백 박사 회갑기념논총》, 을유문화사, 1964, 333~368쪽.

_____, 〈태도척도에 의한 유교 가치관의 측정〉, 《한국사회학》 1호, 1964, 3~22쪽.

_____, 〈발전사회학 서설〉, 《한국사회학》 2호, 1966, 21~32쪽.

_____, 〈신흥 종교에 대한 사회학적 접근: 한국 신흥 종교 연구를 위한 이론적 시안〉, 《동산 신태식 박사 송수기념논총》, 계명대학교, 1969, 369~383쪽.

_____, 《인간주의 사회학》, 민음사, 1978.

_____, 《현대의 사회학》, 박영사, 1978.

_____, 〈인간주의 사회학이 왜 이 시대에 문제가 되는가?〉, 《연세사회학》 3호, 1978, 53~58쪽.

_____, 〈복지사회의 사회학적 이론: 자발적 복지사회의 이념과 실제〉, 《한국사회학》 12호, 1978, 7~23쪽.

_____, 《발전의 사회학》, 문학과지성사, 1979.

_____, 《현대사회와 인간의 미래》, 평민사, 1980.

_____, 〈역경易經의 원리에서 찾아본 노사관계의 사회학〉, 《세계의 문학》 6권 2호, 1981, 218~237쪽.

_____, 《현대 사회학의 쟁점—메타사회학적 접근》, 법문사, 1983.

_____, 《경제성장과 사회변동》, 한울, 1983.

_____, 〈이만갑 교수의 학문 세계〉, 서울대학교 사회학연구회 편, 《한국사회의 전통과 변화—이만갑 교수 화갑기념논총》, 범문사, 1983, xv~xxv쪽.

_____, 《너무 순한 아이: 김경동 시모음》, 심설당, 1987.

_____, 《노사관계의 사회학》, 경문사, 1988.

_____, 《인간과 사회의 변증법》, 조선일보사, 1988.

_____, 《사회학의 이론과 방법론》, 박영사, 1989.

_____, 〈감정의 사회학—서설적 고찰〉, 《한국사회학》 22집, 1989, 1~22쪽.

_____, 《한국인의 가치관과 사회의식》, 박영사, 1992.

_____, 《한국사회변동론》, 나남, 1993.

_____, 〈변증법적 신문명론〉, 《철학과 현실》 1995년 여름호, 44~58쪽.

_____, 〈무심한 듯한 표정의 자상하신 스승님〉, 상백 이상백 평전출판위원회, 《상백 이상백 평전》, 을유문화사, 1996, 344~347쪽.

_____, 《사회·문화》, 법문사, 1996.

_____, 《한국 교육의 사회학적 진단과 처방》, 집문당, 1998.

_____ 외, 《기업엘리트의 21세기 경제사회 비전》, 문학과지성사, 1999.

_____, 《선진한국, 과연 실패작인가? 김경동의 문명론적 성찰》, 삼성경제연구소, 2000.

_____, 《시니시즘을 위하여》, 민음사, 2000.

_____, 《미래를 생각하는 사회학》, 나남, 2002.

_____ 외, 《사이버 시대의 사회학》, 집문당, 2002.

_____, 《한국사회발전론》, 집문당, 2002.

_____·박형준, 〈한국 지성과의 대담 (3): 인간주의 사회학의 개척자 김경동 교수, 절름발이 정치가 사회발전 발목 잡아〉, 《월간중앙》 2003년 12월호, 54~70쪽.

_____·이온죽·김여진, 《사회조사연구방법―사회연구의 논리와 기법(개정판)》, 박영사, 2004.

_____, 〈광기狂氣의 색조色調〉, 《문학사상》 2005년 9월호, 104~158쪽.

_____, 〈한국 사회학의 아이덴티티 문제〉, 《한국사회과학》 27권 1~2호, 2005, 145~165쪽.

_____, 〈격변하는 시대에 한국 사회학의 역사적 사명을 묻는다―한국 사회학 50년의 회고〉, 《한국사회학》 제40집 4호, 2006, 5~6쪽.

_____, 〈한국 사회학의 전환기, 55학번의 위상〉, 서울대학과 사회학과 60년 편집위원회 편, 《다시 출발선에 서서: 동문들이 쓰는 사회학과 60년》, 선인, 2006, 142~149쪽.

_____, 〈슬픈 코메디〉, 《문예중앙》 2006년 겨울호, 129~152쪽.

_____, 《급변하는 시대의 시민사회와 자원봉사》, 아르케, 2007.

_____, 〈유산과 상속의 이름〉, 《문학저널》 2007년 2월호, 74~140쪽.

_____, 〈물고기가 사라진 텅 빈 어항〉, 《계성문학》 23집, 2007, 228~254쪽.

_____, 〈발전과 변동의 사회학〉, 대한민국학술원, 《한국의 학술연구: 정치학·사회학》, 대한민국학술원, 2008, 710~775쪽.

_____, 〈'남기고 싶은 이야기' 유감〉, 남풍회 숙맥 동인 엮음, 《저녁놀, 느린 걸음》, 푸른사상, 2009, 252~258쪽.

_____, 〈우리는 진짜 멋진 교육을 받았지〉, 남풍회 숙맥 동인 엮음, 《저녁놀, 느린 걸음》, 푸른사상, 2009, 259~266쪽.

_____, 《기독교 공동체 운동의 사회학》, 한들출판사, 2010.

_____, 《자발적 복지사회: 미래지향적 자원봉사와 나눔의 사회학》, 아르케, 2012.

_____, 〈오늘 뭐해? 그냥 밥이나 같이 먹자/우리가 남이가?〉, 정진홍 등 공저, 《길 위에서의 기다림》, 푸른사상, 2014, 116~141쪽.

_____, 《사회적 가치: 문명론적 성찰과 비전》, 푸른사상, 2019.

Kim, Kyong-Dong, "A Tentative Discussion on the Value Concept in Sociology", 《문리대학보》 6권 2호, 1958, 69~77쪽.

_____, *Man and Society in Korea's Economic Growth: Sociological Studies*(Seoul National University Press, 1979).

_____, *Rethinking Development: Theories and Experiences*(Seoul National University Press, 1985).

_____, "Toward Culturally Independent Social Science : The Issue of Indigenizatoin in East Asia", Su-Hoon Lee ed., *Sociology in East Asia and Its Struggle for Creativity: Proceedings of ISA Regional Conference for Eastern Asia*(Korea: Montreal, 1996), pp. 63~72.

_____, *Alternative Discourses on Modernization and Development: East Asian Perspective*(New York: Palgrave and Macmillan, 2017).

_____, *Korean Modernization with Uneven Development: Alternative Sociological Accounts*(New York: Palgrave and Macmillan, 2017).

_____, *Confucianism and Modernization in East Asia: Critical Reflections*(New York: Palgrave and Macmillan, 2017).

□ 그 밖의 논문 및 저서들

강신표, 《한국 사회학의 반성》, 현암사, 1984.

_____, 〈한국 이론사회학회의 방향에 대한 작은 제안〉, 《사회와 이론》 6호, 2005, 243~272쪽.

_____, 《우리 사회에 대한 성찰적 민족지》, 세창출판사, 2014.

김경만, 〈세계 수준의 한국 사회학을 위하여〉, 《한국사회학》 제35집 2호, 2001, 1~28쪽.

_____, 《글로벌 지식장과 상징폭력—한국 사회과학에 대한 비판적 성찰》, 문학동네, 2015.

김동춘, 《사회학자, 시대에 응답하다》, 돌베개, 2017.

김봉석, 〈이만갑의 사회학〉, 《한국사회학》 50권 2호, 2016, 41~66쪽.

김성국, 《잡종사회와 그 친구들: 아나키스트 자유주의 문명전환론》, 이학사, 2015.

_____, 〈김경동의 사회학〉, 호산浩山 김경동 교수 정년기념논총 간행위원회 엮음, 《현대사회와 인간 (1): 성찰의 사회학》, 박영사, 2002, 391~415쪽.

김용직, 〈이색스러움, 그 겉보기와 속내〉, 김경동, 《시니시즘을 위하여: 김경동 사회비평시집》, 민음사, 2000, 8~15쪽.

김우창, 《지상의 척도》, 민음사, 1993(1981).

김종영, 《지배받는 지배자: 미국 유학과 한국 엘리트의 탄생》, 돌베개, 2015.

김필동, 〈75학번의 수업시대〉, 서울대학교 사회학과 60년 편집위원회, 《다시 출발선에 서서: 동문들이 쓰는 사회학과 60년》, 선인, 2006, 290~301쪽.

_____, 〈한국 사회 이론의 과제와 전략: '토착화론'을 넘어서〉, 《한국사회학》 제36집 2호, 2002, 23~49쪽.

김현구 편, 《한국 행정학의 한국화론—보편과 특수의 조화》, 법문사, 2013.

김형국, 〈지방개발의 인간주의적 접근〉, 《국토계획》 19권 1호, 대한국토계획학회, 1984, 122~132쪽.

김형국·권태준·강홍빈, 《사람의 도시》, 심설당, 1985.

김형찬, 〈서울대 김경동 교수, '한국 사회학 독립 역량 갖췄다'〉, 《동아일보》 2002년 3

월 21일.

김혜숙, 《新음양론: 동아시아 문화논리의 해체와 재건》, 이화여자대학교출판부, 2014.

박재묵, 〈서평: 인간주의적 발전이론에 있어서 이상과 현실—김경동의 《발전의 사회학》(문학과지성사)〉, 《한국사회학연구》 제3집, 서울대학교 사회학연구회, 1979, 229~246쪽.

배규한, 〈김경동과 미래 사회학〉, 김경동, 《미래를 생각하는 사회학》, 나남, 2002, 269~279쪽.

부르디외, 피에르, 김정곤·임기대 공역, 《호모 아카데미쿠스》, 동문선, 2005.

선내규, 〈한국 사회학 장의 낮은 자율성과 한국 사회학자들의 역할 정체성 혼란〉, 《사회학연구》 18집 2호, 서강대학교 사회과학연구소, 2010, 126~176쪽.

신용하, 〈서평: 김경동의 《자발적 복지사회》〉, 《한국사회학》 46집 4호, 2012, 294~301쪽.

이각범, 〈머리말〉, 김경동 외, 《사이버 시대의 사회학》, 집문당, 2002.

이만갑, 《《경제사회학》: 에베렛 헤이건, 서평》, 《論壇》 1권 3호, 미국공보원, 1966년 1월, 158~160쪽.

_____, 《한국사회—그 갈등과 대응》, 다락원, 1980.

이상길, 《아틀라스의 발: 포스트식민 상황에서 부르디외 읽기》, 문학과지성사, 2018.

이성용, 〈역자 후기: 한국 사회과학자의 존재 이유〉, 하워드 베커, 이성용·이철우 옮김, 《사회과학자의 글쓰기》, 일신사, 1999, 259~310쪽.

_____, 《여론조사에서 사회조사로》, 책세상, 2003.

이시재, 〈한국 사회학의 발전변동론 연구〉, 《한국사회학》 19집, 1985년 여름호, 49~72쪽.

정수복, 《응답하는 사회학—인문학적 사회학의 귀환》, 문학과지성사, 2015.

_____, 〈이상백과 한국 사회학의 성립〉, 《한국사회학》 50권 2호, 2016, 1~39쪽.

_____, 〈성숙한 사회를 바라보는 사회학자의 눈: 《사회적 가치: 문명론적 성찰과 비전》, 김경동, 2019, 푸른사상〉, 《한국사회학》 54권 3호, 2020, 189~213쪽.

정창수, 〈주역의 사회학적 해석〉, 《한국사회학》 14권 1호(1980), 9~30쪽.

최재석, 〈해방 30년의 사회학〉, 《한국사회학》 10집, 1976, 7~46쪽.

최정호, 〈한국의 르네상스人이자 휴머니스트〉, 김경동, 《미래를 생각하는 사회학》, 나남, 2002, 9~13쪽.

코저, 루이스, 박재환 옮김, 《갈등의 사회적 기능》, 한길사, 1980.

한완상, 〈인간화와 해방을 위한 사회학—나의 사회학 순례〉, 《철학과 현실》 창간호, 1988, 253~268쪽.

헤이건, 에버렛 E., 김경동 옮김, 《경제사회학》, 을유문화사, 1965.

호산 김경동교수 정년기념논총 간행위원회 편, 《현대사회와 인간 (1): 성찰의 사회학》, 박영사, 2002.

_____, 《현대사회와 인간 (2): 직업과 노동의 세계》, 박영사, 2002.

_____, 《현대사회와 인간 (3): 진단과 대응의 사회학》, 박영사, 2002.

Bourdieu, Pierre, "Les Professeurs de l'Université de Paris à la veille de mai 1968", C. Charle et R. Ferré éd., *Le personnel de l'enseignement supérieur en France aux XIXe et XXe siècle*(Paris: Edition du CNRS, 1985).

Calhoun, Craig and Jonathan VanAntwerpen, "Orthodoxy, Heterodoxy, and Hierarchy: 'mainstream' Sociology and Its Challengers", Craig Calhoun ed., *Sociology in America: A History*(Chicago: University of Chicago Press, 2007), pp. 367~410.

Turner, Stephen, "The Origins of 'Mainstream Sociology' and Other Issues in the History of American Sociology", *Social Epistemology*, Vol. 8, No. 1, 1994, pp. 41~67.

찾아보기

【ㄱ】

찾아보기

아카데믹 사회학의 계보학 — **한국 사회학의 지성사 2**

2022년 1월 9일 초판 1쇄 인쇄
2022년 1월 19일 초판 1쇄 발행
글쓴이   정수복
펴낸이   박혜숙
펴낸곳   도서출판 푸른역사
　우) 03044 서울시 종로구 자하문로8길 13
　전화: 02)720－8921(편집부) 02)720－8920(영업부)
　팩스: 02)720－9887
　전자우편: 2013history@naver.com
　등록: 1997년 2월 14일 제13－483호
ⓒ 정수복, 2022

ISBN 979－11－5612－210－4 94330
ISBN 979－11－5612－208－1 94330 (SET)

· 잘못 만들어진 책은 교환해드립니다.